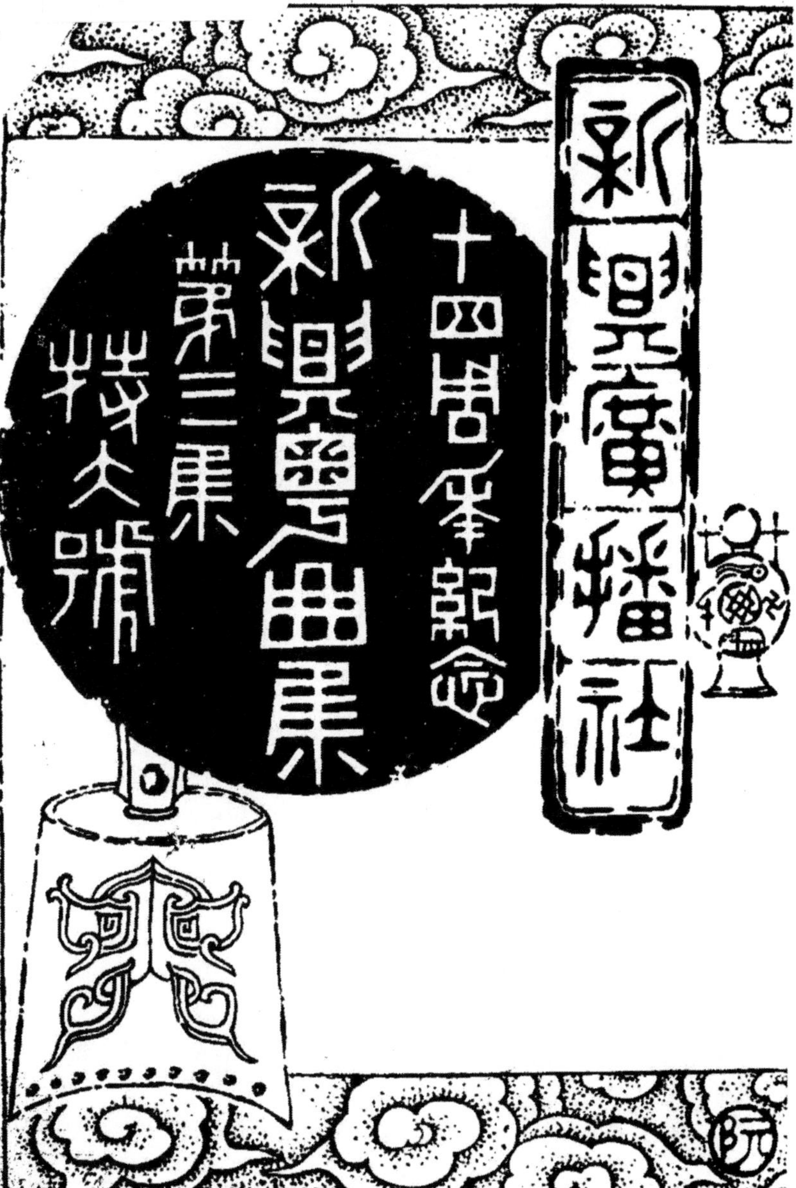

新興粵曲集（一九四七）

ZENITH
LONG DISTANCE RADIO

R-5264—2"

世界第一
著名老牌

增你智

無綫電收音機

各大公司
電料行均售

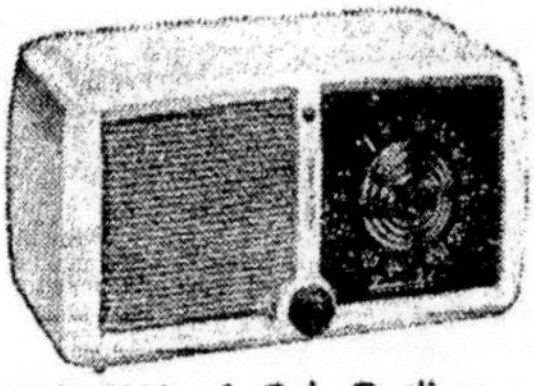

新式室內用五燈機

5D011W—1 Col. Outline

新式五用八燈長短波旅行機

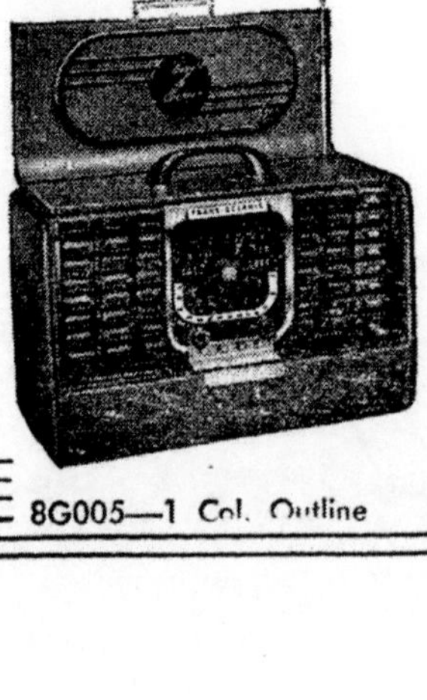

8G005—1 Col. Outline

獨家經理

科學事務公司

上海虎邱路一四二號　電話：一二九九七

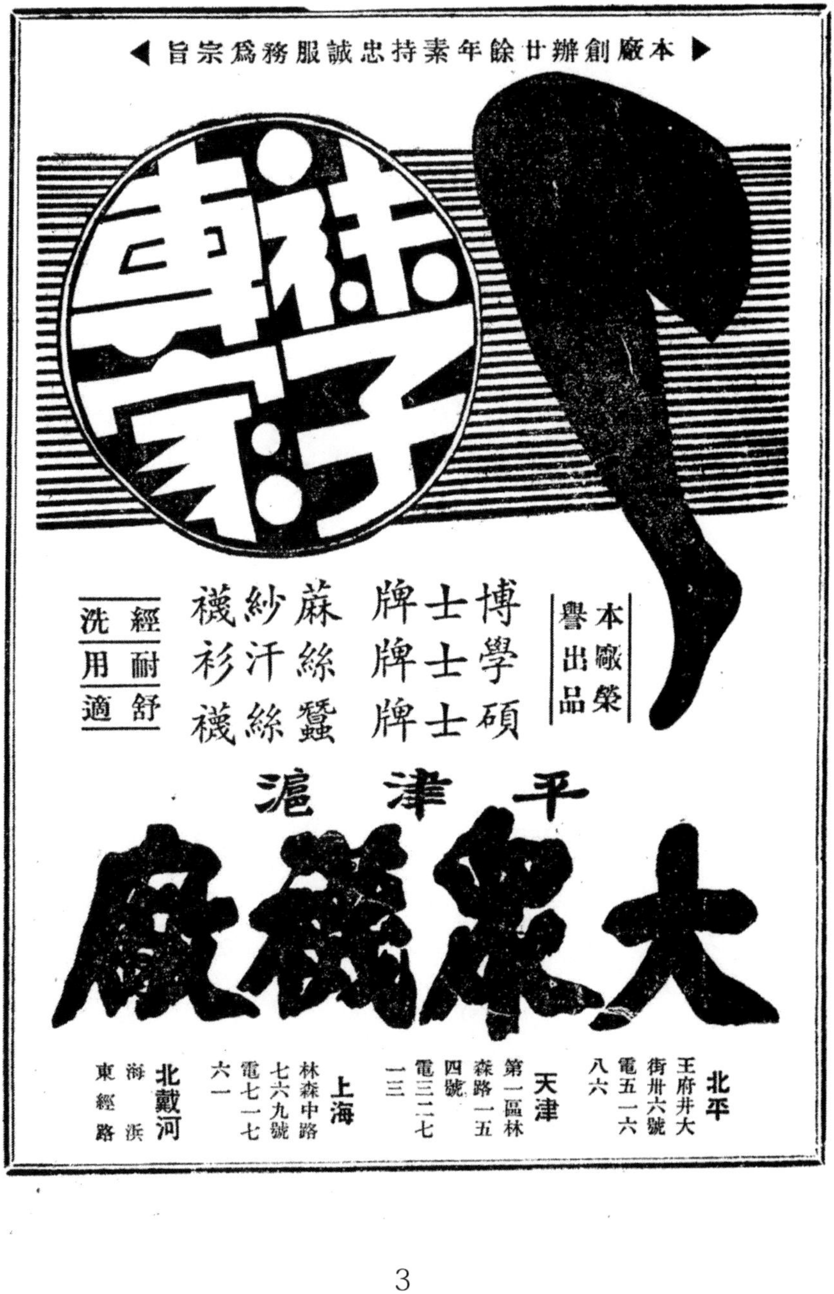

本廠創辦廿餘年素持忠誠服務為宗旨
襪子專家
本廠榮譽出品
博士牌
學士牌
碩士牌
蘇紗襪
絲汗衫
蠶絲襪
經洗
耐用
舒適
平津滬
大眾襪廠
北平 王府井大街卅六號 電五一六八六
天津 第一區林森路一五四號 電三二七一三
上海 林森中路七六九號 電七一七六一
北戴河 海濱東經路

新興廣播社通訊

粵商在滬所辦之：

最大保險公司

前新新玻璃電台工程師
水險專家

黃寅初

現主辦

華泰

產物保險

股份有限公司

播音前輩

畢弗溢

現主辦

鴻福

產物保險

股份有限公司

電話一九五四五一一八

上海四川中路一四九號四樓

四三八室至四四一室

播音家胡章劍小傳

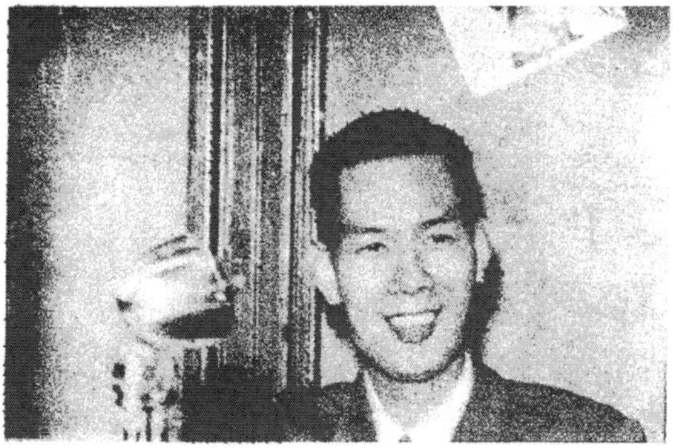

動聽，引人興奮，逗人發笑的播音家——胡章劍君，正在運用他的蓮花妙舌。

百叔猶存寸舌鋒，人間魑魅隱形蹤。橫琴倚劍因多感，唱罷江東唱懊儂。

胡君章劍有百靈鳥之稱，最近呼籲賑濟兩廣水災，收效極宏。胡君生平作警語議論透闢，今更出其餘緒，手編新興粵曲第三集，曲文華贍，琳琅滿目，因賦俚詩以資附印。

民國卅六年夏 林韓杜

或有問於鏡曰：「於此有人焉，性如杞柳，言若春風；對坐如提芝蘭，靜穩中有豪爽氣，君識其誰也？」鏡微哂之。曰「得非雙舌頭百靈鳥——胡君其人耶！」

胡君爲播音界怪傑，其人其舌，得天獨厚：蓮花舌吐，亦莊亦諧，珠璣滿腹；噱頭彷似斷綫聯珠，有天衣無縫之妙！故廁身播音界，芸芸數百子、獨獲社會人仕青眼覷，名與時增，聲同日進；新興廣播社乃能大紅特紅，不脛而走者，當非無因也。

胡君爲人，有剛柔兼者之美，性好俠，平生抱大無畏奮鬥精神。嘗爲難民服務，奔走任勞，未聞言苦，又嘗徇衆請，爲義賑救難會担任空中廣播主任宣傳員，振聾發瞶，如剪哀梨；所獲成績，破以前未有紀錄，說者多之！

或曰：「此君過人處，更能才華自斂。上了電台一條龍，下了電台一條蟲，所謂大智若愚者，非耶？」有是哉，若人！吾與點也！

胡君百粵九江人，字章劍。「雙舌頭百靈鳥」——乃各界人仕趣嘉之佳號耳！

鏡謹識于聽鶯樓

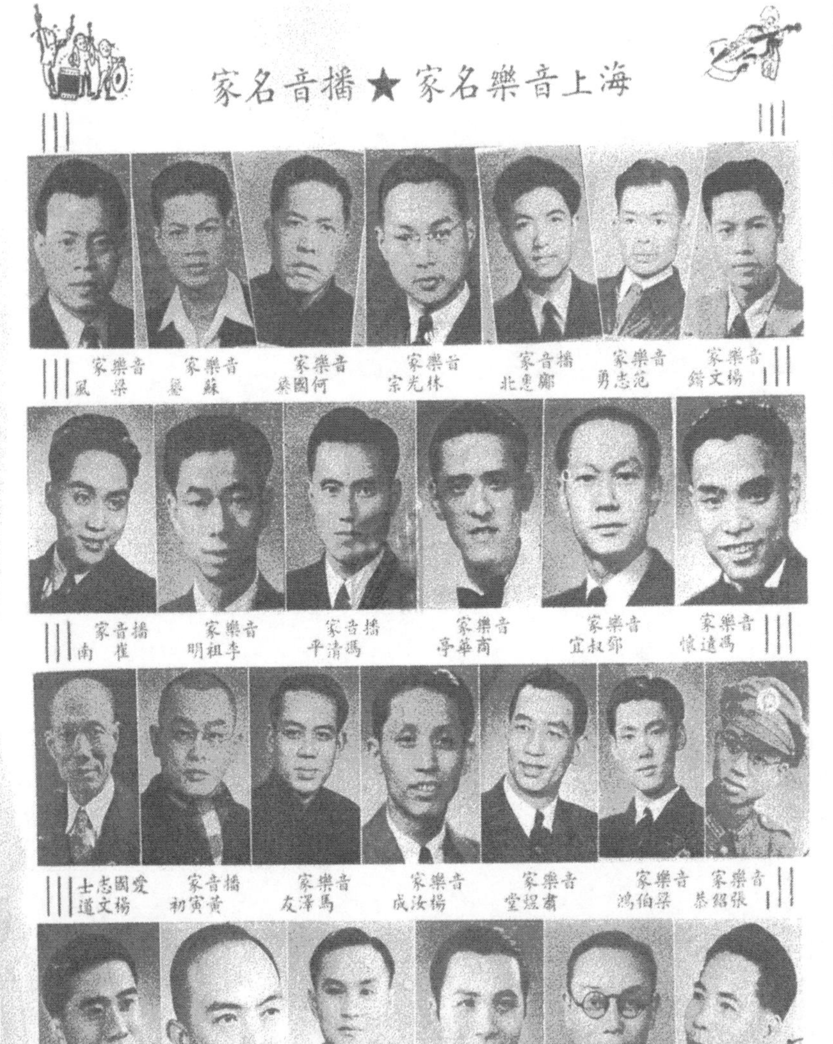

海上音樂名家★播音名家
音樂家 楊文錡
音樂家 范志勇
播音家 鄺惠北
音樂家 林光宗
音樂家 何國樑
音樂家 蘇蠡
音樂家 梁風
音樂家 馮遠懷
音樂家 鄧叔宜
音樂家 商華亭
播音家 馮清平
音樂家 李祖明
播音家 崔南
音樂家 張紹恭
音樂家 梁伯鴻
音樂家 蕭猩堂
音樂家 楊汝成
音樂家 馬澤友
播音家 黃寅初
愛國志士 楊文道
音樂家 何鏡泉
播音家 陳儀耆
音樂家 劉康全
音樂家 李銳祖
音樂家 雷震洲
音樂家 韋輔強

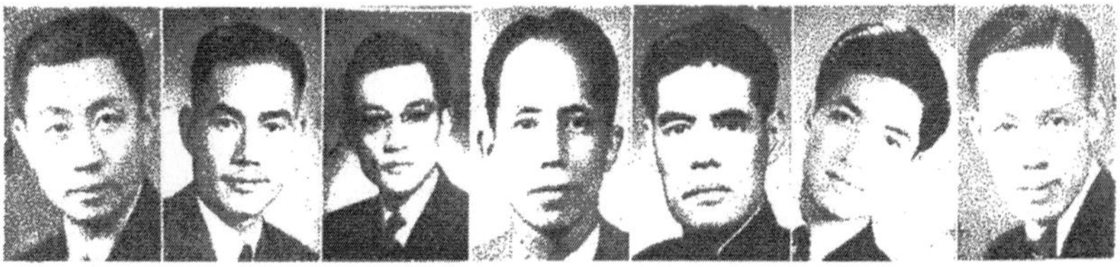

音樂家 陳日英 　音樂家 陳澤祺 　音樂家 陳[illegible] 　音樂家 林[illegible] 　音樂家 李雨田 　播音家 鄭惠南 　音樂家 陳俊英

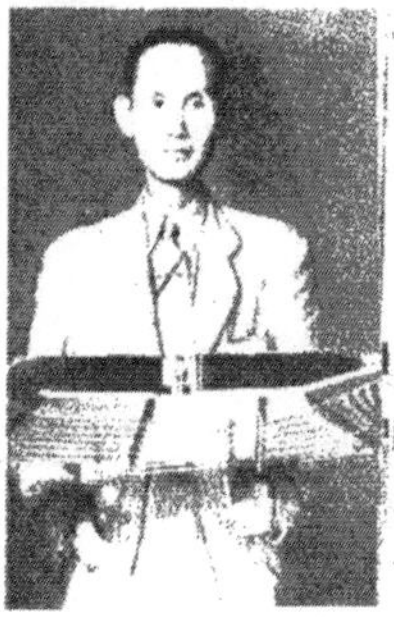

許老五
反打洋琴之絕技

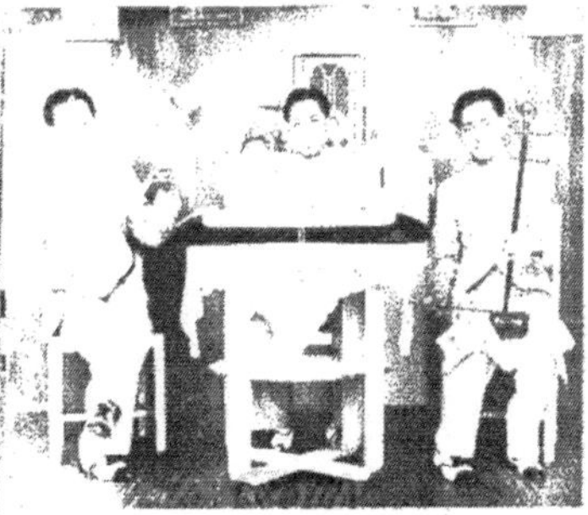

萬能音樂家
李叔良
精彩化身表演

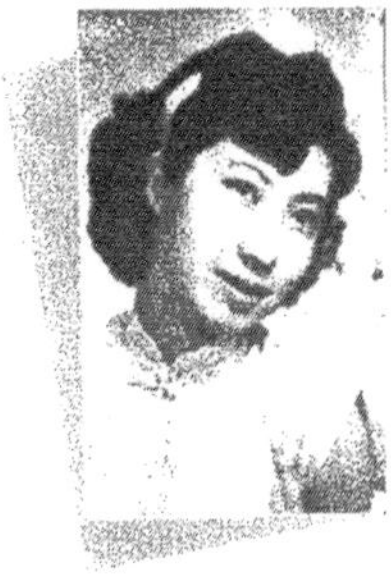

音樂家
羅惠芳

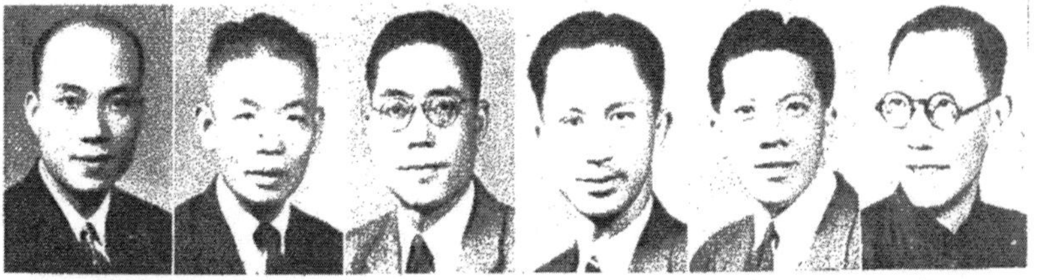

音樂家 鄭啓正 　播音家 蘇 明 　播音家 崔 涛 　播音家 蘇桂樵 　播音家 韋輔民 　播音家 崔君俠

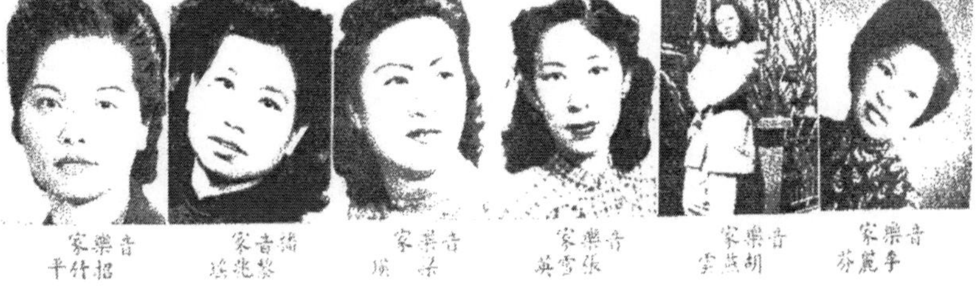

音樂家 招竹平 　播音家 黎兆瑛 　音樂家 朱 [illegible] 　音樂家 張雪英 　音樂家 胡燕雲 　音樂家 李麗芬

歌星近影

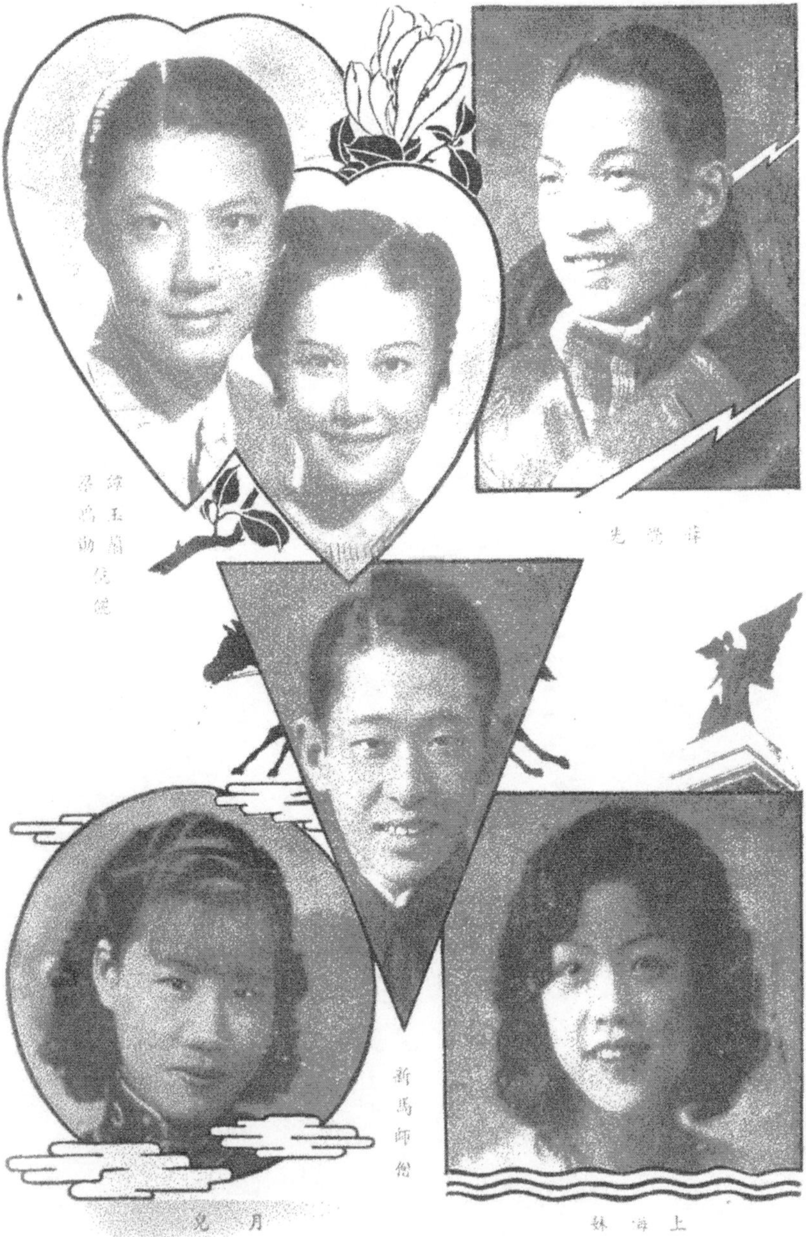

譚玉蘭

薛覺先

新馬師曾

月兒

上海妹

新興廣播社特寫鏡頭

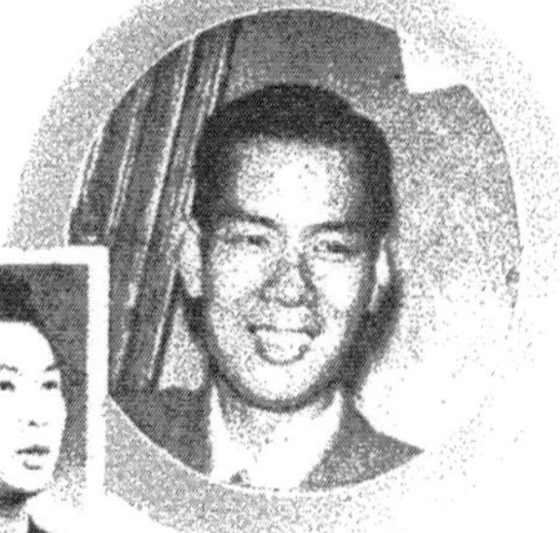

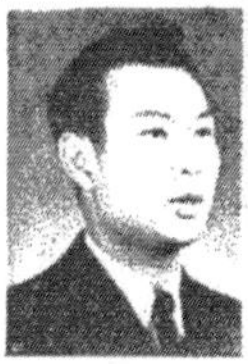

胡章釗先生在聽他的弟弟——胡章堅（下）唱「歷劫英雄」之神情

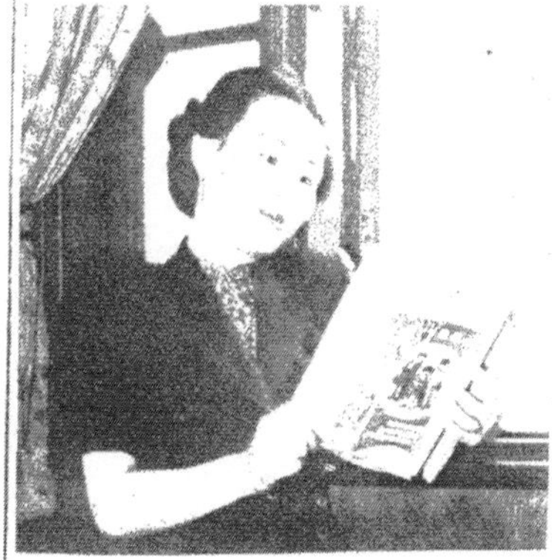

她，你很熟悉吧，她是上海有名的播音家，音樂家胡燕雲小姐——胡章釗先生的令妹。

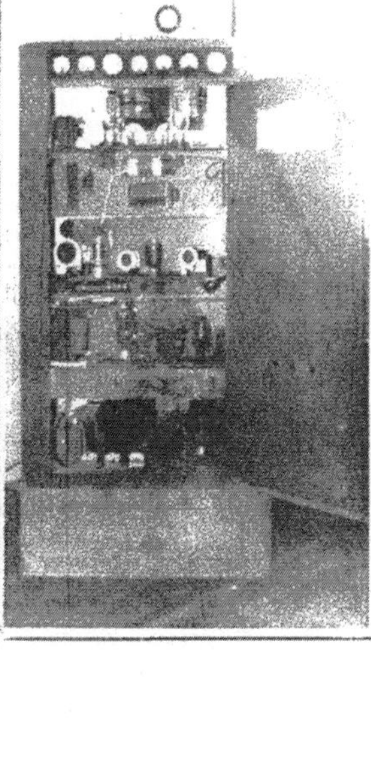

新興廣播社在勝利電台播音時發射機之一部

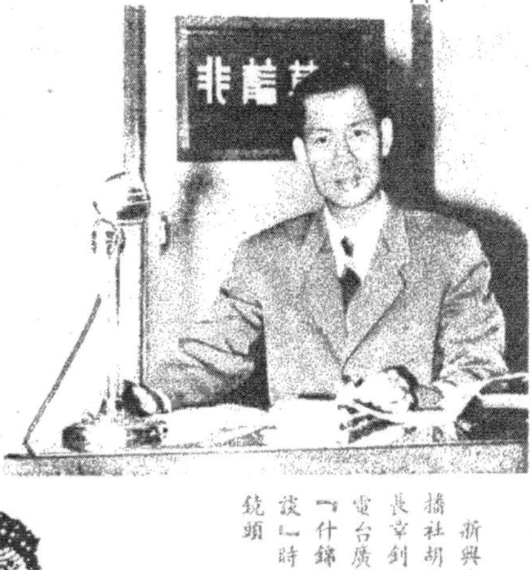

新興廣播社胡社長章釗在電台廣播「什錦趣談」時之鏡頭

音樂家●作曲家●歌唱家

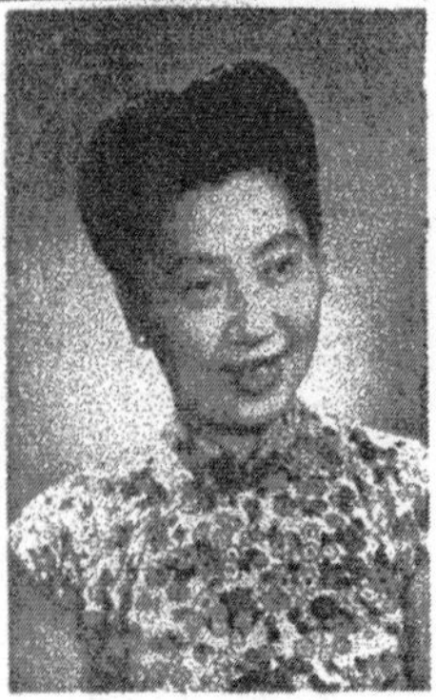

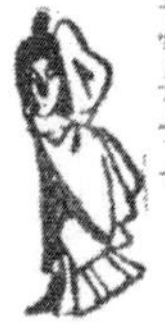

←萬人欣仰之李雪芳女士

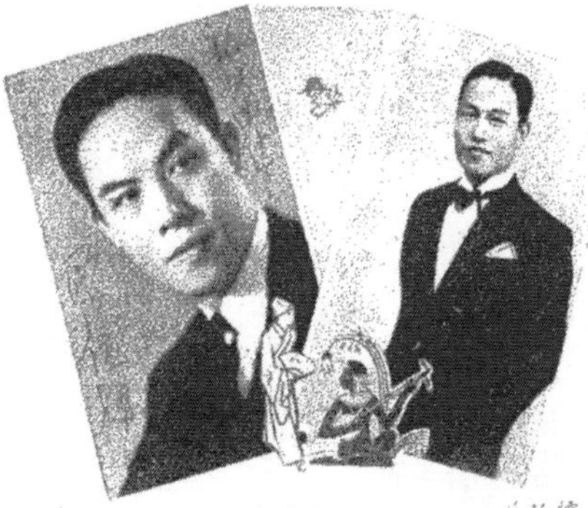

譚伯葉 歌林總指揮

歐陽儉 省港澳紅票友

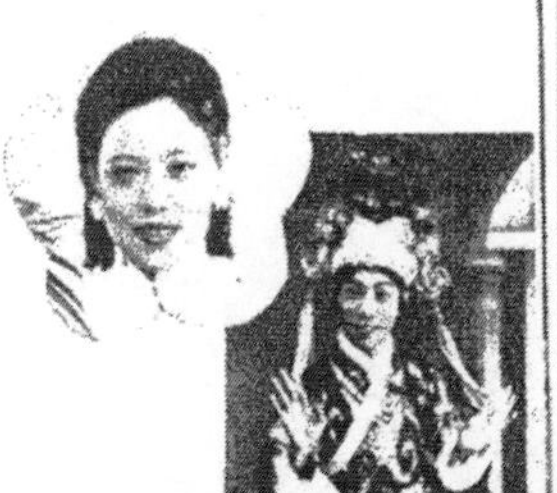

(右角)小生王——白駒榮

(左角)名旦——關影憐

(下)新進紅旦——白雲仙

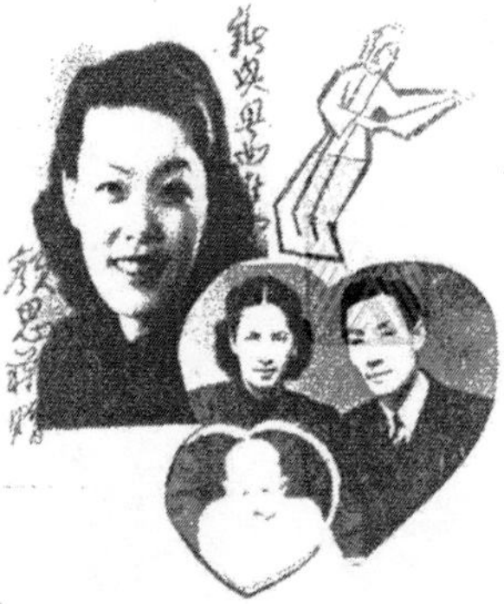

(右下角)名作曲家胡文森及其夫人公子

(左上角)旦王——上海妹

(右)名丑——半日安

(上)鬼馬歌王——月兒

(下)小生王——維唐生

(左)笑匠——丸叔

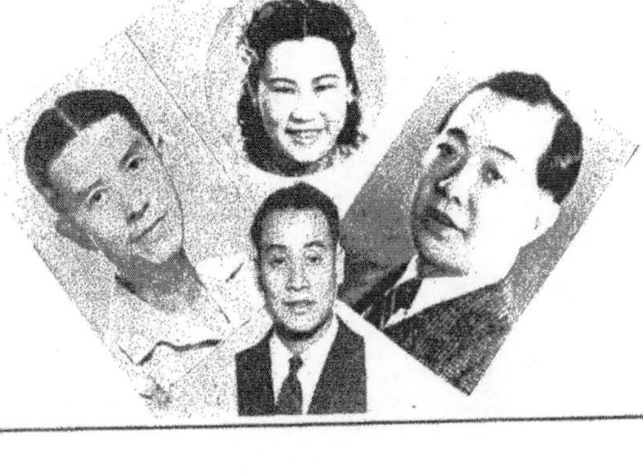

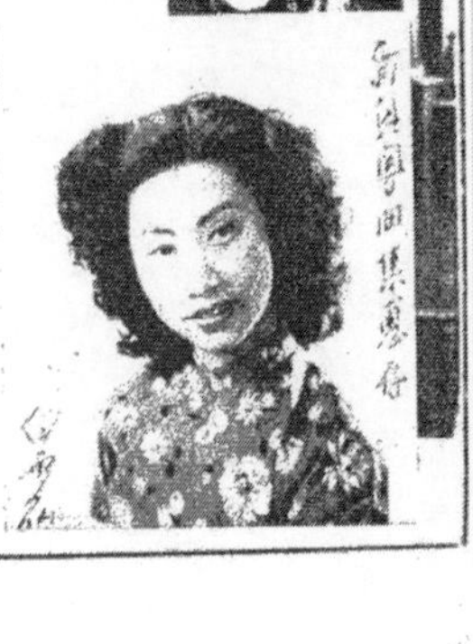

新興粵曲集

第三集 特大號

目錄

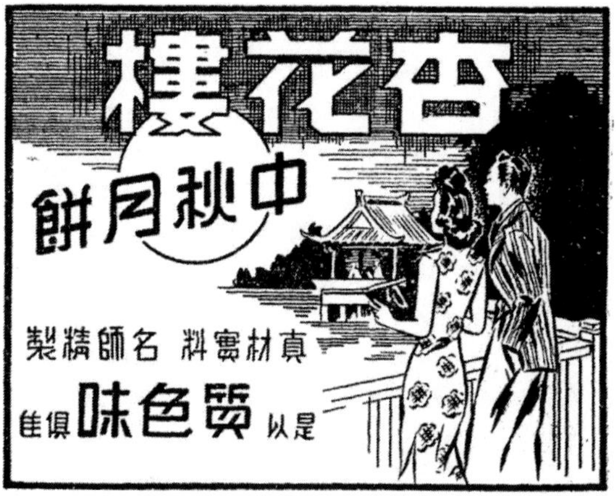

例語

胡章釗

新興廣播社成立迄今十有四載。以往蒙各界熱誠愛護。愧無貢獻。今後更奮勉。更努力。為社會謀福利。並謹以此「新興粵曲集特大號」贈獻諸君。用副各界愛護本社之雅意。

此曲集工作開始時。適逢兩廣大水災。本社同人全力參加救災工作。故「新興特大號」今始出版。幸祈原宥。本刊蒙各界熱烈預約。贊助。賜鴻文玉照。以光篇幅。又承梁義路、莫建平、李叔良、王紫虹諸位義務幫忙。熱誠可感。而阮耀佳先生之封面設計。精美絕倫。頓使此曲集增色不鮮。此外更荷各界刊登廣告銘感之餘用誌數言。藉伸謝忱。

★開設三十餘年★

★保持昭著信譽★

★ 其發

馳名

成份標準：選擇名貴古方監製

出品優異：採用上等原料配合

功效特殊：運用現代科學釀成

添丁黑米甜醋

添丁物品◇搜羅美備

彌月請客◇各貨齊全

地址：北京西路三二七至九號

電話：三一五六九

1. 才子佳人

徐柳仙
陸雲卿

(頭段)(生唱天涯歌女)清冷靜無人，月滿西廂照，苦相思，有誰慰寂寥，更深聽得呼叫，誰人惠臨，我連忘抽身去把大門，立時開了(旦唱前進曲)衿袵，儂細聲將兄叫，今宵，專一將心意表，母親家法嚴，大衆祕密爲要，知穿礶非頑笑，(生唱滾花)哎眞係感你恩情，不少，(旦唱)我吩咐紅娘，你在外廂等候，不可惹事招撩，(生唱)咁我就順手關門，(旦唱)噎吔我覺得個心肝立立跳，(生唱二王)等我殷勤加意，用手拖住，多嬌(旦唱)同你玉臂初交，幾似神魂，飄渺，羞人答答，不敢仰面，覷瞧，(二段)(生唱)見你面泛桃花，更覺嬌容，俏妙，(旦唱)要請秀才你尊重，不可亂起，思潮，(生唱賣相思)愛嬌你玉臨到此地，有乜關要，(旦唱)見兄苦況，淸冷無聊，你爲我，一旦患了病，且孤身遠飄，我立意，非作負義，望兄相饒，(生唱滾花)哎你此事不提，還罷了，若然講出，我就債火冲霄，今日我病染相思，哎小姐呀，難免被閻王所召，(旦唱中板腔)哎你休心焦，我樣樣已知曉，恩兄呀，你病還未療，是以儂定要夜來見面，耑意爲你，同調，(生唱龍舟)華陀醫術，都算世界高超，惟有相思奇病，佢都無法治療，既係小姐呀你有心，把我來照料，除非許我共成好事，至得恨全消，(三段)今晚且喜紅鸞，星拱照，與嬌呀你攜手，渡藍橋，(旦唱有序中板)唉吔你莫就莫講笑，若果借此偸歡，就是爲不肖喇，況且因情而惹禍，何苦再種情苗，更怕我娘親，知到就唔得了，唔得了，(中板)若果惹起官司，慘過罪犯，天條，(生白)唏(連環西皮)上到當朝，上到當朝，我都不妨把事，承招(旦唱尾腔)噎吔吔難以將你恕饒呀，(生唱反線中板)嬌你記當初，賊困寺門，夫人高聲，大叫，有誰能退賊，甘願招爲女婿，我就想出妙計，一條，寫書函，去請白馬將軍，把的賊人，征剿，解圍後，前言反悔，佢分明恃老，變刁，(四段)至令余，抱病懨懨，(正線滾花)唉，呢躺吉凶，都難料，(旦唱)唉見佢個種凄凉景象，眞係有筆、都難描，要我做出倒鳳顚鸞，亦係非同事小，(生唱孔雀開屏)非把我嬌騷擾，許我，佳偶，最妙，你念來係有心、金屋貯阿嬌，(旦唱)想必係前生許定了，想必係前生許定了囉，(生唱)欲求，事成，卽於今宵，(旦唱二王)可謂逼人太甚，眞正令我，眼眉調，(生唱三脚櫈)正係一刻千金，呢寶貴嘅時光少囉，唉小姐你切莫，扭捏夾刁橋(旦唱)洩漏了春光，俾紅娘恥笑，(生唱)亞紅娘佢在外廂，冷眼都唔瞧，(滾花)我地衝破奈何天，願祝綿長之兆，(旦唱)望你青雲有路，金榜名標。

2. 閨留學廣

譚伯葉
趙蘭芳

(頭段)(生詩白)唉我無心辜負女裙釵，誰知好夢都竟難諧，莫非前生欠下相思債咯，等我見了師妹，再作安排呀，(唱賣相思)呢我怨父母，家政腐敗，把婚姻變改，致受了，激刺重大、累嬌傷懷，(士工滾花)我惟有以溫言，解勸呀，(白)我嚟左喇師妹，(旦白)哼，你可是梅瑞良，(生白)係呀，(旦白)噎你個寃家呀，(唱)何以你前言背負，另結和諧，唉我憤火冲燒肝腸痛壞呀

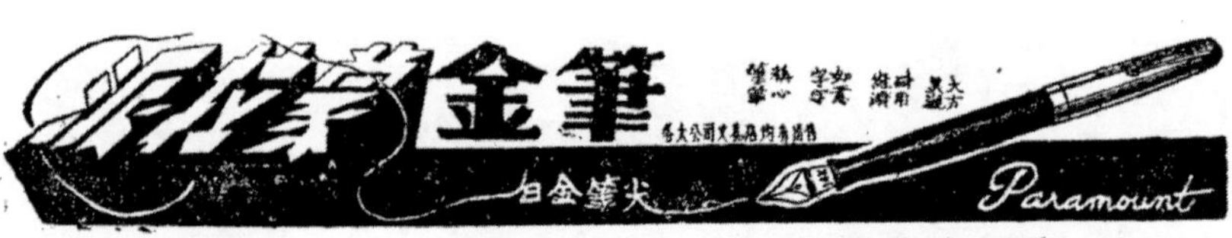

（生唱何日君再來）唉我勸嬌無謂咁翳，你都已經骨瘦如柴，若果再嘥條命唔徙，要放開愁懷，（旦唱）念記當初，只為儂父年老邁，愛君你才華就與儂擇配，付託於君，做對好鴛鴦，相倚挨，不離別無幾耐，你已娶裙釵，置我腦後如同草芥，（生唱士工滾花）哎，我把眞情表白，經已化解，你嘅悲哀，（旦唱半快二王）重話化解化解，化[illegible]大錯鑄成，難化解，（生唱）算我唔該唔該，（旦唱）唔該反悔婚事，太唔該，（二段）將我騙拐騙拐（生唱）騙拐終須證明，非騙拐，（旦唱）難猜難猜，難猜你的詭祕，難猜，（生唱）你重怨我無情，俾你當堂，嚟激壞呀，（旦唱老鼠尾）你都罪過大，累累到我無[illegible]賴，必中痛切惟怨惟怨受奇災，（生唱）嬌你未明我衷懷，聽我內容講埋，師妹都把我認為認為，立心腸歪，就任你執怪，（旦唱二王）睇你有何辯駁，只管盡講，出來，（生唱中板）我地個賢師妹，請你暫息那雷霆，念吓同窗，係三載，呢事都皆由，每當花晨月夕，同吟詩句，互相仰慕，奇才，我又蒙恩師，又不棄我傭愚，將師妹嘅終身，與我共訂那百年，嘅恩愛，（三段）我把那婚事，便向高堂稟告，（士工慢板）反要拆散，和諧，（旦唱）你嚴親，意何為，（生唱）佢話早已我兩人，有了私諧，在內，（旦唱）你應該，直說承師命，豈有姻緣不遂，反作恨海，無涯亞，（生唱龍舟）哎佢都不由分說，只有罵我唔該，我亦難違親命呢，迫要苦上心來，後至娶黃小姐過門，逼我把堂拜，我又恐妨你錯見，就噲把命來徙，無奈修書，命人帶，盡將衷情說話，稟上岳台，（旦唱叮噹）哎我尤如箭穿心懷，頻頻降珠淚來，已經爹爹哀哉，（生白）乜嘢話，（唱）老師已登仙界，（士工滾花）噯令我悽然哭壞噎，（生旦合唱）哪呀呀哪呀呀，（旦唱）唉你個罪名莫大噎，（四段）（生唱合尺滾花）唉今日弄成痛苦，（旦唱）都係因你而來，（生唱二王）妹你呢句嘅言詞，點解講成，咁古怪，我地師生情重，豈願與佢，分開，（旦唱）因為見了你個封書，佢就當堂，氣壞，咬牙切齒，罵你負義，不佳，（生唱蘇武牧羊）非關兄，忞心歪，害他喪陽台，我立誓共師妹，所約願同諧，（旦唱）奴奴自怨命，多有苦難捱，情願削髮自去參拜如來，（生白）唉我地師妹亞，（快中板）你不要灰心，來錯過，兄非禽獸，托人胎，雖則娶妻，無可奈，若然棄妹，太亞唔該，（滾花）我當你係玉葉牡丹，把金盆載，專心愛妹你賢淑，（旦唱）我又愛你高才。

3. 紅顏知己

新月兒

（頭段）（詩白）一曲魂消。別後寒燈籠隻影。十年春夢。醒來冷月照簾櫳。（餓馬搖鈴）哀悲歎似夢。唉心肝痛咯。看破紅塵。紅塵難過我再與卿共。來怡紅。哀蒼天向我弄。將鴛鴦送到。梵天來。譏諷。只聽呀聽呀禪房。梵鐘。（食鐘字轉士工慢板）聲嘹亮。觸起我前塵影事。月缺難圓。誰料三生。如夢。最傷心。長明燈下。推尋舊債。倍覺抱恨。無窮。（中板）唉我憶當時。邂逅相逢。你把秋波。輕送。（二段）瞬息間。寒暄細問。個陣初貫。情衷。一片心。估話地久天長（二王）從此我地朝同。夕共。既得紅顏知己。能不零涕。臨風。（下西岐）倚花中。同嬌戲弄。皆因愛情獨我鍾。今朝各西東。幾回淚滿胸。（二王）無奈小分離。成永別。每念前塵。常把淚痕。深種。（三段）卿死堪悲。予生更苦。從此泉台夜夜。使我欲見。無從。（乙反）今日遁跡空門。懺悔徬歎。如夢。卿容已矣。任他鏡破。塵封。（乙反流水南音）此後蔓草迷離。怕看你個荒涼塚。你重香魂飄渺。不知我愛情濃。（苦喉龍舟）

多少恨。葬在幽冥中。真是癡情薄命。兩相同。嬌你白骨長埋。快樂好比南柯一夢。可惜我偷生塵世。捱不住苦雨淒風。（四段）到底人骨恩情。試問今時何用。祇恨寒衾未暖。我就要忍痛別嬌容。（走馬英雄）唓吔愛戀盡變空。（重句）傷心淚滿胸。猶是盼望窗外月。空照小弄。猶是盼望窗外月而怨恨。到順從。蒼穹衾寒誰與我共。到燭台覺與淚俱送。（反線中板）我嘆今生。薄命鴛鴦。偶遇狂風。慘送。莫非是。茫茫孽海。致有遺恨無窮。我問句碧翁。你具何忍心。至令我離鸞。別鳳。深院裏。菩提鏡下。祇見慘淡。殘紅。（滾花）明月證前因。（正線）只賸得淒涼萬種。十年面壁。惟有恨寄絲桐。

4. 騎牛搵牛

大傻　斧月

（頭段）（旦白沖頭）喂喂喂做乜你騎左我隻牛去亞，（生白）喂喂喂咪咪咪盟住我條牛尾咋，（旦白攬）哦原來係亞傻瓜，乜你咁大膽，騎左我隻牛，累我從朝搵到晚，（生白攬）喂癩妹亞癩妹，咪個係處嚟反嚕，我趕住出省城個嗜，唔係就時候妥嘅嚕，（旦白攬）你有你出省城，騎左我隻牛就唔嗜，你重唔番落嚟亞，唔通你唔怕攢，（白）落嚟嚕嗎，（生白）喂喂喂，（旦白）快的落嚟，（生白）喂咪揸住我隻腳咋，喂喂喂哈哈哈哈，（旦白）嚕嚕你唔落嚟，我節節節節，（生白）嘻嘻嘻嘻，喂喂喂喂，鬼咁肉酸，的人人話你拉佬添嗜，（旦白）拉佬亞嚕，（生白）哈哈哈哈，（旦白）拉佬亞嚕，（生白）喂喂唔好喇，唔好喇，（旦白）嚕重唔拉到你，（生白）哎吔死喇，（旦大笑白）哈哈慣到個大冬瓜嗬，（生唱開屛西皮）真真悽慘，（重句）要鬭你一餐，（重句）你因何，咁反，（白）亞亞亞，你蒄親我個八月十七，整親我個舊尾龍骨，幾乎砍穿我個一添㗎、吱，（旦唱）哈哈喂喂喂喂鬼叫你咁強橫，（生唱二王）喂你砍親我個頭，幾乎流出，個的蚊飯，（旦唱）咁你因何偷我隻牛，你確係膽大，得咁交關，（生唱）你話我偷牛，大抵你唔知，我幾猛，（白）混帳呢的猛人都駛偷嘢嘅咩、豈有此理你話，（旦唱禾虫滾花）哼你猛得確係交關，（重句）週年都係呢一件豆坭衫，一定今朝未曾食飯，我話你完全唔臭米氣、戥你心煩。（二段）（生白）嘻嘻少見多怪，呢的係禾稈冚珍珠喇嗎，（旦唱）哼，你今日猛到偷牛，真係冇人，有你咁猛嘅喇，（生唱中板）我係一個大商家，行行都做過，而且做個幾任，大班，（旦白）飽死咯，（生唱）講到七十二行，我亦都曾經，曾經做過幾匀，老板，（白）呢的係事頭嚟嘅喂，（旦唱）喂喂睇真你個樣，唔信玻璃都要信吓個鏡，確係生得，幾咁非凡，（生白）哈哈靚係呢，（旦唱）望之不似人形，最妙蛇頭鼠眼，你居然相充闊佬，（滾花）喂喂喂喂也你總唔見厚顏，（生白）嘻嘻嘻嘻講到闊就唔及你嘑，（旦白）總之我猛過你多多，咪以爲你好贊，（生白）你你你也嘢咁猛亞，（旦白）本姑娘樣樣都猛，（生白）嘻嘻嘻嘻，都唔埋得個鼻亞，（旦白）唔埋得亞嚕，（生白）喂喂喂，（旦白）埋來節到你死，（生白）喂喂，咪郁手郁腳亞，喂，（旦白）籤死你至得，（生白）喂喂哈哈哈哈，（旦白）拿拿拿，我籤到你死㗎，（生笑白）哈哈係咯係咯係咯係咯，猛咯猛咯猛咯，（唱合尺相思）你你你確得係猛，（旦唱剪剪花）睇我盈盈媚眼，還攏月眉彎，秋波一泛，（生唱）待我又嚟贊你嘞，你真真靚得交關，似只鷄蛋，（生唱）點解亞，（生唱）似鷄蛋，（二王）你好似月貌，花顏。（三段）（白）吁吔你似一只樸完鷄春咁白淨咯，（旦白）唔失禮，（生白）你重有樣嘢靚亞，（旦白）有就快的講埋嘞，（生唱龍舟）嘻嘻你卜卜咁濕，（旦白）喂講得好聽的嚟嗜，（生白）哈哈你眞係濕嘅啫，（唱）你你個塊個塊、面珠登，（旦白）關你乜野事呀，（生唱）嘻嘻雖然唔關我事，之我見左你就暈，（白）吓唔知點解，我見左你我就暈浪個咯啫，（旦唱）你傻腦傻頭，今生你都冇份嘅喇，（生白）嘻嘻唏我我都想想，（旦白）想死呀，（唱）嗱處嚟講三講四，眞係乞人憎，（白）你自量吓咋，你乜嘢好呀，（生唱）唏唏唏，唏你淨係睇吓我個鼻哥，都有十年大運，（旦白）有嘢呀，（生白）一味夠大啫，（旦白）穿纏好，（生唱）唏唏若然你係嫁着我，（士工慢板）一定就穿金，戴銀，（旦唱）實在都唔知衰，撈去撈來，都係糊糊、混混，（生唱）不過我，係唔夠運，若果馬票高中，會把你，嚇親，（旦唱戲水鴛鴦）誰知你，怨唔夠運，你都可算傻人，望吓，成個光棍，眞正，你講得果然梗，（士工滾花）唉你若想發財，先要發奮，（四段）你須要勤勤力力，去謀生，（白）指擬中馬票呀，我話你都腎嘅，咁個個都中，重有人窮嘅咩，（生唱板眼）呀你吖說話，確係講得眞，果然夠見識，係一個傑出釵裙，我一向謀生，都算發奮嚼，行行生意，都盡力盡心，（浪裏白）吱不過我東唔成，西唔就，想話出省城，搵嘢做喇，我阿媽又叫我去騎牛搵牛喎，之就所以借左你隻牛嚟騎嘅啫，呀之唔知去邊處冇牛搵呢喇，（旦唱海南歌）你眞眞，眞係癲得很，（重句）你正係亞庚，（二王）你諗會呢句言詞，可算蠢才，得太甚，（白）騎牛搵牛唔係咁解㗎，（生唱）請你解釋明白，嚟俾我，知聞，（唱旦中板）卽係叫你去搵工，多少工錢，你又不必，嚟過問，若然係少呢，都要做落去，然後至向別處，找尋，（滾花）唉唔係叫你眞係去騎牛，好心你都唔好咁腎嘅喇，（生唱）哈哈哈哦原來係咁嘅，我眞係懵神神，（白）好喇我而家去省城嘞吓，請呀請呀。

5. 歸來燕

小明星

（頭段）（詩白）東風帶得歸來訊。重續今生未了緣。（下西岐）傳言遺約先。黃昏趨過軒。月未挂枝梢先來會愛鴛。故侶重見面。訴盡了歷年恨怨。相愛復纏綿。（長句二王）月重圓。花再豔。今後不須鴻雁遞情箋。怎奈久候花陰。猶是伊人。不見。眼將穿。魂欲斷。嫦娥竊笑。令我愧無言。滿目芳菲。更使我心情亂。念到悲歡離合。不禁意興。索然。（二段）（龍舟）情急煞。意難傳。溷誰爲我。寄語嬋娟。囑佢不用濃脂。塗粉面。更不用花黃貼鬢。在鏡前。（流水南音）須念郎心。千百轉。黃昏未到。已抵花阡。縱使素抹淡粧。來見面。檀郎未必。噲生嫌。（叮嚀）蟾華光輝滿園。頻移花影近簾前。疑是玉人隱約現。笑痴更自憐。（中板）我見花嬌。未見妹佢玉容。未悉是否如常。嬌豔。見明月。未悉伊人月貌。是否如月。一樣圓。我怯寒風。緊束帶兒。纔知到郎腰。已瘦損。（三段）遙相念。妹呀你腰如楊柳。一定瘦得。更可憐。露凝多。苦煞夜行。更望佢加衣。添暖。（鳳陽花鼓）我心如箭。佢共我相見。呌句妹妹你留心進步前。雪呀滑草短容易散。更要仆細石蹴金蓮。哥哥盼嬌相候不厭。（滾花）又聽得好似蹦蹦蓮步。令我喜上眉尖。張手抱玉人。忙親香臉。（沉腔滾花）噎吔做乜蒙茸可怖。哦原來抱錯小猿。猿罷猿。你嚇我何傷。休把紅顏嚟嚇欸。（迴龍腔）我寧呀願借仙法搖身一變。金鈴將嬌護伴。（二王）等你平安一路。來到踐約。藍田。（四段）任教風冷雪寒。冷不到玉人。分寸。崎嶇道路。妹呀你渡過。安然。我站候佳人。不怕露侵。足軟。只怕玉人不至。唉使我枯立。階前。（秋水伊人）情懷憂煎。

最憂愛妹抱病纏。難如約踐。見歸燕。不獲天公見憐。介微軀相思染。紅娘在那邊。怎得爲寄言。（三字經）魂斷始歸來。相思仍未斷。心頭如鹿撞。忐忑在心田。願學尾生抱椅。（滾花）縱使候到天明。我誓不回家轉。呢玉人果不負我。你睇佢蓮步蹁躚。

6. 大鄉里艷史

劉克宣
源豔秋

（頭段）（丑唱八板頭）眞眞合算。桃源來避亂。好在有貨在身邊。孤凄睡不暖。床頭人遠。徒嗟好月圓。（旦唱紅荳子）叫句。先生。飲乜嘢茶。都好便。待奴與你。冲盅。快的開言。（丑白）哈哈亞大姐我要抱你呀。（旦白）咪。你開胃咯。（丑白）哦。嗇洱呀。不過我地鄉吓聲啫。（旦白）哦。咁你死先重好嚟。（丑白）喂。乜你咁黑心呀大姐。（旦白）唔係。不過我介紹你飲水仙啫嗎。（丑白）哦又算你把口出得公。（旦白）我咪。（丑白）道呀。（唱二王）哈睇你態度咁消魂。我一向在於鄉間。小見咯。（旦白）喂。乜你眼光光咁樣喫鄉里。（丑唱）嚟嚟多煩你嚟搵吓。共我解渴。爲先。（白）唔知點解一見你呢。就鬼咁頸渴嘅咯。哈。（旦唱蘇武牧羊）你眞新鮮。確新鮮。你妄想夾糊言。（丑唱）我話你重新鮮。嬌肯可人憐。我往日頭在鄉裏。鰥寡十多年。成就美眷。我預先問吓你定價幾多錢。（二段）（士工慢板）等我從中。計算。（旦唱欖）我唔知你問乜價。只共你講茶錢。呢處係卡位。每盅一毫算。（丑白欖）乜話成毫子盅茶。呢躺就唔得掂。毫劵換大洋。不過一五算嗜。（唱士工慢板）若果整其炒麵。豈不是要我番去。賣田。（旦唱）咁樣計起嚟。的確計唔掂。（丑白）我唔係享金山番嚟嘅嗜。（唱）茶價咁高昂。點敢食其。飽點。（旦白）咪咁孤寒嘞。呢處好靚大飽嗜。試吓嚟。（丑白）咦依亞大姐你賣大飽添咩唔。（旦白 係呀。你要唔要啫。（丑白）哦你俾我就要咯。（唱）我又問一聲。是否新出籠嘅呀吓。（旦白）成毫子個喫鄉里。盞嘢嚟嗜。（唱）之恐怕一盅兩件。就等於食去。幾畝田。（丑白）哈哈。係你賣嘅。唔係有手氣嘅呢。我就話唔貴。不過我話的茶價就貴左的嘅啫。（旦唱龍舟）若果你早晚到嚟。重反爲慳錢。因爲早晚的茶價。只收七仙。（丑唱）哦點解晏晝的價錢。又噲改變。（旦唱）皆因貴客多嚟。就要增加的價錢。早晚個的客人。比較下賤。（丑唱）咁好在我晏晝嚟啫。唔係我入咯祇值能七個仙。（三段）（白）大姐。你都幾好生意嘅嗜。哈哈哈。（旦白）咪。關乜我事啫。（唱）講到生意近來。的確係事頭婆炒蜆。時時埋喫。（二王）做到我手軟。骨痠。（丑白）全靠你辛苦至搵得到錢啫哈哈哈。（旦唱）好在富客常臨。多數埋單。賞面。（丑白）我重估你要心嘅。也要埋個面添喫。（唱）唔嫌我面皮打摺。亦可以來奉送。褫前。（旦白）車。人地賞面就手震咁解呀。（丑唱）雖則我幾十歲人。體魂重非常。強健。（白）我隻手都未曾震震貢嘅嗜。（旦白）嘻嘻手震卽係打賞的招呼錢。俾過我地呀。（丑唱）哦。你肯招呼我就做得到。你鍾意我。俾幾多就俾幾多嚟唎。（唱戲水鴛鴦）如果你。行方便。我都不計錢財。共你顚。唔噲點怨嘅咯。（旦白）好心嘞。咪個將人騙。（丑唱）任就任你要只要還吓心願咯。（旦唱）多多益善相親相愛有心唔變。（丑唱二王）假若得成好事。我就擺酒咯。擺到全村。（四段）（反線芙蓉腔中板）大姐咁有情。攪到我心軟軟。（白）俾你攪到我個心軟晒咯。（唱）人話但求心愛物。不計杖頭錢。你可以隨便開聲。嚟問我攞錢。我常常個準備。三幾千元。（旦唱）你老餇風流。係堪讚羨。我感君你誠意。（正線士工滾花）一定共你痴纏。（丑白）喂坐落飲杯茶嚟傾唱先喇吓。（唱）咁一諾千金。等我解開個兜肚荷包。贈你白銀成卷。（白）哈哈。嗱。愛左佢噃吓。（旦白）多謝夾盛惠咯噃。（丑白）嗱食嘢啫。好靚嘅嗜春卷。唔嚐又臘腸卷呀。好味嘅嗜。（旦白）好咯你食喇。（丑白）噎也我俾你唔怕食。駛乜怕醜啫。（旦唱）怪不得老人心事。面面俱圓。（丑白）的後生仔就靠唔住嘅嗜。（旦唱）現在時間無多。請你明天至再見。（丑白）咁呀。咁我走咯大姐。嗱你記得嚟嘹嗜。（旦白）你都好行呀吓。唔送咯嗜。（丑白）唔駛送。唔駛送。（唱）唅勢唔估享到呢處。掘到枝嫩蕻。天咁爽甜。

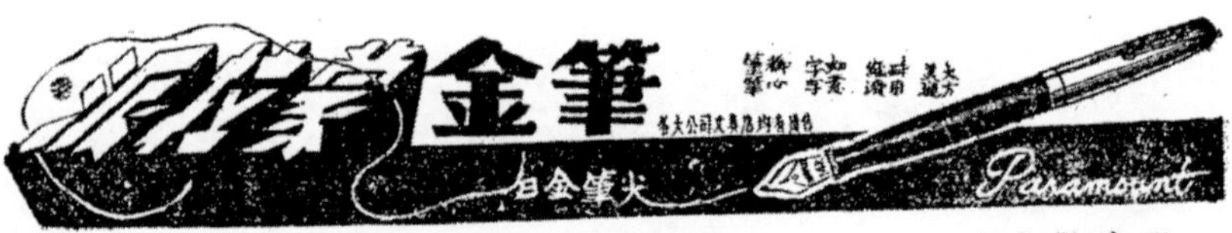

7. 滿園春色

譚伯葉
新月兒

（頭段）（生唱板眼）呢娶妾侍。用錢太多。算來至好。係娶個番頭婆。講到扭擰數個屑。就唔似我咯。一陣媒人嚟到。我就噲商磋。（丑唱）噎吔叫聲亞大相。我嚟左囉嗜。你駛人去搵我。所爲如何呀呀。（生唱柳底鶯）亞二叔婆。（丑白）吓。（生唱）我專心相請你來。（丑白）做乜嘢亞大相。（生唱）想娶嫦娥。（丑插白）唉吔。好彩我帶埋把大葵扇至嚟咋大相。（生唱）喂我唔係要新鮮貨嗜。（丑唱）明白咯。既係。尋二水嘅老婆。我隨便噲辦妥。（生插白）亞二叔婆。（丑白）吓。（生白）喂我要娶好多個至夠嘅嗜。（丑唱）你要幾多多。（生唱二王）我預算娶埋。至少有十個。（丑白攬）哚邊處有人娶咁多㗎。眞係有你咁傻。不如正經娶個妾侍。重較爲好過喇。（生白攬）哈哈呢種新思想。係我特別把天荒破。喂其中嘅利益。確係講唔晒咁多㗎。駛幾百銀娶個妾侍呀。我都娶得十幾個咯。我慳番花轎輿及人伕。又少左的親朋嚟恭賀。嚟恭賀。（二王）可以魷魚炒吓蝦米。循例拜咋。太公婆。（白）唔駛擺酒喇嗎。（二段）（丑唱）唉吔至少都要劏鷄。請番個的親房。個幾個。（生插白）咁就慳得多喇。（唱）入地燒猪番面。佢就梗係。食燒鵝。（丑插白）唉吔。燒鴨都得嘅咯。（唱）亞大相你咁聰明。想到淸淸。楚楚。（生插白）呢的係經濟學喇嗎。（唱）但有文君新寡。你就着意。搜羅。（丑唱送情郎）我隨時。都有相片幾個。俾你睇眞邊個係美嫦娥。（二王）包管你商量。到妥。（生唱）咁就拈來我睇吓。（丑唱）嗱我屋企重有。（好多。生唱二流）長句拿呢一個。好似大山婆。眉如掃把學人送秋波。水蛇腰。草鞋園不過。後便孭住一隻。大桑籮。（丑白插）呢的係叫做鴨蹄臂呀嗎。將來好生好養亞大相。（生白）唉吔嚇親我咯。（丑唱）呢個又夠娉婷。夠婀娜咯。（生唱）好在黃瓜面。兩個猪肚梨窩。龍頭蟹眼獅子鼻哥。確係無人。比得過呀。（三段）（丑插白）唉也鼻大至好呀。女子以鼻大爲夫星呀嗎。他日旺夫益子架。（生白）我咪拘咯。（丑唱）講消魂。嗱呢個都唔錯卦。（生唱）牙如鋸齒脚似泥鋤。最弊們對風兜耳朶。（轉滾花）一定將來要抵肚餓。（丑白）唉吔乜你咁懺古㗎。嗱嗱嗱重有個電摩登頭髮嘅。（生唱）車。重弊過旱壞乾禾。（丑唱秋江別尾）我再有大把咁多。夠晒靚。你樂於去拍拖。隨你喜歡合心結諧和。隨你喜歡合心結諧和。（生白）係咯。同我揀幾個喇二叔婆。（丑唱南島春光）吃痴利事利事。（生唱）未有住。你妥辦事。一於出心封多的。令你實滿意嘅。（丑唱）確要通氣。孝敬媒人。有你便宜。（生唱）確係確係。（丑唱）等我用神。挑正至入園。一氣十人。娶晒佢入門。（生唱）擸板喇聽鬼。你未明計劃。如係個個娶晒人嚟。（二王）俾佢食窮。我的家底。（序）我邊處有咁多柴米呀。（丑唱）咁你有何嘅計劃。可以免至。話斷。（生唱龍舟）我先娶兩個嗜。當係一妾一妻。慳番使媽。你話幾咁便宜。我每個駛得一年。我就夠本有利囉嗜。（四段）若果佢嫌辛苦。我就又任佢溜之。走左一名呢。我又娶番一位咯。咁就輪流換轉呢。聽得口味新奇。（丑唱中板）呢你細思量。女子失節重婚。或者非由。佢嘅願意。呢古語都有話。巧婦難爲無米之炊。大概你聽過。呢的言詞。得到再嫁郎。感你惜玉憐香。立志堅持。不二。佢總總唔走。你所行主義。個陣你點樣。施爲。（生唱毛毛雨）若果佢宗旨。決心無動移。咁我應該。傾心共扶持。總要。大衆共謀養生計。喜歡欣。至易過一世。（丑唱三腳櫈）大相你講來。合情兼合理。彼此都同人種。互相要提攜。總係世界咁艱難。謀生非容易嗜。你一人養幾口。確係（滾花）好難爲。（生白）噫吔好好好。（丑唱快中板）自古同舟。須共濟。何況一家。咁大問題。女儉男勤。能興起。夫和婦順。兩情怡。再醮婦人。（滾花）最要抱持呢個主義呀。（丑唱下句）我亦願男人嘅觀念。噫吔個個學番亞大相你。咁心慈呀。

8. 魂斷藍橋

徐柳仙

（頭段）（小曲）魂斷聽烏驚喧，似替哀念，恨更添、歸燕，春風笑添，故燕不見，又令腸斷，（白）唉，（哭相思）哪呀呀哪呀呀呀能了妹妹（長句二王）委花鈿，沉脂豔，可憐玉碎，誤藍田，重履藍橋 更使我追懷，故劍，（龍舟）記得當年邂逅，在橋邊，護花爲憑，藉親香豔，慇懃護送，不避瓜李之嫌、知你抱着歌衫，名馳藝苑、借謌周郎顧曲，訪此藝海明娟，歌罷之餘，共我尋歡宴，（何日君再來）重賠將郎袂牽，訴心田，對人強歡，背泣淚漣漣，賣歌歌舞苑，奴亦曾厭倦、那得有才鴻貌美情郎，若使君，共作雙雙，恩深愛篤。（二段）（流水南音）我話今生何幸，得此美人憐，自謂戎馬關山，曾歷遍，生怕征人不壽，誤嬋娟，佢話擬心但得，符所願，符所願，（滾花）眞情有托，生死何嫌、忙議婚期（下西岐）期爲明天，于歸初篇，正謂賦得關睢恩情並兼，那知到未符冀念，半夜接急令傳夜上火線，不獲別愛遲延，（二王）寄語紅娘，囑到江頭、別餞，奈時太短，未許阻滯，證船，嬌你趕到之時，（乙反）我呢個癡郎，已去遠。（三段）（反線木蘭從軍）遙見阿嬌似悲酸，揮巾遙別，手震顫，涕泣莫訴言，別離故鄉愛入莫見，（白）唉妹妹呀，（快中板）征人苦戰，又經年，奏凱榮歸，心歡忭，江頭重會，姐嬋娟，心喜故人，無恙損、肯憐舊誼，迎我歸旋，（滾花）估不到佢另有苦衷，竟懷死念，（昭君怨）爲噩耗誤傳、疑我命喪在戎邊，癡心愴傷惹惡病纏、歌聲帶咽，撕毀舞扇，遂遭失業之變，（乙反二王）窮愁交偪，都不堪環境，移遷，（乙反戀壇）志變亂、忍羞竟作出牆杏花鮮，委棄在路邊，已經不似舊時妍，遂謂已污賤，豈堪匹配當年舊愛鴛，羞與恨並煎，遂畢生在橋椽。（四段）（乙反二王）怨阿嬌，何不告我眞情，徒出此犧牲，手段，吱玉人何罪，畢竟罪在，郎肩，（乙反三字經）無計返香魂，徒增郎罪愆，郎雖非薄倖，唉薄倖已名傳，（禾虫滾花）恨無言恨無言，不堪回首立橋前，水縱無波人影亂，何時湧現嬌你嘅貌嬌妍，日日到此橋頭，追億妹呀你嘅容光，十年不厭，魂不遠，魂不遠，應念癡情心未變，歸來依附慰心田，妹縱悄郎應得怨，須知我十年不娶，爲踐當日明言。

9. 梅知府

胡美倫
半日安

（頭段）（生怒白）好胆，好胆呀，（唱了緣曲）兩賤婦，太可惡，暴兇似虎，無辜，無辜，來痛罵我，難恕罪過，問你知無，（旦白）丕，（唱木蘭從軍）你的可惡官差，偏要激人怒，今天我共少姑，探監入禁牢，被佢攔住要攞便宜說話太粗，（生怒白）可恕也，（唱滾花）既係役差不仁，你可在公堂來告，又唔應藐視，將我痛罵一遭，（旦唱）我勸你低的聲喇，莫把阿儂觸怒，（生唱）混賬，（旦唱）我三言兩語，就要你割下頭顱呀，（生怒白）丕僂，（唱起連環西皮）碌眼吹鬚，碌眼吹鬚，罵聲婦人咀利，過刀，（旦白欖）亞梅知府呀梅知府，你唔駛咁氣怒，如果認低威，你個官位還可保，如果講沙塵，要你當堂就甩鬚，你就甩鬚，（生唱尾腔）噎吔吔你可謂胆大生毛呀，（旦唱蘇三不要哭）奴奴未必要驚怕一個，區區知府，（生唱）爺爺問吓你底細，究竟邊一家之婦，（旦唱）如論你嘅官卑，只配作下人做，奴奴若說了家世，嚇得你心驚胆都有。（二段）（生怒白）唏，（快中板）你猛拋浪頭，將我嚇倒，本官鎮靜，懼色全無，你何姓何名，（滾花）快來直告呀，（旦唱）我地衙頭講出，嚇得你大震敖敖，（生白）定的喇，我自小嚇大㗎，（旦唱龍舟）吏部天官，就係奴的祖父，（生白）眞係拋我㗎，（旦唱）父為閣老，現在京都，（生白）咁喬咩，（旦唱）我地家母係皇姨，叔係太保，兄為御史咯，伯父係傳臚，（生白）喂唔係卦，（旦唱）三兄按察，大抵你都知名報，（生白）嘩，（旦唱）今年陞任，往江蘇，（生白）眞係嘅，（旦唱）我地二兄正直，將朝護，（生白）有命喇，有命喇，（旦唱）當今太子呢，都係佢嘅門徒，（生白）咁呢囘就撞正特咯，（旦唱）奴係廷蟬，排到第四，（生白）實死咯，實死咕，（旦唱）布政倫郎，係我丈夫，（生白）重有命咩，（旦唱）你芝蔴綠荳，咁大粒梅知府，（生白）是是，（旦唱）眞驕傲，將儂來欺負，（二王）莫非要儂拆屋，避你隻有爪，蟧蟧呀，（生白）唉呢囘我好似亞崩咬狗虱咯，（唱有序中板）我撞板撞正呢一鑊客，（旦插白 喂唔駛震㗎，（生唱）呢慌到我當堂標冷汗，（旦插白）睇見你個樣就衰喇，（生唱）原來佢一家，個個都伴君皇，（旦插白）你係知府大老爺，重有唔遲咩。（三段）（生唱）若果將我奏一張，不難條命喪，條命喪，（二王）便向夫人請罪，立即跪倒，公堂，（白）眞係對唔住喇夫人，（旦唱）現在我去見上台，告你為官，混帳，（生白）千祈唔好呀夫人，（旦唱）話你欺凌女子，個陣你罪大，難當，（生唱下西岐）我為人唔啱想，我言中多錯講，獲罪已深激嬲夫人實惡當，要請你原諒，切莫見左上台直告於我，使我幸免徬徨，（旦唱士工慢板）咁你還須，答允我一件事情，或者可能，輕放，（生白欖）夫人既有命，一定唔敢推搪，（旦白欖）我地入嚟企左咁耐，首先要你招呼妥當，（生白欖）造得造得等我親手搬兩張公座椅，夫人與及小姐請坐上喇，（生白欖）而家我又見喉乾嗜，（生白欖）造得造得等我去斟茶，兩位飲左先至講喇，（旦唱士工慢板）若果你當時，係如此優待，就不致慌了，一場。（四段）（生唱）好嚟請問夫人，究竟有何事，可對下官，細講，（旦唱）我今天，緣因為，我地姑娘有事，陪佢來到，衙堂，（中板）佢個丈夫，（生白）邊個呀，（旦唱）就係蕭氏永倫，不幸身遭，寃枉，（生白）咁就係呀，（旦唱）聞聽他，（生白）聽見乜嘢呀夫人，（旦唱）三天之內，就要推往，法場，唉故如今，（生白）想點呀夫人，（旦唱）佢就不畏艱難，要把個位郎君，嚟探望，（生白）應當，（生唱）

ABC
內衣

ABC
童裝

ABC
工裝

南京路五六二號
電話九一〇六五

中國內衣公司發售

質料上等
式樣新穎

ABC
西裝用品

ADA
襯衫

BOB
皮鞋

煩府知，（生白）點呢點呢，（旦唱）同行引路，帶我地入去，監房呀，（生唱三脚橙）你吩咐下官。我當然辦妥當。我命人共齋公子，換過的好衣裳，打掃過的地方，等候夫人往，（旦唱）重要你鋪毡和結彩，一路鋪到監房，（生唱快中板）由我招呼，唔在講，破開條例，也何妨，（滚花）待我把香茶，嚟奉上呀，（旦唱滚花）你還須記住，不可遺忘呀。

10. 秦樓鳳杳

張蕙芳

（頭段）（雨打芭蕉）悲我嬌卿紅顏多薄命。唉飄飄零零。當令到我憐同病。觸景。又怕聽。鵑聲虫鳴。魂夢後拋透紅荳相思詠。唉凄凄凉凉悼戀情。（反線中板）我恨今生。年少無知。誤入情關。孽境。枇杷巷。絃歌夜夜。眞果是樂意。忘形。遇嬌娥。一見傾心。就把情緣。早訂。同心結。毋須月老。惟有係偷繫。紅繩。（賣相思）每每於夜闌寂靜。賞花芳徑。唱歌相應。歡笑未停。最樂處談情。舉杯相傾。醉後撲流螢。夜深天未明。（二段）（白）憐香惜玉太聰明。到底聰明又誤卿。無限歡娛無限恨。一朝永訣。（柳底鶯）隔幽冥。唉高聲呼你名。唉低聲呼你名。嬌呀你既有靈。噎吔爲何未聽見來喚應，痛恨。我卿太薄情。哎枉我量珠十斛聘。（苦喉龍舟）花有淚。鳥無聲。一坏黃土。葬娉婷。嬌呀你金粉長埋。原天定。賸我寒燈隻影。意如冰。我欲情比綿長。難得鴛鴦同命。你更命如紙薄。試問何以謝我深情。（乙反慢板）記否醉罷玉樓。共把前因。暗證。當日紅綃帳裏。嬌偷細語。叮嚀。（乙反流水南音）你重話地久天長。共訂關睢詠。我欲金鈴十萬。護雲英。所幸你寄跡在青樓。不是楊花性。（三段）紅箋夜夜。對我喜逢迎。（正綫二王）哎誰料紅日難留。彩雲易散。藥乏靈芝。難挽嬌嬈。一命。半盞阿芙蓉。哎數行離別字。餘思未盡。遺下了零賸。脂粉。（叮嚀）何時與卿一訴情。何時再會織女星。（二王）昔日歌聲。今日悲聲。鳳去樓空。惟望蓬窗。吊影。舊夢無痕。噎吔新夢又無痕。每念新愁舊恨。難禁珠淚。盈盈。（何日君再來）愛卿同時又怨卿。怨卿今世負我情。怨卿紅顏命太輕。紅淚凝成。共衾心暗傾。猶擢違抗天命。（四段）怨只怨鸞儔未訂情。離別我卿。爲我卿卿。香銷太不應。錢亦能買嬌命。怨卿何嘗未愛卿。愛恨存郎心苧。（中板）此後爲卿悲。更爲卿愁。恐怕爲卿。你成病。猶是寒宵夜。更籌細數。又令你觸景。傷情。哎我哭亡魂。縱使哭碎我心。味呀你依舊魂歸。無定。恨只恨。楊州夢覺。贏得一個。薄倖名。（士工滚花）我拋別未顏。此後塵世偷生。日夕惟有紅魚青磬。多情偏多恨。是否多情誤我。抑或我誤嬌卿。

11. 豔曲凡心

新馬師曾
上海妹
合唱

（首段）（旦唱梵腔催請）來生。今生種因。追前世因。大概無修行。爲何今生。大半世經房自困。（戒定眞香末句）噎唷呀唉善。呀唉隆。喃嘸。呵……心憤（中板）唉。我拜佛本非情性近。梵經懶誦只傷神。辜負青春。情殊可憫。（生唱南音板面）凄凄怨楚不成音。聆凄韻。佢誦來恨滿心。悲不禁。怨深深。噎吔爲乜棄紅塵。對紅魚伴佛前。燈撩心坎。嬌聲決必是玉人。雲鬟霧鬢空想。我

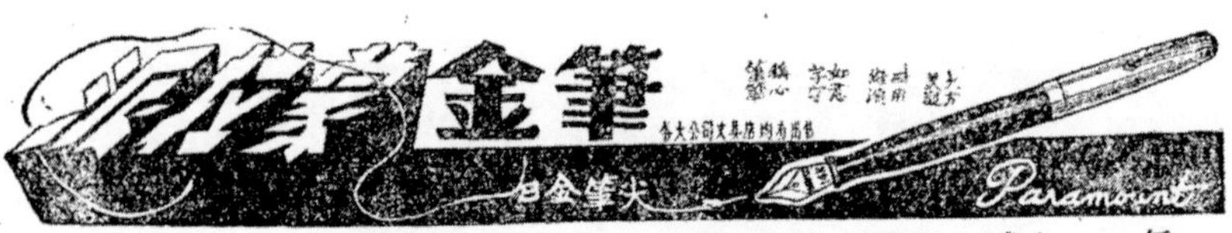

無許能見隔離人。傾談緒悃。可知我爲你幾添惆（南音）惆悵甚。只爲隔牆人。隔牆人怎能梵音。月下正宜歌豔韻。我就把冰絃輕抱。（二王下句）聊效司馬。挑琴。（二五）（新譜夜合花）

士　上尺工上　尺乙士上尺工上　尺工尺上工合乙　尺乙士合　合士上　尺工尺合六　凡工六工尺上　工士上尺　尺乙士乙士乙尺
晝　闍　春深開情擾　夢魂　難共　鴛鴦枕誰假　翡翠　衾

五工六　生五六工六尺　尺工合乙士上尺　工合　上工上尺工上　上尺工上　工上工上工上乙士合
苦煞了　孤零人　廣寒春　情難　禁　神仙猶愛猶愛軟紅塵

（旦嘆息白）唉。聽到我心都亂咯。（生插白）係咯係咯。（旦唱鴛鴦二流）惹新愁。挑舊恨。情歌豔韻動人魂。禪心難受凡思引。願把袈裟換繡裙。（生白）係就好咯。唉。難怪嫦娥猶有恨。（生唱減字芙蓉下白）我跨牆相探望。花顏看個眞。（旦插白）噎吔你點解會擒上睇嚟人嘅啫（生白）我愛得你太緊要。（旦接唱下句）君本讀書人。做乜咁唔立品。（旦插白）你唔怕嚇嚟你。（生白）嗌都係咁話。（生續唱）我爲親嬌顏色。處罸任釵裙。（中板）我知年少修行。多悔恨。凄涼猶對佛前燈。半生辜負衾和枕。每欲飛來。慰玉人。（三段）（生唱）嬌呀我想過牆來。究竟你肯唔肯。（收掘）吓。我過嚟好唔好啫。（旦禿頭滾花下句）噎吔紅顏心事。却被知匀。禁不住答答含羞。來檢衽。君肯憐儂薄命。欲却都不能。便請跨過牆來。一訴相思積悃。（掘白）琴心剔動禪心恨。（生白）今夜蓬萊會太眞呀。（生唱小曲平湖秋月）你知否情郎眷想入夢魂。甘心拜倒石榴裙。幸我得近愛卿。相思化爲塵。（旦接平湖秋月）聽你纏綿韻。纏綿韻。夜夜琴音偏挑引。（轉士工慢板下句）致使禪心有恨。係我偸悔。修行。（生唱士工慢板）一曲鳳求凰。惹得卿憐憫。好比司馬文君。唱盡了風流。豔韻。（四段）（生續唱）願和卿。諧好夢。（旦轉唱二王）可惜我桃花命薄早已拋棄紅塵。（生唱秋江別中板）唉。卿卿你。自苦太深。（雙句）寧負青春棄紅塵。（雙句）（轉反線中板）你落在空門。眞可憫。憐卿麗質。本天生。今晚結子同心。敢向卿卿贈。（旦接反線中板下句）估不到蓮花座下證鴛盟。我除下袈裟重傅粉。（生滾花下句）今夜好比風流必正。私引妙嫦奔。

12. 梁紅玉

薛覺先　譚蘭卿　合唱

（首段）（生唱）（首板一句）風霜飛亂（雪中天）

尺反尺上乙上合　上乙上尺反尺　上乙上　士合反合尺上尺反合　五六五六　尺
風　滿　天　雪　滿　天　金　甌

反尺反六　五反六反六士上　工六尺工合工合士乙　工六尺工尺乙士反工反工尺乙尺工上尺　工乙六　工六尺工尺合　士乙尺士
缺不　圓　英雄淚　豈等閒得見　今日洒　向中　原

乙三五反尺工六尺工劍六 乙五鋒六工尺芒乙尺士乙斂尺 乙士如合士今乙尺歸乙士去合工也合 六反恨工尺工 對六誰尺反工尺工乙言尺 工六馬尺上乙尺幾六 工六番尺工

腸合工合士斷乙 更尺苦工雨乙士雪乙工風尺工合士合士乙尺酸士工尺 馬乙尺不工六工尺乙尺前士 反工入尺乙尺工想反工反工倦工 反工反工 更反悽工 反工 反

工尺上 尺上乙然尺（旦唱永別了）先尺嚴合從士乙前尺也六位工尊六工嚴尺 紅合顏合時合士倘乙士乙幼尺 兵尺書尺乙曾士授乙士傳合 遭六家六工變尺 父乙受乙乙戳尺 為工招六怨尺

奴尺縱六賣工作六尺工燕六 遺尺訓六今工 尺猶士未乙變尺 夜乙夜乙把尺兵工 六書工尺讀工 尺念乙士忙合士誦合研

（二段）（旦念書白）依山佈陣。傍水結營。知己知彼。百戰百勝。為將之道。賞罰當明。（生滾花）怪此紅樓妓女。也解兵法機玄。心為好奇。不妨偷窺粉面。（旦唱小曲）掩六掩六掩六 掩六掩六掩六 為工免六花五教六狂尺蝶工見六 紗六工窗六工蓋上工掩尺（生唱二王）我非登徒好色。何偏惹此非禮嫌。此生未履勾欄。豈願在此徘徊。留戀。只為風寒雪暴。征馬不前。一俟風雪稍晴。容當離院。（旦唱）估道狂蜂浪蝶。不顧禮廉。不道試馬英雄。為避風刀雨箭。寒衣稀薄。睇佢瑟縮寒簷。忙把窗房推開。分光送暖。（生白欖）風片片。雪片片。深感紅顏動慈念。〇為憐雪中人。紗窗為不掩。玉臂恐寒侵。我累人實不淺。不若重為掩紗。聊報心一點。（重句）（旦白欖）門外雪風寒。不及室中暖。壯士既難行。奴愿為方便。（重句）（生滾花）久擾玉人清地。何敢更望格外矜憐。況且我慣歷風霜。何懼此雨絲風片。（四段）（旦唱士工慢板）胭花地。瓜李何嫌。或者青樓汚濁。未堪雅士。流連。奴本意。重英雄。非欲賣笑拋情。但願綠謀一面。（生唱反線中板）念諏生。不是風流子弟。更與脂粉無緣。感主人。款客情深。又何忍拒人。千里遠。曾偷聽。佢把兵書研誦。諒必是個有志嬋娟。趁此風雪宵。正好作知己長談。（滾花）更一避嚴寒威簽。（旦唱）待我把銀燈捧出。照君你入簾。

13. 一枕香銷

「吳一嘯撰曲」

小明星獨唱

（首段）（開邊白）唉。卿呀。（小曲戲水鴛鴦）苦我重歌唱。愁怨調。嘆卿一縷柔魂已消。人渺影渺。孤獻笑。恨今宵。不見花容俏。問呀問句卿知否愛情恨。生生世世。他生再世都難了。（轉反線中板）嘆一句翠竹紅桃。零落了。生離死別。兩迢遙。鴛鴦夢短。誰會料。一度魂消。魄亦消。說甚麼金屋落成。藏嬌小。說甚麼佳人眉黛。替畫描。問卿是薄命紅顏。（轉二王）還是小生。不肖。（二王）（轉胡姬怨中段）悵恨終宵。痛苦。難描前年舊夢。夢抵藍橋。想像桃花依舊笑。（食笑字轉二王）笑人孤零。竊恨秋月。

無聊。昔住武陵津。妹妹是芳鄰。兩少無猜。早學畫眉。京兆。蘭花螺髻雲千縷。桂葉娥眉月一灣。投贈難求雙玉玦。訂盟恰在。花朝。人同月媚。人似花嬌。未掩天眞。愛作投懷。小鳥。(三段)七月七夕是佳期。適逢牛女。喜渡。鵲橋。(轉南音)花燭洞房承色笑。瓊樓弄玉喜吹簫。鈕扣兒鬆衫卸了。(轉苦喉)又豈料情根化恨苗。傷心一枕桃花淚。只爲弱質柔魂逐漸消。縱有萬種悲衷難說盡。唉。天醫難挽。卿你裊命一條。(拉腔)(乙反二王過板)緣何愛果。不種自情苗。不禁冷落枕衾無人言笑。鏡破釵分不再渡鵲橋。已斷鵲橋。懷我玉人。記玉人。我恨煞朝來杜鵑叫。(四段)(乙反滴珠)空憑吊。枉低徊。隻影無雙怕向長門。眺瞻。愧我蕭郎福薄。情海。生潮。(轉二王)今晚月影半沉。唉。紅鶯。聲悄，(食悄字轉新譜了恨詞)

上尺上士合工合士上　六工尺上六工尺上　五工六五五六　五工六五五六工尺尺　尺工尺工士　合士上　尺工尺工凡六工　五工五　六
悄悄來憑吊　低聲要把卿卿叫　今夜我悲悲悄　今夜我添寂寥　怎得畫裏人　到　慰慰春宵　昔日佳

工　尺上尺上　尺工六五六　工尺工六尺　乙士上尺士上
麗　一了千了　魂纖香銷　心凄苦　月缺花落了(轉二流)我怕簾櫳寂寂(士)我恨風雨蕭蕭(尺)我嘆帳落沉沉(合)我

傷玉人渺渺(上)(拉腔轉合尺滾花下句)唉。十年但作孤燈夢。(士)都只爲種恩情一夜銷。

14. 拷打紅娘

(吳一嘯撰曲)

月兒
上海妹　合唱

(首段)(紅娘唱銀台上一句)又聽喚身抖抖。(轉雨打芭蕉)無限憂。直是無限憂。惹起上嚟惡干休。芳心驚透。(士工長句滾花)呢觸眉頭皺。(雙句)至怕畀夫人來追究。一定個裏春光曾洩漏。如何說話問心頭。唉唯有巧語花言。將無作有(白)參見夫人。(夫人怒白)噎吔。你個小賤人都算好事多爲略你(連環四句)眞心翳(雙句)罵聲賤人。你知罪否。(紅娘沉腔滾花下句)噎吔吔我不明不白霧水一頭。(夫人三脚櫈)係呀你去西廂做把守。當然會霧水一頭。(紅娘三脚櫈)實在樣樣都與我無關。望夫人你認眞嚟研究。(夫人三脚櫈)你一味牙尖咀利。重享處撚滋油。(轉快中板)你快些講明。還可宥。若然唔講。冇情留。快的把家法擺開。嚟侍候。(坑腔收掘唱白)家法侍候。(紅娘白)噎吔夫人你駛乜嚇。又駛乜家法嚟侍候。你向紅娘問根由。我就向夫人道根由係喇。(士工慢板板面)(夫人忙催白)噉就快的講喇。(紅娘唱士工慢板)請息雷霆怒。待我說因由。(夫人唱士工慢板序)言詞一句莫遺留。(紅娘唱曲)小姐倦繡停針。聞得張洪病久。(二段)(夫人白)聞得佢病就點至得㗎。(紅娘白)噉我就同埋佢我去問候。(夫人白)問候問候。噉點解問病卜夜而不卜晝呢又。(紅娘白)因爲日來多眼見。夜裏少担憂嗎。(夫人白)你兩個都算胆大略噉見左張生有乜野說話講至得㗎。(紅娘唱)噉就夫人你再聽喇。(唱慢板下句)張生喜變憂。佢話夫人恩作仇。(序)良緣反悔恨悠悠。(曲)好似過橋抽板。致令到宿病難瘳。(夫人接唱)我窮追究。你講嘢莫輕浮。(唱序)後來點攪法道其由。(紅娘唱)(曲)張生叫小婢先行。又叫小姐權時落後。(夫人白)噎吔噉重了得㗎咩。(小曲雨中花)男女不親授受。點可以權時落後。眉一皺。計上心頭。務把紅娘追究。（夫人白）佢留喺處造乜嘢呀又。（紅娘白）大約都係醫病卦（夫人接唱）佢又唔係囘春聖手。又唔係醫界名流。醫乜野病呀。問乜野候。你地分明有別謀。（夫人龍舟）唏唏我越想越火起。越想越心翳。佢係紅花閨女。點可以立亂勾留。究竟有冇苟且行爲。你知道否。（白）你知唔知快講我聽。（三段）（夫人白）快講咯（紅娘接唱龍舟）我都唔知唔見。佢地自有春秋。因我爲外廂來等候。（夫人前腔）至怕乾柴凭火。兩個都愛風流。我思疑佢寡女孤男。（略停住一聲）都怕噲有。（紅娘白前腔）有都唔定呀喇。我都思疑佢心猿已縱。意馬難收。我思疑佢倒鳳顚鸞百事有。因爲我等到露冷蒼苔。鞋冰透。唔敢輕咳嗽。思疑佢燈前擁抱。（轉二王下句）思疑佢枕上。綢繆。（序）思疑佢成了鳳鸞儔。（曲）思疑情解相思。不必用神針法灸。（拉腔）（夫人轉唱小曲楊翠喜）可有可有言荒謬。（重句）（紅娘接唱楊翠喜）不過你懷疑我亦估有咋。（夫人前曲）唏亞鶯眞下流。噎吔稔稔吓。（轉快二王下句）眞係令我心翳。我叫你陪伴小姐。卽是行監。坐守。誰知你胥箕甴鬼。合計同謀。我要控告張生話佢引誘良家閨秀。（四段）（紅娘唱二王下句）一日都係夫人不是。與婢毋尤。唔係話我多嘴咯夫人。講起上來。實在你有三不是添。（夫人白）吓我點三不是法添呀（紅娘白）夫人當日白馬解圍係你親口應承張生婚事。誰知解圍之後。夫人你又完全悔約。親口應承又係夫人反覆悔約又係夫人。言而無信。出爾反爾。呢點就係第一不是。（夫人白）噉第二點呢。（紅娘白）夫人你旣然悔約。不合再留張生在西廂居住。重叫佢地認爲兄妹添。正所爲痴男怨女有乜唔係日久生情。呢點就第二不是喇夫人。(夫人白)咁第三點又如何。（紅娘白）第三點呀。就算夫人去告張生。你已經先有一個家教不嚴之罪。（紅娘唱）所以動衆經官。蓋得兩家醜。不若得罷休時且罷休。最好替佢地撮成鴛鴦偶。常言女大不中留。（夫人白）唉。敢就冇法咯。（快中板）爲保家聲。點得權遷就。等佢痴男怨女。遂心頭。紅娘你快入香閨。叫小姐出堂一走。（紅娘滾花下句）憑我唇槍舌劍。撮合一對鳳鸞儔。

15. 風流何價

（吳一嘯撰曲）

張蕙芳唱

（首段）（反線中板）少年那曉。愁滋味。不愛功名。愛畫眉。嗟我半生。人似醉。溫柔夢覺。悟前非。今日顧影徘徊。青衫滿印傷時淚。（長滾句花）唉。妻也離。母也離。倘有舊時鶯燕各分飛。同巢醉夢誰驚起。都知爲愛神苦被戰神欺。惆悵前歡。遂令心腸寸寸碎。（揚翠喜）空記。空記。入月門橋媚。（雙句）私語喁喁夜深裏。死生不願離。（小曲）休記取。花低花低。夜無人共與歌唱。聽詞。到低徒勞今生今世。（二段）（流水南音）總因紅粉誤男兒。作繭春蠶自吐絲。記得輕車寶馬游花市。香暖春融不自持。徧有嬌花能解語。山盟海誓結連枝。夜夜溫存情旖旎。每在簾前戲謔。（士工慢板）尤在花低。畫扇。管絃歌。酬且和。豔絕人間。惟願溫柔長住。擲千金。作纏頭錦。只惜韶華輕逝。何計及金縷裁衣。(三段)拚風流。忘憂患。倚翠偎紅。醉生夢死。（芙蓉腔中板）香城花陣。我任性驅馳。記得荔子灣頭。一對鴛鴦水戲。又記得鐵橋銀月。照出雙影迷離。又記得風月歌場。評花選美。不惜闌珊花事。（轉二王下句）已經開到。荼薇。今日王孫已作飄零者。都只爲舉目烽煙。身似浮萍。無寄。（四段）風流每被風流誤。到低風流何價。我今始覺。前非。良可嘆。歎息聲聲淚暗彈。倘有不少痴人。沉醉在香檳裏。（滾花）眞個仰天無話。愁有夢知。願抛羅綺

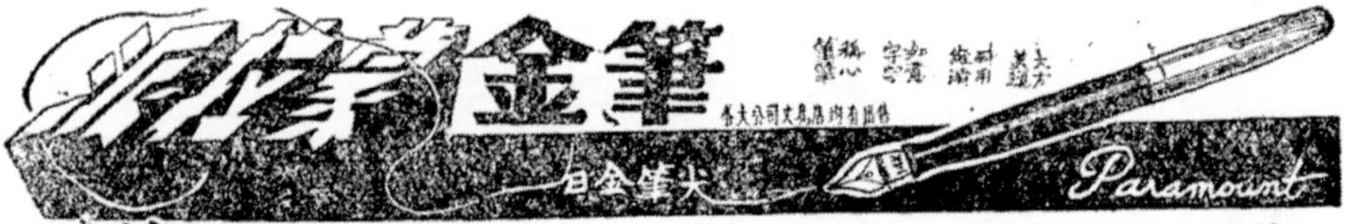

換征袍。犧牲爲國英雄志。（快中板）願求馬革裹吾尸。莫再風流。銷壯志。丈夫報國正當時。休爲溫柔。甘老死。（介）須知興亡有責在男兒。

16. 漢月蠻花（吳一嘯撰曲）

靚次伯
小燕飛 合唱

（首段）（生唱歸時）休休。（旦唱歸時）罷罷。（生接前曲）罡風吹散合歡花。（旦接前曲）嘆惜君歸也。痛哭君歸也。（生接前曲）咪個怨薄倖。咬銀牙。我原無那。只因爲國心牽掛。（轉霸腔中板）寶鼎神州。胡賊霸。戴天仇共。國和家。碧血如今。纔有價。就從此日返京華。我此去未卜存亡妻呀你不妨。別嫁。（旦白）。唉（的的撐一才一路用叻鼓襯托唱戲妲己沉腔滾花下句）噎吔吔氣煞奴家。（二王）唉我又愛他。又恨他。愛他人物原瀟洒。恨他情薄亂開牙。忍不住頓足回頭。把你冤家。痛罵。（序）今日方知情眞假（曲）難怪你情長念故家。却不應令奴改嫁。噎吔吔咬碎銀牙。（序）點滴淚如蔴。（二段）（轉快二王）須知一女難配二夫。一鞍難駝二馬。須知向來重節。不比路柳。牆花。（旦唱）

（新譜折金釵）

工尺上尺工尺六工尺上合工合上尺尺　憶否花燭到如今
尺上工工尺尺乙士合乙士上合士　早已傳爲佳話
尺上合士

（生接）尺尺乙士合乙士合尺　眞佳話誠佳
合士　話
尺六反六尺　同衾百夜
尺工尺上　至今
工乙士尺乙士合尺反工合　猶是玉無瑕

（旦接）尺尺乙尺　既知
六反尺工士乙尺　是守貞花
尺工尺上士合　怎可以迫
乙士上　奴別嫁
工工合　怎可以胡言
乙尺乙士合乙士　亂話

（生接）尺尺士尺　卿休罵卿
尺合士乙　休罵嫁
尺乙　不嫁
士合　由
工合
工合
士乙尺士　你罷

（轉乙反二王）只因檀郎此去。話不定血染黃沙。妻呀。妻呀。那時怕哭別聲聲。哭到你喉龍啞。（三段）（生唱乙反南音）又怕淚痕常日。洗鉛華。我不是忍心遠別。嚟把卿拋下。只爲匈奴未滅。要爲國忘家。生怕你紅顏老去。珠無價。個陣白頭抱怨。（轉乙反滴珠）何如別抱。琵琶。須知萬縷情絲。繫不住疆場。戎馬。（旦接乙反滴珠）唉。我盼君肺腑。纔知你心本。無他。誓待郎回。郎不回時。奴不嫁。便從今日。洗盡鉛華。（四段）（生唱訴冤頭）唉陣陣淚珠。兩兩汎瀾下。（旦唱前腔）陣陣淚珠。兩兩汎瀾下。（生前腔）怨與愁難化。（旦前腔）唉。別淚濺山花。（生爽二流）好鴛鴦。（尺）昔日幷頭今日兩分下。（上）（旦接爽二流）願只願歸期早定。（士）休使我望斷雲霞。（尺）（生前腔）征人未卜生和死（合）勸你死死生生毋牽掛。（上）（拉腔）（旦合尺滾花下句）君呀我一拚十載來相待。（士）當候你歸來尤見守宮砂。（尺）（生白）好好好呀。（快中板）深願此行除暴霸。歸來重結幷頭花。帶淚揮鞭。含愁上馬。（全哭相思介）（生滾花下句）我心同漢月。夜夜照蠻花。

17. 舊館殘香 （吳一嘯撰曲）

月兒唱

（首段）（寶玉苦叫白）噎唷林妹妹呀林妹妹。（訴寃頭）唉。我斷續淚珠遍染靈幃上。（變句）怨與愁無量。我但奉一炷香。（乙反哭相思）罷了我的林妹妹。（乙反中板）怕看銀燭淚殘。光掩映。銅爐爐冷。玉銷香。妹呀你一死已完。寃孽賬。可憐我三生情債。未清償。念到你善感工顰。（轉正線二王）留上深深印像。（二段）（轉小曲斷頭香）

上上士合工合士上六工尺上上士上尺工尺上尺工五工六生五六工六尺 合尺上 乙士上合 工尺工尺乙士上合工合士上
你 呻氣慕南旋去心不暢我話去要雙雙因爲痴蝶慣惜香你含噴帶淚痕話香消玉殞完孽賬

工合士合工合士 尺尺乙尺乙士乙士乙尺士
我話線無望若線無望就飯依造 和 倘。（收揑清歌）記得妙詞戲語借西廂。惱壞多愁二八娘。帶淚含噴個一種嬌痴樣。偏要我低聲求恕謝瀟湘。又記得你春老埋香芳草上。豈料葬花詞裏（轉反線慢板）果是詩讖。不祥。只爲黛噴釵。釵怨黛。醋淹心腸。弄到情波蕩漾。王鳳姐。佢千番用計。倒亂。鴛鴦。（三段）我自苦相思。你亦苦相思。一個病困怡紅。一個瀟相。抱恙。更可憐。焚詩絕食。（正線）受盡多少。凄涼，（轉梅花腔）嘆一個寶黛情深成虛想。只爲攝成金玉拆鴛鴦。妹呀我不是負心。（重句）情別向。實在我如迷如夢作新郎。滿謂同襟兼共帳。好隨粉蝶去憐香。我挑燈欲看新人樣，（轉二王下句）點知紅巾揭去。方知李代。桃殭。（四段）（續唱）唉。郎你合歡。妹妹呀你魂離。世上。（乙凡）枉煞我搥心搔首。夜喚顰娘。唉。我淚流乾。乾還有。眼見素白靈旛。能不把我舊情。緬想。（轉小曲連環扣）

乙上乙上尺尺尺 反尺尺尺反六合六反六乙上尺反合反合反合乙上乙上（反尺六反六反尺上尺上）六 上六上上尺上尺士合反合反合
剩我哭瀟湘 莫道當初鎖日賦詩同酧唱 心 愛你愛你情般無

乙上乙上（反尺六反六反尺上尺上）乙合乙上尺尺 尺上尺反六合反六五生六合
兩 縱言爲你傷 令 我凄涼 解鴛鴦 （孔雀開屏）他詆毀無常（雙句）受了災殃。（雙句）正是長舌惹憎恨。她遍遍響處道短又道長。唉恨綿綿留印像。（二流拉士字腔）情已央時恨未央。（尺）今日舊館殘香（合）惹人惆悵。（上）當年誓語留心上。（士）妹呀。我守義逃禪約未忘。

18. 歷刼英雄

新馬師曾

（頭段）（三更）錦繡河山遭禍刼。前程未卜已殘蒼（起小曲吳王怨）憂懷國恨。心更傷，仇恨似海樣。永難忘。不知何年何日得償所望。此懷鐵石心腸（一才嘆曰）天。天呀。（起乙反二王序）吳地風光。越魂飄蕩。不知誰家庭院。更末曉那若爲王（二段）金鎖蛟龍徒恨那風雷不降。（乙反木魚）英雄淚囘眼中乾。折戟沉沙誰吊望。縱使我身降我嘅志未降。吳宮冷月橫宵漢。影入寒心化劍光。惱恨征衣未浣沙場汗（乙反二王下句）且待等他年復國我話過一定血染吳土。耳畔忽聞好似有步聲響亮（滚花）定係仇讎權弄又試將我凌辱多方。我詐作呻吟。扶我埋床靜養。自古話逆來順受。暫作忍藏。

19. 蝴蝶夫人

新馬師曾　衛小芳

（旦）（楊翠喜）花低月暗又燈昏。離別恨難禁。嘆未慣愁和恨（重句）（士工慢板）恨何深。情何薄。明日勞燕分飛。誰更惜紅顏。綠鬢。（生雨打芭蕉）最傷。我心玉人聲聲恨。點點啼痕。紅淚落處如桃印。悲聲襯。彷若杜鵑韻。我戀戀難行。流淚又搔鬢　奈何人對奈何人。傷傷神神欲斷魂。（乙凡二王）魂消魄蕩。兩個淚眼。愁心。（旦）（乙反中板芙蓉）嗟天固薄情。郎薄倖。你如何忍負。枕邊人。（生）嬌呀你面上胭脂。和淚粉、小離何苦。（正線流水南音）太傷心。我便輕擁蠻腰。求一吻。情深情淺。藉留痕。（旦）（南音）唉昔夜吻甜。今夜苦。君意難知。愛或憎。心事許多難盡訴。待借冰絃作詞。送君行。（送情郎）翠眉顰。貯憂恨帶悲拂揗舊瑤琴。（生）正好彈唱盡情排憂恨。唉呀莫讚傷心韻。（旦）奴奴尙憶今夜吟。唉呀彈此釋君心。（生白）唉估不到定情歌作陽關曲（旦白）總是情深惹恨深罷君呀。（平湖秋月）戀憐鳳惜夜漏沉（生）杳衾繡枕醉心蕩魂（旦）妒春燈（生）羞背春燈更動人（旦）奴難禁。郎難禁。帳沉沉。輕輕吻。（生）鴛鴦對對原無憾。願月月年年也得伴紅粉。（旦）爲撩裙。爲挽鬢。相愛相愛（生）和嬌心心印（旦）囑君囑君你休薄倖。應相憫（生）當不致負釵裙。自忘情不慣願襯鳳侶鸞儔永不分。（旦）同衾同枕無恨。世世生生始終親愛證舊盟。（生反線中板）呢一首定情歌。往夜句句合歡詞。今夜聲聲。淒涼韻。驪歌白古已消魂。如今更有消魂處。便教紅淚滿靑衿。唉我自心知。從此別離已是最難。親近。故鄉還有戀。怕只怕佳期另卜。永負個位異國。情人。最慘是嬌呀佢帶淚含愁（正線滚花）聲聲咽哽。（旦長句士工滚花下句）君傷心。妾傷心。傷心徒令損精神。願你珍重丟開離別恨。正是帶淚還教勸淚人。你你你。你去莫依依。我但把歸期問。（生）（剪剪花）離愁困。愁鳳鸞心。斷腸聲相襯。怕煞紅顏問。傷哉背眞眞。棄眞眞（重）句相逢只夢魂。）合尺滚花）自愧心腸太忍（旦）唉郎你低事沉吟。莫不是從今不復向東行（生）你若問我歸期。問我歸期。記取桃花再放。歸期近。（旦）我守身藉報郎情份。（生）等到燕巢重結。你好逆歸人。

20. 胡不歸之哭墳

薛覺先

（頭段）（倒板）淒涼肺腑。（禾虫滚花）胡不歸。胡不歸。傷心人似杜鵑啼。人間慘問今何世。淚枯成血喚句好嬌妻。妻罷妻。我

廣昇祥襪廠

百貨總匯

衫襪市場

定價低廉

花色美備

★ 南京路石路西首　電話九一五八〇 ★

華新公司

一貫宗旨
薄利多銷

統辦華洋
百貨用品

專家設計

式樣新穎

尺寸標準

大小俱備

兒童服裝

婦女用品

南京東路金華街口 ● 電話九四九四三

喚盡千聲都不見你來安慰。又怕漂零紅粉。恨長埋。胡不歸。胡不歸。荒林月冷。景淒迷。淒涼忍作囘家計。謠花惟願代春泥。唉。我若見不得嬌妻。願作漂零嘅猛鬼。（白）哦。春桃。你少奶現在何方。你可知其底細呀。（旦白）少爺。可憐少奶爲你經已一命歸西喇。（生白）吱。（哭相思）蘋娘呀。妻呀。好比情天孽巖。恨難抵。你知否葬在何方。待我到山前哭祭。（白）吱胡不歸兮胡不歸。歸遲慘見恨長埋。卿卿爲我甘爲鬼。怨銅句天來。吱。我哭一句妻罷妻呀。（二段）（南音）月冷風淒。淒涼雪涕。香魂慘逝。恨海沉迷。薄命憐卿逢刼例。歸來空自喚魂兮。夜台若許爲情鬼。合歡花豔共長埋。血淚空揮難撫慰。嬌你月色虛圓花蝶麗。含冤應化。杜鵑啼。花落鳥啼。慘對淒涼。哭祭。（白）妻呀。我見你以女字題碑。可見你淒涼嘅腑肺。我生以你爲婦。死亦以你爲妻。我爲表不變之情。立把碑文碎毀。妻呀。我與你永存情愛。你應鑒此碑題。（滾花）綿綿此恨。永無了結之期。

21. 含笑飲砒霜

薛覺先
上海妹

（頭段）（一往口古）呢餐酒苦辣酸甜。怕最後同你飲嘅就係呢帳咯。（桃紅口古）你駛乜成個心淡晒呀。萬事都有商量。（一往口古）重有乜商量呀。我此後縱有萬兩黃金。都怕難求他人退讓嘅咯。（桃紅口古）君你且歡懷痛飲。暫免悲傷啦。（一往白）唉。（反線中板）破碎心。愁對醇醪。香送紅綃。錦帳。個個天邊月。迎人殘缺。更憶境況。淒涼。嘆春蠶。吐盡情絲。經已死期。在望。又如那粉蝶。癡心難捨。何嘗不爲。花亡。悲莫悲。生別離。一死反無。惆悵。借一杯。斷腸藥。斷此未斷。之腸。（二段）就將掌上砒霜。酒在葡萄酒上。（桃紅反線中板）斷腸相對。淚千行。孽債前生。愁慘愴。飄零神女。誤襄王。落花不願。春泥葬。癡情何忍。殺癡郎。妾若偷生。郎絕望。殉情不若。妾先亡。（正線滾花）不若我先飲此砒霜。表我心無別向。（三段）（一往禾虫滾花）我心歡暢。又淒涼。緊縛情絲千萬丈。此情應共地天長。心喜嬌心同一樣。心悲有願不能償。五百年前冤孽賬。好花難望百年香。苦思量。苦思量。生生死死費參詳。我死嬌生不諒。嬌生我死亦淒涼。生生死死同謙讓。可憐同命好鴛鴦。不如一齊。死在紅綃帳（桃紅滾花下句）君你倘能爲情而死。我死更尋常。咁等我先飲一半先。再將半盞交郎手上。（一往口古）且慢。呢杯砒霜應該我飲先。嬌你無謂搶喇。（桃紅口古）應該我先飲過你。因爲報答你嘅情長。（一往口古）我累你嘅。應該把我先讓。（桃紅口古）我累你就眞。我先飲好應當。（一往二王下句）可謂相憐相愛。講到生死。尋常。呢對歷刼鴛鴦。那怕重重。魔障（四段）可憐合歡花好。移向黃土。埋藏。嬌你花債已還完。此後琵琶。罷唱。我亦情心已了不再淚灑。潯陽。含笑相看。嬌呀你勿懷。悲愴。（桃紅二王下句）荼薇到開。花事。收場。不怕寂寞夜台。合歡。泉壤。（同唱煞板）含情。（一唱）微笑。（桃紅唱）別具歡腸。

22. 梵宮釵影

月兒
小燕飛

（頭段）（生唱反線朦朧）禪林深處。夜迷離。漫漫荒野雲隔塞雨微微。忽惹起陣陣嘅哀思。舊日愛癡。擾夢寐。更重令孤僧舊恨想起。倍傷悲。（旦唱正線慢板士字過序一句）爲往事。漏夜冒雨。來到叢林寺。（梆子慢板）萬籟寂。景蕭蕭。隱約鐘聲驚醒禪門。閉雙扉。舉素手。扣山門。（生白）邊個。（旦白）我呀。（生白）哦你係邊位呢。（旦唱）我係良家女子。爲找夫壻。到嚟。（生唱木魚）噫。想我六慾。七情存心棄。不若借題回絕免擾禪機。喂問句你夫步何姓氏。（旦接木魚）就係無情寶玉賈姓男兒。（生接三字經）你若問此人。早已死。不若快些回步。深懼荒野夜迷離。（二段）（旦滾花）噫霹靂驚情天。不禁悲從中至。（旦哭相思）噫。夫郎呀呀。（轉二王）估不到風流才子噲結果。如斯。（轉乙凡）生而何歡。我願諸夫。同死。（生沉腔滾花下句）噫也嗜何我輕生若此。無端變出節外生枝（小曲十月懷胎）實在我心已死。紅塵不戀記。（旦接）你係唔係我夫。嘛嘛地（生接）把禪門輕啓。（旦唱二王）乜你瘦骨嶙峋。都只爲無人。將你安慰。歸家爲妙。睇你好似病骨。支離。（三段）（生白）阿彌陀佛。（旦白）陀你個頭（生唱）我意似深秋。自願勤參。禪理。你咪個摩手摩脚。牽惹我。凡思。（旦士工滾花）噫哥呀往事依稀尤可記。難道總不知夜長夢短尙有妻。兒。（轉小曲戲水鴛鴦）郎君你。全無義。你都可算庸愚夾癡（生接）平素冇你。非深誼。我本心。不盼姻緣注。（旦接）現在已經婚禮又成事。應該答應。一齊與我返回去。（生唱二王）我與佛有緣。應把私情。割棄。（旦唱小曲蘇武牧羊）想起當年。樂唱隨。愛戀深處。我地兩心知。哥心知。我心知。綠窗細書眉。月下共敲詩。好句韻尤記。愛你本多義。一世共歡娛。何以你食齋一意全唔念往時。（四段）（生念阿彌）阿彌。阿彌陀。阿彌陀佛。（鬼哭眞言）我心堅定永矢志。念阿彌。皈依念佛珠。拋却愛恩美意。此心永不再癡。今生已經不能惹香豔事。願來生。訂舊義。願來日。再生變犬馬。服從愛嬌解愛癡（旦唱二王）君你看破紅塵。試問我有何。樂趣。願借無情輕剪。斷我煩惱。青絲。（生白）咁你都想出家咯晞。（旦白）係定喇。（生白）好咯。（滾花）此後古寺禪堂。共談佛偈。（旦唱）借得菩提淨地。寄此名義夫妻。（生白）阿彌陀佛。

23. 瓊宵綺夢

白駒榮
譚蘭卿

（頭段）（妻白）三更喇你重唔瞓（唱小曲夜眠遲）人地話愛月夜眠。遲你就愛乜唔瞓住呢。不妨話我知吓。（夫插白）愛睇書呀。嗎。（唱）書中有好處。係有一個可人兒。眞骨子。抵唔住我要共佢茄時。（妻白）唉吔吔抵得佢個樣丫。前世咯。（夫龍舟）嘻嘻我睇僅呢部西廂記。睇到我色舞眉飛。難怪話新婚蜜月。都不及幽會。佳期。（妻接龍舟）呀。講起個部西廂。我就憶起個張君瑞。恨不得生逢此世。共效于飛。（夫前腔）若果我得到鶯鶯呢。我就當堂唔愛你。因爲唔同左味。風流才子。應配美貌娥眉。（拉合字腔過短序）（妻插白）哼自命才子咯嘞。（夫唱）好話嘑。（妻唱龍頭鳳尾上句之下半句）眞係唔埋得鼻。（尺）（插白）才子係咁嘅咩。張生就眞才子嘞（唱）假使我嫁得風流君瑞。（士）（夫插白）點呀。（妻唱）咁至算得才子配佳人。（夫唱前腔）容乜易笑刺肚皮。（白）你係佳人。哈。（二段）（轉中板）我若係君瑞書生。就斷斷唔中鍾意你（妻接中板）我若係鶯鶯再世。卽刻就要共你分離。（夫插白）咁你又嫁我（唱）你可以嫁過一個丈夫。嫁到心歡喜。（妻唱中板）你可以攞過個妾待。卽管咪番嚟。（夫接滾花）奸。係咁就我有我時你有你。（夫轉彈燭花）我擰轉身不睇理。（妻接）我擰轉身不睇你（夫接）背頂背。（妻）你咪凭過嚟。（夫接）

我啱番個張綉紗被。（妻接琴音）雖同床。離幾尺。（夫接）悄同床。熱到死。（妻接）癡親埋嚟呢定要攔地。（夫接）你定要攔地。（妻接）有義氣勿個癡埋嚟。（轉滾花下句）嘩。你從今咪親我。近我摸我。（夫接）鬥親就切肉。煎皮（開邊同睡介）（連隨用吻吻鼓襯托）（夢裏張生唱賽龍奪錦引子）夜來戶半開。迎將月下美。（夢裏鶯鶯唱賽龍奪錦）夜裏。夜裏。夜裏偷攜豔婢。約定期。夜半嚟。寒侵玉臂。（張生前腔）扣扉。扣扉。聽得心內暗喜。眞正人月鬭嬌媚。花般靚。月樣美呀。貌勝天姬。貌勝天姬。（轉二王）可惜有些憔悴。（鶯鶯唱序）我瘦損顏容都係爲你（三段）（張生唱曲）難得小姐呀你情重。今晚不誤佳期。（鶯鶯唱序）行到我力盡夾筋疲（張生唱曲）係咯你無力嘅腰肢。自有檀郎。呵番你。（鶯鶯唱序）呢一夜恩情生死記。（曲）難得佢憐憐愛愛。語軟。聲微。（張生唱序）我地難捨又難離。（鶯鶯唱序）今晚我嚟到西廂。不過爲酬。知己。（張生唱序）好等我嘗眞吓溫柔味。（轉減字芙蓉下句）駛乜含羞擰歪個面。快的擰番過嚟。（插白）駛乜怕醜唧。你望吓我小姐。（鶯鶯扭擰白）唔製。（張生前腔）就把鈕扣暗來鬆。吁吔一陣蘭花味哪（鶯鶯插白）乜你咁輕薄嘅唧。（接減字芙蓉）難怪話書生多懶品。一味厚面皮。（張生插白）厚厚地至襟趙了嗎。（鶯鶯士工滾花）哎吔你係咁口不擇言我眞係唔肯過你。（張生笑白）哈哈唔肯又點又。（花下句）至多罰我石榴裙下跪一跪娥眉。（鶯鶯插白）嚒都唔製。（張生前腔）唔啱就吻一吻朱唇。嚟做表記。（收插白）嚟等我痛番唊你啦。（鶯鶯白）唔制呀唔制。唔……（四段）（夫妻同唱沉腔花下句）噎吔吔風流夢醒意迷離。（夫起秀頭仙花調）哦原來係你嚟（妻接）哦原來係你嚟。（夫前曲）趣趣趣夢作鶯鶯戲。（妻前曲）直情似西廂記（夫接）妻能妻。睇吓郎面皮。（妻接）胭脂揩滿就夠奇。（夫前曲）咁我呢咁多牙印在唇嚟。（夫轉中板）其實夢裏情人。卽是郎和你。我可以當爲君瑞。你可以當作崔氏娥眉。（妻接中板）確係幻幻眞眞同一理。何必恩情向別期（轉滾花）我勸你呢個再世張生。咪把鶯鶯拋棄。（生插白）我學佢嘅風流啫。唔學佢咁薄倖嘅。（滾花下句）總之係粧台陪伴。我地永不分離。

24. 抱花眠

小明星

（頭段）（禿頭起唱小桃紅）暗香襲帳邊。好花入眼妍。幽情夜憶不覺夢魂顛。別況依稀在方寸。情未斷。兼有愁未斷。（轉士工慢板）死記恩情。一段。當日愛花人。巧遇憐香客。蘭因絮果。深煩最合。是情天。嬌呀佢舒玉腕。拆冰梅。珍重相貽。暗寄靈犀。一點。（二段）啓朱唇。低聲語。願把名花付託憐香者。（轉二王）囑我細細溫存。（轉南音）伊人喜似梅花豔。玉魄冰魂夜夜牽。慰得情來解得渴。雖然無夢也香甜。（轉反線中板）醉心魂。嬌佢媚送秋波同是鍾情。一見。風月良宵。夜半無人爲私語。好一對綉閣。情鴦。燕雙棲。鳳倒嬌佢。不讓神仙。美眷。（三段）火一般。粉紅情燄。各在心底。狂燃。兩情濃。癡蝶求久伴裙邊。不忍令素娥。抱怨。（轉秋江別）怨蒼天。太心偏。偏要我妒孤寂少年。人不見。苦難言。成爲分飛燕。空有千萬言。也是無法把恨塡。嗟福薄。延也是難延。曩日緣。（的的二王下句）怪道花無長好。月不。常圓。（四段）薄情天降無情嗟。便把情絲。揮斷。傷情淚共離情淚。哎吔吔是苦。還酸。她再拆梅花。又欲割心肝。一片。贈與離人收貯。聊誌前緣。今夜惆悵前歡。不知續時。還是斷。（拉上字腔轉合尺滾花）自覺相思原味苦。解愁惟有伴花眠。

25. 擲菓盈車

徐柳仙

（小曲岐山鳳）洒半醉。倚香車。莫推緩向荒郊去。看一看晚色翠。盼一盼。鴛鴦對、向天飛舞柳絮飄。山村秀色願永居。（轉合尺滾花）疑是蓬萊仙島裏。（直轉上雲梯）又見那燕子雙雙結伴侶。百錦花堆。半灣春水。淸風細細吹。輕輕吹散愁和慮。眞個欲抱紅桃睡。（轉士工慢板）花蔭。歌來一段詞。賞不盡。紅霞翠樹。還有蝶繞。蜂隨。面迎風。傳來香樸鼻。（流水南音）驚覺花街。紅粉女。紛擎香菓。笑投車。衣香鬢影。羣芳聚。這一個朱唇新點。（轉二王）那一個。玉面。低頭。有的是雲鬢蓬鬆。有的是鉛華初洗去。更有琵琶緩抱彈不住。只是含羞。唱出求凰句。柳綠花紅。偏眼亂。前人有語。畢竟。無慮。看將來。樓頭花草盡凡枝。視作平常。都不是我潘生。伴侶。（轉小曲巫山一段雲）眼波迴。心乍醉。花外又有花明媚。只恨隔紗厨。風流應相許。怎能朝夕對。（直轉花間蝶）唯願。你婚事娶共結風月侶。情深忘月歲。個陣紅閨有樂趣。（賽龍奪錦）欲醉魂欲醉。令我心魂欲醉。（序）駐車。醉色花下駐車。（序）默記香車。（重句）（轉孔雀開屏）。好借魂夢作幽敍。癡心夢相隨。願沉迷紅粉隊。（拉士字轉二流）試問寄意憑誰。從此腦海長留。莫教對像人憔悴。（禿頭起反線中板下句）願他年。和嬌結合。迎來不吝。碧油車。那時。明月也知情。想必殷勤照一遍。羅幃裏。如此佳人如此豔。幾囘癡想能不心往。（二王）神隨。唉劇可憐。佳人隔帳紗。看歡迎。非拒。偶窺人。媚眼奪人心共魄。我最愛伊人頭上。兼雲堆。佢若即又若離。時近黃昏候。我我我我尙逡巡。不忍去呀。（士工滾花）唉。可憐我問津無路。枉煞擲菓。盈車。

26. 玉燕投懷

梁瑛唱

（頭段）（賽龍奪錦）夜來月滿階。懷嬌百媚態。媚態。媚態。媚態花容媚態。燕入懷。夢已諧。昨夜還將舊債。析釵。折釵因誓折釵。情共愛不艾。春光滿幽齋。舊約不乖。舊約不乖。（二王）我地緣成。不解。脈脈情。心心印。不枉石榴裙下。拜倒。裙釵。卿是愛情花。我是尋春蝶。性本風流。又况人當。少艾。記得你抱琵琶。郎譜小調。不覺放浪。形骸。消魂句。醉人詞。豔曲逗芳心。卿你風流。初解。（二段）（上雲梯）了得相思惹孽債。被底春光。人愉快。輕輕送胭脂。風騷偏向情郎賣。撩人態。牽衣帶。帶羞一吻樂無涯。如到廣寒神仙界。了得相思惹孽債。（中板）難得你多情肯效燕投懷。淡綠燈前腰款擺。那時滋味比糖佳。（滾花）記得當日念蕊嬌花未敢由吾毀壞。（長句）怎安排。惡安排。溫香軟玉抱滿懷。又怕弄成冤孽債。所以裝成冷面。拒釵裙。只有慰釵裙。語釵裙。俟我三年約不乖鴛盟珍重無輕賴。于飛有日願終諧。今日等得嬲你歸來償舊債。（胡姬怨）娟娟此豸。堪令郎君低首拜。（雙句）悄在幽齋。燕婉和諧。迷離夜步。媚倚郎懷。台施輕薄誠。（滾花）佢話郎如輕薄。當使幽恨長埋。說到無限風流。佢倘依人作態。曾約今宵重會。怎不見昨夜裙釵。

27. 綠綺琴首

月兒 上海妹

（頭段）（生念鳳求凰詩）鳳兮鳳兮歸古鄉。遨遊四海求其凰。時未遇兮無所將。何悟今夕升斯堂。有豔淑女處蘭房。室邇人遐毒我腸。何緣交頸爲鴛鴦。相頡頏兮共翱翔呀。（梆子滾花）當日我納粟爲郎自覺衿懷惆悵。正所謂文章憎命咯未得騰達飛黃。（轉反線雁落平沙唱）功名拋棄。潔身爲尚。孤單轉家鄉。祗因此處臨邛令。邀我住此方。又蒙卓翁。殷殷讌饗。他有女。多嬌相。離鸞堪斷腸。琴絲已絕唱。儂曾爲他。淒淒一復。唱鳳求凰。（轉正線鴛鴦憶恨）（旦唱）何來歌聲斷腸。勸我幽思萬丈。淚流滿眶。淚欄杆。淒步倚紗窗。

28. 人隔萬重山．

王文鳳．

（頭段）（小曲花間蝶）淚偷彈。待君相見難。待君相見難。雖得與君細細共談。空使翠欄。凭遍終宵盼長夜盼（轉乙凡南音）嘆舊愛前歡。成夢幻。每因綠盡。鎖春山。只爲嫁訊傳來。腰瘦減。書成絕愛。寄君顏。點想一面無緣。徒感嘆。暗悲明月。落西山。一樣係不見人來。心半冷。忍不住辛酸紅淚。向花彈。（轉正線中板）在花離。數盡寒更。纔知到鷄鳴。達旦。看將來。欲見伊人一面。都怕難上。加難。怨東方。陣陣吹來。却不把愁思。吹散。又怨一聲。檀郎爽約。把我視作。等閒。更嘆一番。今日是花絮飄零。往月是金樽。檀板。哎。我寸心中。既傷情休愛盡。（轉二王下句）又苦天妒。紅顏。君吧君。郎吧郎。背約寒盟。我自慚羞。無限。今宵長等待。待把衷情盡訴。豈料一見。良難。恨漫。淚潸潸。恨一句書付紅裔。不覺一聲。書嘆。沈郎腰。想必消瘦了。郎休怨我。我本無意。負癡男。我命薄比桃花。情長如柳線。可嘆分衿。一旦。（二段）（合尺滾花）君和妾都是金錢所累。（士）纔致恨海翻瀾。（小曲鳳凰台）別淚盈盈濕滿衫。那日再返。重會郎。蓮開並蒂詞復彈。只怕望妾不還。噎。還不還。（雙句）魂飛魄散。（轉仙花調）散散散。便要相分散。別離眞不慣（士工慢板下句）一任覺情月老。亦都無計。轉圜。（清歌）園林寂寂。虧我望眼關關。黃昏有待。等待到夜闌。想到分衿。自多愁千萬。等待檀郎到此。向佢訴一番。怎奈久立風前。空望盼。空望盼。錯疑花影。屬君顏。（士工滾花）可恨一帶粉牆遮望眼。可憐二分明月照愁顏。可惱三鼓頻催仍冷淡。吱嘅四圍花睡自安閑。五六七聲來叫鴈。九十春光去不復還。今夜訴不得相思。郎呀你知否我束裝待旦，（介）你休煩惱。我琵琶抱向別人彈。

29. 偷香聖手

白駒榮 譚蘭卿

（頭段）（生唱賣相思）見了妙嫦已喜甚。兩家心相印。既觀詩句。應要安慰玉人。半夜裏。偷進入衷便。把他心試眞。見佢放下帳

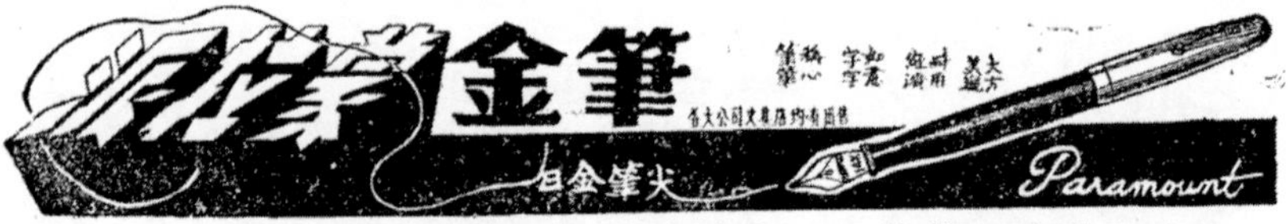

。經已睡熟。夢香魂。（白）吁哋矚得咁靚呀吓。（生滾花）等我喚醒佳人。來細問。(白)起身喇妙姐。（旦白）唉吔咪喇。（唱）驚儂好夢。究竟你是誰人。（生笑白）嘻嘻。我係潘生呀妙姐。（旦白）噎吔醜死鬼咯。（唱叮嚀）爲何咁失斯文。羅幃裏偸覷人。快些抽身往別行。（生唱）勸嬌你休多憤。（旦唱二王）俾你窺透我嘅內容。令我咬牙。痛恨。（白）快的賠番嚟呀（生笑白）哈哈賠乜嘢啫。（旦唱）因爲從來我嘅色相。未有今晚。咁犧牲（生白）怕乜嘢啫。我嚟啫嗎。（唱）我爲見你個首情詩。所以到來。與你親近。(旦白)呀我我邊處有題到詩啫。（生白）重話無。嗱你寫住喇。潘生貌似玉無瑕。傅粉何郎也讓他。藍橋有路難行走。白怨當年出錯家。係唔係呀。（二段）（旦白）哦。原來你偸左我個張詩稿嘅。（二王）快的交還過我。不准你枝節。多生。（生唱鳳凰台）我都視作如同寶與珍。既係金。還是銀。尤可以奉送返原人。世上嘅佳文。實難尋。最可愛。詞中雅韻。蒙嬌稱讚。感激甚榮倖。（旦唱）儂意極憐憫。你係文翰嘅書生。犯了別層。都可以耐忍。惟有偸詩句。應有罪問。我地具慈悲之心。（二王）不欲宣揚。你的醜行。（生白）我好感激你。（旦唱）若不交還張詩稿。（生白）咁就點呀。（旦唱）一定叫佛。拉人。（生白）哈哈笑話。（唱龍舟）唔通拉住我。你就好開心咩。不若我把呢首情詩。我就獻上去學台。待等學政秉公。就來做主宰。一定話你賣俏裝人。弄鬼胎。此事揚傳。個陣就名譽有礙咯。（三段）（二王下句）累到爲情而死。難把大錯。收回。（旦唱和尚思妻）儂看來。你確係憐愛。兼之喜敬你係學廣秀才。與君你。兩相愛。情深似海。堅心失志莫要多變改。（生唱）須知我心。與鐵石同慨。豈有負了嬌委將義背。既可結。良緣。萬不能後悔。（旦唱）但願永不分開。但願永不分開。自此鸞鳳配。謝過個個月老。爲君今晚做媒婆（生唱流水南音）我地無限歡欣。來相會。登時要妙姐。面浸桃腮。確係嬌花桃豔。堪人愛。人生豔福。乃係幾世修來不相信我今生。唔噲離別妹。我願共欽長春。露一杯。（四段）好似有個神仙。撑我過海。呢處係武陵津口。定是蓬萊。（旦唱滾花）哎吔你唔好問我咁多喇。我經已個精神不在。（生白）見點啫。（旦唱）而家我混身冷汗。口亦懶開。（生白）咁你抖番陣喇。（旦唱）今晚豔色奇花。經已爲君採。（生笑白）哈哈多謝。（旦唱）咁你千祈要記住。咪學個薄倖王魁。（生白）咁又有嘅。（唱）總要兩個一心。都永存恩愛。（打鐘聲）（生白）吓。乜咁快天光嘅嚀。（唱）吁忽聽得佛殿鳴鐘。就把我嚇呆。我就不敢逗留。立即回館。（旦白）唔駛扯住嘅。（生白）點解啫。（旦唱）我重要梳裝停淡。至見得師台。（生唱慢板）經已紅日出雨雲收。等我燒只燒豬來拜佛爺。保祐我地天長。地久。（旦唱中板）哎吔儂希望。君你功名成就。他日獨佔。鰲頭。我與潘郎。曾經許可終身。你莫對別人。來疎口。（生白）呢種自然喇。（旦唱）若果你無事。至緊要。來吓佛殿。行遊。（生白）哦。但得見我個枝玉簪。放在。檯前。（滾花）個晚便是要將郎你等候嘅喇。（生白）得喇。我明白晒喇。（唱）係咯我當然留心記住。（旦唱）咁你就莫當虛浮。

30. 七擒孟獲

飛影　瓊生　妙仙　合唱

（頭段）（大笛點絳唇）（生白）貔貅百萬定南方。何愁孟獲自誇強。恩威威並濟寬洪量。七擒七放。也無妨呀耶。（唱朦朧）南蠻人生性頑強。全憑吾巧計能夠來殺敗蠻王。佢現在又被我綑綁。治服佢心。要投降。快下令叫孟獲步進營房。（武白）來呀了。（快慢點中板）英雄失才。難抵抗。好比猛虎。下平陽。夫婦被擒。同進帳。㝠令孤家。愧難當。又聽聲威。如雷響。（兵士白）嗬呵。（武白）耶。（快中板）（旦唱）兩傍軍士。好威揚。見見蜀中。多能將。大王休望。再逞強。帳前叩首。參承相呀。（生白）哦。（唱中板下句）乜你又被綁。眼光光、七次遭擒你重有乜話講。等我又共你鬆綁。唔怕你稱霸。稱王。(武白)㝠是差愧了。（唱士工慢板）想當日。屢侵犯。我初次被擒。蒙你開恩。釋放。(二段)歸洞中。再起蠻兵十萬。只望成功有日。方算無愧。爲王。(生唱)個個董茶那。係你親隨將。俾我用了機謀。罵佢反戈。相向。（旦唱）自家人。暗中謀害。確係難以。提防呀（文唱）想起了。那奸賊。心中火上。（白）噎吔。若非中詭計。定然殺到你營中。寸草不留。（生白）丕悽。你滿身死罪。還來藐視山人。左右過來。將他推出斬。(旦唱)且慢。求丞相恕饒呀。（武白）我知到講錯了。（生白）捉得你多。你自己都見醜呀。（旦唱慢板）你快些上前。來陪罪。你開言不善。太過可惡。荒唐。（三段）（武唱）（娛樂昇平）我今有犯賢丞相。因爲太草莽。非立意毀謗。已經悔恨來遲要請你原諒。（旦唱）定當。蹈火赴湯報謝你恩光。（生唱）嘗尙能盡其量再將你釋放。等你番去會齊了兵和將。早的嚟復再把我反抗（武白）豈敢。（唱快中板）想孤非是。無義漢。知恩報德。願意投降。倘若反心。（滚花）五雷下降呀。（生唱）而家你心服咯咩。（武白）俺服從了。（生白）好。（旦唱）而且感你德山重。永遠難忘呀。（生唱二王）正要先服人心。故把你七擒。八放。稍有和平嘅希望。都不欲血戰。疆場。（武唱新腔）倘若孤。知到恩丞相。你妙算神機。善於用兵。差將。孤惟有。隱居在山林。豈敢惹動。乃槍呀。(旦唱)(口古)你三次戀愛蠻姑。都不禁形骸放蕩。營中暢飮。㝠正太崗不當。及至遭擒。丞相不把你嘅罪降。（四段）（武唱）唉可鄰你兄長。死在沙場。（旦唱）唉提起我個胞兄。令我滿懷苦况呀。(哭相思)哪呀呀哪呀呀唉罷了我地長呀。（武白）唉。（唱滚花）不忍見我地蠻兵慘敗。死得好淒涼呀，（生唱中板）我到蠻方。百戰經臨。可算威風。大壯。統健兒。勢如破竹。殺到你胆裂。又心寒。我地大漢朝。乃道德之邦。豈受的夷蠻。嚟欺謗。你若然。執迷不悟。一定自取。滅亡。你且看。濾水狂流。難把我漢軍。阻當。(旦唱)(三脚櫈)我兩夫婦。久已要歸降皆因我洞主。聲聲要求抵抗。又話能擺虎豹陣。請倒個木虎大王。（生唱中板）虎豹不靈。枉思想。大小三軍。在陣中亡。左右思量。難結抗。烏雞國內。請番王。借取那雄兵。三十萬。身披籐甲。避刀槍。豈知丞相。才高廣。用火來攻。最難當。死在那蟠蛇。山谷上。將孤拿住。到營房。拱手來歸。（滚花）不敢再來做反。（旦唱）我地上前拜謝。（生唱）就命你做鎮蠻王呀。

31. 郎心碎妾心

新月兒
陸雲卿

（丑唱中板）我地少奶奶。終日默默含愁。喺處長嗟。短嘆。我睇見佢。好似滿懷苦悶。我㝠係戥佢。心煩。就想話安慰佢一番。又唔知到佢因乜嘢嘅原由。唉叫我點樣開聲呢（滚花）嚟把佢勸諫（旦唱）（鳳凰台）唉。我自悔痡愚。蠢得咁交關。（喊介）嗚嗚。（丑白）呢呢呢。又喊勒。（旦唱）確係撞板。難上難。從今越覺爲難。滴淚偸彈。（白）唉苦咯。（丑唱）唉少奶你。乜你成朝喺處喊。（合尺滚花）唉你好似有難言之隱。（旦白）吓唔係呀。有事亞。（丑白）唔好呃我咯。（唱）所以苦在心間。（旦唱二王）

唉我好比啞仔食黃連。眞正係傷心。無限（丑白）我知到嘞。一定係少爺對你唔住嘅喇。（旦唱）今日恨成千古。我恐怕來日。大難。（白）一日都係自已唔好。識錯佢咯。(二段)(丑唱)請你對我講明。或者同你分憂。一旦。（旦白）你點同我分得憂呀。（丑唱）就算係分憂無力。亦可以對我、一談。（旦唱）唉俾佢害死我咯。（唱）（餓馬搖鈴）唉眞呀正惹災難。堪悲嘆。淚落汎瀾。回頭已晚。想脫却的禍患。難極唉確得難。（丑白攬）少奶奶你無謂傷心。喊得多時就會成一患。天下多數係薄倖郎。數起上嚟就無千百萬。你快的講出嚟。請你講完你至喊嘥。（重句）（旦唱中板）唉我想當初。在學校之時。自悔識人。唔帶眼。（丑白）哦原來係你同學嚟呀。（旦白）係。（唱）我與他。能成眷屬。好經過好多辛苦。艱難。（丑白）咁又點呢。（旦唱）我爹娘。不准我共佢結婚。話佢的性情。太過放誕。（丑白）哦。後尾又點樣呢（三段）（旦唱）我當原。斷絕家庭關係。亦都當作：佢爲間。（丑白）乜咁大犧牲呀。（旦唱）到如今。把我的私蓄駛完。佢對待我個情形。好冷淡。（丑白）唉。乜的讀書人都會咁㗎。（旦唱）又鬪得佢。要將我嚟遺棄。所以我就愁銷。春山。（白）嗚嗚。（哭介）丑哭白、哎啞少奶啞少奶。（旦白）吓阿三。乜你都賤我淒涼呀。（丑唱）（乙反滾花）哎我聽你講來。憶起我從前重慘。（旦白）乜嘢話。原來你又係咁㗎。（丑唱）又係把我的錢財散盡。重有好多苦楚艱難。（白）連飯都有得食添呀。（旦唱）哦咁樣你么點過呀。（丑唱）哎佢重要逼我去當娼。嚟維持佢的煙酒茶飯。（白）噎吔你話慘唔慘呀。（旦白）哎。咁就眞係慘咯。咁你都肯嘅（丑唱）若然係唔肯。點抵得住個的強暴野蠻。（旦白）唔會同佢脫離關係呀。（丑白）哎脫離關係喎。我從前提過吓咋。幾乎打到我要死嘅咯。搴埋成斑爛𠮶。你話點鬥得佢住呀。（旦白）哎佢後尾你又點自由呢。（丑白）哎咁我都算夠運。（二王）因爲佢犯事拉去坐死監。我然後至得。(旦白)坐監呀。抵咯抵咯。（丑唱）離難。（四段）（旦白）哈哈咁你就眞係好彩咯。（昭君怨中板）脫離災難。惡爺要坐監。怕乜佢野蠻。成大患咋。怕乜佢野蠻。天公眞正係有眼。（丑白）唉眞係天公有眼吓。（唱）我喜在心間。我喜在心間。爭的就弊喇。佢眞正兇橫。把我摧殘。噎成世會受難。（合尺滾花）都係多得皇天庇祐。（旦白）眞係呀。（丑唱）渡過呢個難關。（三腳櫈）咁我自後再唔敢嫁老公，恐防再會撞板。因爲男兒多數薄倖。任意與女子摧殘。我當頭去做工。呢駛人家兩餐飯咋。所謂上山擒虎易。呢開口就靠人難。（旦唱二王）唉我聽見就驚心。今我憂愁。無限。更覺前途黑暗。我想起。就担煩。（丑白）少奶你無謂想咁多嘢呀。（旦唱）若果佢眞正係無良。個陣叫我如何。嚟辦。（丑白攬）叫聲亞少奶。請你聽我藝勸諫喇。少爺係讀書嘅人。斷唔會將你嚟冷落咯。（旦王攬）你咪估的讀書人。個心腸就唔壞蛋。（丑白攬）一枝竹篙點攬得一船人。你無謂嚟悲嘆。（二白）因爲你含書識墨。而且你個年紀。又後生。（白）唔怕嘅。你唔會。去搵嘢做咩駛乜。靠人至得㗎。

32. 拷紅

廖俠懷
車秀英

（頭段）（旦唱）（士作滾花）我呢幾日不歇嘢眼眉調。莫不是件事情洩漏。（白（衰咯。一定係小姐個件嘢穿在煲咯，而家夫人叫我出去。點呢。唉醜婦終要家翁。我都要入去㗎。拜拜拜拜見夫人。（丑白）丕。（唱）睇佢呢種慌忙神色。我都要追問佢根由。

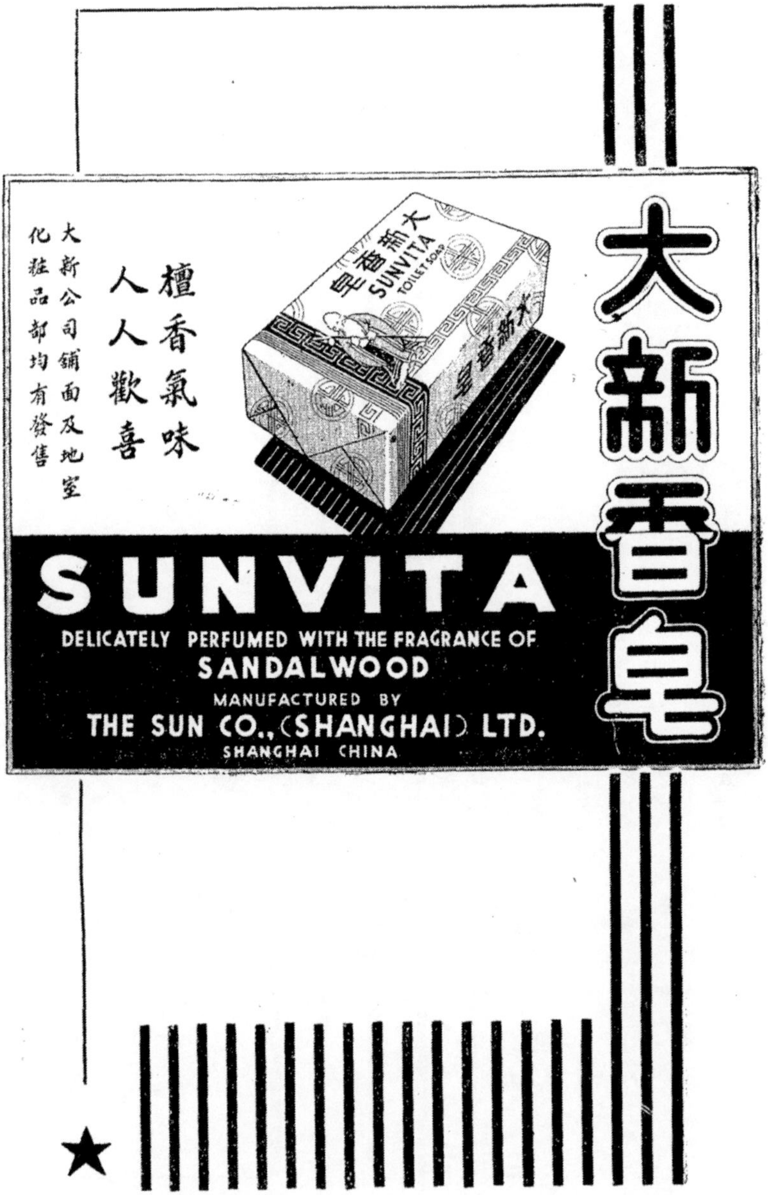

大新香皂
檀香氣味
人人歡喜
大新公司鋪面及地室
化粧品部均有發售
大新香皂
SUNVITA
TOILET SOAP
SUNVITA
DELICATELY PERFUMED WITH THE FRAGRANCE OF
SANDALWOOD
MANUFACTURED BY
THE SUN CO., (SHANGHAI) LTD.
SHANGHAI CHINA

粵心酒家

★經濟客飯★燒臘鹵味★隨意小酌★粥品麵食★

地址成都南路九十七號電話八五八七九

上海江蘇路月邨六十八號

・電話二二〇七〇・

凱旋糖果汽水廠

出品名貴糖果★精製衛生汽水

品質優良・選料考究

（平湖秋月）阿紅娘。你眞呀正係臭了頭。（重句）你罪難原宥。（旦唱）却爲甚原由。（丑唱）你難辭咎。（重句）（旦唱）今日嚟鬧我因乜解究。（丑唱二王）你精精地講白出嚟。唔係我勢難原宥。（旦白）你叫我講乜嘢啫夫人。（丑唱）你晚晚同埋小姐去花園。究竟爲乜嘢。嘅因由。（旦唱）唔係呀。邊個講嘿。（丑白）無。（唱）我已經問過亞歡郎。見你地去花園。行走。（白）究竟你地晚晚去花園做乜鬼嘢。（旦白）吓有有有嘢呀夫人。（丑白）你重咁口硬喎。（打介）唔打你唔得嘅略。認唔認。認唔認。衰鬼。（旦白）噎吔吔噎吔吔我我認咯夫人。（丑白）認咯咩。（唱滾花）你快的講明講白。唔係我就扭甩你個頭。（旦唱中板）記得有一天。夜靜更闌。與小姐共停。針綉。（二段）（旦唱）聞說道。長生抱病。許多藥石。都難瘳。所以背着夫人。我兩個。共向書房。嚟問候。（丑白）咁佢兩個講乜鬼嘢。（旦唱）他說道。夫人做事。竟把個恩字。變爲仇。試問弱質書生。遭此折磨。叫我點能。抵受。佢話紅娘呀。你先行囘去。等小姐慢步。至返粧樓。（丑卽轉唱）（滾花）噎吔吔你講得咁牙烟。剩下寡女孤男。容乜易攪埋一舊。（白）咁你自已扯先呀紅娘。（旦唱）係咯佢叫我扯先。我唔係扯囉。（丑白）噎吔該煨咯。（唱孔雀開屏中板）眞呀眞無解究。乜你得咁吽。淨佢兩人係冇收。我實覺心憂。（二王）或者佢纏綿床褥。不致發生意外。憂愁。佢地兩個知禮識書。斷唔會有無恥。嘅弊陋。（白）當時佢地點樣呀。（旦唱）咁我就唔知到嘑。不過小姐朝囘暮去。已經有個幾。月頭。（三段）（丑白）個幾月頭嘅嘅。（旦白）係呀夫人。我無講大話佢。（丑白）咁俾你累死咯亞紅娘。（唱連環西皮）眞心翳。眞心翳。咁嘅情形太過。有收。噎吔吔一日都係你個臭頭。（旦唱二王）實在小姐或張生。與共我紅娘。都唔任咎。（丑白）重唔係你地錯就邊個錯呀。（旦唱）唔係定喇。（唱）此乃係夫人之過。與別個。無尤。（丑唱）究竟與我何干。可知你份人。太過係荒謬。你言詞亂說。（旦唱）我有好大。理由。（白攬）夫人你想番吓。當日軍圍普救。個的賊牲最兇橫。慌到你神魂不守。你話有人退得賊軍呢。甯原俾小姐共佢嚟成佳偶。張生係慕小姐嘅顏容。設法嚟退賊冠。好喇得到賊退一身安嘑。你就悔却前言確係冇解究。之既係唔想俾女過門。應該厚謝打發佢走呀。點解留住佢享書院。等曠夫怨女終日眼吼吼。淚吼吼。（白）呢。呢的就係你嘅錯處喇夫人。（四段）（丑唱）（七工滾花）唉我養着個咁嘅不肖女兒。總之係眉頭皺。若果經官嚟動問。又有辱我地相國家羞。今日左右爲難。叫我如何補救。（旦唱）夫人你何須憂慮。我大有良謀呀。（唱紅絲線）一個是文章魁首。一個是仕女班頭。通微三教九流。盡曉描摹刺繡。（口古）呢呢最好係准佢地成親。前事何須究。正係窈窕淑女。君子好逑呀。（丑口古）唉你重係處嚟咀刁刁。堂堂俾你激到我瘦。分明你地通同作弊。眞令我火上加油。（滾花）咁樣子嘅情形。我一於要追究。（旦唱板眼）你若然追究。我就戳你担憂。相府嘅家門。豈不是當堂出醜。人地施恩受辱。難免衆口悠悠。況且你治家不嚴。亦難辭其咎。你重背恩忘義。會激衆人嬲。請你子細參詳。想通透。（丑唱滾花）我聽佢講來的說話。亦略有理由當日錯在一時。暫且把段婚姻嚟成就。（收掘）（白）吱細想我地家無犯法之男。重婚之女嘅。紅娘。（旦白）吓亞夫人。（丑白）嚟喇咁就准佢地成婚嘜嘑。（旦唱）係略咁至得㗎。（滾花）女人都有句說話。（丑白）話嘢也。（旦唱）話女大不中留。（丑白）鬼叉你。神叉你。

33. 初夜纏綿

胡邊月

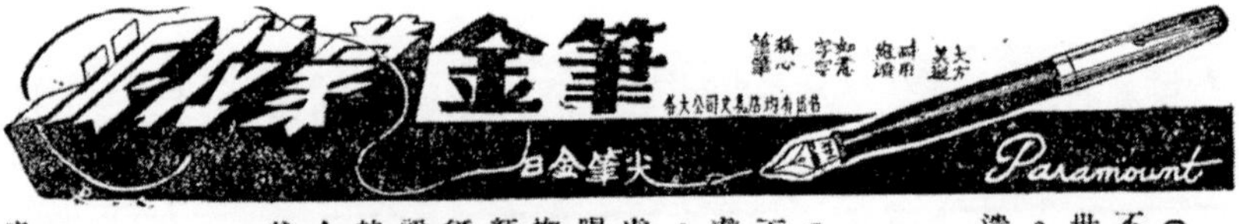

（小曲紅荳子）郎情願。妾心堅。萬種柔情心一片。纏綿永夜意相牽。鴛鴦好夢最香甜。（二王慢板）紅帳內。翠燈前。雲雨輕施。不覺釵橫。鬢亂。逢門今始爲君開。囑郎子細 休似輕薄。少年。並頭花。人間原少見。願郎珍重。更相憐。莫把情花。作賤。又願世世生生。憐憐愛愛。親親近近。永永溫存。（正線中板）喜今宵。花月爲媒。結就良姻。一段。願結償。都是情天作合。便教彩鳳。配青鸞。月下看伊人好比玉樹臨風。最是那何郎。粉面。醉挑人。春情脈脈。莫是宋玉。生前。小芳心。印象長留。忍不住要重相遺綣。（拉腔）（士工滾花）我低喚哥哥聲軟軟。的是最難消受。初夜纏綿。

34. 彈碎別離心

李麗

（合尺首板一句）好夢驚迴寒入枕。（士）（昭君怨中板）覺來帶恨。（雙句）愛深恨更深。再教夢前人。撩綠鬢—挽紅裙。花前月下尤其吻（尺尺上上合乙上）輕叫眞眞。低叫眞眞。依稀景況。忽已消沉。徒惹恨。更傷月照衾。（收白）惆悵舊歡隨夢去。醒來何處夜再尋。挑燈寫就相思譜。付與冰絃作楚音。（小曲花間蝶）夢銷沉。寸心憶故人。（雙句）難得與嬌再見夢魂。知否抱琴夜訴相思韻。愁未泯（轉乙凡南音）嘆恨長情短。竟是無緣份。更憐錦瑟。不成音。且向多情。明月問。（轉正線二王下句）茫茫塵海。更從何處。琵琶禽。月如霜。雲如雪。銀漢迢迢苦無飛星。傳恨。莫是玉碎珠沉。香消紅褪。仰或琵琶別抱。紅杏結子綠葉。成陰。噫。纔唱合歡歌。何竟賦離鸞。說甚麼誓水盟山。說甚麼生憐。死惘。一聲人去也。迴顧東流逝水從此不復。向西行。懷故舊。淚凝新。惆撫瑤琴。彈出顫聲。倒韻。更何堪。形單影隻。愁到冷月。（乙凡）孤燈。（轉訴寃頭）噫。我恨恨恨聲愛侶無由近（雙句）眷眷紅顏綠鬢。綠淚滴滿襟。（轉士作慢板）辜負了繡床。衾枕。（轉反線中板）更可憐。今夜凄涼一曲。彈碎別離心。別經年。盼望伊人一紙書。癡郎徒被想思困。舊青衫。至今尤死染。當日血淚。啼痕。猶自記蛾眉。笑指鴛鴦。戒郎。薄倖。到如今。紅顏早負雙棲約。說甚麼有愛。無憎。噫。嘆一聲。早知如此斷人腸。悔煞就初。纏綿親近。（拉上字腔收掘）（清歌）情鴛獨苦。燕侶雙分。可奈秦山楚嶺。遮斷巫雲。最苦午夜凄迷。人獨枕。又怕聽五更啼血杜鵑音。聲聲惹起。離人恨。枉說不如歸去。（轉爽二王）仍是未見。歸人。春夢短。柳絲長。牽記舊情。曾替調脂。傅粉。（轉小曲不認妻）和玉人。（雙句）人醉月明共香衿。噫。終教與妹無緣份。傷哉伯勞飛燕心。（拉士字腔轉二流）枉教重撫舊瑤琴。（尺）生生死死疑兩疑雲。（合）累煞我腰似沈郎腰。鬢似潘郎鬢。（上）（合尺滾花下句）噫。銷魂咽淚。（士）只自獨擁寒衾。（尺）

35. 芳華虛度

張雪英

（長句滾花）盼春來。望春來。盼望得春來淚滿腮。春花燦爛憑誰愛。春月娑娑照綠苔。春閨寂寞郎何在。春日羅衣懶剪裁。唉。春意闌珊空教我長等待。（紅荳子）桃花春正開。弱質難求東君愛。人同際遇最堪哀。偷偷洒淚向粧台。嘆奴奴青春不再。未必玉容永在（二王）轉瞬韶華老去。贏得多少。悲哀。空惆悵。枉低徊。減盡容光。惟有青山。未改。觸景倍情傷。依舊花明柳媚。淚眼。空抬。花正嬌。引得蝶兒來。花到殘時誰過愛。名花底事向人開。令我滿懷。感慨。恨不勝。愁怎耐。只恐人歸草木。花落。塵埃（清歌）春光好。人到眼中來。翻令我眉不開時，心更不開。我一度低徊。一聲無奈。風流人被風流害。說甚麼青衫惜玉。說甚麼紅粉憐才。（反線中板）蝶繞蜂迴頻向嬌花採。芳魂欲斷受得幾重災。從今撇盡情和愛。只剩得輕清明月笑癡呆。（士工滾花）流浪無依。何日方離恨海。虧煞我芳華虛度。能不悲哉。

36. 孽姻緣

陳燕芬

（天涯歌女）淚漣漣。暗悲怨。涕泣嗟嘆皇嗟纏。心暗悲酸。誰憐。誰憐鴛鴦伴分若伯勞飛燕（士工慢板）燕不重來。桃花依舊。故苑春回。嘆一句春風。人面。臏粉殘脂。粧台冷落。不堪回首。再話當年（中板）枕頻欹。夢裏恩情。猶似當年。繾綣。我重倚郎肩。含情脈脈。說不盡蜜語。甜言。問情郎。一顆情心。他日有無。改變。佢就忙答話。自謂多情如許。豈有辜負。嬋娟。正偸歡。誰料一別凄涼（滾花）空祀潯陽歌斷（二王）音沉信杳。使我抱恨。終天。紅荳拋殘。奴更相思。病染。藥爐為伴。而且心苦。難言。淚濕羅巾。又恨宵長。夢短。愁城苦困。使我恨海。難塡。搔首問天（滾花）唉天呀你胡使多情人偏多恨怨（上）深悔當年孟浪。（士）錯惹情緣。

37. 七月落薇花

梁瑛

（白）一曲秋墳成絕唱。可憐七月落薇花。（士工滾花）歌星殞。空見月光華。我不禁同情淚向秋風灑。（胡姬怨）西天返駕。仙貌瓊姿空想也（重句）絕代嬌娃似錦年華。松園寂寞。葬玉無瑕。只剩紅鵑聲未化（二王）化鵑啼血聲襯冷月琵琶。藝海苦星沉。歌壇人去也。管絃不復舊繁華。從此香島雲山。又添一段藝林傷心話。冷冷秋風。瀟瀟秋雨。淒淒秋草夕陽斜。寂寂秋山埋玉骨。青青松下。長葬。薇花。憶昔賣歌時多淡雅。偸將心事付琵琶。宛轉行歌歌到聲喉。暗啞。畢竟歌人眞有恨恨一朝云逝（乙反滴珠二王）從今不見笑臉如霞。只有銀幕旋機。留得音容。未化。（拉腔）（苦喉木魚滾花）可惜你如花命運。似水年華。又可惜你錦瑟歌儔。尙屬雲英未嫁。又可惜你腔奇韻妙聲藝徒誇。哎天妒聰明。（正線木魚）原非。虛話。你死後多牽掛。想必黃泉抱恨咬碎銀牙。（反線中板）念來年。你海角行歌。又遇金戈。鐵馬。病荼薇。花枝憔悴。到底斷送。嬌娃。最傷心你死得寂寞蕭條。當日光榮。何復價。今日姊死我悲歌。他日悲歌誰吊我。傷情觸景自有恨緒。如蔴。低聲嘆嘆句絕代歌星。一朝人亡物化。（拉腔士工滾花）歌國女兒聲價重當年有幾個得如他。今日歌壇舊侶哭新墳。問一句墳墓中人知否也。（介）但願薇魂來鑒領我嘅薄酒鮮花。

38. 癡淚浣秋蘂

小明星

（士工首板）愁心夢。夢不成。依舊是天涯。隻影。（慢板）人似秋芙蓉。我似歸來燕。燕未回時。早已花事凋零。寒虫啼不住。夢破鴛鴦冷。明月入幃。空憐。共命。夜來香。置枕上。依然無夢。惟有子夜。歌成（中板）記年前。冷雨秋深。並枕。憐同病。綺懷詩賦。紀多情。刻臂寒宵。斷釵綠證。消魂黯境。豈讓神瑛。（南音）等閒花事。莫相輕。霧眼年來。份外明。梧仙本有幽蘭性。心與棉花。一樣清。久欲替他求淨境。轉嫌風惡未吹平。風流冤孽。想是前生定。正有萍水遭逢。我會遇卿。總是妒絕芙蓉。頭黯並。空桑三宿。可勝情。今月竄逐棊緒。添愁病。哎添愁病。可憐情海。（二王慢板）不幸化作愁城。亦夙因。聚首天涯。不過寶月一奩。易虧魄影。才有紅粉人皆疑薄命。藍衫我自。愧多情。（乙反）人說千金能買笑。我偏要買得珠淚來。（合尺）眞是佳期空訂。繁香不自持。冷豔誰能賞。凄然蕩盡。殘英。蠟燭消魂。窗紗瘦影。懷抱別饒。自甘。孤另。夜合花開蓮子苦。從來兒女。都是誤在聰明。洒癡淚浣秋蘂。心已不波。有如古井。博得蛾眉甘一死。果然知己。屬傾城。繞粧台。魂化蝶。惟愁。夢醒。獨惜愛極翻成恨。迷離塵夢鹿幻。可驚。轉低徊。鴛蝶寫成。祇爲終難。同命。莫愁湖畔。回思舊夢。眞今我徒對。月明。（白）哎眞是酬恩。空洒襟前淚。抱恨頻看劍上紋呀。（乙反芙蓉腔中板）渺何處。此後相思。使我搖搖。莫定。嬋娟空對。我垂青。惟有是。玉宇瓊樓。淨因來證。願訪天人。到玉京。獨愁人。隨地是陽關。未逢仙境。才有向儂吹盡。風笛聲聲。（滾花）你睇琵琶簾外雨如煙。凄人風景。回思草涼驛旅。客夢猶驚。華嚴偈語更愁人。祇羨無雙春鏡（收）才使我情長絲柳。祇剩淚凝盈盈。

39. 荊棘幽蘭

張雪英

（合尺首板一句）短榻孤燈憐瘦影。（士）（小曲烏驚喧）凄鵑聲哎怨令我不堪聽。鵑聲凄怨令我不堪聽。心有萬縷萬縷愁情。凄涼凄涼悲夜永。可憐可憐身體病。（乙反南音）病中吟草未能成。繭盡春蠶難續命。冰心無皺似潭清。脈脈深愁傾不盡。世間難吐是幽情。鬢雲久以無心整。幽恨如冰似水晶。今生痛苦。原是前生定。（拉正線慢板）（詩白）幾株山樹露盈盈。總是愁人淚化成。欲託愁心向月明。今宵明月爲誰明。（士工慢板）眉深鎖。淚輕流。前生冤孽。今生苦壞。雙卿。夜生涼青衾薄。有藥難醫。仍要紅爐。自整。黃昏靜侵骨寒。貧家況味。最是燈焰。如螢（反線中板）夜難安。慘魄凄魂。搖搖不定。最凄人。似聞燕子。三更語。佢話天多磨折。是傾城。念年來鬱苦難伸。正是誰憐。薄命。才使我。腰圍日減。素魂紅怨。淡無聲。甘食貧。妾心如蜜。未敢嫌郎。心不正。（拉腔）（士工滾花）一任枝頭飛紫化浮萍。更不忍郎負寒薪。徘徊仙徑。甯甘操作。消失了錦思花情病中疎夢易消沉。士萍夜雨何堪聽（介）猶喜孤燈長作。好山能照病容清。

40. 葬豔

張蕙芳

（頭段）（乙反首板一句）罡風吹得香魂斷。（乙反哭相思）哪呀。哪呀。哎。罷了我的妹妹呀。（收掘）（苦喉清歌）風流如夢事如烟。葬花人逝想當年。當日瓊樓絕色羞花譜。今夜玉魄凄涼繞月邊，正是多愁弱柳因風損。可嘆花無常好月不常圓。深信美人白首不許人間見。天胡此醉妒嬋娟。哎。此後合歡歌奏琴聲斷。堪嗟怨。不知卿分薄命抑或我無緣。（小鑼想思陌頭柳色）杜鵑聲怨奈何天。晚風欲吹斷。頻教落花零亂。暗恨天。催折並蒂蓮。憐卿命短。心酸更心酸。玉容玉容絕豔。傷不見。悼亡悼亡逝死。啼聲啼聲一片。淚花淚花飛濺。千愁千愁萬愁。天背我願。深願與卿爾卿爾來世結鳳鸞。當免暮思朝念。勝過偷生獨抱影兒眠。可慨未了姻緣紫玉化成烟。天何苦相煎。恨永牽（二段）（反線中板）牽腸掛肚悲無算。傷心無限恨無邊。遺恨偏多緣偏短。多情惹得苦纏綿。從教緣斷思難斷。可奈相思人已隔塵天。九轉愁腸長轆轉。兩行情淚未流完。青衫死染桃花點。我比雁唳鵑啼更楚酸。卿你生日埋香我猶在念。今日芳魂豔魄正合苦相憐。故把萬卉千花。（轉正線）來葬豔。難捨你羞花顏色未減生前。（滾花）依然是紅粉薄脂依然是青衫小扇。（顫聲白）哎卿呀（起喝手托）枉我頓地乎天。掩却無後見人面。獨嗟怨。獨凄酸。（接落花二王下句）猶效生前擁抱。無復一笑依然。猶憶水晶簾。慘淡粧成。細問畫眉。深淺。藏香閣。春深如海。一對春鬭。神仙。我愛卿憐。正是鴛鴦。何足羨。說不盡纏綿顛倒。夢亦。香甜。只道情海無波、情天。不變。畢竟生離死別。難相見。悠悠長恨。難到碧落。黃泉：（三段）慰芳魂。償卿願。花為棺郭樹為碑。從此長埋。絕豔。可嘆一場春夢。贏得一紙。斷腸篇。我趁未覆春泥。（轉滾花）最後和卿相見。惟願把玉人倩影。長印在腦海心田。今後凄涼玉骨葬孤墳。自怨生死雙飛難遂願（小曲沉醉東風）寸心欲碎寸心酸。哎高聲低聲長聲喚句卿不應更無言。香塚裏我願同眠。求相牽傷心淚洒涓涓。怎生了却孽和冤。恨絲未斷。恨絲未斷。來世他生再依戀。（轉乙反滴珠二王）戀痕猶在。却恨韶事。無存。縷縷柔情花作相思。寸寸。深深憐愛覺得長恨。綿綿。又我生死難離。深吻朱唇。粉面。卿呀我癡纏過愛。你莫因褻瀆。生嫌。（四段）（轉連環體南音）哎共死同生徒有願。願隨飄渺作神仙。仙蹤莫卜無從見。見否癡郎涕淚連。（轉正線）連衿血淚殷紅遍。遍撫香骸恨句天。天何妒我如花眷。眷屬情深未慣隻影孤眠。（快中板）花月當年休再忖。纔因情淚苦無邊。血和淚。為酒奠。傷心語。作紙錢。（轉滾花）卿我欲捨難離。無奈都要將香骸掩。（哭相思）（五才下句）從此香城萬卉千花下。絕代紅顏作墓田。

41. 人替落花愁

李麗

（頭段）（小鑼三才）（小曲剪剪花）眉何皺。哎。我眉皺為情憂。亂離心傷透。怕抱琵琶奏。思休怨不休。嘆聲幽。（雙句）斷腸倚畫樓。（轉反線中板）對殘春。逗起心情。苦煞我頻傾。淚洒。危樓十二闌干曲。一曲闌干一曲愁。觸舊恩。成新恨。新恨重重。

死念那添香紅袖。嘆鴛禽。化作分飛勞燕。轉瞬。三秋。只間零花無語。淪作街賣唱人。試問郎心。安否。哎。卿卿。你生來命薄。纔致逐水。飄流。我常對藥爐香。病骨支離。（轉士工慢板）知否人與落花。俱瘦。瘦郎腰。消盡許多愁與恨。荒唐魂飛。嗟已斷送。風流。只聽玉漏聲聲。敲斷肝腸。隻影淒清。空對衾幃。錦繡。枕是雙雙。可奈人一個。脂零粉膩。不復水晶簾看梳頭。（轉滅字芙蓉）哎。我回首味當年。人與雙攜手。春風明月下。聽妹弄歌喉。唱扣巫山一段雲。你嬌差猶掩袖。背人偷一吻宛轉話風流。（轉滚花）更憶起風靜幃深。爲解胭脂扣。（介）朝爲雲暮爲雨。眞是個無日不溫柔。又況海誓山盟。願與天長地久。（二段）（小曲滿江紅）人與月團圓。意綣酬。蝶愛花。憐衾假錦繡。惶惶相惜。美處不勝收。自把閨房樂。傲王侯。日間親愛夜間唱共酬。深深用情。情牽一縷。畫樓春滿。共禱人長壽。（拉士字腔轉二流）莫使恩過轉瞬休。(尺)或塡新譜付冰絃。或煮羹湯煩玉手。（拉上字腔收掘）（小曲上雲梯）愛好鴛鴦快樂透。過春愁。常聚首。不知憂。春嬉秋戲和紅袖。（補腔轉二王）只願玉人無恙。永住。溫柔。有陣愛難休。不教明月上粧樓。喚妹喚哥。此正是鎖魂。時候。豈料天涯烽熾。多情鶼蝶。一旦兩下。分投恨悠悠。思悠悠。人各一方。的是無期。敍首。（轉合尺滾花）又況紫紅粉落。傷心人替落花愁。

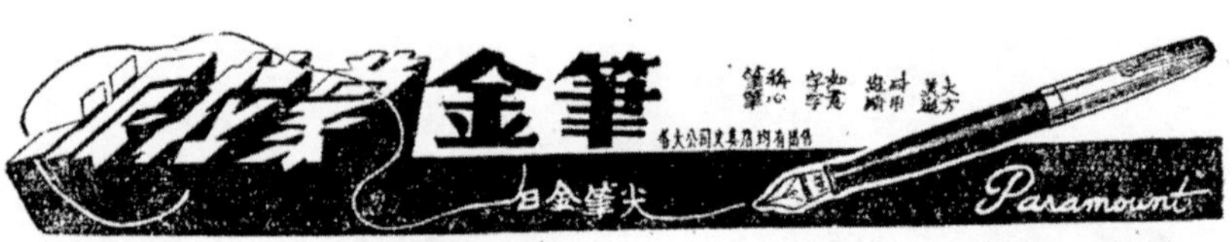

42. 盼君歸

李芬

（頭段）春草如碧綠。秦桑枝綠枝。當君懷歸日。是妾斷腸時。（禾虫滚花）春色惱人。春恨無端。一寸春心如瑣。你睇春月如梳。春花如夢。自怨春日蹉跎。記當初。邂逅紅樓。月夕花朝。看係憐卿憐我。（士工慢板）相思地有情天。生生世世永結絲羅。（轉二王）春波渺。春雲飄。海角涯天。可嘆雲山。高阻。撫新愁。懷舊恨。新愁舊恨。使我珠淚滂沱。（二段）（士工慢板）減腰圍。夜難寐。茶飯無心。兩字相思。誤我。盼雙魚。傳錦字。望窮秋水。徒喚眞眞奈何。（轉中板）對殘燈。顧影自憐。夜夜寒舟獨坐。倚瓊欄。水晶簾捲。長望。星河。秉心香。但願有情。早把歸鞭。整妥。（滚花）咁就一帆風順。重結諧和。此後誓不分離。要共君你講過。花前月下。依舊耳鬢斷磨。個陣慧福雙收。地上鴛鴦。夢羡我。團圓月下。共拜嫦娥。

43. 恨結九迴腸

寶玉

（頭段）（士工禾虫滚花）蝶雙雙。過紅牆。愧煞傷心。獨枕。暗拋紅豆斷柔腸。唉我觸景與悲。惹出重重幻想。蝶雙雙。過紅牆。玉尺樓深。憐隻影。挑燈無那。嘆更長。更怕長樓明月。唉佢繞繞臨窗。（士工慢板）月雖圓。圓不久，惆悵人生。與佢有些兒對像。缺復圓。圓復缺。人間天上。總亦一樣。淒涼。月缺有圓時。人亡無會處。鳳哭鸞傷。辜負了芙蓉。錦帳。再抱舊琵琶。重添新血淚。絃絲凄咽。不復歌韻。悠揚。(轉中板)悵今宵。明月重圓。往惹得愁深。萬丈。難安寐。我心破碎。唉恨此。天長。何堪憶。當年月底花間。我常把懊儂。歌唱。唱一段。鳳求凰。琵琶絃上語。微風陣陣。陣陣吹送。過東牆。隔牆人。扳柳相窺。宛似宋玉當年一樣。含笑讀一聲。佢話詞香句豔。恍若曲譜。霓裳。輕薄兒驀地相驚。我便把嗔顏。相向。佢撥銀箏。長歌唱和。不禁撩亂。我情腸。(二段)從此後。月夕花朝。都是此酬。彼唱。明月作冰人嬌花爲媒介。踰牆夜夜。噫也也。不用紅娘。相見歡。無限溫柔。我只願終歸。無恙。誰料到。情偏惹恨。從前恩愛盡付汪洋。纏綿是甚麼。風流是甚麼。到底虛浮。大底係前生孽賬。(滾花)唉郎君遽死。你話何等凄涼。鴛夢成空。眞正係出人意想。紅色多刼。我悔入歡場。噫也也。我念擅郎。禁不住紅淚飄飄。酒在紅綃上。(白)重省當年暗斷腸。祇緣明月惹孤孀。枕邊帳底人何在。唉偷感情央恨未央。(三段)(柳底鶯)淚雙行。唉我高聲哭句郎。我低聲哭句郎。郎雖死我未忘。憶起舊情日夜心。悲愴。神又愴。獨睡空床。郎君你執往。(哭相思)唉罷了我的郎。(的的起南音)誰憐夢絕守空房。記得得夜夜閨中。同繾綣。何妨地老。與天荒。點知纏綿不久。郎先逝(苦喉)眞個是。巫南雲山。枉斷腸。縱使合歡夢好。却被狂風散。你話悠悠長恨。怎能當。今日天上人間。徒思念。君呀忍然捨我。我都要我怨一句檀郎。(拉腔)(四段)(乙凡慢板)嘆今生。難聚首。任你怎樣風流亦都難把天威。相抗。(君你一坏黃土葬。)我眼將枯。腰圍瘦却。無非長悼。君亡。(唉冷了合歡床)奈誰何。天奪魂。徒苦情緣。不若紅顏。先喪。(免在陽間捱苦況)唉蒼天何降罪。罪及有情人。播弄千般。長使孤鴛。悵惘。(怨一句情海翻血浪)(正線)惟妾獨生存。玉郎何處去。倩誰知我。知我有萬種。凄涼。蹙蹙眉稍。盈盈眼角。含愁蓄怨。聖難量。唉也也薄命文君與我同嘆白頭難望。(上雲梯)愛譜新歌已絕唱。對對雙雙成幻想。蒼天妒鴛鴦不令人同樣。惆悵遭魔障。此聲不曾夢黃粱。從此人間和天上。愛譜新歌已絕唱。(滾花)方寸間無限恨。恨絲結住九迴腸。腸裏有若干愁。愁亦有萬樣(白)萬般愁在九迴腸。腸到郎君心更傷。痛撫琵琶濺淚。恨長如共。柳絲長。(滾花)唉恨偏長。情偏盡。莫不是前生燒錯。斷頭香。

44. 姊妹墳前血

花影

(昭君怨中板)世情似夢。世情似夢。婚姻已成了空。相中思重重。尋豔塚相思恨重重。千山萬水亦難逢。恨煞秋風。怨煞秋風。孤身亂送。蕭颯驚儂。愁更重。(回頭唱三次)我豔紅浪風(白)爲訪雙妹埋骨地。不辭烟浪不辭風。噎眞係受盡崎嶇之苦咯。(合尺滾花)吱傷心者帶愁來。觸目是殘碑野塚。聽鳥啼。知花落。亦不喂惜紫憐紅。忽看見。座新墳。碑裏字分明可誦。(快一搥收掘)薛梨魂之墓。薛梨魂之墓。噎(相思)噎罷了梨魂妹。(滾花下句)噎二喬同日死。怎不並葬其中。急回顧拭淚痕。再把星眸閃動(快一搥收掘)薛梨影之墓。雙句吱(相思)噎罷了梨影妹(滾花下句)千金骨埋幾尺地。添上亂草蒙茸(白)罷了我知心人。我的一雙愛友。回憶姊妹花開。鴛鴦蒂結。得此紅顏知已。以爲白髮可諧。方欲並貯青廬。雙懷碧玉。豈料妒聞獅吼。欽竟輕分。更憐禍起狐疑。劍終難合。縱沈腰潘鬢。我都未釋癡呀心(介)每當鵲噪燕飛。無奈望穿秋水。鸞飄鳳泊。欲碎迴腸。一病厭厭。遽醒梅花之夢。九原渺渺。莫招桃葉之盟。蘭盡膏殘。了却纏綿情絮。血枯淚竭。還你等於玉潔身呀軀。(介)梨魂呀梨魂。梨影呀梨影。今後幽冥隔絕。我自形影凄然。對塚興愁。爲惜玉人雙殞。千秋碧玉應返鵑魂。正是薄薄桐棺。蓋不了死者長恨。茫茫萬古消不盡生者相堂恩。（介）黃土淒涼碧草封。夜台應唱負情儂。孽緣惹得心頭恨。淚溼青衫一二重。（二王首板）思潮心痛。（二王）姐妹花。不幸竟遭零落。使我悲苦。盈胸。我恨望東流。說什麼情根。深種。噫。我很無窮。祇有彈來珠淚。點點滴滴灑向懷中。怨蒼天。妒紅顏。竟使棠梨豔質。今日橫遭。播弄。曖唷再難逢。眞係再難逢。塵寰絕巴。眞箇欲見。無從。對芳塚。頻感動。（乙反）夙願難償。惟有撫碑。長慟。哀草墓前封。香魂休作夢。我以心香淚酒。嚟到訴訴。情衷。我尙記依稀。先且話梨魂。蜜戀檀郎。莫負恩深。情重。初度入羅幃。鎖魂喚句。最是獨形。朦朧。緣定三生。雲行一度。得折名花。許是生平。愛寵。我是有婦使君。卿是雲英未嫁。竟蒙不棄。足見情有。獨鍾。况復妹比姐嬌。有一個可憐嘅。雛鳳。風情初解。佢亦有意。憐儂。誰料獅吼一聲。驚破了鴛鴦。好夢。重來崔護。已渺。芳蹤。（噫當年偸誓人何去。梨魂梨影化鵑紅）蕭郎腸斷。哭對梨花。香塚。你嘅豐容媚骨。可惜深葬。芳叢（收掘）（苦喉南音）頻頻淚灑。痛切五中。不覺黃昏月上照容容。惟悴顏容。秋露凍。瘦軀猶自怯悽風。不過爲訪孿姝。來哭慟。爲哭悠悠生死。不相逢。兒女私情。無非夢。月圓花好。竟成空。吱我哭一句梨魂心切痛。又哭一聲黎影。禁不住淚飄紅。（中板）（芙蓉）昔日判侶在玉樓。我地琵琶弄。驚喉慢撚。唱出玉芙蓉。你嘅嬌媚醉人。况復情有萬種。依稀猶認。攜手赴巫峯。今日我在卿亡。正似鸞傷鳳。到此孤山憑吊。憶音容。記得當日誓同。生死共。我不敢寒盟踐約。守精忠。吱姐妹墳坵。（滾花）不久變作鴛鴦塚。卿呀今日梅郎守誓咯。一死相從。我喚梨魂呼梨影。梨魂。梨影。聲聲悲慟慟。（相思）梨魂梨影呀。（滾花）你是否在幽冥居住。抑住廣寒宮。望你接見梅郎。等我訴訴離情萬種。（白）夢覺情場本是空。此生猶望死相逢。迎風幾樹梨花白。（滾花）淚灑墳前草上紅。

45, 呂布

佩珊

（賽龍奪錦）自慚歷刼深。容光已漸退。（開邊）噫。噫噫噫。緣鬢。緣鬢。又怕翻成白髮。（序）看眞。看眞。至今憂恨倍增。（序）（插白）噫眞係瘦晒咯淸（唱）虧我望鏡傷心。（重句）（士工慢板）只嘆誤入。金粉。昔日雄風。今安在。惟有那憔悴。形神。俺奉先。原是一英雄。的是名傳。遠近。（中板）晝戟鋒鋩。宇宙聞。虎牢關上。聲威震。濮陽大戰。砍曹軍。封戟轅門。輕解困。溫侯法令。不敢違行。噫估不到大戰白門樓。一日連輸十二陣。（滾花）枉俺英雄蓋世。今日束手無能。自覺威武遜從前。我再把青銅捧近。（士工慢板）挺熊腰。睜豹眼。木對着了寶鏡。無痕。看過了。苦難言。這是溫侯不幸、（撲燈蛾）鏡中人。鏡中人。（介）色酒累成消瘦甚。一回顧盼。一驚心。一驚心。（戲姮已）心中恨。心中恨。繡閣春深把英雄困。噫也也。今日變了一個敗將軍。（二王慢板下句）對着方天戟。和那追風赤兎。無限。傷神。呂溫侯。今日好比虎落平陽。竟被犬狼。所困。又好比。龍游淺水。有力。難爭。最可嘆。觸眼干戈。枉自雄心。振奮。記當年追奔逐北叱咤。風雲。今日白門樓。無計逃生。的是滿懷悲慣。（快二流）好比霸王絕路。好叫俺有氣難伸。難怪自古英雄。逃不出胭脂陣。俺奉先身經百戰。自誇無敵。又擺脫何曾（芙蓉中板）只爲兒女私情。情化恨。英雄誤在。小釵裙。不向漢家。天子覲。但作蛾眉。不貳臣。誰知斷送英雄。今日噬臍方悔。（恨滾花下）一回思

新新公司

推銷中華國產　統辦環球百貨

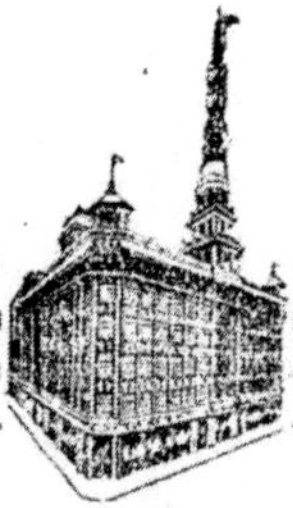

海上唯一新型薄利萬貨大商店

★

新都飯店

萬象廳

中西大菜　歌舞表演

新新第一樓

歌舞音樂表演

粵菜權威　喜慶禮堂

新都劇場

施春軒領導　上海最高滬劇樂府　施家劇團演出

定座電話九〇六三七

新新茶室・新新旅館

西點凍品咖啡名菜　房室整潔設備週到

南京東路七二〇號

電話總機九七二〇〇轉接各部

★

總號

陝西北路二七一號小菜場對面

北號

四川北路七八六號東寶興路口

廣泰雜貨號

南北雜貨

廣東土產

承接金豬

回禮茶食

添丁甜醋

諸色美酒

糟肥雞鴨

蜜餞糖果

兩洋海味

北平彩蛋

送禮佳品

一應俱全

如蒙賜顧

竭誠歡迎

41615轉

巧製臘味

罐頭食品

電話購貨・隨叫隨送

38073

想一傷神。又聽金鼓喧天。聲聲逼近。（擂鼓大戰白）可惡也。（快中板下句）快提畫戟。上馬飛行。抖首神威。重振舊。那怕曹操百萬軍。諒喇喇看俺畫戟單騎殺退他千峯刃。（萬擂鼓大戰滾花）噎也也。氣得俺圓睜豹眼。恨不得把曹賊生吞。俺與他誓不兩存好比天仇恨。（介）且看我背城一戰。展奇能。

46. 魂斷望夫樓

胡邊月

（小曲鳥驚喧）唉春宵空對月與花依舊。（雙句）心有別怨別怨離愁。腰圍腰圍減瘦。空勞空勞等候。徹夜徹夜聽更漏。（食滿字轉乙板二王）漏聲長。人輕瀲。只爲思郎負寒雲裳。錦繡。誰惜我芳華虛度。長日苦盼。樓頭。對菱花。嗟影瘦。念到你客況淒涼。不禁眉峯。鎖皺。何曾見你夢中來。更苦魚沉雁渺。（轉士工慢板）哥你何處。棲留。（反線中板）悵前歡。恩愛纏綿。意在和君。長聚首。業方濃。情歌音變。彈作一曲。涼洲。痛分離。珠淚輕飄。勸我勿爲郎。消瘦。訂歸期。揚鞭上道。君你無非志切。覓封侯。唉哥能哥。我秋水望窮。空自臨風翹首。（小曲花間蝶）爲君愁。爲君雙淚流。（雙句）長聲嘆息恨悠悠。畢竟那時復作鴛鴦偶。愁萬縷。抱恨。滿心頭。愁歌永夜奏。（合尺滾花）唉虧煞我迴文織就。欲寄無由。春草綠如絲。應是王孫歸候。只是音乖黃犬。空教魂斷望夫樓。

47. 錢作怪

陳徽韓
李小燕

（頭段）（生西皮連序）做人眞惡做。士農工商一世勞。各行冷淡更難撈我極心焦燥。（曲）我兩餐搵唔倒。（序）周身刀。四圍無路數。無奈何。點算好。（曲）家裏有個老婆。與共老母。（序）眞心操。苦楚憑誰告。（二王）算來今晚。家內柴米。俱無。（白）吱。一個人衰起上嚟。偷鷄唔倒。重噲蝕揸米添㗎。唔係喇。不如轉行去捉貓。慳慳番揸米罷喇。嘩。個處有隻貓。咪走呀。唏。重捉你唔倒。嘩。咁肥咁白淨嘅喎。呢囘世界咯。（旦白攪）喂喂喂個佬。你嚟乜野路數。嗒頭又嗒腦。撞入呢條攞頭路。好人你唔做。偷嘢咁胆粗（生白攪）喂大嫂呀大嫂。眞正係無譜。你係女人我係佬。拉手拉脚太過唔係路。偷嘢亦無咁早。你認眞人至好。（旦白）吱無。重拋浪頭添。唔得。搜身。（生白）吱吔吔。女人搜男人身。唔係搜軍火呀嗎吱也。咪咁大力揸咋。見抵咩。（貓叫聲）（旦白）還。好偷唔偷。原來偷貓喎。（生白）吱唔係呀。佢揞落我個褲浪處咋。（旦白）唔得。叫警察拉你。（生白）唔好呀大嫂。我都係窮之過啫。（中板）呢我拱手拳拳。叫聲大嫂。請你唔好拉我。又唔好咁嘈。（二段）（旦唱）你七尺昂藏。何以有好人唔做。幾多唔做。走入歧途。（生唱）我係一等良民。的行爲極好。不過迫於無奈。至有惧做。匪徒。（旦唱）你賊手賊脚。眞係逢人都知道。睇你賊眉賊眼。你自已知到無。（生白）吱。大嫂。我雖然係一時之錯。但唔係良心想做嘅。我有錢有飯食唔通都偷嘢咩（旦滾花）虧你大隻壘壘一定練精學懶。何以堂堂男子都搵唔到兩餐。（生唱中板）講到搵兩餐。委實艱難。搵去搵來都搵朝。唔得

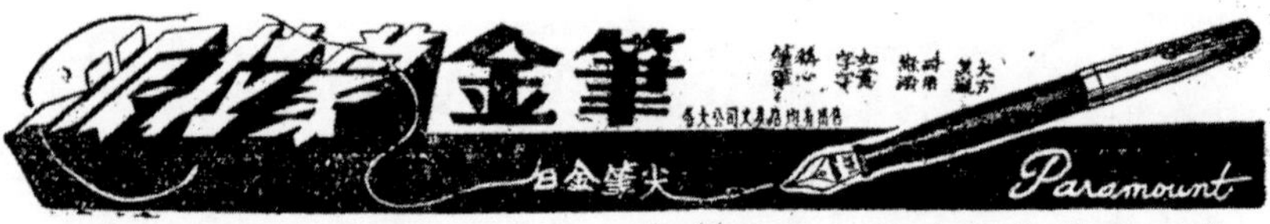

到晚。養妻兒。侍父母。奔波勞碌。難以打破。窮關。（苦喉南音）柴米油鹽都憂患。爲牛爲馬惡搵兩餐。（旦唱）血汗營生我知道多凄慘。世上無如食飯難。（三段）想做好人要飢寒捱慣。爲生存爭扎切勿立心貪。（生唱）無奈妻哭兒啼。（二王）常作司農。興嘆。（旦唱）你何不食貧養志。等候好運。來行。（生唱）若果有術謀生。何敢刑章。甘犯。正因走頭無路。不顧作賊。厚顏。（旦唱龍舟）聽你講。令我無收。裏情說出確有充份嘅理由。堪羨豪門酒肉臭。可憐路有凍骨山邱。（生唱）萬惡金錢編屬不仁富有。窮人捱苦無日子出頭。况且不景世情講到勞工更難糊口。飢寒交逼逼做鼠竊狗偷。（旦唱）你犯罪嘅行爲原本法難恕宥。（二王）若果從今悔改。我亦姑把情留。（生三腳櫈）我想盜賊非生存。多因環境嚟造就。若果人人有衣食。邊個想做賊咁壽頭。（四段）（旦唱）社會制度不良。至有人難講操守。貧富極不均。（二王）所以有人快活。就另有。人愁。（白欖）你睇富人身貴等王侯。（生白欖）窮人命賤不如狗。（旦接）富人住洋樓。（生接）窮人在街瘔。（旦接）富人衣錦綉。（生接）窮人把蓆褸。（旦接）富人一席酒。（生接）我地半生都糧食夠。糧食夠。（旦二王）咁樣嘅世情令我痛心。疾首。（生唱）我同情博愛眞係俗世。難求。（旦白）無所謂嘅。惻忍之心。人皆有之。你以後唔好再犯就好。（生滾花）我原勿奉還。嗱俾番你喇。抱頭便走。（旦唱）喂喂。咪走住咋。我重有白銀相贈。等你另作營謀。（白）嗱。等我送多少銀俾你。你番去做的小生意嚟。（生唱快中板）哎。咁就多謝略。多謝嫂嫂情義厚。此恩此德記心頭。我革面洗心。向光明路走。（白）大嫂。我希望你將幫助我嘅心。吓將嚟幫助大衆。如果人人學你咁博愛爲懷。我地的窮苦人。個個都有飯食。好幸福嘅略。請呀。（旦收板）我多行善事。快樂優遊。

48. 黃飛虎

白玉堂

（頭段）（士工首板黃上）巡督。皇城。不辭勞苦。（滾花）受皇爵祿眾因皇圖。（白）不。武成王黃飛虎。（周白）卑某周紀。（黃白）細想我地黃門。忠良七代。受恩二百多年。俺黃飛虎。東戰西征。也不少汗馬工勞因此蒙皇恩重。封爲武成王。這也少言。周紀過來。隨俺巡視。皇城可。（慢板）俺黃門。二百年。蒙皇。恩厚。感國恩本該要。盡忠圖報萬歲。名留。（周唱）武成王。你也曾。東征海寇。（介）在南方戰蠻夷。威鎮。諸侯。（黃唱）安社稷。平天下。功勳居首。（介）秉戎機。操勝算。運用。奇謀。（周白）嘆吾王。昏迷着。奸妃蘇后。（介）躭酒色。亂朝綱。政治。不修。（黃接芙蓉腔）興土木。勞民財子民難受。心念着。衆身靈不免。淚流（周唱）炮烙刑。燒諫官忠良。禁口。因此上。至令德賢士他投。（黃唱）恨尤渾。和費仲衣冠。禽獸與妲己。朋比爲奸地慘。天愁。（中板）我今日衛皇畿本該要小心。防守。周賢弟。你隨我巡視。城樓。來到了午門。忙觀左右。（滾花）月光之下。細凝眸。原來是比干黑夜走。愴惶如此爲何由。（二段）（白）吓。請問丞相。如此深夜，慌忙獨走。却是爲何。（比白）哎。武成王既然要問。一言難盡也。（滾花）我未講出眞情惟有自己火起。苦然講明之後一定噲翳過逼離。（黃唱）究竟所因何故事。丞相盡要說分明。（比白）咁你就聽住嚟呀（中板）因謂今晚夜。御駕遊幸鹿台。同埋個奸妃。妲己。個個無道君妙相天開。又話要會。的仙姬。點知道我行近佢身前。覺得有種非常。異味。十足似的狐狸臭氣。我個肚皮中酒肉幾乎要嘔。番晒。出嚟。之呢件事。不若暗設良計。就方爲。全美。最恐怕。妖魔爲患。個陣未有。了期（黃接滾花）原來有此奇怪事。這個奸妃該死有餘。恨千不聽忠良語。明知妖氣詐作無知。今夜事情飛虎自有主意。請丞相回去。不用懷疑。明晨定有好消息。（比唱）今夜之事托賴維持。拜別武成王回府去。（黃唱）周紀賢弟聽俺言詞。快些偵探。狐狸歸何處。焚燒其洞莫把恩施。（周唱）我今奉命偵探而去。（黃唱）把狐狸燒死看看妲己奈我何如。

49. 瓊樓舊恨

梁瑛

（反線中板）纏綿舊夢空回首。奈何心底恨難休。月已重圓獨惜人偏否。多年恩愛付水流。記得緣柳堤邊初邂逅。紅菱江上泛輕舟。又記得對飲瓊樓。（正線）攜玉手。（滬曲叮嚀）紅顏放鶯喉。瑤琴撥來舒索手。晚景清幽。偷呀偷。偷呀偷。笑解胭脂扣。（流水南音）扣解裙鬆兩並頭。從此緊縛情絲千萬縷。教人煞羨我福慧雙修。只願今友鶼蝶長相守。更願香閨長伴我都薄封侯。如花春眷。一對鴛鴦。只解風流未解憂。記得我尋章摘句。卿抱鴛鴦繡。（士工慢板下句）正是卿憐我愛。唯願老死。溫柔。朝朝暮暮。兩癡纏。卿你作懊儂歌。子夜琵琶。聲奏。形影相隨。如比翼。熱情如火。夜夜綢繆。豈料薄情天。無端解散鳳鸞儔。爲問春水一池。到底伊誰。吹皺。（收掘詩白）有靈寶劍偏顛倒？只斷恩情不斷愁。紅杏已隨春逝去。可憐冷落一瓊樓。（滿江紅）重上瓊樓倍生愁。獨抱衾裯。幽香輕透。傷心苦憶。燕去不歸休。萬般都成夢。逝狂流。（二王下句）嘆一句去年此日。尙和卿你。賞中秋。春復春。秋更秋。哎淚盡燈前。鎖魂秋後。燕去燕歸仍似舊。惟有當年人渺。剩此冷落瓊樓。女兒心。何易變。怪到水性楊花。風前。楊柳。蝶約鷗盟卿記否。正是鏡花水月。一樣。虛浮。卿呀你一入侯門深似海。虧煞我床頭金盡。暗慚羞。紙薄世情。我經已明白透。（合尺滾花）到底不及黃金力。可憐恩愛變成仇。卿你拜倒黃金。待我他他日成名贈你黃金百斗。（介）我明日束裝離故里。不得高車駿馬誓不回頭

50. 奮起圖強

譚伯榮
黃佩英

（頭段）（生唱羣勇軍進行曲）磨劍。我國衆民族要發奮。復仇無論犧牲。共趁危難愛護同羣。斬殺仇敵。正途。一生的快心。爲民族奮鬥自動抗戰。拚死競爭。磨劍。奮身。肉搏。除盡我國苦困。定然殺到佢驚怕。厄震。定然殺到佢驚怕厄震。厄震。厄震震。（回頭一次）（士工滾花）方洩我心頭。之恨呀。（旦白）亞哥。（生白）乜野呀。（旦唱）哎你快的執埋個包袱。遠遠鬆人呀。（生唱二王）卑你發癲定是發狂。抑或發傻。發癲。（白）你係處攪乜野得㗎。（唱）慌到手忙腳亂。究竟爲乜野。原因。（旦白）哎也不得了咯。（生白）做乜野至得㗎吓。（旦唱）現在城中有好多敵人。不久就嚟到來。圍困（白）快的嚟幫手喇。（唱）一陣槍林彈雨。我地欲脫。都不能。（生白）呀。個的矮仔係嗎。咁就啱晒咯。（唱連環西皮）心中火滾。心中火滾。等候多時與佢。戰爭

。(二段)(旦唱尾腔)吱吔吔。點解你重加倍精神。(生唱二王)妹你有所不知。等我講明。底蘊。(旦白)咁就講喇。(生唱)我地但能一戰。正在死裏。求生。(白)我一於同佢死過呀。(旦唱)我估萬事要小心。免至將來。飲恨。(生白)呢次有佢無我。有我就無佢嘅喇。(旦唱)若遭其毒。確係慘不。堪聞。(生唱早天雷)你不要話走人。就可以望偷生。總要合衆聯羣。一於奮起抗敵人。尤其是怕死遠遠逃最愚笨。(旦唱)禍在難免咯。點得安身。且看敵國獸性。無理殘忍。若吾人被擒。苛刻放恣。還重要受佢凌辱。且向誰陳。(三段)(生唱)起初佢施奸計以利引。騙你去充當奸細。若有不允呀。(旦白)點呀。(生唱)諸般壓迫。塞打婦女。弄到受佢慘刑何堪問。(旦唱)所以就要走開先免自遭其困。(生唱)吱吽女吽女。唔駛逃奔。(旦唱)又怕禍至。難解難分做鬼勝於做人。(生唱白攬)你曉得咁樣話。就當然要發奮嘞。喂佢亦係人我亦係人嗻。何必要怕佢咁笨呢。(旦唱二王)咁你唔怕又如何。(生唱)當然有機謀。充份。(旦唱)請你講明講白。等我早定。驚魂。(生唱快二王)佢四處行兇。那得安存。之穩。如何奔避。死裏逃生。(旦插白)吱也咁唔係好弊。(生白)弊就定喇。喂若果偷生呢吓。(旦白)點呀。(生白)就噲變亡國奴嘅喇(旦白)哦。(生白)如果唔想做亡國奴呢。(旦白)咁又點啫。(生白)就要犧牲喇嗎。(生唱滾花)喂吱越想越嬲。吱等我殺其一陣。(旦白)你咪去住咋。(唱)聽得我津津有味。請你講透我至起行呀。(生唱下西鼓)總要人人都決心。同他死戰爭。戰就有出生天。反爲道理眞。縱死我亦無怨恨。(旦唱)若果戰亦噲死避埋亦噲死咯。迫我受制層層。咁就眞情同佢死過。應要大殺仇人。(生唱)妹聽眞。從此無咁笨。一於痛除禍根。(四段)(旦唱)哥呀我都應該。堅存爲國心。(生唱)多數女兒。以爲國榮幸。妹呀諒你曾聞。(旦唱中板)我聽你講來。的敵國咁野心。眞正令儂。可恨。佢恃強兇。眞係慘無人道。終日放火。殺人。(生唱)呢噲佢行兵。肆虐奸淫。說不盡爲非。等等。最無辜。刼財之後。重要慘殺。的居民。所以我到如今。我地聯合起來。不避衝鋒。臨陣。殺敵人。全憑係肉搏。不賴炮火。傍身。耳畔聽聞。(滾花)也有人聲陣陣。(旦唱三腳櫈)莫非佢來擾亂。個的百姓起風雲。我地都要提防。小心爲愼。(生唱)必定係義勇隊。糤集了成羣。個個都有精誠。準備來上陣(旦唱中板)好不若我都去從軍。步吓壯士。後塵。(生白)好好好。(唱快中板)他日成功。名遠振。雄心湧動。壯氣騰勝。誇喇喇(滾花)誓將寇仇。來手办(旦唱)前途勝利。(生唱)具有救國精神呀

51. 鐵性蘭心

邵鐵鴻
紫羅蘭

(頭段)(生唱驚濤)殺敵須要努力快共同禦侮去出戰做英雄。殺殺爲國應勇敵衆雖然大進攻。一心一心一致共暴敵誓決一戰。國我民衆民衆忠勇鬭一個經已經已已一致一致抵抗那敵衆。團結團結團結在心中。前進前進立勳功。惟有惟有去衝鋒。全國全國須精忠。快奮勇怕也冒險爲國雪恥施威勇。一致抵抗英勇雖創忍痛戰死方忠勇(旦接唱)聽見君你講來。眞喺令人。敬重。不愧英雄本色。而且壯烈。可風(生唱)今日敵寇來侵。我地應要犧牲。種種。書好捨身殺敵。大家投筆。從戎(旦轉楊翠喜)怎得個個都都心忠。大家學君學君去從戎。殺退那敵萬衆方洩我恨滿胸。敵寇大施兇暴動攪到我國中把兵戈動眞係越想越想勢難容。我國現已大反攻。(二

段）（旦唱）將軍你眞英勇。將軍你眞英勇敵來共佢衝鋒。大顯威風。衝鋒衝鋒你殺敵立功。報國精忠。眞係令奴崇拜你嘅高功。（生唱二王慢板）我地份屬軍人。應該立心。忠勇。何況守土有責。怕乜敵衆。來攻（旦唱）咁様敵寇來侵。祇有空將。佢地嘅命送。任佢船堅炮利。那敵我士氣。如虹（生唱一枝梅）大顯威風。眞英雄。抗戰須要將敵軍殺到佢空。咁方是英勇。死拚把命送。不幸受傷血流紅。今日越想恨無窮。我身中傷勢重。恐怕命噲終。（旦唱）請你放開愁容。請你放開愁容。還要自保重。咪個恨滿胸。君已盡忠。把敵來殺。又駛乜咁愁容。爲國高功。君你受傷不甚重。休悲痛（三段生唱）想起我在沙場。被那敵人。槍中。咁我以爲必死。點解又噲身在。牀中。（旦接唱）君你身先士卒。喇至噲受傷。險將。命送。因爲當時我救你。你已痛到神志。都昏朦（旦唱昭君怨）見你傷滿身紅。淋漓浸透都佢個都佢個佢個在血中。眞好采你重曉重曉郁動把君挽救心傷痛。頭又凍。急將妙藥你服用。雖則槍傷咁甚重。點知食左食左之後就噲自已郁動。奴侍奉轉眼見你都無痛。咁我靜靜。靜靜。等君入夢。你就睡眼朦朧。（生唱中板）咁我謝多嬌。你一片慈心。將我殘軀。嚟侍奉。到今時。我精神淸醒。眞係感激。你無窮（四段）（生唱）我呢個落伍人。未能馬革裹屍。縱然是受傷。都係雖生。無用。還重累及姑娘。你晨昏服侍。眞令我愧煞。重重。（旦接唱）我叫句將軍。彼此咁係服務國家。你亦無謂區區。咁禮重。想阿儂。身爲看護。責任乃係救護。你地的英雄。我國中。今日抗戰長期。要個個須似將軍。咁英勇。若果係。交鋒陣上。不傷不死。咁又點噲値得。我欽崇。（生唱無錫景）既然大家志係同。爲國嘅民衆。我我我今日心中領嬌一片情濃。好供奉對住阿嬌玉容。樂融融病榻中。感恩重。重誓殺敵人心忠勇。（生唱二王）近日前線情形。是否仍然。咁嚴重（旦接唱）聞得我軍勝利。經已大舉。反攻（生唱）我想立卽離開。再上前方。效用。（旦唱）君你傷痕都未愈。殺敵駛乜。咁忽忽。（生唱秋江別尾）就想出戰爲國盡忠（旦接唱）知君你熱血滿胸。（生接唱）何日方得與敵軍重逢。（旦接唱）待你好番就便可從戎。

52. 自新之路

半日安
衛少芳

（頭段）（生唱催歸詞）哈哈哈哈做呀左奸細。大呀把紙幣。身矜貴。幾夠威。無虧無虧。逹理莫計。謀我自貴。眞係。眞係。全憑詐僞。（旦唱靑梅竹馬）敵寇爲厲。家產被佢搶晒咯。躝到此地。搵我個夫婿。悲悲涕涕。却聞道。夫婿。已做了奸細。不知佢係唔係咁曳（白）呀。呢處係嘅咯嚟。而倚。乜呢一間野咁架勢嘅啤。（口古）哎眞係燕處華堂。唔知閉翳。待奴入去。苦相規。（生唱二王）哦妻你刼後餘生。令我心中。歡慰。（旦白）你就梗係歡喜喇。（生唱）又怕兵災與火刦。係嚇壞嬌妻。（旦白）哎（唱連環西皮）怨聲衰鬼（重句）有何面目。再見荊妻。（生唱尾腔）嚕吔吔吔。你都唔知我而家猛起上嚟。（旦唱快二王）任你猛過生龍。都要受人。專制。（生白）怕乜野啫。（二段）（旦唱）佢橫行閭里。狐假。虎威（生白）咁至夠惡喇嗎。（旦唱）殺戳同胞。博得你已身。尊貴。（生白）梗係顧自已喇（旦唱）漢奸你都甘做囉。何事。不爲。（生白）哈哈你正一係懵閉閉。魚腸蒸猪肺囉（霸腔滾花）須知古代英雄。全憑噲做時世。干戈撩亂。正合我地振作施爲。若果有機會都唔曉發財。就係天下第一嘅蠢材。妻你有錢卽管駛。有野卽管食。切莫妄說無稽。（旦唱白欖）不義嘅錢財。眞係俾我都唔駛。貪財來賣國。豈是丈夫嘅所爲咩。（生唱）但得富貴與榮華。我都嘅理邊個做皇帝。我有我風流和快活。點理得人地嘅安危。點理得人地嘅安危。（旦白）你就快活咯（唱士工滾花）你可知到受制嘅同胞。蒙你地的漢奸嘅蠹害。你唔燒到肉就唔知肉痛。等我詳細講出嚟。（唱乙反板面）倭奴焰氣可畏。妄施淫威。災降及庶黎。命已危。唔理賤貴全嘅受制難以力抗抵。屠戮嘅不勝計。（三段）（乙反慢板）不論屋舍田園。悉遭。焚毀。奸淫虜掠。無所。不爲。（生白）混帳（唱玉美人）眞顛廢。眞顛廢你。你太過呀偏心將佢亂謗。有教育嘅兵哥無咁衰仔。文明呀呀國家點噲亂咁嚟。你眞顛廢。文明呀國家點噲亂咁嚟（口古）而家都無謂多談。而倚也唔見左我兩個仔呀喂。比如阿媽何往。點解唔同埋你出嚟㗎。（旦口古）哎等我又將家內嘅情形。講其詳細。我請你洗淨對耳。靜靜地聽住嚟呀（生白）講喇（旦唱乙反龍舟）當日孤城破（生白）咁我知道。（旦唱）暴敵逞淫威（生白）呢的就硬係咁嘅喇嗎（旦唱）你亞媽叫我行藏匿。免遭佢嘅暴獸行爲（生白）吓點呀。點呀點呀（旦唱）哎可憐兩個幼子無知。慌到佢當堂哭涕（生白）細佬哥。就硬係咁嘅喇（旦唱）俾佢地斬爲肉醬。（生白）吓（旦唱）咁就命歸西（生白）慮。也咁有陰功呀。（旦唱）哎我因爲不忍你母被汚。自已犧牲嚟作替。（生白）哎有咯有咯有咯（旦唱）點知佢重未塡慾望。要你阿媽同樣沾泥。（生白）噎也。（十八摩）豈有此理。辱諸親娘佔嬌妻。混帳呀嘅個東西。有心作弊呀喲。（旦唱龍舟）你母誓死不從。俾佢打到鱗傷遍體（生急白）哦有陰功咯。（四段）（生白）咁收尾點樣呀（旦唱）哎不怕橫飛血肉吓。亞媽視死如歸。（生白）咁亞媽有冇說話講呀。（旦白）佢臨死個陣時重嗌你個名添呀（生哭白）佢點嗌法呀。（旦唱）冇話希望你替佢報仇。殺盡個的矮什（白）哎點知你重而家做左漢奸添。你點對得你亞媽住呀。（唱）而家你亞媽兒女都冇晒嘅咯嗜。我問你生亦何爲（生白）唉（哭想思）哪呀呀。哪呀呀哎罷了媽媽呀。（蕭腔滾花下句）原來我認賊作父。這等胡爲。不孝不忠。枉我偸生人世。得你一言驚醒。我昏迷。今日騎虎勢成。如何爲計。（旦唱二王）可以權爲內應。陽奉。陰違。帶罪立功。免至貽羞。後世。（生唱）哎只怕同胞佢不諒。責我以往。妄爲。想我一片眞誠。難保當年。虛僞。（旦唱）若果你屠刀放下。倘有。可爲。若知痛改前非。不失英雄蓋世。（生白）噎也好好好。（快中板）義旗獨舉。挽垂危。覺悟前非。深自愧。揚鞭振臂。逐胡蹄。（滾花）此後革面洗心。愧把臭名一洗（旦白）好呀。（唱）好彩你回頭倘早。不致陷入汚泥。

53. 敵愾同仇

半日安
上海妹

（頭段開邊）（生白）噎吔吔吔。死嘞死嘞。救命呀（重句）（旦白）喂唔怕嘅。同你敷左藥。你就好㗎喇（生白）好呀拿。（重句）（旦白）喂。喂喂乜你亂打人咁㗎。（生白）打死你的矮仔添嗜。（旦白）喂喂喂乜咁呀。（生撲燈蛾）你的死龜旦。（重句）乜你就咁瘋狂。你四圍掟炸彈。就掟炸彈（旦白）喂喂喂喂。呢處係醫院嚟㗎。乜你咁樣呀喂。（生白）打衰你地（白欖）炸死我地同胞。足有十幾萬。民房共商店。不知幾多間。幾多間。（唱反線滾花）俾佢炸到我地成家。唔知幾慘（白）哎慘咯。慘咯。慘咯。（旦唱）哦。原來佢神經錯亂。憤恨的敵寇縱橫（轉唱玉美人）唉最悽呀慘。最悽慘敵寇披猖眞可嘆。四處派的飛機去放彈。的平民炸得遍野尸橫。去放彈。的平民炸得遍野尸橫。（生白）噎吔吔吔救命呀。救命呀。（旦白）喂喂喂亞先生。你抖吓喇。（生白）哦。也你係女人嚟㗎。我估同敵人打緊交添呀。（旦白）唔係呢處係救護醫院嚟。因為你俾的敵人嘅流彈炸傷。所以嚟呢處救你。你安心調理啤。（生唱二王）哎我提起個的敵人。眞係死都唔得。閉眼。（板眼）唔通中華民族。掘左佢祖宗山。被佢炸到我地全村。人亡家又散。連累的猪牛鷄狗。都受傷殘。我祠堂成間。俾佢燬爛。裏頭的神主牌。都亂晒坑。（二王）究景佢地乜野原因。對待我地中華。得咁慘。（白）哎大姑娘。亞大姑娘。佢地做乜欺成我地咁呀。（二段）（旦唱）佢實在完全係無理。兼夾第一個。野蠻。（中板）等我講過你知。（生白）好好好呀。（旦唱）敵國侵略我中華。實在佢個野心。係無限。（生白）佢野成點呀。（旦唱）佢見我地。幅圓廣闊。所以就慶還。兇橫。（生白）咁就要欺人嘅呢咩。（旦唱）因為我中華。有好多物產與共森林。而且重有五金。嘅礦產。（生白）咁要分份俾過佢喎。（旦唱）哈哈俾個野心。想完全愛晒。都可謂絕頂。貪婪。（生白）咁開胃佢。（旦唱）佢以為我地係一個東亞嘅病夫。一定係好難。夠佢聞。（生白）要打過至知嘅啫。（旦唱）點知到。我地全國上下。決心挽救。狂瀾。（生唱小曲）猛卽是猛。（重句）人民奮勇共挽河山。佢呢次。定噲撞板。（二流）老虎未曾發威。佢就當作係病貓來辦（白）佢都嘈嘅佢。（三段）（唱滾花）我地堂堂一個大國。點肯做妾膝奴顏。（白）係喇。咁我地同佢打左咁耐。究景打輸嘆打贏呀。（旦唱二王）現在打左都已經一年殲滅了敵人。有已十萬。（生白）佢梗唔夠我地打㗎。（旦唱）淨係台兒莊一戰。打到佢無一個。能夠生還（生白）嚟個隻食個隻。多多有有夠死呀（旦唱）最近因為戰略所關。故此要暫時。失去數省。（生白）乜野話。失左幾省呀。（旦白）係呀（生白噎吔陰功咯陰功咯（旦白）喂喂你咪咋㨾也。你唔駛咁怒氣㗎。因為你現在有病呀。（生白）哎重講得贏嘅咩。我若果好番呀。我同佢死過。唉也唉也唉也。（旦唱滾花）唉你唔駛灰心又唔駛怒氣。我地不久就噲打番。（生唱花間蝶）我淚偸彈。的敵軍兇夾橫。（重句）哎我覺得確係煩。心想報仇為國家舒難除大患。各地常受摧殘。殊堪浩嘆（四段）（滾花）（旦浪裏白）等我講你聽呀。（唱）你唔知道其中嘅情形。難怪你長嗟短嘆。（白欖）佢地準備已有十年。把我中華國七就嚟侵犯。軍械既精良。重有無數飛機共戰艦。我地第一個方士針。要消耗佢嘅兵士共子彈。佢想得到我地一笪地方呀。一定要佢死人死到佢眼斬斬睇吓佢死得幾多人呢。我地有四萬萬五千萬。（二王）所以失一城一地。絕對與勝敗。無關。（生白）原來咁呀。咁又唔怕嗜。（旦唱）重有游擊士兵。在佢後方為患。（白）我地好多游戟隊活動㗎。（生唱）吓吓果然係妙計。不禁令我。笑口開顏。（旦白）咁你就唔駛担心喇。（生唱）哎恨我有病在身。未能參加。國難。未知已時何日。我至能夠。好番。（旦白）唔怕嘅。（唱）你報國有心。正係前途。無限。（滾花）他日你投軍効力。祝你奏凱而還。

54. 四行倉獻旗

新月兒
衛少芳 合唱

（頭）（旦唱軍歌）黃埔灘頭。八百健兒孤軍獨守。死生何須究。贏得英名萬古留。（合尺滾花）叫一句抗敵嘅英雄。聽我把言詞直剖。（生唱二王）你係何軍將士。乜你到此。何由。（旦白）我係女童子軍嚟亞團長。（生唱）呢處彈雨槍林。你都不宜。行走嚐。（旦白欖）我先行一個革命嘅敬禮。然後至嚟開口。你地八百勇男兒。把國土嚟死守。（二王）眞係令人欽敬。祝你大建。勳猶。（

生唱奪錦)為國為國為國家嚟奮鬥。本該要上前殺敵寇(旦唱)壯哉壯哉殺淸的敵寇休。(序插曲)可謂精忠冲日月。義氣貫乾坤咯(生唱)為國分憂。(重句)(連環西皮)係軍人。職守。時也也況且敵愾同仇(二段)(旦唱[illegible]十慢板)你獨守四行倉。壯懷熱烈。經已揚名。宇宙。驚天地。動鬼神。氣貫。斗牛。(生轉反線中板)我地係一個軍人。保衛國家。乃係天然。嘅職守。為國家。若果犧牲生命。乃係壯志。可酬。我地全體軍兵。都立下決心。只有向前。誓不退後。縱然是。只剩下一兵一卒。亦都不肯。低頭。(旦唱)聽你雄言詞。(轉正線滚花)令我雄心糾糾。(轉梳粧台)殺呀殺盡那敵寇。殲敵酋。衆位呀。好身手。為國復仇。寧願犧牲都不後退。(二王)我今日特來慰問。更重有一段。嘅因由。(三段)(轉中板)現在四行倉。雖係敵軍包圍。惟是此地仍然。係我有。有好多。信疑參半。疑及近事虛浮。又各友邦。人士同情。個個都係交相。營救。又豈可。無枝國旗高樹。表示我地勇氣。似留。所以我特地到來。恭獻國旗(滚花)請長官呀你接受。(生白)威也好好好。(滚花)果然眼光遠大。令我喜上心頭。叫士兵預備升旗。俾得飄揚宇宙。(升旗)(衆人叫口號介)中華國萬萬歲。(生白)也。(滚花)國旗飄蕩。在樓頭。奮起雄心。嚟禦寇。(四段)(旦唱三脚櫈)望官長。運奇謀。殲滅敵人。才能手。(生唱)我為民族。爭取自由。立誓此身為國有。(二王)請你立即回去。你不可再事。停留。(生唱)請你轉告後方。大家共同。奮鬥。以國家為重。不必為我地。擔憂。就算係壯烈犧牲。亦都歡心。抵受。(旦唱)果然精忠報國。的確名貫。千秋。我就此拜辭。不敢多延。時候。(滚花)我就祝君勝利。萬古名留。

55. 熱血忠魂

徐柳仙

(頭段)(白)鐵鳥縱橫凝碧血。彈花飛濺化紅雲呀。(乙凡哭想思)哪呀呀。哪呀呀唉罷了我地死難同胞。(乙凡南音)不堪憑吊。是殘痕。瓊樓玉宇。層層塌。綠女紅男。逐逐奔。又聽得孩兒喚母。聲聲苦。又聽得父母呼兒。處處聞。任是鐵石嘅心腸。都生惻忍。任是多情天婦。也嘆離身。(正線二王)唉河山碎。待危亡。到處獸跡胡蹤。我地豈能。容忍。快快磨寶刀。誓把胡兒殺絕。方表我地民族。精神。(二段)跳馬橫戈。此乃是男兒(轉士工慢板)本份(轉賽龍奪錦)決心決心決心須下決心。齊共奮起抵抗那敵軍。莫畏犧牲。莫畏犧牲。(轉士工慢板)就算擲頭顱。光榮戰死。甘作塞外。孤魂。我久具雄心。報國於時。應為我同胞。雪恨。請長纓。一拚沙場浴血。願作百戰。忠魂。(反線中板)唉可奈何。我燕爾新婚。坐對紅顏。綠鬢(三段)溫柔鄉。無邊風月。共愛。相親。嬌呀佢為郎癡。倘若一旦分離。我自問於心。何忍。況且是。衿裯未暖。佢又情意。殷勤。(打掃街)恨煞閨裏人。愛不忍離羣。安知亡國恨。也唉英雄氣自沉。(正線合尺滚花)所以我殺敵心否決幾回。都被那情魔作梗。劇可憐佢兩行珠淚。(轉反線)唉吔吔軟化了我一顆雄心。(反線二王)她她她。她驚怕。怕我戰死沙場令佢終天。抱恨。(四段)恨悠悠。形單隻影。他日倚靠。無人。唉從古道鐵漢英雄。(正線)每被情絲。所困。(拉腔轉二流)又有話最難消受。美人恩。一念到國殆家危。又使我雄心振奮。多少前方浴血。何忍鴛夢沉沉。今到了。(轉滚花)最後關頭應把良心自問(白)陣陣胡笳聲徹耳。頻頻戰鼓動雄心呀。(唱戲姐己)上戰陣。(重句)死死生生休復問。雪國恨。(重句)馬革裹屍方榮幸。唉吔吔願洩我心中忿。(快中板)橫施慧劍。斷情根。

★ 美綸商行 ★

◀ 薄利多銷宗旨 ▶

直接專運大批

毛冷　絲棉　呢絨　雲紗　布疋

電話七四二八六

林森中路一〇七四號

（近杜美路口）

民國廿五年創立

生大信託公司

●地址：上海甯波路八十號●

電話：一〇六二六・一二三六二・一一九七三

專營一切信託業務

手續敏捷

服務週到

附設

銀行部

地產部

證券部

三十餘年

老牌子店

新昌路一〇九號

成慶燒鴨老店

電話三三四六七

本號自辦：

廣東土產

添丁甜醋

掛爐猪鴨

四時海鮮

罐頭雜貨

自製軟骨

肥鵝鷄鴨

價廉物美

爲國報仇。和家恨。沙場殺敵。拚犧牲。隔絕天涯。（滾花）從此死生莫問。（介）我他日馳驅國事。不是成功便是成仁。

56. 虎口餘生

半日安
上海妹

（頭段）（旦唱）（毛毛雨）苦凄凄。淚淋淋。痛家鄉。遭毁焚。夫婦別離羣。心驚呀。又胆震。更不知。我良人。去邊方。不知聞。心裏實如焚。眞眞呀。係不幸。（哭相思）那呀呀那呀呀。哎罷了我地夫君（生唱）（合尺滾花）吓忽聽得悲聲凄慘。（白）邊個喊呢喂。（唱）大抵都係我地的難民。（二王）等我舉步上前。嚟將他。嚟慰問。（白）喂同胞唔駛喊㗎。辛苦有日報仇㗎。（旦唱）噎哋睇佢顏容雖係憔悴。之好似我地。郎君。(白)唔知係唔係呢。等我問吓佢咋。(唱)請問句先生。你是否姓徐。叫做國恨（收掘）（生白）無錯。兄弟就係徐國恨㗎。（旦白）噎哋。咁我就謝天謝地咯（二段）（滾花）唉我經過幾多艱難苦楚。至會得到你呀夫君。（生唱板眼）哈哈佢癲定賢呢。亂叫夫君。大家都係男子。乜佢咁失魂。莫不是發左神經。喂唔好將我撚卦。（旦唱）今日夫妻重聚。我要答謝神恩。（浪裏白）哎夫君呀。（生白）丕你攞葱咩。邊個係你老公至得呀。（旦白）噎哋你個衰鬼。你點解唔認我啫。（生白）喂喂喂我怕你嘞。你咪咁潮氣嘞你（旦白）唉你眞係無情咯。（生唱）哈哈呢睇佢個形容。眞正過癮癮。佢重擰頭擰腦。係處辦女人。一定係剌激太深。攪到咁糊混。若然唔係。一定鬼上身。（旦唱）（海南歌）唉夫君。我眞係心慉。(重句)你問吓問吓個心。（生唱）哈哈眞眞眞。係生引。（重句）等我問吓佢內裏因。（轉中句）喂喂我叫一句同胞。我幾百句唔該。唔該你唔好將人。嚟撚罷喇。（旦白）邊個撚你啫衰鬼。（生唱）我地今日逃亡。正係流離失所。說不盡萬苦。千幸（旦白）咁就唔講我都知喇（生唱）況且時局時局咁緊張。凡屬人民。誓要雪國仇。家恨。（旦白）我都知咯。（三段）（生唱）乜你重咁神經。係處嚟扮鬼扮馬。起勢大叫。夫君。（旦唱）噎也你係我老公呀嗎。（生唱）吓吓你眞好笑咯。大約你見得走難太涼。我地並無。人情慨咁啫。（旦白）車你而家講乜野呀。（生唱）所以你。喺處嚟扮花旦。到嚟同我地。開吓心。咁玩吓係喇嗎。（旦唱滾花）噎哋我㗎㗎㗎。乜你咁薄情。眞正令人火滾（生白）（子喉）下下下哎也。（眞正令人火滾呀嘞呀）去嘞你。怕你嘞。算你好聲大家都係男人唔知講乜野笑呢（旦唱）哦哦哦。原來我化左裝。佢唔識得我。哎我幾乎錯怪好人。（二王）等我除左件長衫再嚟向夫君。一問。（白）嗱。而家認得嗱卦（生白）哈哈重好笑。看埋件女人衫添喎佢。（旦唱）哎等我除埋頂帽。嚟俾你。睇眞。（生白）噎也我怕你喇。怕你喇。重難睇。重難睇。個額頭就白雪雪。塊面就黑盟盟。重貼埋兩塊大膏藥添。而家你牙痛咩你。（旦白）唉（孔雀西皮）你睇真呀。（重句）問句夫君。（重句）睇吓。我係乜人。（白）嗱而家認得我嗱卦。（生唱）嘩噎哋哋。原來眞係我地夫人。（四段）（三脚凳）我叫聲好妻。嬌你因何扮男人呀。喂家鄉打成點呢。（轉合尺滾花）你快句呀講過我知間。（旦唱餓馬搖鈴中段）哎提起就悲憤咯。心火如焚。個的敵寇來臨。眞係神人共憤。佢殘殺我人民。（即起乙反中板）好似發左瘋狂。眞殘忍。（生白）哎慘咯（旦唱）每逢屋宇。就放火焚。（生白）咁抵死呀佢。（旦唱）重搶奪的錢財。要擂女人。（生白）喂喂你點呀喂。（旦唱）又唔拘老定嫩。一律姦淫。（生白）死嘞你點樣啫。（旦唱正線滾花）哎若果唔從。就要當堂命殞。（生白）衰嘞咁就崩晒咯。（旦白）佢就唔怕。

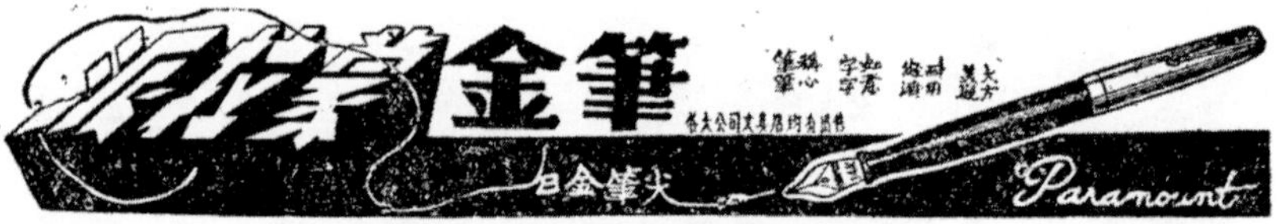

(唱)好彩我改裝逃走。免把名節犧牲。(生唱二王)噎吔面家至慌完。點知我地老婆。你得啩梗。(白)確梗確梗。(唱)正係幽蘭不受污泥染。你能夠清白。其身。(旦唱)梗係喇。你估學敵國的女人咁衰嘅咩。(生唱)但係重有好多同胞。受的敵人。所困。(白欖)你咪話自已走甩身。就唔負救亡嘅責任嗜。(旦白欖)我地當然要爲國家。報仇兼雪恨。但係最好做乜野呢。請你稔一稔。(重句)(生唱)(合尺滚花)吱妻呀若果要報仇雪恨。最好去做義勇軍。

57. 殺敵慰芳魂

張蕙芳

(頭段)(詩白)殺身勉我從戎去。畢竟英雄讓女流。(手托曲)可嘆淨土一坵。掩却紅裙翠袖。恨深矣。負上國家憂。(二王)憂國傷時。每令到眉皺。鎖皺。(序)你睇月明人影瘦。(曲)驚悲鳳死。吱今已永絕風流。(序)凄涼咽在喉。(剪剪花)吱何時亡敵寇。愁緒未能休。悼亡青春偶。紀到來時候。將卿葬荒坵。(重句)惹郎珠淚流。(二十)欲報卿卿只有忘懷奮鬥。(序)我捨生酬故舊(乙反流水南音)憶起玉人死節。勝封侯。一自胡茄。聲起處。可憐烽火。遍盧溝。(二段)從此不笑不歡。如有恨。佢重勸郎爲國。要滅風流。吱我未釋癡心。難割捨。紅顏一怒。佢就命隨休。諫我從征甘願死。勉郎休負少年頭。(龍舟)縱是鐵石心腸。應感動。豈容雌伏永貽羞。不覺戎馬生涯三載後。(詩白)共死同心願未酬。獨教紅粉葬荒坵。每年漢月年年恨。聽到胡茄夜夜愁呀。(鳳凰台)月惹愁開永惹憂。快白首愁復愁。愁多欲遣無由。嘆舊語虛浮。愁未能(重句)横刀誅賊冠。傷心透。空拋紅豆。(西皮)我憐卿。已絕命。恨我未雪國仇。(三段)醉復歌。歌復醉。頻傾淚洒。(沉腔滚花)噎吔吔一寸征腸。一寸愁(反線中板)回憶定情時。綰結同心。誓與天長地久。朝爲雲暮爲雨。慣是第一風流。有情嬌。你青眼偏垂。甘添香紅袖。譜新詞紅窗唱和。眞箇樂以忘憂。兩欲繫情心。雖有赤繩。尚借千絲柳。(二王)怎奈戰神降下不使薄命人留。那時間。我哭斷肝腸。都重臨棺執手。(四段)生離猶有語。可憐死別。從此萬種皆休。劇可悲。一死一生。嘆妹已化爲骷髏。欲見無從見。人間天上。總會一樣多愁。聽茄聲。聞雁哭。此是愁晌恨音。不是琵琶雅奏。(小紅燈)渺渺懷亡偶。悠悠夢裏求。怎生休。恨未休。馳驅戰場數春秋。未死願未酬。晚晚淒傷透。怎得和卿相聚首。(合尺滚花)不望功名標榜又不望封侯。只願爲國捐軀。又願天堂逢故舊。今宵醉哭沙場月。明日橫拋戰士頭。

58. 鐵血芳魂

邵鐵鴻
韋劍芳

(頭段)(旦唱烏驚喧)吱天公呀。你令我不知幾悶。夾心翳。吱夫君呀。你若去請纓殺敵要仔細。豈有話有話無問題。眞凄涼身世。都空悲凄。我暗自暗自倍悲凄。要獨守香閨。(哭相思)哪呀。哪呀。吱罷了。我的蒼天呀。(生唱手托)叫句我地個好嬌妻。悲痛你流淚太無謂。我誓都要。去爲國拚不歸。(旦唱連環西皮)恩愛呀夫妻。(重句)到今時要分離。難抵(生白)你無謂係處喊喇(旦續唱)

哎吔吔。夫呀何日至返嚟。（生唱十八摩）豈有此理。外寇眞鬼。佢作威作勢。進兵到嚟。（旦接唱）衰鬼。病鬼。因乜野事咁曳。佢進兵到嚟。（生唱花間蝶）未開言。傷心不忍言。國家眞可憐。今朝滿胸恨難塡。總之被人外侮。蝦霸強佔土地。重有大屋與良田。都已焚燒毀變。因此我去請纓。雖死也要應該殺敵。犧牲一切。與敵決一戰。（旦接唱）君不念。君不念奴奴共你日久纏綿。（二段）（旦唱）淚漣漣。蒼天。蒼天。憂心別後郎情淺。空自心暗牽。欲想與君會面。惟有朦朧夢裏難見。重講恩厚義厚。不變。慌你完全日後情變。不若從前。惟有低聲問天。我空幃獨守。誓唔願。郎呀我心已酸。淚涓涓。慌情變。不若唔好上陣線。（生唱二王）嬌你休要悲啼。慌我情遷。義變。與你山盟海誓咯。你重駛乜。咁淹尖。（生唱了綠曲）國難深大家去。爲國要先。爲先。爲先。情與義。情與義。現下不言。慢言。慢言。（唱二王）君你七尺昂藏。請纓。出戰。但係銜鋒陷陣。想落亦都覺得。牙烟。（生接唱）今日外寇來侵。我地祇有一心。抗戰。須知國亡家破。個陣誰個。可憐(三段)（旦唱毛毛雨）見夫君。武裝上陣前。滿胸中。都珠淚潸然。須則是。要禦侮至能存眞心傷。你係要出戰。（旦轉乙反）古道兵甸戰危。叫我將來如何。打算。何況槍林彈雨。在於雪地。冰天。（生唱反線中板）我地好嬌妻。今日抗戰長期。須要壯烈犧牲。你都無謂憂心。嚟打算。皆因爲。個個齊心禦侮。實行焦土抗戰。怕乜炮利。船堅。妻你可知。講到死生個一層。呢的乃係人生。難免。縱然是。我捐軀爲國。死也得千古。名傳（旦接正線中板）我聽郎君。佢愛國熱誠。英勇可嘉。眞係令奴。欽羨。想落又係。一旦國亡家破。個陣就更重。更重淒然。（四段）（旦唱）到今朝。外寇橫行。我國經已全心。抗戰。到不如。隨夫出發。捨身殺敵。我也去効力。陣前。（旦白）咁我同埋你一齊去前方好唔好啫。（生白）好卽係好。但係在於呢個立體戰爭。無所謂後方前方之分。你在後方服務卽係等於在前方一樣嘅啫（旦白）咁得到人地話同你去。你又唔贊成我去。咁你去呀得呀（生白）咁唔係話唔重嘅。（生轉戲水鴛鴦）妻可算得眞熱血嘅女兒。深知國家堪傷悲。又傷個女英雄。時時想從軍同去。因爲不忍國家受敵欺。今日需抗戰時。你唔應去。同上陣。後方須要維持（旦接唱）我今惟有不去。祝你爲國家立英雄志。望你快殺敵。爲是。免致奴奴。朝朝晚晚心常記。同君你。齊上陣。猶勝寂聊。深閨空對。紗窗下花枝都終惹別思。哎滿懷亂相思。我自知。心中事。總之都係爲郎離別時（生轉滾花）珍重一聲。我就揚鞭去。（旦接唱）願祝君你凱旋早日。再與我畫眉。

59. 前程萬里

薛覺先 上海妹

（頭段）（生白）畢竟身降志未降。權將妙計復家邦。志士豪懷心自壯。美人恩義。未能忘呀吔。（二流）百感蒼茫。愁見月斜雲漢。莫道江山情重。應悲國士淪亡。誰識此方寸丹心。却有淒涼境況。（旦唱滾花）郎你拋妻棄國。有愧昂藏。既係不以奴復返國邦。我惟有在你身前命喪。（生白）乜話。（唱二王）今日我拋妻背國。實非喪心。病狂。我本是扶國嘅儲君。抱恨國亡。家喪（二段）（旦唱）就算國亡家破。你亦不應。事胡邦。究竟誰是你嘅仇人。君呀你亦不妨。直講。（生唱）不共戴天仇恨。乃係你個在位。父王。更有遺囑可憑（滚花）請你從頭一看。（旦白）哎君呀。有道宜解寃家。甯不能寬解此一件當年血案。（生白）宮主。世間豈有父仇不報。更不念國土淪亡咩。（旦白）君呀。你要復國報仇。可憐我父王與國邦又點樣啞。（生滚花）哎我亦怨天胡此醉。何以不使我生在你貴邦（旦唱滚花）心悽愴。苦海茫茫無一岸。可憐石已碎媧皇。郎報仇雠成烈漢。可憐弱質恨茫茫。國破家亡。甯忍看。忍看郎刀。殺我父王。（三段）（生唱反線中板）血淚花。本是並蒂蓮。種在奈何。天上。我地既無緣。又何生愛。偏生在此多刦。情場。我此生。一點嘅癡情。惟嬌你一人。是向。既是愛其人。又要殺其父。甯不苦斷。肝腸。若果我戀私恩。背父仇。更難為。世諒。哎痛寃沉。留血債。自當血債。血償。望愛嬌。你念衷情。始得慰安。泉壤（四段）（旦唱）嘆郎心。成決絕。何用巧話。如簧。苦人命。損棄已成。已是花無。葉傍。火炎崐崗。俱焚玉石。何堪女見。父亡。你是奴夫。就是奴仇。（正線滚花）我願在愛郎。刀下喪。（生唱）心已傷。情更愴。何堪更見凄涼狀。慰安無計只凄惶。夜台定有鴛鴦傍。寃魂望許。伴嬌傍。生不成歡。成儷伉。死後同衾。約不忘。心非愴。病非狂。忍令嬌妻劍下亡。仇雠已報先王望。當死嬌前報岳王。定誓此言。不爽。（旦唱）郎若不將奴賜死。實在不忍見馬上鞭揚。

60. 西廂記

徐柳仙

（頭段）（首板一句）孤衾冷枕心惆悵。（下西岐）悵落沉沉猶帶香。有恨聞香心更傷。隔紗窗。一輪月似霜。惹起恨無量。願未償。更未了相思賬。苦斷愁腸。（轉士工慢板）月上柳梢頭。不見人來黃昏後。望窮秋水。令我苦待。西廂。咫尺是天涯。巫山嗟夢斷。步出廂前。嘆我望風。懷想。（收掘詩句）幾囘冷暖一西廂。昔日風流今斷腸。依舊樓台依舊月。却憐鴛侶已情央。（小曲滿江紅）明月。盈盈。過粉牆。（二段）待見鶯娘偏多阻障。不得雙棲雙宿。悔作鴛鴦。熱戀終成恨。恨難量。蝶嗟鶯怨。欲哭更欲狂。香衾未涼。離歌先唱。他年。生怕。溺死情河上。（轉士工慢板）愛無憑。情無據。癡情君瑞。從此意冷。心僵。藕絲長。終當斷。枉煞鶯鶯。他有憐才。之想。（小曲採花詞）各嘆分張。琵琶絕唱。渺渺無望（三段）肌膚親近再莫想。哎憂藏收積心頭上。怎生飛過隔牆（轉士工中板）今晚待神仙。藍橋遮斷。恨不得剪盡。垂楊。銷魂猶自憶前歡。意馬心猿。不禁重興。舊想。我未忘。佛前邂逅。願為蝴蝶一嗅。餘香。從此苦想思。猶幸引線有紅娘。幾度和酬詩。就結下呢段。風流賬。（龍丹）豈料歡娛未久。又遇賊刦雲裳。我便乞白馬解圍。幸得嬌無恙。估道花燭如願。結成雙。誰想夫人有心。來賴賬。筵前悔約。（轉二王）繼變。心腸。傾心愛。入骨情。到底成空。我自形神。俱喪。（四段）尚喜同心結。難開難解。小姐呀佢遞柬。託紅娘。縱然約會訴衷情。想必亦淚眼相看。愁顏。相向。又聽頻頻玉漏傳。已是魚更。三躍。驚覺衣滿。寒霜。（轉打掃街）待月西廂。雙影凄涼。依稀舊景況。噎吔可憐惹恨長。（二王）花欲睡。月頻移。還不見玉人。影像。莫不是前言見枉。莫不是夜怯。踰牆一拚苦待天明。（滚花）倚望欄干上。忽見人來月下。眞個是人帶幽香。

61. 夕陽紅淚

李雪芳女士

（首板）花濺淚。月含愁。飄零紅袖。（重句）（二王）抱深憂。訴無由。黃昏後。思親紅淚。滿滿。襟頭。血海仇。不共戴天。萬難抵受。有日裏。相逢陝路。一定手刃。奸仇。可憐儂。弱質飄零。眉添。鬱結。終日裏。忘餐廢寢。哭破了。嚨喉。（小曲）秋江柳。晚烟愁。鳥語都依舊。此冤未伸。死生何有。誰個為我誅盜寇。恨方休。（白）夕陽古道橫塘柳。野草閒花滿地愁。（二流）忙舉步。荊棘叢中。崎嶇路走。過崇山。跨峻嶺。荒塚成邱。哭一聲。老雙親。今日孩兒苦透。見山前。那殘碑。就是那拱木墳頭。

62. 雪姑王子

白駒榮
紫羅蘭

（旦唱中板）堪嘆情天眞無眼。枉我身爲公主。都要受摧殘。可恨後母不仁。將我諸多磨難。（生接中板）我揚鞭縱馬去訪紅顏。唉吔忽見一位佳人。造乜衣衫破爛。眞正係好似鮮花一朵。插落牛欄。我問聲姑娘（滾花）做乜汲水淋花愁眉淚眼。（旦唱滾花）唉我若然講出。連你都要喊一餐（小曲寄生草）唉我嘆一嘆。我都實係唔會推慣。（生唱）因乜姑娘受呀苦。暗中淚汎瀾。（旦唱）就係無人性個個後母共你又唔咪。工夫粗重命我擔。所以我係咁煩。。（生唱）我中意嚟共你擔幾擔你抹乾眼淚無庸喊不須嘆。（白）車。擔水喏嗎。駛乜喊喏。我幫你擔喇。咁女。（旦白）唉我好悽涼㗎。至好就唔喊喇。（苦喉龍舟）因為我個後底乸。佢惡的很交關。（生唱）點惡法呀又。（旦唱）皆因佢唔夠我靚所以鬼咁野蠻。（生白）豈又此理。乜人地靚都妒忌嘅咩。（旦唱）佢日日要我擔水淋花。擔到幾十擔。（生白）唉陰功咯。（旦唱）又唔被我着鞋着襪。又唔被我着威衫。（生唱）噉你梗係死左媽媽喇至被佢治得咁慘。（白）係唔係呀。（旦白）係囉。我媽媽死左好耐咯（生白）你唔好喊。噉你個爸爸呢。（旦唱）我父王都被咁激死咯。至有咁艱難。（生白）哦你堂堂一個公主添嚟。（旦白乙反二王）人地王帝豆泥∴我就變左公主落難。（生唱）咁你個衰神後底姆有無兒女來生。（旦白）無囉。佢都曾有仔生咩。（唱）重要我掃地斟茶。重要我破柴煮飯。（生白）噉重慘吓添。（轉正線二王）唔通滿朝將相。都不敢將佢來彈。（旦唱）佢係一國女皇。乜佢敢將虎威侵犯。（生白）佢係女王添呀。（旦唱）個的衰神將佢巴結。重好似豬狗一班。（生白）可怒也。（快中板）任佢老虎幾班將佢斬。誅除奸佞救紅顏。誇喇喇。寶劍拿來火上眼。（旦接滾花下句）唉乜你單人匹馬。怕你打勝都幾難。（木魚）睇你騎白馬。着威衫。腰懸寶劍襯雙環。束髮金冠光燦燦。唇紅齒白兩眉彎。好似王子王孫噉打扮。我衣裳破爛實覺羞慚。（生接）公主你聰明兼夠眼。我係銀星王子你都話得幾啱。你個後母不仁將你害得噉慘。不若小王出力共你解決愁煩。（旦唱三腳凳）因為我朝中。有雄師幾十萬。我勸一聲王子。請你莫個作為閒。（生唱孟姜女小曲）要我班兵無乜艱難。可惜嬌你受摧殘。（旦唱）你情厚恩深我感激到無限。望君你前去早的還。（生唱戀檀二流）將兵班。即刻去時即刻返。你咪心煩。（旦唱）我命咁慳命咁慳。還幸你來至得天開眼。（生唱）你唔在喊。嬌呀你唔在喊。（旦滾花）唉王子你多情多義。令我叩謝一番。（生唱中板）我囘國班兵。三百萬。把佳人挽救。滅強蠻。（滾花）將你個後底㜷拿來。分屍碎斬。（旦滾花下句）係咁就當堂令我笑開顏。（接玉美人小曲）我笑開顏（重句）挖佢個心肝兼挖眼（生唱）殺晒佢地幇兇個一班。還求你小心保重玉顏。我必早日還。還求你保重玉顏。（旦接滾花）但願天相吉人。天有眼。（生唱滾花下句）他日我載得娥眉匹馬還。

63. 同是天涯淪落人

梁風編曲

（旦龍舟）碧空如水。雁影西東。潯陽江畔月朦朧。潮聲驚起鴛鴦夢。秋風瑟瑟秋水淙淙翠袖添寒愁萬種。譜將恨曲入絲桐（送情郎）夜迷朦。柳烟重。冷江幽情悄露華濃。何處傳來鳴寒蛩。唉吔聲聲觸綺夢。年華逝水同。唉吔幽思鬱寸衷。（生滾花）敢在楚管吳絃瀟湘弄。一片陽春白雪信是浪蹟萍蹤。（反線中板）驚離懷。一曲琵琶。訴出那啼鵑。泣鳳。咽流泉。似天風環佩。細碎玲瓏。又似鉄馬簷前風乍動。撩人幽怨迴非俗走絲桐。信手彈來不類尋常歌頌（龍舟）千絲萬縷。盡在四絃中。水國荒涼儼似夢。傳來彷彿似在隔船蓬。敢請玉人絃再弄。好將仙韻滌煩胸。（旦）多謝知音能珍重。既逢佳士（二王）不負我一曲從容（生南音）傳語迴燈重開宴。千呼萬喚始見玉人蹤。凌波步遲委萬種。（旦）琵琶半掩臉波紅。信手低眉頻揮弄。訴盡生平未了衷。（生）眞似香飄花落悲勞燕。綠窗兒女語融融。（旦玉美人）知音難逢。知音難逢。往事追思悲復痛。夜夜笙歌似春夢。誰憐賸呀滲啼紅。何堪記。華筵錦瑟綺羅叢。（生剪剪花）情何痛。愁韻繞長空。斷腸悲歌送。翠袖潯陽凍。青衫怨碧翁。怨碧翁。怨碧翁你爲何雙淚紅。（旦士工滾花）我本家住長安秦樓雛鳳。琵琶學就墮芳叢。一曲江綃不少纏頭爭奉。秋月春花等閒度。何堪遲暮。不復丹頰酥融（中板）嫁商人。重利輕離。等閒。愛寵。也夢絕。浮梁遠去。廿作。飄蓬。守空船。紅淚欄干（士工慢板）況且宵寒。露凍。按琵琶。訴積恨。不料天涯知已。在此。相逢。（生）身世凄涼。同是天涯淪落。我被貶潯陽。與你青蛾老去。一樣都係受人。嘲諷。方如江海命如絲。（二王）紅顏翠袖。憔悴。相同。（旦）記慵妝。鳴箏坐。戲歌新詞。今日何堪。再誦。（生）碧玉莫愁身世賤。只怨人間花草太過匆匆（旦）再轉絃。悲無語。韻不成聲。（生）滿座黯然。悽慟。（旦）（合尺滾花）今宵難盡傷心話。低徊往事鎖眉峯。此別生死兩茫茫。（生）寄語玉人須珍重。（旦）座中泣下誰最多。（生）江州司馬先惺忪。

64. 釵頭鳳（南燕音樂會）

梁風編曲

（旦首板一句）心靈飄蕩（撲燈蛾）步怱忙（雙句）今朝何幸遇君郎遇君郎。（生接）響明鐺（雙句）別來風韻損紅妝（旦士工花）哥呀我己爲情憔悴。你何苦甘爲情忘。須知道情之累人。神擬魄喪（生）我縱心如木石。都要寸寸成傷。妹呀你憔悴容顏。令我心懷悵惘。（旦）這都是情之所累。但亦何防。不若置酒留君。共話別來情況。（生長句二王）依舊春光。名花無恙。相憐愁萬狀。相對淚千行。獨惜花落池間風雨葬。山盟猶在剩凄涼。難托雁札魚書。徒勞恨惘。（旦）天各一方。此情非枉。怕人尋問計徬徨。心事難排愁慘愴。無奈裝歡含淚。各俱愁腸。今日正喜相逢。哥你勿負眼前。佳釀。(生龍舟)酒未飲。淚已成雙。相逢陌路作蕭郎。嬌呀。你既入侯門。此後如海樣。只怨多情自誤。誤在利鎖名韁。(旦)今已大錯鑄成。生何所望。所謂新歡雖好。寧不知舊愛歡忘。(生反線中板)呢一枝歷刧花。對住歷刧人。同是消魂。一樣。種情根。種向情天上。偏偏恨果。愁快。嘆人間。多少怨女癡男。結下一段溫馨孽賬。補情天。遺下恨。空自計拙媧皇。痛鴛盟中道仳離。遭此情魔萬丈。我自不驅卿。驅卿惟有母。演出慘劇終場。唉天實爲之。夫復何尤。怨一句毋分不諒。(旦)玉醪相勸淚沾裳。淚滴盈杯頻送上。悲歌一曲共君嘗。可嘆到死蠶絲千萬丈。綿纏緊繫恨方長。君呀你錦繡前程。莫向情海葬。你要別成仙眷。應知毋命難忘。(滾花)望你早日另結昆絃。婦隨夫唱。(生)心酸愴。醉如狂。借酒消愁難再釀。又怕肝腸斷盡更無觴。已冷情絃非久響。空留影事枉思量。醉不成歡寧忍看。忍看名花過隔牆(旦)事茫茫。恨茫茫。雲消雨散恨高唐。一曲新歌成慘唱。釵頭鳳唱更淒涼。好月不圓成幻像。橫來金彈打鴛鴦。唉君婦難爲。無奈要我琵琶別向。(生的的二王)就算我負人負已。我亦有愧昂藏。只怨有口難言。我非忘情太上(旦)感你情尤眷眷。自嗟命帶不祥。今日孽債還完。不再身攞。刧網。不若我殉情一死。免教情海。淪亡。拚此殘軀。化作來由。花放。(合尺滾花)講到生離死別。總是各自收場(生)呢一段未了嘅姻緣。(旦)惟有相期泉壤。(生)留得情天遺恨。恨比天長。

65. 花愁蝶怨兩銷魂

(南燕音樂會)

梁風編曲

(生小曲鳳凰台)病態纏綿苦痛辛。意倦困。迴腸腸牽薄情人(食入字轉二王下句)入杳桃花空惹相思長恨。(轉乙反腔長句二王下句)凄涼病困。好夢難尋。底事情緣成刼粉。奈何天上寄癡魂。病骨支離憐影暗。藥爐烟鎖儘殘痕。自問辜負何曾。(正線)使我偏逢薄倖。(合尺滾花)慘矣情緣決絕。長作恨海冤禽。堪嘆天道茫茫。何苦迫人太甚。(旦小曲仙女牧羊)夜色悽迷景昏昏。相思苦煞愁困人。霜露侵。霜露侵。秋風悵雨入斷魂。柔腸縈結憂帶恨。悽愴淚難忍。慰癡心。縱目漢苑近。(生相見擲才起士工滾花下句)但見負心人到。徒增恨海翻騰。苦我一片癡心。贏得空餘夢韻。你既是名花有主咯。毋爲向我假獻殷勤。己是陌路蕭郎。何敢多勞。慰問。(旦接滾花下句)自覺情絲緊縛。偏作薄倖釵裙。爲解憔悴癡郎。黌夜偷臨相覲。無奈你心存誤會。未許將心事言陳。既是冷臉冰腸。何苦多留一陣。(急先鋒拔一才攔介白)且慢。(海南歌)嬌已負我心因何心太忍。(重句)難免罪咎深。(旦接唱)君莫恨我深。恩情絲當泯。(重句)莫自負怨深。(生中板下句)相思魂夢苦追尋。斷絕藍橋誰親近。情天莫補暗傷神。今夜滿腹牢騷。(轉滾花)難遣新愁舊恨。(旦木魚)花有淚。落紛紛。讒言輕信。尙錯怪別人。愛本連愁情原帶恨。祇爲萱堂不諒。勸我割愛捨君假作負義忘恩。以絕癡郎困。嗟我偷彈紅淚。未敢輕訴任何人。(暗想思)(生長二王下句)冷語驚人。心穿萬刃。奈何人對奈何人。夢幻前緣成紅粉。花愁蝶怨兩鎖魂。莫不是冤賬前生。慘罹命宮。魔困。(旦接唱)欲語酸辛。凄涼難禁。斷腸人看斷腸人。惆悵西風長飲恨。願郎珍重莫爲我嗟怨頻。從此慘死情心。懺悔斷腸。餘恨。(生小曲鬱金花)苦也傷心。(旦)暗斷魂。(生)魂斷爲愛深。深情最誤人。(旦)愁帶淚滿衿漬盡啼痕。(生)嬌太忘。致令情愛相分。(旦)嗟我爲情。辜負了。(生)總令寸心如割恨難陳。(

旦士工滾花下句）非是自憐碧玉。第此身已絕凡塵。無奈命比桃花。未敢再被情魔牽引。（生反線芙蓉腔中板）枉煞多情燕子。假般勤。今夜相見徒增。愁帶恨。劇憐春韻。苦向病中吟。孽債重重。誰見憫。花魂飄散。海棠心。（轉滾花）爲問翠袖何辜忍成薄倖。旦白欖）悲難禁。苦難堪。愁懷愛恨比江深。蒲柳空邀人見諒。來生期待報情眞。（重句）（生白欖）生相親。死相分。高堂何與縉同心。數載相思情空綣。凄涼苦煞跟前人。（重句）（旦士工慢板下句）嘆今生。緣已盡。我祇願長齋綉佛。了却此段絮果。蘭因。（生接唱上句）多嬌同絕。竟不憫癡人。此後情海難塡。祇剩得千秋。遺恨。（起高句收）（旦士工滾花下句）自知負郎償淚債。（生接下半句）所未情深恨更深。

66. 凱旋花燭夜

最新名曲

（士工大首板一句）今夜百戰歸來。又喜夢諧鴛侶。（青梅竹馬）碧天月似水。花燭耀眼心先醉。過去分飛蝶。今結鴛鴦侶。雙雙對。輕歌淺醉。與紅顏樂唱隨。他朝替畫眉。添上春光翠。（轉倣河調慢板）翠眉舒。紅粉淡。今夜見卿顏色。尤勝山水。芙蕖。花寂寞。等得蝶歸來。況又國土重光。從今可以遨遊。山水。愛情花。種在成功後。白雲珠海。復見人共。香車。憶我從軍日。猶在訂婚時。難得你砥礪郎心。促義旗。高舉。（平湖秋月）你話由君犧牲去。犧牲去。伏畏懼。我地能捨私心愛。把家國難消除。願無忘此語。要衛國家奮鬥圖存着先驅。（二王）驅除暴寇。靖我邊陲。情慷慨。雨淋漓。情感檀郎。不愧神洲。俠女。明日郎天涯。卿你江干來送別。離觴手獻。惟有相對。淚垂。正似蕭蕭易水間。壯士去兮不復還。誓以血肉之軀。聊保山河。破碎。縱是柔腸應化石。揮情赴死。我更不。躊躇。（反線中板）奮揚鞭。拚擲頭顱。高唱大江。東去。昂藏七尺應把國難消除。從此後。擲下風流。捨却溫馨。忘記了玉樓。人醉。願和卿。做一對忠臣節婦。博個竹帛。名垂。有幸得奏凱歌迴。我共你紅閨。再敍（薪腔花）喜今日山河奠定。己把暴寇驅除。你且聽態處歡呼。祝我中華萬歲。（介）況又得償素願。凱旋之日賦同居。

67. 魂歸離恨天

最新名曲

（旦唱乙及戀壇連序）綠帕紅淚染。翠袖半掩面。愛心一片付與君永不轉變。懷舊燕。未獲君哀憐。（生唱）唉抱恨寸心亂。燕蹤不見傷情望眼穿。卿抱病而恨倍添。痛我珠淚漣。（旦唱）愛念永不斷。此心終冀他年續愛鴛。（旦唱）嬌意若爲我牽。月不應向別個圓。（旦唱）我心痛若煎訴不了恨言。（二王）未哀陳。我嘅肝腸。先斷。（生唱）嬌你有何委曲。你又不怕。明言。（旦唱反線中板）想從前。爲激夫郎。遠求貴顯。假傳言。話我蟬聲別曳。甘自。蒙寃。最徬徨。你一怒言離。使我百辭。莫辯。奴心內。又與蓮心相似。不知是苦。是甜。（生唱）怨多嬌。不若苦況直陳。使我錯疑。你心變。況且我與嬌。山盟海誓。何事不可。對我言。（旦唱二王）君你屢拒不從。諒我直言。都無驗。（生唱）若知你犧牲爲我。我早應請罪。嬌前。（旦唱乙反二王）得你覺悟歸來。我已死期

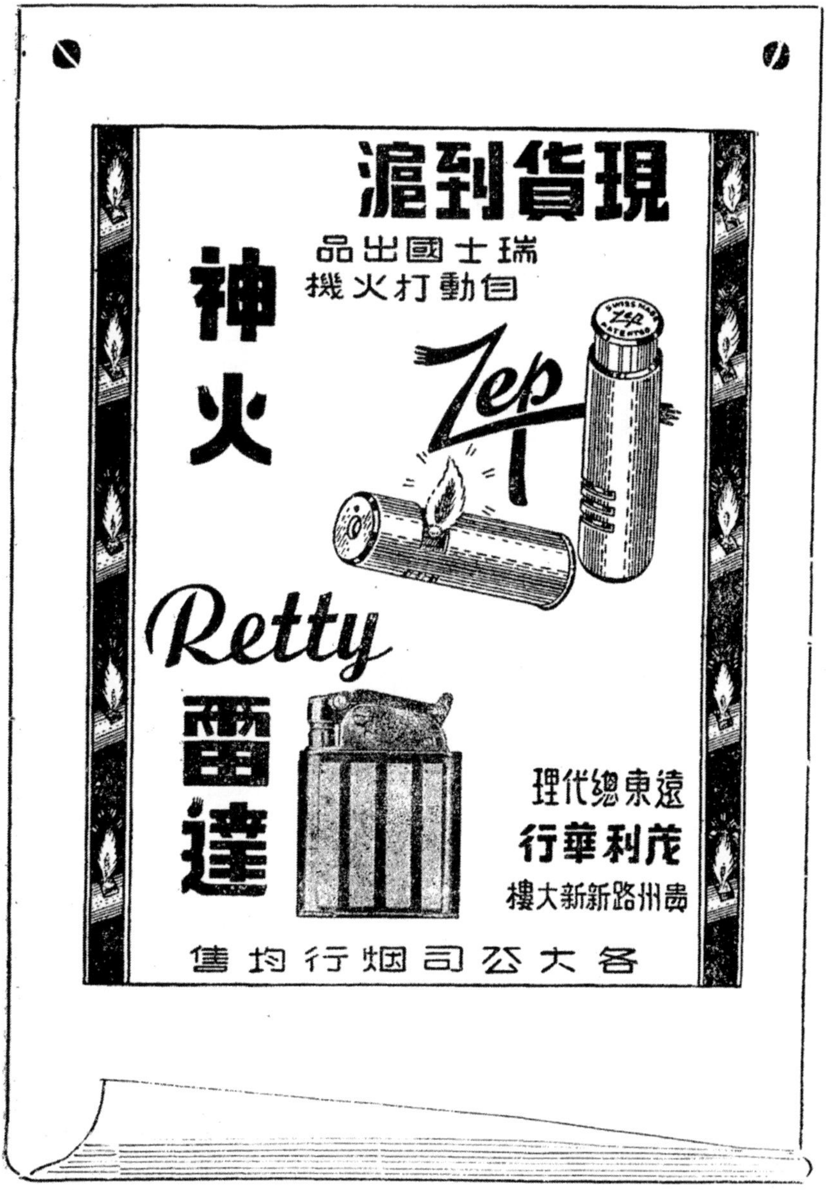
現貨到滬
瑞士國出品
自動打火機
神火
Zep
Retty
雷達
遠東總代理
茂利華行
貴州路新新大樓
各大公司烟行均售

鼎鼎大名・老牌名廚

九叔主持

廖九記

專門到燴

全部銀器

家庭飯店

南國風味

美味價廉

地址：天津路四七弄六七號即廣西路德仁里內

★電話九四二三二★

不遠。（生唱）纔得疑團永釋。嬌你又棄我。登仙。（昭君怨）不敢呀怨。嬌你忍心手段。自嘆命惡蹇偷怨天。（旦唱）不專呀怨天我將君怨。君你自作勞燕。關外遠。音訊又隔斷。（生唱）疑是情義犯。暮烟。未遂壯志不繫歸船。憑郵又怕洪喬誤託言。如若你心變。郵奉也憎厭。唯有長嘆情淚漣呀漣。（生唱寡婦訴冤）我累愛嬌。抱嗟怨。舊病今朝染。若然你玉容為我損。誤人要莫辭罪恐。願身變。效飛燕。共赴九泉。（收掘）（旦唱乙反龍舟）我思前後。忍不住悲酸。乞郎扶我。步到窗前。（生唱）遙望峯巒深處。遠憶當年豔。閑中偷會。到峯尖。（旦唱）我地共指雙星同下願。默祝人月。兩團圓。（生唱）你重勵我前途多訓勉。愧我為情日誤。墮深淵。（旦唱）今生難望如心願。（二王）默祝來生踐約。再與你種玉。藍田。今夜死別生離。幸得彌留。一見。但得情郎諒解。我死亦。心甜。（生唱）憔悴了玉容。正是寒生罪愆。安得化為情鬼。長伴妹你粧前。（旦唱）君你錦綉前程。莫為紅顏志短。若得我鵬飛萬里。我亦含笑九泉。（生唱）妹你愛我情深。使我累增。羞腆。怨我摧花如意。妹為莫記前嫌。（旦唱）（摧快）心喜愛郎。猶是魁梧。偉健。（生唱）可憐嬌姐。微息。奄奄。（旦唱）身縱云亡。唯是愛神。不倦。（生唱）天長地久。真愛長存。（旦唱滾花）斜偎郎懷。不覺神思昏亂（生唱笑相思）哪呀。……罷了愛嬌。（滾花）此後香魂縷縷。附託離恨天。

68. 一代藝人

月兒

（頭段）（詩白）芳草天涯憐金粉。紫蘭香徑葬玉人。（的的二王）野草閒花。己非當年風韻。桃花泣血。難再深鎖。啼痕。新女性。玉堂春。故都春夢。今日都己夜台伴恨。此後寒雲冷月。誰招神女之魂。笑人生。如水月。任教曠世聰明。總是曇花易殞。（二段）天本妬英才。紅顏原薄命。你銀壇獨霸。（轉乙反）誰料絮果蘭因。情海中。翻波瀾。鷸蚌相持。至使孤懷悲忿。（梅花腔南音）人言可畏便輕生。一代藝人竟被情絲困。可憐玉骨葬污塵。上蒼弄人實太狠。癡心殉愛見情真。三角形成千古恨。令儂難以取捨愛和憎。幾許影迷欲向瑤池問。問你近來消息笑或顰。

69. 夢覺紅樓

徐柳仙

（頭段）（二王首板）霜鐘破瞭侵羅帳。（二王慢板）一枕香銷。重簾影隔。昨宵無那。娟娟明月窺人。猶在東牆。念前時。銀燭夜深。畫屏秋冷。客館添惆悵。鴛鴦獨宿何曾慣。人生如寄。溫柔不住住何鄉。新月知情。西風有約。且駐雲軿時見雙星渡河漢。（二段）雨洗香車。人歸繡閣。豈能無意酬烏雀。惟問蛛絲有幾長。瞬中元。盂蘭會。香烟漂渺梵音起。萬盞蓮花齊放。更是撩人幽恨。聽唳雲孤雁咽露寒螿。鬥嬋娟。人月圓時。冰肌玉骨自覺清涼無汗。（三段）桂魄初生。輕羅平薄。又恐瓊樓玉宇高處不勝寒。誚盤鴉。嘲墮馬。改換六朝宮樣。舞仙衣。詠霓裳。自拈裙帶好結連理雙雙。鸞扇新裁。獸香欲斷。一曲合歡誰唱。東離把酒黃昏後。嘆滿城風雨又過重傷。（四段）（鳳凰台小曲）月圓。花好。卿我壽無量。惟願蝶蝶鶼鶼雙雙。（輕二流）地久天長。趁良宵齊舉觴。曾對黃花醉一場。檢點酒痕。零青衿上。任教樓上花枝欒間燕子。笑煞王昌。蕉鹿由來同幻想。却倩癡人傳語。報丁娘。

70. 淪陷區的生活

九叔撰曲 半日安 上海妹 合唱

（頭段）（旦唱十月懷胎）陷地極慘悽。人民身受制。任割烹。苦悲啼。陷地極慘悽。任割烹。苦悲啼。陷地極慘悽（二王）遙望着。我雄師。把失地收回。免使我地同胞。爲奴隸。（生白）喂大條油炸鬼喇喂。（白攬）喂好靚嘅油炸鬼。越食越開胃。喂食嚀愛國同胞。包你唔怕食滯。怕乜的柴米貴啫。都唔駛閉翳㗎。總要大衆一心。食多的油炸鬼。食多的油炸鬼。（二王）喂我的言詞最老實嚡。並不是亂咁。嚟西。（旦白）喂六叔。開檔喻。（生白）係亞大嫂。（旦唱）究竟你好番晒未曾。我戥你認眞。唔抵。（生白）哎有法呀。而家重食緊藥。（旦唱）做乜你唔抖多幾日。然後至開檔。出嚟。（白）你本該抖多幾日至好㗎。（二段）（生唱）我都想休養一個星期。最慘係米缸。都有米。（旦白）哎咁就難講咯。（生白）呢賬俾佢累得我慘咯。喂喂喂呢的係油炸矮鬼呀。食佢拿同胞。（雙句）（旦白）喂喂六叔六叔。你咪咁咋。（三脚凳）你又試嚟咁蹧蹋。怕又會將你難爲。睇吓沉日打得咁凄涼。（滾花）你本來唔好再制。（旦白）好咁嗑嘘六叔。（生反線滾花）提起的漢奸國賊。恨不得把佢監生埋。想佢壓迫我地的同胞。眞可謂狠心狗肺。（奪錦）受制。受制。受制難計。欺詐強橫特勢。（旦唱）細聲的剌。細聲的喇。咪惹出是非。（生唱）長日受佢地欺。實覺傷悲。實覺傷悲。我願與敵人大家死。（二王）好過慘殺。無遺。（口古）我甯願打死亦都係好閉。都唔駛咁心翳。（旦口古）亞六叔無庸咁怒氣。要忍耐爲前題。卒之有日報仇嘅。你又何必咁巴閉呀。（生口古）俟。佢地寡人嘅妻。絕人嘅嗣。呀呀你叫我點樣話唔悲悽呀。（旦卽起中板）噎吔吔想起我丈夫。（生白）你丈夫點呀。（旦唱）佢一向安貧。在於街頭。嚟賣煙仔。（生白）哦賣煙仔㗎。（三段）（旦唱）被的浪人。時時欺搾。任得佢予取。予攜。（生白）個的矮鬼係咁㗎嘑（旦唱）若果出一句聲。佢就手脚交加。打到你當堂。變鬼。（生白）唉。慘咯。（旦唱）。最低限度。又話拉入夾亂檔。嚇到你魂魄。你魂魄都唔齊。（生白）睇吓佢幾時死呀。（旦轉乙反中板）記得有一天。佢地如虎似狼。要敲搾十元。保護費。（生白）攞命咩。十蚊。（旦唱）我丈夫。（生白）你丈夫點呀。（旦唱）因爲一時不便。就俾佢地。包圍。（生白）哦咁點呀點呀點呀。（旦唱）呢個又一巴。（生白）慘咯。（旦）唱）（滾花）個個又一拳。（生白）唉。慘咯慘咯。（旦唱）打到傷痕遍體。（生白）咁後尾醫得番呀嗎。(旦唱)唉都唔夠幾日。就一命歸西。（生白）噎（連環西皮）眞悲悽。眞悲悽。的漢奸所爲太曳。難呀以抵。（四段）噎吔吔我又憶起個細佬上嚟。（合尺滾花）想起我地神主牌成羅。都係得兩兄弟。佢受個的漢奸凌辱。眞係苦不堪提。最慘係打個口毒針。佢就當堂變做個啞仔。（二王）重把佢老婆拉左去。一定難以（旦白）陰功咯。（生唱）返歸。（白）到有口難言添呀。（旦唱）個的咁嘅衰神。睇住佢。地將來獻世。（生白）一味殺。殺。殺。殺。殺個的矮鬼。（旦唱）喂喂你要小心的講。說話唔好亂講。無遺。（生白）怕乜嘢亞。至多唔係同佢死過。（旦唱）因爲佢地滿佈個爪牙。你睇吓隨街。都係。（收掘。）（白）喂喂。喂喂。呢嗱又嚟又嚟嘑。（生白）吁。殺殺殺。（旦白）殊殊殊六叔。（生白）殺騎馬。油炸鬼。（旦白）瓜子花生囉。（（生白）吁吔。你你你你睇吓佢地的麒麟亞榨法呀。又試欺人嘑。亞大嫂亞大嫂。你同我睇住個檔口先。我去同佢死過。（旦白）喂喂六叔。咪咁咋。忍吓嘞。我得到個好消息嚡。

（生白）有乜野消息亞。（旦白）不日反攻亞。（生大笑白）咖咖咖咖不日反攻。茄茄茄茄不日反攻呀。（快中板）盡把敵人。去撈坭。從此中華（滾花）萬萬歲。（旦白）中華民國萬萬歲。（生唱）萬萬歲。從新奠定。穩固國基。

71. 血債何時了

胡文森撰曲　徐柳仙獨唱

（頭段）（狂歡）國家多事。國家多事。嘆倭賊悖公義。進攻不備。血濺旌旗。重重恨仇國事。日趨危。由來前清。總不敢抗敵猶起。合羣志。由是放恣。野原懷異。政腕伸舒。漸漸操施。逐野心志。暴壓紛至。更恐不久。我邦河山曾遭粉碎。至今常患寇至。（二王）謀陰險。愿瘋狂。六十年來。紀不了重重。國恥。問同胞。是否中華遺裔。是否血性。甚兒。今日危機已等生死關頭。試問抵抗求生。抑或坐而。待死。（二段）須知到。全民抗戰。正是一綫。生機。（玉美人）舉戰旗。舉戰旗。試看倭兵敢再絕無理。抗戰心堅到底。提矛揭戈搴敵旗。（二王）血可流。頭可斷。祖國河山。君休。放棄。國恥應雪。救民救國。責任全在你我。操持。（詩白）敵寇野心無日止。并吞蠶食計頻施呀。（陣世美不認妻）無了期。無了期。敵寇暴殘世所知。一心屠戮誅殺從事。哀哉我萬民遭戮誅呀呀育。（反綫中板）我最驚心。文化摧殘。慘苦焚書秦始。無非係。絕我民族觀念。受佢狂論所愚。（三段）逞兇蠻。利誘威偪。以爲我地國民。都怕死。眞係難逆料。我地新青年輩。個個都是英勇。健兒。（軍歌）個個從軍。唔怕兵戰危奮臂揚威。頭折不計。人人無畏。人人發威。夷蠻人生畏。名傳塵世。（滾花）一戰滬濱。殺得佢心寒胆碎。台兒莊下。暴了千萬寇屍。重有游擊健兒。個個出生入死。（二王）重有後方民衆。互助施爲。海外僑胞。不少關懷。梓里。幸得佢仁囊慨解。踴躍捐輸。（四段）萬衆一心。都怕敵人。利器。精誠團結。可以製挺。撻秦師。（一枝梅）同胞雖要知。奮臂起將敵拒。心一致。聯合血肉做城池。能令寇兵畏懼人自頹。要犧牲。不畏艱難。收回失地。光復我中華。雄心自勵。不負大好男兒。（快中板）不怕光榮而戰死。英雄報國。正其時。愿我國民。（滾花）齊奮起。昂藏七尺。應要馬革裹屍。

72. 人類公敵

胡文森撰曲　小明星獨唱

（頭段）（滾花）霹靂一聲。驚破了和平之夢。舉世人類。準備鮮血流紅。（戲水鴛鴦）我類逞勇。胡騎動。炮聲一派隆隆。戰功。狂寇多衆。施威勇。引刀鋒。誅殺小民衆。爲立武功。舉世受愚弄。哀哉我輩小小百姓肝腸痛。（哭相思）哪呀呀哪呀呀唉罷了我地同胞。（龍舟）可憐國士。血染般紅。幾許死難同胞。將命送。兒尋父母。各西東。父母呼兒。聲悲慟。流離失所。（二王）作睇遍地哀鴻。（秋江別中板）心肝痛。若燒五中。心悲憤。熱血滿胸。狂寇逞兇。動兵呀呀戎。無故逞兇。昊天罔容。（反綫二王）逞干戈。開戰釁。（二段）兵兇戰危。枉有霸王。之勇。豈忍抛離骨肉。投筆。從戎。誰無妻。誰無子。忍令少婦樓頭。斷却遼西。之夢。誰無產業。誰肯紓尊降貴。（正綫）甘受血雨。腥風。（中板）唯是亡國家。生命錢財。就要受人。操縱。（三段）寇兵至恐怕殘年父母難免爽在。刀鋒。縱有美豔妻。唯是暴寇無良。難免被獸兵。汚弄。唉講到小兒女。正是將來壯士。更爲敵寇。所不容。（跳花鼓）要免呀種種。哀苦痛。奮臂呀銜鋒。須賈勇。戰旗忙發動。和平才有用。（龍舟）須知到。暴敵嘅心中。非獨一家一國。就遂佢所從。其實佢一派野心。蠢蠢欲動。西隅收得。又顧而東。若果佢國士平添。就倍增財用。敵人嘅慾望。其實深遠無窮。（二王）鄰國興亡。實有切膚之痛。毋令施行侵略者。妄逞英雄。教任兇肆。抵抗要力雄。毋教任肆兇抗拒力雄。須奮勇。（四段）此次若得成功。卽是壓使狂人暴動。不獨祖國。抑亦救世奇功。爲正義戰爭。不失古人。英勇。爲人羣謀幸福。怕乜野殺陣。圖功。（反綫中板）勸同胞。須以血肉作長城。全民。發動。厲雄心。成城衆志。那怕兵甲。刀鋒。（中板）要堅心。勝利終屬屬我們。不負軒轅。遺種。常言道。艱難困苦。正可以厲我。成功。願我同胞（滾花）務須要奮雄心。賈其餘勇。．夫振臂。萬夫雄。

73. 書癡抗戰

老丁撰曲　白駒榮　衛少芳　合唱

（頭段）（生念書）寄情於詩酒。暢樂於文章。願效風漢名士李靑連。醉倒長安市上。所謂半生弓馬。都莫如十載寒窗囉。（旦失驚白）亞哥亞哥。（生白）乜野亞妹。（旦唱連環西皮）四處驚揚。四處驚揚。敵寇兇殘殺人。刼搶。（生唱尾腔）噎吔吔佢必受天降之以不祥呀。（白）唉吔在靑天白日之間。竟作殺人越貨。爲君子之所不取也。（旦唱無錫景）亞哥現時敵兵太毒狠。任性恣狂妄。各處村鄉。決心一致鋤強。士氣興旺。你也要共同預防。有爲國想像。配起武裝。志氣昂昂。有敵寇到來必抵抗。（生唱八板頭）你地聲聲話要抵抗。自尋煩惱。莫特血氣方剛。蒼天未必疏網。佢難逃命喪。定遭天意滅亡。（轉二王）使乜太過擔心。勸我去沙場。嚟打仗。（旦白）唉亞哥因爲國家興亡。匹夫有責嚙亞哥。（生白）混濺。亞哥唔係匹夫嚟丫嗎。而且君子不立乎危牆之下。何況立於冰靈崩能槍炮。成靈岑林炸彈之戰場哉。吾決不作子路。好勇鬥狠。（二王）自問有無搉鷄之力。抗敵之責你一定。都難當。（連序）至怕唔死都一排慌。（旦唱）枉你成世讀書。絕無國家。嘅思想。（生插白）讀書要講打嘅咩。（二段）（生唱）然則全無法律。任得佢放恣。猖狂。（插白）咁重成世界。（旦唱）哥你留意聽眞。外邊人聲。喧嚷。（生白）係呢。點解咁嘈呀妹。（旦唱合尺滾花）唉。個的敵人將我地同胞毒打。（生插白）有咁野蠻嘅乂。（旦白）你嚟窗口望出去睇吓丫。（唱）有的重搶奪姑娘呀。（生白）噎吔有咁有人道嘅。了得。（一才快中板）百姓無辜。遭冤枉。受其毒打。苦難當。婦女被他。強奪搶。獸心人面。太無良。見此情形。（轉滾花）令人心頭火上呀。（白）亞哥咁都唔嬲就係瓦燒嘅啦哥。（生白）當然喇。是可忍也。孰不可忍也。決將其逐諸四夷。不與同中國。妹乎。速集其鄉黨。與我拿之捉之喇。（旦白）我曉喇。我曉喇。嗱。呢枝夠大未呀亞哥。（生白）車。乜擠枝大碌竹嚟做乜野呀。（旦白）你叫我拿枝竹俾你丫嗎。（生白）唏。吾所言者。非大碌竹之竹。乃捉敵人之捉呀。快的去喇。（旦秃頭二王下句）乜你登時奮起。轉了抗敵。嘅心腸。（生唱了緣曲）我爲兒。衆倭寇。佢立心。太悍。難堪。言講。齊衆共儎。拿獲住佢。亂殺。一場。（旦唱龍舟）哥呀你旣要殺敵。自有奇方。馳乜風頭火勢呢。太過狠忙。（三段）（生接唱）若要報仇。就快快當當唎嗎。大家夾手夾脚。將佢殺淸光。你咪欺我地的讀書人。就無胆量嚙。豈有曉得咬文嚼字。就不曉罷圖強。（轉二王）快的準備槍刀。誓與仇人。嚟對抗。（旦接唱）哥呀依儂主見。抗敵。不用刀槍。（生插白）俾把口咬佢呀唔通。（日唱）就係把口嘅功能。等於雄兵。猛將。（生插白）究竟把口點用法呢又。（旦唱）你去宣傳抗敵。亦係爲國。幇忙。（生唱三脚凳）若果叫我去宣傳。你要教埋我點樣講嚅。（旦白欖）你話敵人想吞我中國。確係陰險到非常。初時佢佔土地。漸漸我地人民任佢發放嘅。東北人民移去西南。西南人民移去東北方。總之移到拿拿亂。我地日久就忘記左故鄉。不準讀番中國書。個個都憎入一樣。（生唱三脚凳）噎哋看來我地民族。被佢濃化到滅亡。既稱文明國家。就唔應學禽獸一樣嚅。（旦唱）我地惟有係奮鬥。國祚可以綿長。（四段）（生唱打掃街尾段）咁就快快出街坊。到此廣濶路旁。我高聲大叫抵抗。聽我宣傳救危亡。（滾花）我叫聲同胞。你地要聽我講。（中板）嗱嗱逢國難。我地人民痛苦。講出自覺係心寒。嗱你看個的敵人。佢狠戾野心。都任性縱橫。兇悍。（旦唱）最可憐。無辜遭害。個個苦叫。凄涼。有多等。被佢燒去樓房。露宿荒山。捱盡饑寒。慘愴。到如今。惟有共同努力。大衆拚命。去鋤強。（生轉快中板）國家殆危。雖細想。實行殺敵。免淪亡。我振臂一呼。（轉滾花）奮起精神抵抗。（旦唱）豈能呀。被佢來欺負。（生唱）我地大國堂堂。（男女合白）抵抗。抵抗。

74. 月照梨魂

宋華曼撰曲　胡美倫獨唱

（頭段）（唱禾蟲滾花）懷舊况。斷人腸。莫非前生燒錯斷頭香。無端寡鳳戀孤凰。唉。我淚盡血枯想是前生嘅孽賬。人間天上。總作一般看。青女素娥俱耐冷。寞寂任廣寒。修到神仙亦如儂一樣。更令我意亂神傷。（轉小曲柳底鶯）月荒涼。倍悽愴。倍悽愴。顧影暗斷腸。唉唉哋怨儂薄命心中最惆悵。最恨。誤走入情場。（轉乙反中板）今後倚寒窗。舊事不勝。尚有柔絲。萬丈。我不怨夢滄。投書寄慕。祇怨不應入了。情場。妾憐才。意未灰。難禁孀心。蕩樣。早知相愛不相親。何如不相見。恨不相逢未嫁。辜負當日（轉乙反二王）意重。心長。（二段）蝶夢難償。芳心自悵。（轉拋舟腔）強種連枝。強種連枝。不過欲想脫離。情障不料反成大錯。（轉正綫二王）我都暗覺。神傷。今日解脫無方。惟有對住情天。怨恨。（轉合尺滾花）病纏綿。懷越鬱。本欲早。歸離恨。無奈瓊樓高處。又怕不勝寒。

75. 歷刦鴛鴦

生唱　謝老五撰曲

「龍舟」我忽聞隔牆。有簫音。聲聲凄楚。令我不忍聞。佢重如泣如訴。如怨恨。又似風濤驟至。萬馬騰奔。微風吹送。呢種斷腸韻。令我愁人聽見。倍覺傷神。「戀壇」今日裏。爲佳人。傷心痛恨。對乜誰陳。我淚落紛紛「昭君怨」從此後。我倆人。割斷我的好鸞羣。忽聽得。天空上。雁兒叫聲。斷人魂「二王慢」我欲抱搖琴。聊解我心頭。之恨。點知道神馳朝夕。令我盼切。朵雲。此後再會無期。難解我胸前。之憤。我所言所語。你曾否知聞。一定天妒多情。至令傷心。身殞。碧翁你何故。斷我。情根「打掃街小曲」

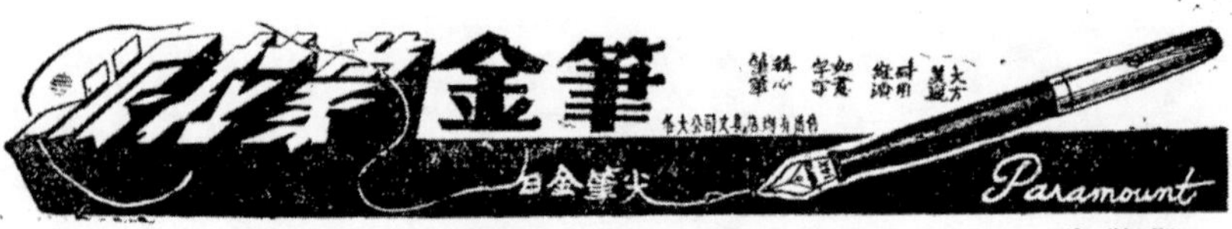

別淚落紛紛。帆影照歸人。苦楚誰憐憫。哎吔凄涼欲斷魂。「陳世美令曲」問碧翁爲何因。使我今日。淚紛紛。莫非月老。你唔份。所以拆散。我婚姻「二王慢」孤苦凄涼。你話倩誰。慰問「花」又只見失羣孤雁。叫聲頻。耳邊又聽得。秋聲陣陣我相思滿腹。解景傷神。

76. 春閨懶起

旦唱　謝老五撰曲

「白」雲鬢半邊新睡覺。芙容帳暖燭遙紅「娛樂昇平」

烏聲驚破溫柔夢　新月眉稍淡不濃　怎奈春風頻相送　梅
五六•五六工尺•上尺工六×　五生五六工•六五生六•　五生五六工•六五生六×　五六•五

稍一片彩霞紅　昨宵夢境已空　春霧迷煙　唉唉……色迷朦　翡翠衿
六工尺•上尺工六•五六尺工×　士工•　士工•士工尺上•士上尺工×　尺工•　尺工•尺工六五•六五生六×　五六•五六工尺•工反六工•六工尺上×　工尺•工

寒誰與共
合乙士•上尺工上•尺上　「士工」

漏聲殘。天欲曙。小鳥枝啼被佢驚回。好夢。黯陽天。簾旌動。窗前雪影。忍不住冷却。春風。我原本是。深閨人。碧玉無暇未向藍田。來種「轉南音下句」我想紅顏。易老。豈可辜負花容「轉乙凡」今日枕冷。衿寒。試向誰與共。莫待三春。之後個陣過去無蹤。竹笛。吹殘。未有簫郎引鳳「轉乙凡慢板」嗟我孤寒命鄙。惟有盼斷。征鴻「轉昭君怨」又只見。花凋殘。顏容憔悴。愁千萬。更何堪。杜鵑啼。悲鳴陣陣。長空中「轉乙凡慢板」春有恨。恨如斯。斜倚蒸籠惟有把寒衿。獨擁「轉揚州腔」

所爲天若有情　天易老　呀呀•呀人若無情意　闌珊
×•　•」×••　•　•　×　••
六尺六反尺　反尺上　六反尺反　上尺上乙合乙上仮合伬仮合　上尺上乙合　六五六反尺

•「轉乙凡慢板」凄涼午夜。怕聽四野。鳴蟲。閨內懷春。個種思潮「正綫」伏湧「花」情絲丈萬。恨無窮。令我身世感懷。心酸悲痛。望窮了伊人秋水。祇有更泣。殘紅。

77. 小桃紅

謝老五撰曲

•對•花間•倚•憑欄　•樓•頭祇•見•杏•花殘　•花•落花開•年•年
六五生工六五×」六五生工尺工六尺×」　工六尺工士×乙尺工六工六工尺乙尺乙士六×　工六五生•工六五生六—•×」　士乙士乙尺六工六工尺士乙

尺•貪 ×乚 五六工•愛 六尺•花 工士×如 乙•命 乙•愛 尺乙•花 尺乙士六×難 工六五• 生工• 六五生六• ×乚 五六工•步 六尺•增 工上尺工×前 六五生六•穿 尺•花 工上尺工•徑 ×乚 五六工•獨自 六五•徘 六五

生六×徊 乚 五六工•對 六五•花 六五生六×長 工六五生•嘆 五•嘆 生五 你 六工•凋 尺工六尺×殘 尺• 尺• 尺•昨 工尺上×夜 乙•淒 士•淒 上•風 乙士上尺×雨 工尺 乚 工六尺•花 上 落 尺•無 上尺工六×限 乚 生五•滿 生五

六工•園 尺工六尺×林 乚 尺 花 乙士•絮 乙•飄 士乙尺×飄 六工•落 六工尺士•塵 乙尺•埃 ×乚 五•怨 生工•東 六亿五×風 五•把 亿五 花 六工•摧 六亿五•殘 ×乚 士•垂 上•憐 士上尺×他 尺• 尺• 尺•看 工尺上×那 工尺•花 上尺

工上•容 六•更 工六五×慘 亿五• 亿五六工• 六五• ×乚 五六• 工•令 六尺•人 ×乚 五六工•悲 六尺•傷 ×乚 五六工•九 六五 轉 生五•迴 六工六尺×腸 乚 五六工•月 六五 缺 生五•花 六工六尺×殘 工上•自 尺工•嗟

尺上 自 尺工•嘆 工×愁 六五•對 生五•着 生五六工•落 尺工六五×花 亿•惹 五六•起 五•我 工×萬 六五•種 生五•愁 生五六工• 尺工六尺×頹 乚 工六尺•嬌 上尺•豔 上尺工六 花 乚 生五•任 生五六工•你 六工尺上×是

上•萬 尺工六尺•紫 工尺•千 工尺乙士×紅 乙尺• 乙•沉 士合•魚 仮仜合士× 乙•落 士• 合士•雁 ×乚 五生六•又 工六•怎 工六五生×奈 乚 五生六•暴 生五•雨 生五六工×狂 六五生六•風 尺•吹 工上尺工•散 ×

五•花 六•呀 反•罷 工×花 工•難 六工 邀 尺上•天 尺工•盼 ×乚 五生六•我 工六•今 工六五生×日 乚 五六•護 生五•花 生五六工×無 六五六工•力 六五六工• 乚 工六尺×悶 六工•倚 尺•刁 上尺工上•欄 士×自 乙士合上•思 上•結

下 尺工•相 尺工 思 六尺×債 六工•與 尺工六尺•花 工上 傷 工尺•感 六五生× 乚 尺工•愁 六五 鎖 生五•春 六工六尺×山 六工•憔 尺工六尺•悴 工上 容 尺•顏 五×花 六•落 六•人亡 五×不 六•盡 反•淒 六工•涼 × 上•月 士•圓 生•易 尺×缺 尺•花

工尺上士•易 上尺•殘 × 生•花 工•殘 六•月 五×缺 五•示 生五六工•循 六五•環 × 上•春 士•夢 上•無 尺×常 尺•如 工尺上士•夢 上尺•幻 × 生•別 工•時 六•容 五×易 五•會 生五六工•時 六五•難 × 生•別 工•時 六•容 五×易 五•會 生五六工•時 六五•難 × 生•風 工•雲 六•變

五×幻 亿•雨 五六五•瀟瀟 五•花 五• 六•落 六• 尺×無 尺• 五•主 六• 反×誰 六工•人 尺•可 工上•憐 尺工×花 六五生六•絮 尺•蘭 工上尺工•珊 ×乚 六•名 五• 六五生六×花 乚 反•葬 六工•污 尺工六尺×泥 乚 尺•鮮 士•紅 乙×未 尺工•久 工•竟 六工

尺•凋 乙尺乙士六×殘 工 從此 六五•心灰 生工•意 六五生六•懶

78. 三潭印月

謝老五撰曲

天空月冷 愁雲慘淡 寒宵難寐 惟有珠偷彈 懷人對月空嗟嘆 雲山縱橫 望迷眼 只見
尺上士上 工六五生六合 六生五生五六工六五生六合 上尺工士六五工六尺工六五上 士尺上士合 士上合士上 五六工

天邊有 只失群 鴻 雁 與我同病 相憐怨孤 單 只有觸景 擔煩 對
五六六伬六生五生五生五六工六工六工尺上上 上上上尺工 六五生五六反工尺上尺工六五六工尺工六生五六六五上 上尺工六

月你來談 月呀你還有圓 月你有缺時 人間最怕 離散 月非圓
尺工尺工尺上乙乙乙士合 生五六反工六五生六合 生五六反六工 尺六工六工尺上上 上上上尺工 五生六五生五六反工尺上

時 人非 聚月圓 月缺示循環 關山萬里 別 離相思 萬種離
尺工反六反工尺工六生五六六五上 上尺工六尺工尺工尺上乙乙乙士合 五五六反工六合 工六工尺上尺工六尺 六五生五生五

情 月呀呀你可寄 頒 月呀你可 情 可憐儂 見時難 對着蟾徐
六工 六五尺六工六工六工尺上 工尺上尺工尺工六尺 工尺上尺上尺上士合 工尺上尺上尺上士合 六五生五生五六工

撩人空淒慘 樵樓鼓報 更闌愁無限 園林 寂 靜 寒 風 吹 來嘆一句衣
六五尺工六工六工尺上 上尺工六尺工尺工尺上乙乙乙士合工六尺工六合 六五六工 六五生六 六工六五生 五生五六工六五六上

單 夜將殘 月落西山 好月你何日迴還
士上尺工 六五生五六反工尺上尺工反六反工尺工六生五六六五上 上尺工六尺工尺工尺上乙乙乙士合

79. 楊翠喜

謝老五撰曲

我今晚夜 檻外徘徊 況且抬頭 望月又朦朧 令我難受 清夜悠悠
工六士合上 上尺工尺工六尺 合士乙尺乙尺乙士合仜合士上 士乙士合仜合士 乙士乙士合仜合士 工六尺六工六工尺上士

與誰共 恨心中 唉我夜來綺夢 總是成空 玉樓人 去塞衿獨
上士上尺工 五生五六工六尺六工 尺乙士合士合士上尺 六五反六工六工尺上 合士乙尺乙尺乙士合仜合士上五生五六工六五生

★ 得自少林寺

著名國術師眞傳

上海工部局註冊
上海市衛生局登記
祖傳跌打傷科專門醫師

韋其康

診所 陝西北路（西摩路）四九三弄自在里四號

曾祖 **東暄公** 再傳

★ 專醫跌打損傷筋骨折斷打傷吐血

★ 門診上午十時至下午一時

★ 出診下午三時至七時

Hoie's
許氏牌
三格電燙藥水
P. WAVE. SOLUTION NO A1
許健基監製
上海許氏化學工業社發行
HOIE'S LABORATOJES
SHANGHAI CHINA

燙髮前購備

許氏牌三格燙髮水

再到理髮廳電燙

使你有意想不到之滿意

許健基監製

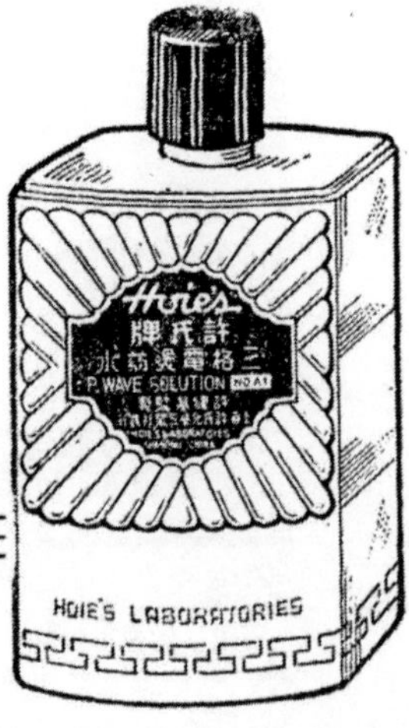

上海許氏化學工業社發行

擁枕邊鴛鳳晨夕嬉弄　床前燭影搖紅　透紗籠　妹呀　你傷心　痛恨滿胸　天
六」　六五六上尺工六五工　六五六上六尺工五工　工尺工六五生六」　六生五六工六尺尺尺　工尺六工六尺上士上士上尺工　五

呀　你來播弄　使我玉人渺渺　去無蹤
六五生六工尺工六五工」　尺乙士上合乙士乙士合上　上尺工尺工六尺」

80. 一聲雷

謝老五撰曲

「二胡引子」生亿五…「揚琴引子」生五六五亿五　六五亿五六五亿五六五亿五　「合奏」」　六五　六五生工六五生　六

五亿生五　伬生　伬生伬仜伬伬仜伬亿五生六生　五生六工六五亿五生伬亿五生　工六工尺上尺工六尺工六乙士上　尺六工六上　六

…尺上上　反…尺上上　上尺工反六五六五六反工尺上　生生亿亿五五六六反反工工尺尺　工六工尺上　合上　合上合上合上　工六

工六工六工六　上尺工反六五亿生　五生五生五生　生亿五六反工尺上尺上尺工尺上尺工尺上　「二胡」　生亿　「揚琴」　生亿五　「

二胡」　五六　「揚琴」　五六反　「二胡」　反工　「揚琴」　反工尺　「合奏」　工尺上　尺上　工上　反上　六生五生亿生　生生生

上上合乙上上　工工尺工六六　「二胡」　生五六　「揚琴」　工尺上　「二胡」　生五六　「揚琴」　工尺上　「合奏」　六反工尺上　乙乙

士上　乙乙乙士上　乙上乙上乙　「揚琴」　上乙　「揚琴」　上乙上乙上尺上乙上乙　「二胡」　乙士　「揚琴」　乙士　上合乙士上合乙士

「合奏」　工六工六五尺工六五尺工六　工六五五　工六　生五生五六工六五生六」

81. 林黛玉

（南燕音樂會）

李叔良編曲

（中板）想奴奴。寄住瀟湘。幸有婆婆。相倚。紗窗下。閑情逸致。惟有寄意。詩詞。我地寶哥哥。深愛輕憐。殷勤。備至。情無限。靈犀一點。早巳心向。神馳。又誰知。謠語莫明。好似情形。有異。況且是。釵玉交好。令我虛腹懷疑。夜更深。病榻凄然。愈覺愁思。莫巳。對此境。茫茫塵事。眞愿青磬。紅魚（滾花）唉。我原本是個弱質女流。又何勞哥哥渠介意。我生逢不幸。巳是命裏如

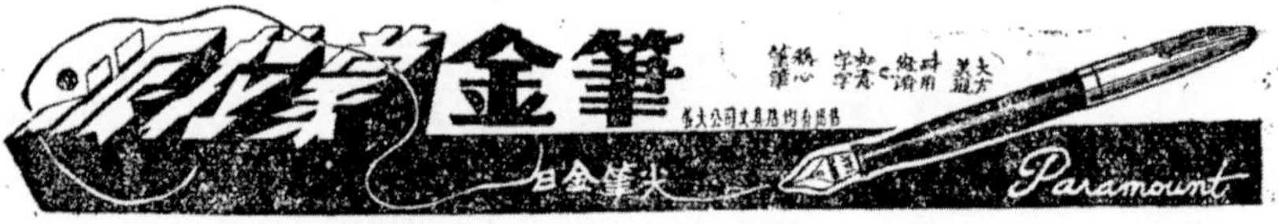

斯。(反線二王)寶哥哥。一番言詞。海誓山盟。深情。重義。恨蒼天。使我萱堂早謝。只剩薄命。女兒。嘆紅顏。多病多愁。難免風姨。苛肆。(滾花)蒙憐愛。情何似。只望他日繡閣歡怡。

82. 英雄肝胆美人心

何鏡泉作曲

(小兵賽龍奪錦)賊人動血茄。袍纓馬上掛。(撲燈蛾)請將軍請將軍。快出馬。賊人動血茄。袍纓馬上掛。馬上掛。(將軍。大首板)聞報道。氣煞我。有賊人兵馬到。(唧)。(詩白)龍爭虎鬥逞英能。幾番吹斷暮笳聲。醉臥沙場君莫笑。腥風血雨。伴征人哪(快中板)鉄骨金剛來陷陣。銀槍擺勸殺賊人。為國為民吾本份。裹屍馬革青史留聞。雷鼓登堂來細問。(接口古)雷鼓何來快細稟。(小兵口古)因為賊人作亂。所以邊報頻頻。還有一個豔色佳人來獻醮。現在偏營候命。請將軍安置釵裙。(將軍。接下句滾花)唧。何來異性。眞令我滿腹疑雲(撲燈蛾)奇怪很。奇怪很。我無家室女紅裙。莫非來了間諜。佈下那迷人陣。傳令她進營。待我細查審。(小兵口古)我領命出帥營。女子快到大營行大營行。(捐魂)。來呀了。(送情郎小曲)。進轅營。要謹慎。奸將心事向將軍一陣。酒載玉壺來慰問。正因家中遭刼恨。(白)冒昧進營因義憤。玉壺載酒慰征人。儂非木蘭能陷陣。祇盡奴責。勵勉將軍呀。(接白)小女捐魂拜望。將軍有禮。(將軍滾花)你到底姓甚名誰。因也向我軍營亂進。我平生素昧。莫識釵裙。你一定係奸細之流。快把眞情直稟。若有半言差錯。我就要你一命歸陰哪呀。(接口古)呔。血雨腥風。你敢進我營中覷我內陣。(捐魂口古)就因為腥風血雨。我正要請見將軍。(將軍口古)誰教你口吐蓮花佈此迷人局陣。(捐魂口古)我不慣狐媚惑主。祇知肝胆照人。還請將軍你要細聽呀。(接士工慢板)叫將軍。請息雷霆。須知道婦人。並非胡渾。我不過一心一意。來望你改造乾坤。點知你一語。嚇到我失魂。(將軍接唱)須知道。呢個斷頭將軍。不走花林粉陣。祇知得。入死出生。把寶劍留痕。(捐魂白)將軍呀。(滾花)我一片摯誠。唉可憐難得將軍你仰信。不過士為知己死。還待我痛訴來因哪呀。(直接中板吊芙蓉)我再叫一句將軍呀將軍。我雖係一個女流。但我亦深明義憤。我一聞雷鼓灌聲喧。幾要撕碎羅裙。恨我不是一個男兒能上陣。又不能裹屍馬革為國為民。私效紅玉夫人。向將軍呀慰問。所以玉壺載酒。以堅少帥疑心呀(轉滾花)一曲悲同易水寒。不望將軍萬戶封侯。祇望將軍旗開得勝。好讓呢杯葡萄美酒。一壯行旌哪呀。(將軍小曲十八摩)眞係豈有此理。毋須發嬌嗔。毋須發嬌嗔。不過分明來擋笨呀吔。(捐魂白)將軍呀。(轉滾花)玉潔冰行。都以為能得將軍一盼。點知你氣冲牛斗。火發凌人。唉吔吔。眞係令我進退兩難。唉蒼天呀。你都要一憐苦命。待我上前三訴。望將軍你。一鑑衷情呀。(將軍白)嘩喇喇。(滾花)你毋須蜜語甜言。想引我入迷人嘅局陣呀。罵聲了頭賤婢。呢一個無恥婦人哪呀。(捐魂白)不好了。(接快中板)可憐西子蒙不潔。將軍不諒疑慮莫名。毀了貞名心苦恨。不若捐身劍下。好把心盟哪呀。(將軍)不好了。(下句滾花)我雖不殺伯仁。伯仁猶為我而死。眞係愧對釵裙。(轉武朥中板)我恨呢一個武夫。自少不解溫柔。雖有風月當前。我亦無心向花叢裏渾。更莫說章台柳綠。去效王孫公子相作紅鉛。我不過祇知得。用寶劍稱雄。喘好代人爭義憤。今日身為將帥。戎兵待發。豈料竟出奇人。(轉滾花)我以為佢係一個無恥嘅女流。正好借着人頭。作開旗祭品。點知佢忠貞節烈。

氣貫虹雲。現在恨對陳屍。不禁血流交併呀。（接白）唉嗜好好好。（接快中板）不想婦人能自信。英雄巾幗羨釵裙。上馬前征塵滾滾。成功不得。祇望成仁。我怒憤塡膺。淚招英靈。你都要跟隨我馬兒同進。待我橫矛直劍。黃龍痛飲。用血祭你英魂哪呀。

83. 千里悼芳魂

（南燕音樂會編贈）

何鏡泉作曲

（乙反龍舟）「知音何處」憐紅粉。玉樓人杳斷芳魂。（小曲餓馬搖鈴）悽風陣陣。孤仃雁叫斷客魂。其鳴咽咽。咽咽恨恨。聲染血淚痕。（工尺伬工上上乙工尺伬尺工上上）驚心。低問。問句爲何情淚暗吞。唉眞眞太令人。唉吔神傷實悲恨。蒼蒼刦玉人。花下葬紅裙。最撩人。聞噩耗。齊聲驚問。訊息未算眞。慘刦或誤聞。關山萬里無從證。（轉二王）不料飛來惡報。唉吔吔果喪伊人（序）伊人。至此絕紅塵。簫聲笛韻。倍添梨娘恨。傷情問天。消息斷夢魂。唉消息斷夢魂。何無份。認知音。來復相近。「風流夢」。難得夢無痕。乜偏遭。長恨。潦倒生涯。連逢刦運。歌壇稱霸。（轉乙反）誰料舞扇。印啼痕。更因烽火遍天涯。致使孤鴻。失陣。飄零客旅。誰問呢个病身（掘收）（乙反龍舟）「夜半歌聲」。嘆「癡魂」。說什麼「無價美人」。都不過「前程如夢境」。現身說法。「婦女寶鑑」幻難眞。飲恨而終。蒼天何太忍。何太忍。（尾序用芙蓉中板吊）量珠聲價。辜負了風鬟。芳草萋萋埋幽恨。銀箏絃上。不忍說伊人。（乙反戀檀序）絕世憐鬟鬢。永別倍增恨。悽傷嗟嘆病身。歷刦塵。難復問。從此燕不聞。唉冷落了鴉陣。烽烟千里。黃泉路認眞。休抱恨。刦後身。千里悼芳魂。（滾花）善後伊人。端賴柳娘情份。「多情燕子歸」入鬼林之陣。詩人墨淚。吊「秋墳」。

84. 林冲別妻

（南燕音樂會編贈）

何鏡泉作曲

（貞娘）「滾花」罵聲高奸。唉。眞胆喪。縱子行凶。害我夫郎•解配滄州。鴛鴦魂盪。陽關聲韻。句句斷腸。（林冲）「詩白打引。」不想百年寃孽帳。百年寃孽眼前償。嬌妻祇爲姿容累。奸賊不仁。錯主張。(貞娘)「胡姬怨小曲」深深悲愴。一見郎君不忍看。（林冲）深深悲愴。一見賢妻心胆喪。（貞娘）淚眼汪汪。（林冲）血雨行行。（貞娘）離人寂寂。（林冲）夜月茫茫。（貞娘）唉怎消寃孽帳。（林冲）「反線中板」大丈夫。血淚不流。反效女兒模樣。最可憐。遊子顏色。去哭怨參商。（貞娘）但你別家堂。飲恨寃仇。被迫天涯。流浪。苦煞迷羊。豺狼當道。怕你難免。遭殃。（林冲）妻你休悲愴。須知頂天英雄。那怕羣魔（轉正線滾）心喪。（貞娘）夫呀。人心叵測。念煞我郎呀。（收）（林冲口古）。叫句貞娘。請你毋用心傷。快回家往。(貞娘)我要等陽關聲盡。再敬君幾觴。（林冲）深感嬌你關懷。待我飲埋都係呢一仗。（貞娘）英雄氣短。怎禁得兒女情長唉君呀。（林冲）「二王」唉禍起蕭牆。迫鴛鴦離喪。嬌呀你陽關哭別。淚千行•相對淒涼愁萬丈。曾參做凶手。眞係千古恨傷。（貞娘）可恨惡勢迫人。祇好權爲。忍讓。他日龍蛟出海。那怕不洗雪災殃。（收掘）（林冲）「龍舟」分明恩怨。鐵骨金剛。忍辱偷生幷非病狂。（貞娘）惟大英雄能自量。是眞豪傑有主張。（林冲）他年若洗沉冤案。（貞娘）沉冤昭雪。君呀你要殺盡豺狼。（林冲）「跳鼓花」吽句阿嬌妻睇你淚入一樣。臨岐悵惘。重逢難望。（接白欖）生離苦。死離傷。生離死別。倆心儷。倆心儷。（貞娘）「跳花鼓」吽句夫君。你分明偷悲愴。黯然魂盪。重逢難望。「接白欖」生離苦。死離傷。生離死別各一方。（林冲）「禿頭滾花」唉吔吔。杯酒狂傾。眞係滿拜悽涼。祇望留得殘軀。再效于飛錦帳。（貞娘唱）。又怕分飛勞燕。不復逢郎。待得郎你歸時。更難測妾身境況。（林冲）唉鸞飄鳳散。其憐我者是蒼蒼呀。

85. 抗戰英雄

（燕音樂會編贈）

何鏡泉作曲

（生——士工大首板）胡笳喧天。慘遭寇仇戰亂呀。（轉接慢板）湧起了。英雄淚。洒落襟前。（轉接快中板）禁毒焚烟。招仇怨。狠軍侵入。我中原。戰艦威逼。苛條件。若然接受。最堪憐。歇精忠（轉滾花）欲把熱血勵三軍。相與背城一戰。獨惜當朝懦弱。使我大計成烟哪…呀…（旦念白）錦繡河山血染鮮。（生）醉臨油場不受憐。（旦）偷天那得乾坤手。（生）挽此狂瀾。把國勢牽罷。妻呀。（接一槌起秋江別中板板面）事難免。事難免。堅心到底拚一戰。反負寶劍空懸。（旦）驚心魄。敵擾戍邊。驚心魄。敵擾戍邊。（生）臨難不屈節氣存。為國捐軀死亦甜。（旦）（的的二王）烽火遍天南。君呀。問你如何。打算。（生）欲把頭顱拋却。殺敵。別嬌前。（旦）君你既係有意為萬民。因何又淒涼。色變。（生）怎料英雄無用。唉使我有口。難言。（收掘）（旦）（長句靜場滾花）苦悲怨。是何言。空教熱血滿胸塡。保國安邦為君念。因何落淚到糕前。須知鉄血紅顏。羞見這種英雄顏面……。（生）一聲長嘆。使我怒憤冲天。皆因為國為民。遲施英雄段。點知奴顏事敵。逆耳忠言哪…呀…。（旦白）唉。郎君呀。（一才接的的小曲）堪嘆昏君。貿然執私見。言和事敵。辱國喪權。（生）枉我安邦。有萬全高見。殲仇殺敵。保國泰然。（旦）（接反可線中板）可恨事變情遷。負了孫武雄韜。致令山河色變。黃龍血洒。凱歌難唱。不助將帥威嚴。（生）更因衆鼠羣。怕死貪生。祇知言和怯戰。枉我歷千辛。痛陳利害。難以一木支天。（接七工滾花）凱歌不許我言旋。委國以身。都難遂願。（旦）可憐郎你忠精貫日。反而被貶巔連。今日見絕於君皇。雖能捨嬌妻。但係萬民又點呀。（生）唉。英雄懸刧。聞鷄悲舞。鑑其誠者。祇有蒼天哪……呀……。

86. 淪落知音

何鏡泉作曲

（生）唸白。…離人怕見寒江月。明日天涯。唉。誰憐我呢個莫歸郎呀……（接二流板面起）。愁慘別。搔首蒼茫。醉不成歡。徒惹迷離悵惘。耳畔聽得雁歸人遠。瞬眼就萬里他鄉……（旦）唸白。…春恨秋悲空自惹。紅綃帳裏。唉。只剩得翡翠衾寒呀……（接哭相思）。哪…呀．哪…呀…（轉滾花）…月呀…暗消魂…照不盡我愁思千萬丈呀……（生唱滾花）唉吔吔。呢一曲驪歌。眞係音韻悽涼…何處又有一箇…天涯人嚟嘹處先唱…（旦唱下句）。…今宵離筵已散咯。長亭折柳恐怕瞬眼就拋在路旁呀…（生）「白欖」。人情短。夜漏長。對銀燭。空懷想。一杯苦酒入愁腸。借問誰家一位美嬌娘。寂寂更闌嚟處把驪歌唱驪歌唱。(旦)「乙反苦喉龍舟」。…我偷自苦。我偷自傷。聽哀音江上。我就感到身世凄涼。(轉乙反芙蓉中板)。所以借着手上琵琶。嚟算吓夢痕舊賬。不想絃聲驚動。他鄉萍水。呢一個莫歸郎。(…攞收)(生唸白)唉。真係同病相憐咯。(接中板起序)。唉。我聽罷了。呢個弱女。一曲琵琶。痛惜紅顏。苦况。聲聲掩抑。似訴無恨。凄傷。(轉滾花)。唉。佢一定別有幽情。待我靜靜移步出船舷。睇吓呢一個美嬌娘。是否瘦成梨花咁嘅樣…喂。喂。喂。同是天涯莫歸客咋。嬌呀。請移明月照過東牆呀……(生接唱口古)。唐突嬌娘。半捲珠簾。能否將廬山一現真相。(旦接口古)。相見爭如不見。雞聲一唱。又怕是萬里參商咯。(生接二王)我千呼萬喚。喂點解未見佢。玉影現紗窗。(旦唱序)(本是秋水天各一方)我岑寂度韶華。今夜偶抱琵琶。憑君一唱。(生唱序)(憐佢浪跡在風塵上)唔怪得聲聲悽怨。賽過鵑鳥淚送春先。(旦唱序)(君你無用爲我悽傷)須知鮮豔名花。無力東風。難以護障。(生唱序)(落花空惆悵)香梢豆蔻。一定終日恨鎖。佢紅妝。(旦唱序)(真係瘦影伴孤芳)今日弱絮已沾泥。怨煞烽煙。把人離喪。(旦接小曲胡姬怨)凄凄江上。一對離鴛悲方向。(尺上尺上)(生)接唱。凄凄江上。一對離鴛心都喪。(尺上尺上)(接旦)。…各自一方。(生)千里茫茫。(旦)情同夜月。(生)照斷離腸。里嬌心徒枉。(食住枉字轉河調慢板)蒼天。(旦接)不令我早。日逢郎。(生)。我走遍歡場。枉負才華。聲望。(旦接)嘆奴生不幸。落在平康。今日鉛華洗盡。孑然遯跡。滄茫。(生唸白)。…洛水非遙。天涯在望。天台無路。真係夢斷劉郎呀……(生唱訴冤頭)。恨恨恨天呀不把紅顏嚟護障。(…重句)(旦接)。…待我抱琵琶。再把陽關唱。(生接)佢訴罷。我聽罷。就心更傷…(生合尺滾花)。…呢一聲聲幽怨琵琶…曲終人何往……(旦接)。…忽聞離雞聲唱…珍重了罷。呢個陋路蕭郎哪…呀……。

87. 九日登樓（南燕音樂會編贈）

劉若利撰曲

(小曲)優悠攜酒上層樓。西風吹不收。萬象到深秋。吹不收。到深秋。漸漸惹人愁。(二王)還是黃花依舊。空江翠袖。未改。舊時秋。獨搔首。人不似往日風流。更不比當年。韶秀。望河山。撫星星塵鬢。嘆滔滔歲月。水東流。慢沈吟爲惜秋光。且放下悲歎。成就。餘翠弄涼。聽吹寒清角。趁林鴉陣。何妨小作。勾留。秋已無多。層樓倚晚。況恰值登臨。時候。嘆人生。有幾逢重九。對暮雲殘照。好傾酒。消愁。(反線中板)近黃昏。晚烟漸凝。絲絲。殘柳。江畔。霜楓。紅衣片片。吹落。前溝。隔圃芳飄。撲撲香隨。還晴盈。人袖。鱸魚縱好。(反線二王)且讓散香疏倚獨占。一甌。漸露零。涼掛半蟾。搏空。旨酒。(轉小曲)倚西風。晚思復悠悠。念深秋。惹起我舊日愁。重向蒼天來搔首。嘍喲喲。(二流)怕見霜花開透。韶光似水。又了却一番秋。蕉影橫樓。更念明年。今夜此地玉撙人醉否。一枕新寒人歸後。(滾花)猶是夜涼桐葉颼颼。

88. 歌罷人何處（南燕音樂會編贈）

梁瑛小姐唱

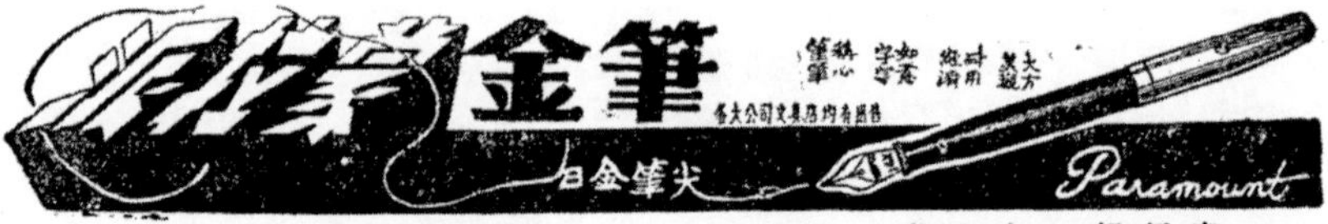

(詩曰)泓綠水漲渺茫茫。月照歸帆空盼望。樓頭遠眺荒江草。往事如煙淚滿眶。(二王)月涼風霜玉樓哀唱。功名誤我。誤嬌娘。空走萬里關山。遍訪天涯。惆悵。訪紅粧。至使神思迷惘。是否天涯海角。得敍倫常。倍傷心意凄涼。心傷枕畔偏多惆悵。嬌你是否新歡戀。故舊忘。今日故地重歸。何不見翠袖琅璫。一曲驪歌聲聲郎怨。歌唱長亭折柳。送我馬上鞭揚。(胡姬怨)聲聲凄怨。怨恨郎君京都上。(重句 怨恨呀蒼天。歡聚無常。纏綿話別。愛我情長。何以捨我別向。(反綫中板)恨阿嬌。記否身墮火坑。慘處實難。名狀。柳巷中。朝秦暮楚。你以苦味。深嘗。計千方。愛慕才華。不忍頻遭魔障。為卿助。不惜珠量十斛。挽你出苦海。茫茫。樂未央。霹靂情天。我曲驪歌。高唱。天鑒諒。得買棹南旋。歸訪貌美。紅粧。誰料到。王謝堂前。不堪囘望。痛鴛鴦。無端分散、。又痛嬌你。負檀郎。遍關山。問跡尋蹤。為你天涯流浪。(滚花)好比杜鵑啼血。叫折玳瑁樑。(魚歌晚唱)恨嬌負義心愈傷。休記往事總係令我慘愴。當年共卿把臂共唱。戲水鴛鴦。桃李開放。問我地同行並肩如同只鳳倚凰。惜卿也憐卿。是話愛郎。鴛鴦共枕歡唱。一旦離別到他鄉。祇不過是。為你祇不過是為你想。你不為郎諒。指天心證。(重句)地老共天荒。問嬌腸心。我慘傷。令我長夜盼望。使我萬里空訪樓頭寄恨問嬌捨。我此去何方。霜雪雨露都係為你心愴。(二王)腸斷鄉關。何堪悵望。今夜寸斷迴腸。至使心靈劇狀。(乙反)碧翁呵故拆散鳳凰。早知緣盃如斯。誓擺脫塵凡。孽賬。(正綫)何期一別。不見舊燕凄涼。(打掃街)夢也空想。空訪愛夢娘。孤衾獨凄涼。倩誰慰恨長。(滚花)寸斷迴腸。淚濕紅綃悵。此後舊夢番尋。慘似一疊黃樑。

89. 落花如夢

南燕音樂會贈刊

(銀台上一句)露已重。枕冷已惺忪。(詩曰)明月窗前驚客夢。落花簾上斷魂風。(二王)斷魂風。愁入夢。蕭疏長夜。恨偏濃。紙帳梅花。無那輕羅。露重。殘敲漏駁。寂寞。小庭空。(龍舟)多少恨。欲寄夢魂中。無奈春宵魂夢寄無從。深鎖封姨。不把愁吹送。又恨月兒無賴。偏照離衷。今晚深院玉樓。深鎖多情種。唉誰與共。依舊落花如我夢。(重句)(二王)夢如飛絮一樣。飄蓬。(拉合生序)憑誰伴枕與夢同。今夜月把人來諷。凄風。吹送入簾櫳。怨重重。人憔悴兮。不禁風。奈那春衫凍。(二王)記前時。薄薄春衫。人欺。露重。到如今。環樓高處。不耐。霜濃。恨年來。悲歷劫。兩鬢繁霜。空贏得清愁。深重。消磨盡風情酷減。縮恨。盈胸。(貴妃醉酒)流年輕輕送。落花悲命同。舊事如夢。賸有癡心從。癡心恨正濃。(反綫中板)嘆今宵。百感蒼茫。夢深。人慟。最凄涼疏簾好月。花落。啼紅。更愁人。寂寞香消。燈寒。影動。因相思。幾翻撩恨。夢也無從。(士工滚花)無奈竟夕難眠。惹我思潮萬種。更籌數盡。又聽霜鐘。

90. 絶代佳人

南燕音樂會贈刊

(旦貴妃醉酒)望迷春波幻。盼君征未還。劇恨胡患。舊日笙歌散。傷心淚暗彈。情怕關山陷碎殘。令我愁千萬。(士工滚花)可憐弱絮憐飄。暗恨東皇意懶。自愧歌衫如舊。己是遲暮紅顏。刼後滄桑又怕廣陵曲散。人變世亂。誰復羽舞伴歌彈勝此寥落相思。徒念征人未返。（介）紅樓深處恨歷春山。（生首板）花落迷途三春晚。（快中板）美人忍別。鎖狂瀾。馬首天涯。歸鞭晚紅樓冷落。思念釵環。（滾花）香透珠簾。喜見玉人。斜倚盼。（旦白）唉將軍呀。（啞相思）（滾花）山河非舊。我心已傷殘。劇憐人事已遷。無奈一聲長嘆。（生唱）征鞭無定。可泯倚遍紅欄。嬌你且莫含顰。更勿傷時淚泛。（旦唱禿頭二王）怨將軍。（生接）是否歸來歸來晚。征袍未解。都要歸見我地嬌顏。（旦序）毋累你情煩。（唱）睇你滿服障身。可證你勤皇。意幻。貪圖富貴。竟作禍國。雄奸。恨我肉眼無珠。惟有淚和。苦諫。若使你良心未喪。應念明祚。將殘。郎你金劍未埋。當念爲奸。罪慘。（生唱）念江山。長嗟嘆。六朝如夢惹羞煩。一寸雄心猶未冷。無奈美人深眷。難顧錦繡。河山。又況眼底中原。已是回天。莫挽。所以叛臣甘作。更爲嬌你。捨難。訴盡情哀。當諒我言非。泛泛。（旦白欖）佢心變幻。我淚斑斑。君呀你遺臭萬年應自諫。而且從來禍水屬紅顏。有死輕於鴻毛。死有重於泰山。社稷陷垂危。自當誓圖死力挽。何乃等閒邦國難。竟戀弱紅顏。弱紅顏。（生中板）呢個窮途壯士。愧對紅顏。嬌你大義凜然。情是泛泛。當諒我。爲嬌情重。怎顧局勢殘。（快）貴胄公候。非在眼。但願香車寶馬載朱顏。（滾花）低首美人。可念郎情千萬。（旦花）將傾皇樹。君何凝戀紅顏。若使你未冷雄心。振國今猶未晚。（生白欖）我心已決。志難翻。況且清兵已入城。僵局無可挽。危城烽火地我誓作護花旛。不願名花長寂寞。蕩平闖賊便歸還。（雙句）（旦反綫中板）君你誤人誤國誤朱顏。風雨明室。我羞見淪亡一旦。愧我無能振國。惟有熱淚偸彈。君要善視滿奴。自可官升無限。莫以奴奴爲念。早把薄命等閒。羞嫁佞臣。（正綫滾花）怨奴斷情一旦。（生花）天人共憤。我自知羞慚。可奈騎虎勢成。備有靜觀局幻。（內場吶喊攻城介）英雄末路。慘見國運傷殘。號振攻城未許我提師怠慢。（急急鋒入場）（旦接花下句）可嘆佢執迷不悟。試問我生也何顏。惟有殉國存忠。以報却危難。（介）拚教貞魂埋劍底。碧血洒人間。

91. 情談

南燕音樂會編贈

（旦唱首板一句）低徊故苑。（起老鼠尾序唱）月亮淡照流霞面。笙歌厭翠袖慵困無那又情牽。羞煞我未忘昔日緣。虧煞那月胡空自圓。相思但憐蕉心捲。魂斷空相見。（二王下句）半醉倚情添。一曲會歌斂。歡腸酒落。記當年。斷盡情絲。灰情燄。又豈料郎歸曲怨。便低徊往事。如煙。踏月遣愁。誰諒我愴懷。一片。（生唱連環西皮尾腔）唉吔吔。怕聽那笙管繁絃。（花高句）未解我柔腸酒後。便教縈懷百轉。（斷頭起小曲吳宮怨）天涯唱盡。惹心酸。情燄似灰斂。更難忘。一曲惹恨記起當年笙歌唱。相逢舊燕斷續故緣。（白）天呀。（旦唱滾花下句）挑起一段無端戀曲。彈不斷一縷已寂情絃。但係虛枉此花月良宵。唉。相見亦徒嗟緣淺。（生白欖）緣非淺。見何嫌。但係情可有可無。見可見不見。風流成畫餅。好夢更成煙。多恨本情場。我自傷貧與賤。我自傷貧與賤。（旦白欖）情如夢。夢如煙。三年小別隔塵天。凄淸怨看歸來燕。落花啼鳥枉情牽。枉情牽。（生滾花）總信是媧皇無計。空使佢煉石頻年。只嘆知己難忘。深悔在窮途癡戀。（旦唱二王）嘆句情絲愛絮。更不知是苦。還甜。且與共話倚欄。依樣當年假戀。（生唱）月媚花鮮。奐儂語軟。遭逢失意。病相憐。人海淚痕。歌寄怨。無奈情灰已冷。禁不住愛爐重燃。只嘆如夢幽歡。又是天涯訊斷。（收）（旦口古）唉。情海本屬無涯。偏滅不了絲絲情緣。但係情壇風月。早已盡付雲煙。眞估不到今夜故劍重逢。尙存相思一點。惟是絲蹤連。緣已斷。我惟有哽咽無言。（生滾花 空令我望。月枉圓。（反綫中板）斷腸人。斷腸冷月。一樣斷腸。寸寸。燕重歸。惟念玉人芳訊。非敢欲續前緣。引瓊簫。淺醉笙歌。謝妹你情猶。眷眷。旦接下句 憔悴花。生憎遲暮。已付憔悴。香完。我嘆年來。隻影無歡慘笑天涯。歌遍。渺歸期。虛負子期珍重。却誰諒我歷幾長年。（正綫催快）欲報知音。憐命蹇。是非誰辨信無緣。總之各有前因。（滾花）君呀。你且勿重撩綺念。（生唱下西岐）信是無緣情倍牽。斷續情照心掛牽。（生唱）惹恨記起今宵。相逢恨倍添。爲卿已是長縈念。（旦唱）抱恨更添斷腸。靜悄思千遍。偷偷情淚絃。誰憐儂心經碎斷。苦難言。（生唱）相看黯懷夢似煙。相對暗心牽。低徊月滿天。（旦唱西皮下句）嘆情牽。意撩亂。記當年。相對淒然。（拉腔重句收）

92. 戰士歸來

南燕音樂會編贈

（生唱奪錦腔）沙場浴血歸。紅粉已渺。（哭相思）唉罷了媚娘妻呀。（二王）青塚一坵。肝腸斷透。呢個征人歸晚。苦難酬。雖道錦繡山河。還我有。惟是恩情都化作。恨出東流。頻翹首。嘆一句天何不佑。玉碎珠沉。至使玉人夭壽。（滾花）好使英雄氣短。淚汎流。（口古）罷了我地媚娘。我地妻呀。想當日你勉我從征。爲國家來奮鬥。有日倭奴殲滅。正是我倆聚首之時。豈料今日戰勝歸來。就不見明瞞翠袖。此際落花無主芳魂渺。我爲表心中情意。安排香燭祭荒坵。（收掘）（旦相思小鑼龍舟）今日清明時節。個個都拜山坵。做乜家姐墓前。有隻黃衣狗。一定係軍人草莽。拜錯山頭。睇佢似醉如狂。而且傷心透。頻添淚洒。濕透衣襟。佢又低下頭。我行近佢身傍都唔知道。（士工慢板）待我再步上前。來啓語。請問你哀吊誰人。勿怪奴奴。多口。你因何。又唔聲唔彩。請恕奴唐突。勿怪責。阿儂（收掘）（白）喂。你呢位軍爺又夠唔係喇。問又唔聲。叫又唔彩。顧住拜錯山墳嚡。呢坪山。係我家姐媚娘之墓嚟呀。（生白）乜話。係你家姐媚娘之暮。（擲諡）（旦白）嘩。嚇得我呀。佢一係唔出聲。出親聲好似一隻老虎咁。又睜大對眼。望住人。你發癲呀你。（生唱士工滾花）破碎情天難補救。終身遺憾。我就係你姊丈少述。（旦白）哦。（滾花）記得家姐生前。曾經對我告訴。話因爲風雲叱咤。佢夫壻去爲國奔勞。估不到今日相逢。你要恕奴未徨詳數。（介）（生接）小姨你奚用禮滔滔。究竟底事何因。你家姊佢魂歸泉路。請你講明講白。細說從頭。（收掘）（旦白）唉。題起家姐嘅事幹。眞係未講淚先流係咯。（反綫中板）憶當年。禍起東鄰。殃及家鄉。淪敵獸。賦逃亡。雙親年邁。奔勞未慣。咁就中道。歸曹。我嘆孤身。輾轉飄零。得到港嶼。依姐袖。嘆慨時艱。不久又金戈鐵馬。就纖陷。于倭奴。我地苦相依。因爲衣食難求。我倆迫充。嚮導。痛虎倀。佢藉惡勢力。到處辱玩。女流。（正綫滾花）家姐佢不耐欺凌。致遭奸人之怒。（生唱）眞係日無天理。髮指披畔。後事如何。快的講通講透。（旦唱）佢地不惜良心埋沒。借故擊殺在當途。（收掘）（生白）此事當眞。（旦白）當眞。（生白）果然。（旦白）無錯。（生白）嗜（陰鑼暈介）（士工大首板）氣煞俺。痛佳人。遭逢辣手。（開邊哭相思）罷了媚娘妻呀。（滾花）忍不住斷腸下淚。氣煞於人。（落

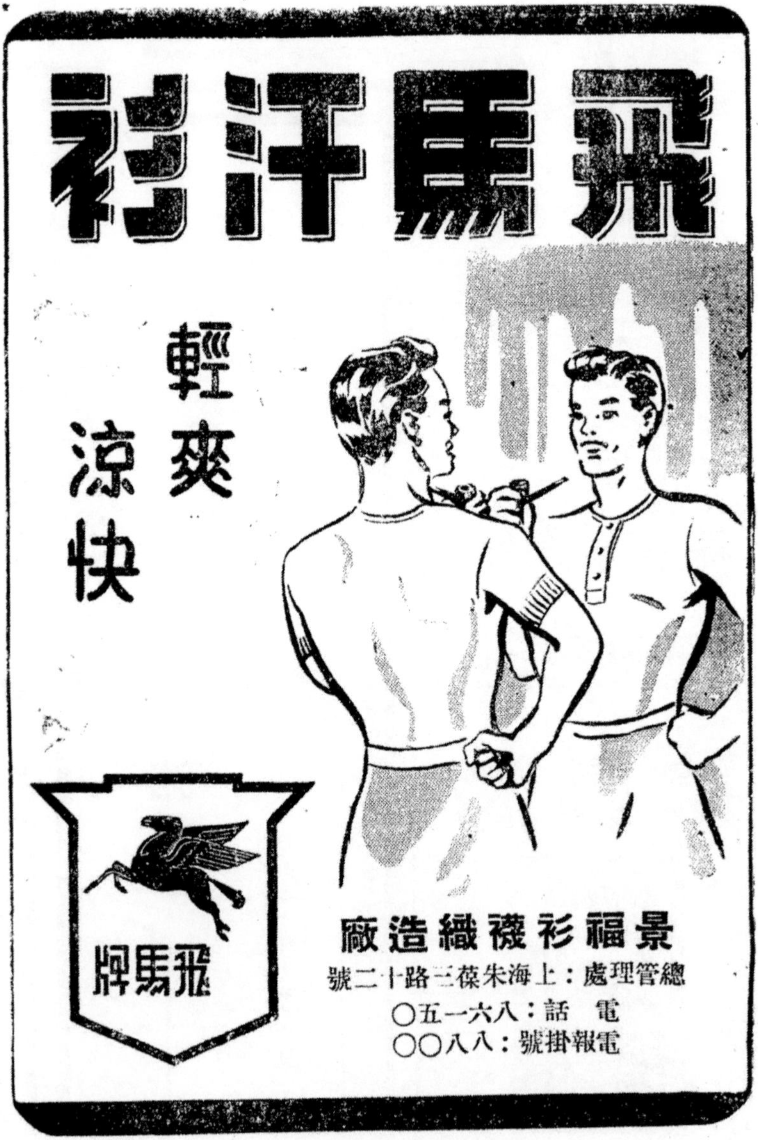
飛馬汗衫
輕爽
涼快
飛馬牌
景福衫襪織造廠
總管理處：上海朱葆三路十二號
電話：八六一五〇
電報掛號：八八〇〇

腔二王）恨蒼天。把權奸縱。使我嬌妻飲恨。可憐我。好比失羣孤雁。身在汎湃。兒流。（旦唱）我背一聲。姊夫你。暫放歡容。莫儆凄涼。苦透。（生唱）我必要。將那奸人手刃。來慰妹。在陰曹。（旦唱）那奸徒。勢敗傾頹。經已逃奔遠走。（生唱）究竟是。誰人所作。對我剖白。分毫。（旦唱）他卽是。漢奸李霸奴才。人皆。知到。（生白）吔。（快中板）任由地府與天曹。誓要追尋還血報。天涯到處逼沉浮。詩啦啦。（滾花）不避艱難。揮淚走。（入場介）（旦滾花）睇佢眞誠一點。我都望佢得報寃仇。

93. 胡不歸之別妻

南燕音樂會編贈

（打引）（嫛娘上引白）千古女兒千古恨。苦樂無端總屬人……（拉腔埋位）（冲頭春桃上白欖）忙啓稟（重句）。有件事情好要緊。大軍明早便啓行。少爺提師臨戰陣。現已回府第。就嚟到此作辭行。（重句）。（旦這個滾花唱）想奴病體未痊。已抱生離之憾。誰料一聲鼙鼓。又要夫婿逐征塵。雖是衞國執戈。但却不免更添分離之恨。無奈都要袞將薄酒。一壯夫婿軍行。叫桃春。快備羹湯。待奴烹飪。（上）（介）夫妻情重。自有無限痴心……（下）（生含愁懶步苦口一才收念白）班班情淚洒衣襟。幾回低首更沉吟。百結愁腸千結恨。未敢凄涼訴玉人呀。（反綫中板）奈何天。奈何人。更添一點奈何。苦恨。凄涼月。照住凄涼地。未敢輕見。個個凄涼人。天聾天。你若可憐。我願死在沙場。戰陣。怕只怕。凱旋歌唱。便要絃斷。亡琴。順母心。孝子應爲。何忍慘戚。薄倖。斷腸詞。傷心語。更不忍令嬌佢。知聞。（催快）病裏嬌花情可憫。何堪事事更傷心。（轉花高句）今夜悽愴分離。惟有一伸別悃。（介）（旦滾花下句）聞得夫壻你軍行在卽。志壯風雲。特爲手製佳餚。與你作別離宴飲。（生口古）妻呀。你病尙未安。何必勞苦太甚。（旦口古）夫呀。奴與你情深恩愛。縱然勞苦也甘心。（生一才關目口古）妻呀。爲夫此次爲國分離。你總要愛護個身體爲要緊。（旦口古）但望夫你凱旋早奏。再爲夫你洗征塵。（生一才台口花下句）佢提起凱旋兩字。好比萬刃穿心。睇見佢恩愛纏綿。更觸起我百般哀感。（旦白欖）酒已斟。（重）還請夫郎來痛飲。酒餚未爲貴。情愛最可珍。（重句）。（生滾花下句）已是別離味苦。何堪苦果潛因。眼底傷情。悲酸難禁。（尺旦滾花下句）夫你因何形容愁慘。似有無限傷情。有何不安。請夫你直言毋隱。（生這個忙改歡容中板下句）感嬌情重。意殷勤。心帶別離。多少恨。如花人遠。黯銷魂。翠袖辛勞。情可感。還將大醉。報釵裙。含笑舉杯。與嬌痛飲。（旦殷勤歡飲介）（一才關目白欖）夫你一定有原因。有原因。有何心事咁傷心。我地恩愛情。不能虛名份。縱有難言事。不怕說知聞。（重句）。（生滾花下句）佢已多愁多病。弱態憐人。若更噩耗驚心。難免立卽香消玉殞。我又傷心難忍。偏令佢惹起疑雲。爲求慰解佢愁衷。都要把悲酸強忍。（苦笑相覷介）（旦口古）夫呀。奴奴爲免你憂疑。至有病中不忘脂粉。（生口古）妻呀。你知否多一分顏色。便多苦命一分。（旦口古）夫呀。我但求與你做得廿載夫妻。便死無遺憾。（生口古）妻呀。人生難料。今生緣盡也有來生。（生滾花下句）凄然相對。情淚沾襟。妻呀你青春能爲使君留。又怕沙場成刦恨。（旦滾花下句）夫呀縱有別離傷感。自當相吉天人。更應相對多歡。夫呀你莫愁懷梗梗。（生秋江別中板）感嬌恣情深一片。好鴛鴦神仙不羨。離合悲歡自有緣。磨折偏多夢更甜。（食甜字轉長句二王）甜夢情鴦。離筵。繾綣。忍爲夫郎人去遠。遂教思婦盼樓前。黯黯銷魂無別念。只有念嬌憔

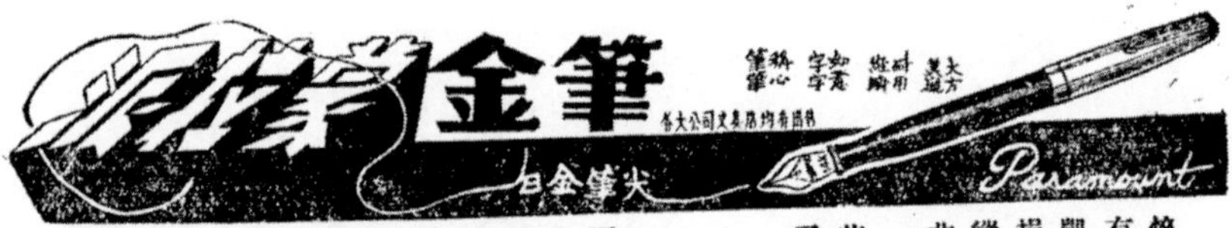

悴。病魔纏。但願化身爲海燕。好待夜夜蘭閨。飛到看嬌。是否安眠。（旦二王）半倚郎肩。強舒笑面。薄情自嘆爲病染。恩情自負有郎憐。惟幸花殘猶吐豔。好待我郎他日。復整。金鞭。爲壯郎行。把金杯。奉獻。（包槌）（木魚）有情酒。手中拈。問夫何日。凱歌旋。（生接唱）有情天自從人願。妹呀莫倚樓腸斷望歸鞭。此別從戎多苦戰。恨我分身無術伴妹粧前。你病要勤醫。莫把花容瘦損。（轉二王下句）等我凱旋歌奏。自當好月。重圓。杯酒情深。謝妹你殷勤。進獻。（飲酒介）（旦滾花下句）但得夫怀歡容相對。縱然命苦也心甜。我自曉孝順家姑。你不必把家庭懸念。（生滾花下句）妻呀你諒我輕妻重母。無非把孝道保存。豈不知妻你啼笑皆非。常以珠淚洗面。（一才同哭相思）（旦口古）夫呀。奴奴命該如此。更何敢怨。（生口古）唉。知我者當能諒我。但不知我者（介）一定以爲薄倖青年咯。（旦口古）夫呀。我睇你成晚悒悒不歡。究竟有何事變。（生口古）無非因分離遠別。至有難捨心酸。（旦滾花下句）郎非薄倖。自當有不解之緣。况且未老紅顏。不致恩情中斷。（落更介）（生滾花下句）恨煞催人更鼓。胡不爲我今夜多添。又怕此別歸來。便要慘受無情之劍。聲聲珍重。忍別嬋娟……。

94. 爭靚仔

南燕音樂會編贈

（啲牙仔白）天下至靚我。（豆皮仔白）環球至靚我。（駝背老白）計我話無論如何就至靚係我呀眞。（啲唱二流）你地講靚仔。都唔使嚟。一笑傾城楊貴妃尚且稱美麗嗱。何况我生出。笑口噬噬。講靚仔。大蓋我都呀係唔曳。（豆唱）講靚仔。我亦唔輸虧。人人都無我無我咁矜貴。我矜貴生在面上嚟。嚟嚟嚟。請你將我睇。我一粒。已經三分貴。（駝唱）講靚仔。你地都不消提。我係時興嘅靚存嘞。時興最興就係曲綫美。呢我嘅曲綫。係生在背脊嚟。因爲男女不同。所以就唔同地位。（啲唱）呢講靚仔。我地番去歸。你地何能稱得靚仔呀。（轉二王）實係至靚係我你咪話我。係無稽。一個男子出嚟。至緊要威儀。係棣棣。第一要未言先笑。至顯得和靄。出嚟。所謂千金難買假哨牙。你話矜唔。係矜貴。况且拳頭不打。因爲我笑口。噬噬。重有脂粉叢中。與的美人來。交際。攞佢災瘟命一條。因爲我咬住銀牙笑一笑。噲把人迷。（收）（豆皮白）你個西瓜刨呀。你稱靚仔。哈哈哈。眞係笑咳我咯。（咳聲）（駝作咳聲白）我就笑到踎低至咳添喇。眞係呀。（啲亦學咳聲白）咳乜嘢呀。點咳法呀你呀。（豆白）咳就止嘩。有詩爲證添嗜。（駝白）係囉。咁就諦衰佢喇嗎。（豆白）父母生成我哨牙。得來防便食西瓜。好天之時擋烈日。落雨唔慌濕下扒。（駝笑白）吔唉。眞係工整妥當。（二兩）呢你一首鹹詩。要佢當堂。當堂心噎。（豆接唱序）我慌佢唔嘅諦嗜。（曲）個個西瓜刨。岌吓岌吓岌吓幾乎跌乎跌左。跌左佢落嚟。（駝唱序）喂顧你住佢將你來噬。（啲唱曲）喂你兩條壽仔。咪以爲。爛個得勢。（豆唱序）眞係疏肝兼疏肺。（啲唱曲）嗱我若然一諦。包你兩個心噎。要你一齊……（收）（豆笑白）哈哈哈。任你一個有乜能爲呢又。（啲白）至好無能爲。我一個諦衰你兩個。你兩個唔夠我諦添。（駝白）咁又任你點嚟哪。爛醒。嚟喇……。即管嚟喇呀啲。（啲白）有詩爲證添嗜豆皮仔。（豆白）你又有詩爲證。領教吓至得。（啲白）係定喇。雨洒灰沙地。反轉石榴皮。黃蜂飛左過去。都唔錯認佢嘅門楣。（轉二王）嗱四句詩詞。因爲你豆皮。係而裂。（駝唱序）之末輪到我噎。我叫豆皮靚存等我幫你爭啖氣。番嚟……（收）（豆白）

係囉。幫我諦衰佢喇嗎。（啃白）諦乜野呀。（駝白）梗係喇呀啃。你聽住哪。咪話唔俾面呀吓。（啃白）聽乜野呀。你唔係來。（駝唱）（孟姜女）你送喪呀問病。你都笑口噬噬。可恨你棚牙啃左出嚟。若果同你奇士。就第一幣。因爲顧住。個條厠。比你及左出嚟。（收）（白）你估你好贊野咩。（啃白）你呀贊。你呀贊。你個呀駝你贊。（駝白）我梗妥喇。點呀……。（啃白）你行路尋針綫。坐落扳弓絃。闊側蛾眉月。反轉採蓮船。（駝白）呀。死晒。死晒。（啃唱）（中板南音）你瞓落張床如蝦米。縮埋背脊就似只烏龜。若果做你個老婆眞前世。你話同衾共枕就幾咁難爲。（笑白）哈……。（豆白）呀駝哥呀。佢連你都諦埋喎。（駝白）衰晒喇。喂你要拍硬擋。幫我諦番佢至得㗎。（啃白）我睇點拍法。（啃白）當然喇。有法子。喂啃牙仔。（唱和尙思妻）你嚟就聽住嚟。唫我諦就將你諦。你好在點諦。都係牙齒噬噬。你笑定喊。喊定笑。眞係難睇。你口唇外便。有乜東西。（轉中板）等我走上前。將你個脅口。嚟到用心。用心睇一睇。却原來。一隻一隻。個的牙齒凸晒。凸晒出來。係最擔心。天冷之時。無野遮住佢。試問你的脅牙。點抵。你啃牙露齒必好似蛤熟狗頭一樣。眞係難睇。難睇。（豆。駝同笑）哈……。（啃亦強笑）哈……。（駝笑白）喂阿啃阿啃。等我出對對俾你對吓㗎。（啃白）對乜野呀。諦就即管諦㗎。對鬼對馬咩。（駝白）眞㗎。你估東你嘅咩。你對唔對得通呀。（啃白）乜對唔通呀。卽管出嚟喇。（駝白）唫。你聽住嚟喇。嫩狗仔煨爐。巧笑倩兮。（啃白）唉吔。諦我啃牙鼻。（駝白）好話㗎。（啃白）話嫩狗仔煨爐。蛤熟狗頭鼻。豈有此理。你估你阿駝好嚦。（駝白）我點唔嘘法呀又。（啃白）你呢。你老蝦公煑熟。鞠躬如也。（駝白）唉。撞晒板。撞晒板。（豆白）啃牙啃呀。我又有對嚕。（啃白）你有乜野呀。你有死人。（豆白）你聽住喇。啃起棚牙。鏨漆鑲邊。好似鋼琴一樣。（駝白）唉。好野好野……。（啃白）你呢。豆皮仔。你浮沉滿面。珠沙嵌隙。無非蔴雀隻九同呢。（大衆齊笑聲）哈……。（啃二王滾花）我地朋友三人。無謂再爭靚仔呀。（豆白）至好就唔爭。（唱）我一粒豆皮三分貴。古語有提。（駝白）我都爭咯咁就。（唱）我雖係駝背彎弓。但係我個面貌又唔曳。（啃白）咁呀。唔志在我都爭一份咯又。（唱）我單單棚牙啃的咁多。我更加唔肯認輸虧。（三人合唱）總之我地三人。都係頭等靚仔。各有各靚。講都講唔齊……。

95. 負郎償淚債

鍾誠 簡明 合唱

（生小曲鳳凰台）病態纏綿苦痛辛。意倦困。迴腸腸牽薄情人。（入字轉二王下句）入杏桃花。空惹相思。長恨。（合尺滾花）慘矣情絲決絕。長作恨海寃禽。堪嘆天道茫茫。何苦迫人太甚。（曲唱仙女牧羊）夜色淒迷景昏昏。相思苦煞愁困人。霜霧侵（重句）。恨秋風雨人斷魂。柔腸縈結憂帶恨。悽愴淚難忍。慰癡心。從步漢宛近。（生滾花）相見負心人到。徒增呢海翻騰。苦我一片癡心。贏得空餘夢罷。你旣是名花有主咯。無謂向我假獻殷勤。巳是陌路蕭郎。何敢多勞慰問。（旦接滾花下句）自覺情絲緊縛。偏當薄倖斂裙。爲解憔悴癡郎。喬夜偸臨相近。無奈你傷心存悞會。未許將心事言陳。旣是冷面冰腸。何苦多留一陣。（生先鋒鈸一才欄介白）且慢。（海南歌）嬌巳負我心。因何心太忍。（重句）難免罪咎深。恩恨總常泯（重句）。莫自負怨深。（生中板下句）相思魂夢苦追尋。斷絕藍橋。難親近。情天莫補。暗傷神。今夜滿腹牢騷。（滾花）難道新愁舊恨。（旦木魚）花有淚。落紛紛。讒言輕信。尙錯怪別人。愛本連愁。情原帶恨。祇爲萱堂不諒。勸我割愛捨君。詐作負義忘恩。以輕癡郎心願。嘆我偷彈紅淚。未敢輕訴任何人。(哭相思)(生長二王)冷語驚心。心穿萬刃。奈何人對奈何人。夢幻前緣成虀粉。花愁蝶怨兩銷魂。莫不是孽眼前生。慘罹命宮。魔困。(旦)欲語酸辛。淒涼難禁。斷腸人看斷腸人。惆悵西風長飲恨。願郎珍重。莫爲我嗟怨頻頻。飲恨。(生小曲鬱金香)若也傷心。暗斷魂。魂斷爲愛深。深愛最悞人。愁帶淚滿衿。情盡啼痕。嬌太忍。致是情愛相分。嗟我爲情辜負了。縱令寸心如割恨難陳。(旦士工滾花下句)非是自憐屑玉。第此身已絕凡塵無奈命比桃花。未敢再被情魔牽引。(生反線芙蓉腔中板)枉煞多情燕子。意般勤。今夜相見徒增。愁與恨。劇憐春韶。苦向病中吟。孽債重重。誰見憫。花魂飄散。海棠心。(轉滾花)爲問翠袖何辜。恩成薄倖。(旦白欖)悲難禁。苦難禁。懷愁愛恨比江深。薄恨空邀人見諒。來生期待愛情真。(重句)。(生接)生相親。死相分。高堂何與綰同心。數載相思情空綣。淒涼苦煞眼前人。(重句)。(旦士工慢板下句)嗟今生。緣已盡。我祇願長齋綉佛。了却此段絮果。蘭因。(生接上句)多嬌何決絕。覺不憫癡人。此後情海難填。祇賺得千秋。遺恨。(起高句收)(旦士工滾花下句)自知負郎償淚債。(生接下半句)所謂情深恨更深。

96. 織女

簡明獨唱
蔡聲武撰

(平湖秋月)遙遙。隔住了星河。隔住了星河。離鸞鳳。莫諧和。幸流連易過。快駕蓮輿座。又重逢渡河。郎與我。相見歡同心兩個。脂香氣和。甘香餃。粉面酡。雲鬢墜。任佢調科。懋意不須損翠蛾。(白)儂織女。自從婚後。遠隔銀河。雖蒙玉帝憐念癡情。許我一年一見。但係離多會少。唉。試問有情。誰能遣此呢。現在屈指佳期。尚差一日。眞係望得儂眼欲穿。想得儂心愈窄呀。(二王)好在明日就係佳期。快把愁心。打破。惟是一年一度。不似世上。好多公婆。幸得烏鵲多情。佢塡橋。渡我。與儂方便不怕遼闊。銀河。瘦腰肢。增加了嬌婀娜。梨花面。換轉了玉顏。眼角眉梢。眉梢眼角。又添了嫵媚。許多。唉今晚長夜漫漫。叫我怎生。捱過。眞係望鸞左條頸。至得明日。到見哥哥。(中板)我望天雞。快把那夜長。來叫破。等我地神仙眷。姻緣好合。免致良會。蹉跎。我傅粉調脂。巧畫蛾眉。經已裝式。停妥。肌膚如玉。撩人憐愛。全靠蓋上。薄薄輕羅。明晚相見時。我要問一句牛哥。我嘅面口豐腴。抑或瘦左。重要問句他。別來無恙。今年收穫。幾多嘉禾。個陣兩情濃。(絮花落)重見舊年恩愛。一時偎坐。大家歡暢。芳心欲。鸞鳴鳳和。心裏恭讓我。樂如何。(中板)個陣鴛鴦。都要羡我。(過序)想到歡娛他夜。不禁起舞。婆娑。

97. 一曲難忘

霍士
梁冰冰 合唱

(旦士工慢板)翠樓中。深院靜。燭影抛殘。有對綉簾。錦帳。惆悵女兒身。偏多恨。憐才愛慕。一往。情長。傷花落。未成眠。唧唧蟲鳴。使我平添。悵悵。(士工花)淒淒長夜。惻愴輕寒。郎佢一曲新歌。恍如天上。又聽琴音咽哽。似有無限淒涼。莫非𠺝有別音。哀吟怨唱。（生小曲）綉閣温香。瓊樓月上。清輝微漾。宵深夜未央國仇恨積心頭上。感嬌恩愛未能忘。（食忘字轉慢板）憂鄉。脂粉陣。銷魂今夜。又怕漏永。更長。譜新歌。懷舊侶。故國難忘。怎奈嬌兮。不諒。（旦口古）郎你默默容光。好似滿懷不暢。請把病軀珍重。勿作過度思量。（生）感嬌你愛重恩深。我嘅情無別向。無奈國仇家難。使我片刻難忘。（反線中板）恨塡胸。棄國遠投。都爲強夷。不諒。盛宴前。不甘彈歌獻敵。致有懸刦。逃亡。別嬌嬈。珍重叮嚀。囑我毋忘。故壤。最難忘。佢贈泯留記。增我故國。情長。今日異地偸安。使我低徊。惆悵。（旦長句二王）君莫憂煎。君毋神愴。憂時傷國。意如狂。國運衰微成絕望。書生何計。輕挽。濤狂。精衞徒勞。心何。狂妄。（生苦喉木魚）傷心語。提起我舊家邦。強蠻凌辱。禍心藏。熱血男兒。謀反抗。不敵虎狼殘暴。陷瑯璫。旦夕垂危。宛似游絲蕩漾。（乙反二王）急待金錢營鑽。以救。危亡。我願賣藝名都。（正線）此後天涯。浪蕩。心存報國。忍把舊約。輕忘。（旦白欖）情難放。淚偸藏。相看無語更神愴。花蝶正相歡。忽遇風狂浪。相思無藥石。何事誤明璫。（重句）。（生二王）對名花。神倍愴。相依同命誓不忘。花月良宵情深往。無奈國亡家破。致有忍訣。紅妝。忠愛難全。嬌你應憐。苦況。（旦口古）郎縱不念兒女情長。也應把病軀珍養。（生）我豈不知憂勞成疾。無奈家國難忘。（旦）願你早奏膚功。我地殘絃續唱。（生）又怕功成之日。我嘅殘命不長。（旦）淒涼相對。苦斷迴腸。此賦別離。又怕終成絕唱。（生中板）前塵舊夢。夢淒涼。初上藝壇。慚未賞。成名端賴。呢位可喜娘。綰結同心。鸞鳳唱。温柔深醉。美人鄉。今日淒愴分袂。我亦非忘情太上。（生花）此後奈何天上。更添一對苦命鴛鴦。

98. 魂斷紅樓

陳跡 陳蕙蘭 合唱

（旦訴寃頭）恨恨恨未消玉碎柔腸斷。恨未消夢向紅樓斷。月缺人難面。舊恨心上牽。（相思介）（液花）玉慘花愁。恨託秋風紈扇。桃花泣血。命薄應憐。如此人生。有若曇花一現。春心揉碎。但願身化啼鵑。（長句二王）憔悴奈何天。花魂香欲斷。鶯花愁懸亂。桃李悵無言。一領靑衫。半是酒痕和淚染。（流水南音）重迴綺夢化輕烟。燕剪春風不把愁絲斷。落花時節總堪憐。兩字相思盈方寸。（二王）未容冷落。呢個薄命嬋娟。非是薄倖甘居。何忍緣慳一面。（滚花）莫令鵑魂長怨。飄泊王孫。（旦乙反中板）眼望穿。君你無恙歸來。許我生前一見。（生）念前情。已是終連藕斷。忍見妹你病榻纏綿。（旦）倚郎肩。無限温存。不知是悲還是怨。（生）感紅顏。情堅金石。眞愛長存。（旦小曲）今生還留未了緣。愛或寃。（生）瑤琴恨織絃。莫記從前相戀。癡心一點。已成烟。我心腸終不變。妹你難爲作君憐。（轉二王）憐我憐卿。同是遭逢命蹇。（旦序）前嫌休再念。（曲）但得眞情剖白。縱然目暝也心甜。（生序）何說此不祥言。（曲）今日衣錦榮歸。大可重諧美眷。（旦序）無奈春蠶絲欲斷。（曲）自是紅綃香斷。難見花好月圓。（生小曲）唉阿嬌忍心捨我而登仙。（旦）苦心自知未見憐。自份難會面。終會面。君你莫嗟怨。（生）或心無別戀。重圓破鏡恨可塡。紅樓再到琴諧再續絃。名利我不羡。豪富也憎厭。惟願明月人共圓。（旦乙反木魚）腸寸斷。氣頻牽。乞郎扶我出階前。（生）當日共指雙星談素願。願作鴛鴦不羨仙。底事情潮生幻變。卿如飲恨。我更無緣。（旦反線中板）記當年。君你倚翠偎紅。不知前程

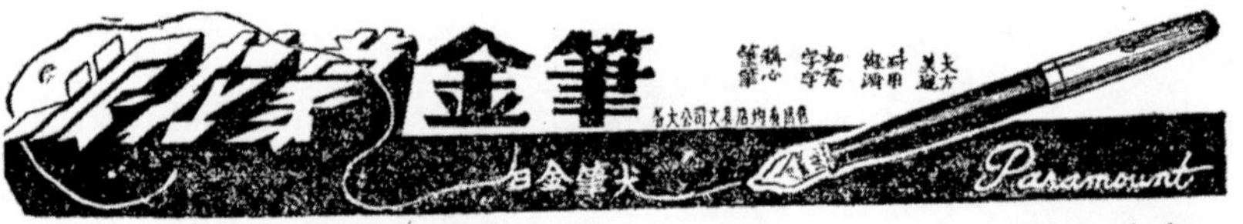

奮勉。我順親情。揮慧劍。惟有忍痛斷情緣。佈疑雲。話我別抱琵琶。強作絕情手段。搗柔魂。違心自苦。眞是有口難言。（滾花）又豈料你一怒忘情。痛把蛾眉責譴。（相思介）（生長句滾花）恨緜緜。恨緜緜。擺花已自悔當年。大錯鑄成無可怨。致有歸來待罪在嬌前。須知我一往情深仍不變。妹你莫提舊事。還要鑒我心田。（旦）苦相纏。苦相纏。含冤終幸獲君憐。恨煞病魔纏不斷。綠楊憔悴晚風前。血淚相思。相見爭如不相見。（相思介）（生滾花）妹你若魂歸離恨。我亦海外逃禪。此日生死纏緜。更莫把負心人怨。（旦）羅衾血染。萬刃心穿。劇憐身似游絲。恍若罡風吹斷。（生）此後枝分連理。月缺難圓。

99. 花自飄零水自流

彭季高
黃豔伶 合唱

（生京腔合尺倒板）愁情萬縷。（小曲）涼秋冷月花容瘦。風靜林幽滄波皺。（序）觸景傷情遊子悲秋。綠意紅情此生休。（白）正是簾捲西風人影瘦。江山寥落一天秋。（士工滾花）遠望綠楊深處。掩映一角紅樓。只爲遊子天涯。難捨名成利就。至令鵲橋高駕。空羨織女牽牛。（旦小曲）天邊歸雁令我心傷透恨鎖春山皺。（重句）我又淚眼看畫樓。可憐當年春暮候。伊人天涯一去後。自憐爲花愁。相思苦我淚不收。暗添別離愁。（轉二王）愁比春深。怕見那陌頭楊柳。關山迢遞。不緊歸舟。忽聽步履聲傳。不知誰人探候。（生中板）正是劉郎再度到粧樓。遠別天涯不覺淹留日久。前塵如昨忽驚秋。浪跡萍蹤難聚首。佳期若夢費尋求。（滾花）此際玉露金風。忍令你寒生翠袖。（旦小曲）苦心頭。淚珠偷自流。（生）傷心因何由。怨鎖眉頭。（旦）空有舊盟密誓恩深厚情義厚。（生）此後。璇閨莫惹愁。（旦）休望同心結共扣。（相思介）（生反線中板）聽嬌啼。有若梨花帶雨。所爲何由。憶分襟。折柳長亭。魂斷那驪歌頻奏。你細叮嚀。應念秋娘未老。莫自徒羨封侯。嘆寒生。書劍飄零。凄絕沈郎腰瘦。（旦）擬心破碎。欲訴還羞。海誓山盟成烏有。都爲高堂不諒。迫我別賦鸞儔。君你雁扎魚書沉滯久。花開花落。盼斷歸舟。（滾花）今日大好明珠。已落在他人手。你莫怪我羅敷不爲使君留。蟬曳殘聲。非望花開錦繡。（生二王）恨難休。情何有。歸來舊燕已無儔。綠葉成陰。仍是枝頭茂。闌珊春意。我獨芳訊偏憂。此後勞燕東西。再莫問相逢時候。藍橋路斷（工反）惆悵花落水流。（旦乙反南音）往事何堪空回首。憐花惜月幾時休。只有攀折由人。身似章台柳。侯門一入魂斷紅樓。（生）今日雀謾重來人依舊。獨惜桃源無路泛漁舟。載酒尋芳已落他人後。明珠投暗。恨悠悠。（旦乙反滴珠二王）缺月難圓。恨結天長地久。（生）你亦名花有主。我尙飄泊隨流。（旦）惟有一瓣心香。祝君早完佳偶。（生）我亦情心已了。再不另訂鸞儔。（旦滾花）正是斷腸人對斷腸人。（生）淚灑相思紅豆。（旦）從今後花自飄零人自苦。（生）愁逐一江春水向東流。

100. 鳳儀亭

南燕音樂會編贈

（貂蟬）（花鼓芙蓉）郿塢宮中欺董寇。鳳儀亭上戲溫候。我不費刀兵誅梟首。只憑紅袖挽狂流。（收）（白）我不惜肉體犧牲來引誘。等佢奸臣賊子。暗相仇呀。（士工滾花）我地爹爹。佢把連環計受。可嘆垂危漢祚。金我不勝愁。我不若回返宮中。把那溫侯呀等候。（介）我重要裝模作樣。珠淚呀盈眸。（呂布）（蒼龍奪錦）殘臣禍漢家。存心似毒獸。毒獸。毒獸。萬載遺臭。（滾花）難鳴孤掌。無限悲忿在心頭。可恨董賊無良。弄成家醜。五倫顛倒。不入人流。我在殿前。偷空忽忽回宮走。（介）來到鳳儀亭內。幽會絕世佳儔。（貂蟬（柳底鶯）弱女流。為國仇。痛心頭。淚凝眸。有誰能以殲毒獸。除暴寇。痛恨。禍國讎。只向玄天自咎。（哭相思）哪呀哪呀。唉諒了蒼天（上）。（滾花）問聲天胡此醉。不能罪罰禍酋。（中板）董奸臣。胆敢稱雄。恃住奉先。做走狗。可惜小英雄。佢助紂為虐。甘與張逆。為儔。滅爪牙。事半功倍成。故將色情。把他引誘。我還約會。个个無智溫侯。在於園裏。訴衷由。我到園間。逍步慢移。小心分花。拂柳……（介）。又只見。鳳儀亭內。有只人類。嘅蠻牛。我走上前。賣弄風騷。奴就連忙……施禮。（呂布）（士工滾花）某慌忙回禮。答謝女溫柔。（貂蟬）怨奴珊珊來遲。累君呀你等候。（呂布）今日名花有主。豈念失意溫侯。（貂蟬）睇你怒氣填胸。眞令人難抵受。你將奴責罵。為甚呀因由。（呂布白）聽道也。（快士工慢板）都只為。王司徒。將婚。成就。以千金。來許配。待我。衾裯。有誰知。你今日。作了他人。佳耦。可恨你。變了節。貪享。風流。（快中板）大錯鑄成。難挽救。惟有自恨。夙願難酬。（收）（貂蟬龍舟）情慘切。淚難收。請君原諒。我說因由。賤妾得配英雄。已是三生運夠。以為良緣天賜。與你共賦河洲。點想你父立心不良。眞係形同禽獸。子妻強奪。遂佢淫慾心頭。今日我身困樊籠。心在將軍你左右。我常懷死念。不願把生偷。現在對君一訴寃情。奴雖死仍笑口。（二王）可嘆紅顏佳弱。未能手殺。兇酋。我體已蒙污。難與英雄匹偶。祇望來生願作。君你白髮。好逑。我想到此情。奴已五中。傷透。（合尺滾花）願在君前自盡。表我節烈心頭。立卽跳下荷池。請君呀你毋須挽救。（呂布白）美人呀。（滾花）我知你一片眞情眞義。待我溫侯。你無謂輕生。我知你心許久。不過苦無机會。與你細訴情由。（口古）唉貂蟬。實在我口食黃連。正係心苦透。（貂蟬）你既係護花無力。就不應向我追求。（呂布）我點想大好嬌花。攀折在他人之手。（貂蟬）任你天花亂墜。我都難信你心頭。唉你無勇無謀。又點能將我救。（呂布）難道我身經百戰。獨不保你一個女流。（貂蟬）就算你係蓋世英雄。何以又怕个個董寇。（呂布）我有衷情在內。你聽根由。（快中板）天下英雄。非敵手。本侯四海。也名再。泗水關前。誰不恭候。劉備關張。也懼某。口食黃蓮。非怕董寇。難對人說。苦在心頭……（滾花）我並非自誇。實在天下無敵手。（貂蟬）任你有通天本領。何以不保一個女流。（呂布）（撲燈蛾）有因由。有因由。（介）我并非不敢同佢鬥。因為我係佢既仔。所以無奈都要[illegible]忍受。實係啞口食黃連。都係咁樣嘅理由。今日事情已至此。我都無法來挽救。來挽救。（貂蟬）（口古）佢強奪媳婦。乃是禽獸之流。佢姓董。你姓呂。試問親情何有。你英雄無敵。豈可不報此仇。你為公為私。也要殲彼毒獸。你以國家為重。勿再疑游。你能將董卓誅除。奴身重歸你有。（呂布）眞係一言驚醒。呢個夢中人也。（士工滾花）聽佢講來。的確難忍受。佢五倫顛倒。令我火上加油。但係事到如今。叫我點樣對付那老禽獸。（想介 有呀。（滾花下句）我無法處辦。惟有請示女流。（貂蟬白）唉。你眞係無用呀。（士工滾花）溫侯呀溫侯。睇你糾糾昂藏。生得肥屍大隻。點解小小嘅事。都要想爛心頭。現在應要奮起雄心誅滅那老禽獸。而且又為國家除暴。賺得靑史名留。（呂布白）唉吔。好好好。（快中板）貂蟬用意怎胆夠。恨煞英雄。呂溫侯。受命佳人。誅董寇。誓除此暴。挽女流。公憤私仇。齊奮鬥。贏得靑史。萬古名留。吟喇喇。忙提畫戟。飛奔走……

（介）（貂蟬）（滾花）今日連環布定。看佢父子呀作楚囚。

101. 報國光榮（南燕音樂會編贈）

少兒唱

（賽龍奪錦）男兒爲國殤。休怨鵑歌兩地唱。滅帳。滅帳。滅帳在此成功一將。托槍。托槍。托槍休惜命喪傷。只要齊心努力莫慌張衞我邊疆。衞我邊疆。（連環西皮）縱是。爲國殤。唉吔吔都係萬古名揚合。（二流）我痛江山盡改舊時般樣（上）。恨倭奴還妄想（士）。把大慾酧償。所以愛國健兒。拚教血染沙場上。還雄威。睡獅怒吼。禁佢跋扈飛揚。（詩白）國事蜩螗恨正長。那堪回首望家鄉。怨婦盼夫成石化。西風黃葉斷柔腸。（士工滾花）錦綉版圖半陷強徒綦手。長城萬里空剩。首雪悠悠。白水黑山今非舊。（戲水鴛鴦）仇曰寇如夏紂、借端侵我自由。確羞。誰个將國救。一心驅那猙獰獸。低心下氣。你話誰能受。壓迫重重千般辱國記心頭。（二王）且看半壁河山。烽烟縷縷。佢想鯨吞蠶食。滿足所求。毒計千般。加我堂堂。華胄。洗村刼縣。寸草。不留。又恨賣國求榮个班狐羣。走狗。覥顏事日。甘作。馬牛。（慢板）斷塹頹垣。處處哀鴻。家散人亡。誰尸。其咎。顛沛流離。飢寒難受。言之心痛。確係不共。戴天仇。國家興亡。匹夫有責。爲正義扎掙。應共同。奮鬥。一死酧邦。摧殘夷狄。喜我請纓得遂。所以塞外。把軍投。（上雲梯）塞外風霜遍歷透。你睇雁驚秋。倍觸征夫憂淚怎收。關山阻隔見無由。懷耦腰增瘦。蒼天使我散鳳凰儔。嬌佢淚濕燈花不斷流。實染遍靑衫與紅袖。（剪剪花）我猶記。同江舟。處處舫船遊。風軟垂楊我道打怎生似雙鷗。似雙鷗。共諧到白頭。惹嬌羞。惹嬌羞。佢重紅暈上眉頭。（送情郎）卅就小紅樓。嬌侑酒。輕將翩舞又囀鶯喉。樂趣無涯。情深厚。只望長。生相廝守。時不留。一聲鼙鼓破金甌。（慢板）樂正未央。情深似海。鄉任溫柔。估道歡娛永久。樂極生悲。戰雲瀰漫。春江焦土。唉吔吔又恨歷盧溝。馳檄軍書。晨驚白羽報國捨身。才顯男兒。身手。耑殲蠻夷。難理紅絲甫繫。公私難盡。惟有遠唱。瓊州。千里長亭。不堪回首。嬌佢捧上離觴。有若梨花。雨後。萬囑郎。須珍重樓蘭不斬。你休想封侯。（芙蓉中板）卅就珍重一聲。跋涉重關走。此後相思。異地層無由。盼煞了閨人。不研刺綉。菱花不獨。懶照恐怕更少上粧樓。（二王）因爲綠水三千。自惜紅顏二八。重圓破鏡。難免不嘆。白頭。恨只恨。塞外荒寒。雁札難傳。累佢與雲望透。（乙反南音）知否我關山頻顧數回眸。心絲撩亂有似風前柳。因爲國仇家恨淚怎休。今夕明月空圓人非壽。（昭君怨）羞邦債。思家淚。淚眼淚眼淚怎收。深深怨。深深恨。恨煞恨煞恨憂。（丁綠曲）殺賊寇。太荒謬。欲刼神州。眞眞心嬲。眞眞心嬲。義憤。難留。（快中板）十萬橫磨誅奸究。只望英雄生去歸骷髏。驅盡萑苻除小醜。精誠團結殺仇讎。耳畔又聞殘更漏。（滾花）清鐘頻轉報更籌。但願閨裏佳人休爲郎苦編。等我黃龍直搗方轉征舟。（高腔）秣馬厲兵氣冲牛斗。（介）若果此戰不將侏儒殺盡誓不干休。

102. 碧海青天夜夜心

南燕音樂會編贈

金門

電話：九〇〇一〇

地址：南京西路一〇四〇號

旅館部

設備完善★高尚幽雅

大禮堂

皇宮佈置★富麗豪華

中菜部

名廚中菜★全滬第一

百樂廳

中菜西餐★音樂表演

芷江廳

冷氣設備★粵菜茶點

郭幹鈞

自動門頂彈簧修理專家

★ 信譽獨一 ★

統辦世界名廠出品

經售各牌門頂彈簧

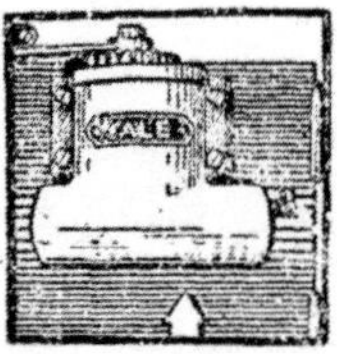

推掩無聲敏捷便利安全

大小俱備　優待用戶

裝費免收　負責保用

牌子	製造
耶而	英·美·德
高平	美國
眼牌	德國
沙近	美國
鐵錨	德國·瑞典

◇特約修理接件處◇

永昌泰五金號：河南中路二六一號

新新公司五金部：南京東路中

瑞昌五金號：漢口路二六一號

新同昌五金號：湖北路三二八號

瑞昌五金西號：南京中路成都路西

利康五金行：河南中路二八三號

永鑫五金店：漢口路

森大木器店：四川中路騰鳳里口

華新木器店：南京西路一四五號

科學木器店：四川北路八二五號

▲尚有營造廠等不及刊登▼

敝處經售之自動門頂彈簧及一切修理工程已有十四年之精誠服務並有分託各五金號及公司代為接件所譽滿全滬

★ 郭幹鈞事務處 ★

虬江支路四三弄三元里五號

電話（〇二）：六〇一一七轉

（打引）冷靜瑤池畔。玉露灑金風。青天碧海裏。怨恨透千重。（花間蝶）露霜濃。晚風拂梧桐。葉落滿簾櫳。杜鵑正啼紅。傷感咽殘月桂風飄送寒夜凍。綺夢。挪搣觸動。蟾宮俯目瞰。（龍舟）舒淚眼。眺碧空。銀河冷落。露迷朦。大概女牛倦極。懶把仙花弄。只剩螢明孤宿。點綴河中。景色係咁淒清。確是撩人慟。何况懷人親歷。倍蒼容。我身處瓊樓。愧把清虛誦。因為凡思萬縷。隱滿胸。枉費瑤台深誓。不戀塵寰夢。不戀塵寰夢。（二王）不禁塵魔俗魅。撩動。阿儂。嫦娥女。修到天仙。月殿廣寒。本是清閒。靜夢。無端綺思縈繞。惹我幽恨。重重。（白）正是好景不常。碧翁播弄。不堪回首。往日情濃。（士工慢板）羞韓內。柔情無限。錦帳羅襦。躬親。侍奉。弓絃眼。提筆畫眉。估話衾裯永結。一對翔鳳。游龍。（滾花）怎料樂吃西方。長駐蟾仙洞。塵緣隔斷。路嶇蓬。今日深處廣寒。都係空餘綺夢。霓裳仙樂。解不了恨萬重。天上人間。空把年華斷送。碧雲深處。遺恨無窮。

103. 玉壺春暖

南燕音樂會編贈

（相如柳搖金）春宵短。小軒驚殘夢。靜悄然。（文君）紫燕黃鸝聲聲軟。喚醒意撩亂。慵理曼粧。懶勻雙臉。（相如）滿庭陽光。絲絲。嬌無力。透疏簾。（食簾字轉西皮）半捲。嫩寒侵。輕羅。吹偏。（文君）倚闌干。怯衣薄。冷透。香肩。步開階。踏殘花。飄零。千萬點。（食點字轉二王慢板）點在絮。飛舞。風前。（相如）襯住驛店樓頭。高掛酒帘。招展。（文君）所以尋芳買醉。莫若向市。高眠。（梆子河調慢板）講到善逢迎。算是本酒舍。醇酒美人。一時。獨擅。（相如）紅粉當爐。無聊排遣。才人落拓。惟有怨句。長天。（轉中板）塵世中。富貴功名。試問有誰。不羨。惟是我。嘆窮途。文章憎命。仍是一個寒酸。我十年來。辜負韶光。長日天涯。書劍。綠窗下。朝朝暮暮。慚愧鐵硯。磨穿。（文君小曲寄生草）落魄窮途當見。長卿又何須寸心懸。（相如）惆悵名利似雲烟。怎不寒。（文君）你應該共惡境周旋。且聽奴規勸。莫為貧賤。興嗟怨。（相如）聽嬌語。未容無明見。都要拋開愁緒。共你醉華筵。（文君滾花）酒徒中游戲生涯。（相如）紅塵神仙美眷。（文君）借此新醅綠酒。（相如）祗願醉擁嬋娟。

104. 張巡殺妾犒三軍

（南燕音樂會）

李叔良編

（士工首板一句）孤城糧絕。垂危待救……。（開邊滾花）睢陽被困。我愁上呀眉頭……。（收）（白）下官。張巡。官拜中丞之職。鎮守睢陽。可恨流寇。恃強侵犯。將睢陽四面。重重圍困。軍糧將絕。曾命南霽雲將軍。殺出重圍。前往臨維。與賀蘭太守。乞師借糧。誰料賀蘭太守。貪生畏死。見危不救。致令霽雲將軍。咬指報國。今日糧盡兵微。叫本官這裏。如何打算。（水波浪）唉吔。想某張巡。素懷精忠報國。倘若剩下一兵一卒。也要背城一戰。今日只有城在人在。城亡人亡。莫若勗勉三軍。除圖死戰。以保國士嘅。（霸腔滾花）視死如歸。誓不作辱國喪權舉動。食君之祿。都要勉力從公。叫三軍。我地要合力壹心。須把城池固禦。沙場戰死。方是呀英雄……。（張巡妾牌子頭蕩舟）恨強狄。遍西東。戰鼓聲震。降又降。只望肅清。匪狄衆。望窮。望窮。犧牲為國。陷陣如龍。

（收）（白）國勢阽危。中原板蕩。臨流擊楫。爲國是徒呀。（士工慢板）我嘆睢陽。危旦夕。誰挽狂瀾。做個救亡。樑棟。只有齊將兵。憑用命。寧死不辱。那顧血滴。殷紅。嘆夫君。佢爲國事。廢寢忘餐。有若天神。英勇。朝和夕。未進食。粮草不繼。又怕腹內。雷隆。（中板）待奴親。携淸粥。來敬奉。聊表夫妻恩愛。兩情濃。我說話之間。忙向城樓步縱……（介）待我善言相慰。呢個馬上。英雄……（收）（白）原來是張……將軍。小妾有禮。（張白）哦。夫人。請坐。（妾白）告坐。請問郎君。今日軍情勝負如何呀。（張白）唉夫人關心國事。請聽某細說可。（唱賽龍奪錦）城亡在意中。時機已斷送。恨我。恨我。恨我心難自控。想起了無端淚動。（白欖）可恨進明公。進明公。坐視不救詐耳聾。累得霽雲將軍走一空。走一空。（妾接唱）勸君。勸君。勸君何用憂心。記在胸中。（白欖）勸將軍。勸將軍。兵家勝敗事平庸。何必懷愁在五中。在五中。（張接唱）恨我軍中。恨我軍中。樹根樹呀皮。食一空。（白欖）最陰功。最陰功。粮食全無又怕誤兵戎。可恨軍心似蝗蜂。似蝗蜂。（收）（張巡口古）今日事到如斯。講亦無用。只有稀粥敬上。聊表寸衷。（張口古）想我糧食全無。軍心惶恐。你何來白米。得把飢充。（張巡口古）將軍不知其中作用。待我細詳明白。須待阿儂。（中慢板）皆因是。前幾月。將米收藏。在甕。到如今。如珠寶。難以。形容。（張唱）我聽爾言。眞果是。精乖。出衆。請夫人。拿出來。一救城內。兵戎。（妾唱）最可憐。只足夠。一人。享用。望將軍。快吞下。免至腹饑。雷隆……。（張巡滾花）嬌妻待某。恩情重。人非草木。怎不情濃。惟是我飽兵飢。恐怕會受人譏諷。只有係禍福共受。恕不命從。（妾滾花）將軍呀。事到如今。好比玉籠困彩鳳。何不棄城逃避。可以跳出災難重重。（張滾花）大丈夫。畏死貪生。豈可以言英勇。只有寧爲玉碎盡瘁掬粥。（妾白）將軍呀。現在滿城風雨。鶴唳風聲。倘若城池一破。玉石俱焚。奴有個善良辦法。不知將軍。能否採納。（張白）夫人既有辦法。比如法從何來。（妾白）將軍呀。事到如今。何不將妾犧牲。犧牲了這个無用之人。去救一城性命。豈不爲高。（張白）這个嗎。哎妻呀。比如今日。犧牲了你。有何用處。（妾白）不錯。現在三軍絕糧。倘若將奴殺却。以奴皮肉。解救軍飢。然後鼓勵殺敵。這樣辦法。豈不是一舉兩全嗎。（張白）這个嗎。嗳吔。我的賢妻呀。想本官今日。孤城被困。雖則兵將絕糧。惟是勇氣還全。到堪背城一戰。若是叫俺將你犧牲。以饗三軍。卿你捨身保國。可算節烈雙存。惟是你我恩情。叫俺怎能割捨吔賢妻。（妾白）唉吧了我地將軍。我地夫郎。奴也知道。你是捨不得阿儂。惟是城亡被辱。到不如這樣死法還好。况且爲國犧牲。何等光榮。祇望睢陽能夠獲得一線生机。殺却狄人。豈不是此生存還要光榮嗎。（城外戰鼓大響介）（張白）樊中之鳥恨怎休。（妾白）請君殺妾在彌留。（張白）我怎捨美人刀下喪。（妾白）你恩情莫戀。（張白）唉我熱淚難收呀。（霸腔滾花）寶劍蜂芒驚綠銹。怎忍嬌娥飲恨。在危樓。惟是大難臨頭。叫我點能罷手。戀情殉國。誰屬高謀。因爲殉國則死有殊榮。殉情則屬不忠禍首。（快）誰輕誰重。口問心頭。浩氣驚天。恍惚良心自剖。（妾）君你何必蜘蹰緩慢。請快把令案存留。（城外戰鼓再響介）（張白）哎吔。夫人你深明大義。節烈可嘉。現在戰鼓鼕響。想是狄人殺到。待俺開城。決一死戰。或有一線生機。然後徐圖他計。閑話休提。就此一別。（同哭相思）哪呀。哪呀。哪呀。哎罷了我夫妻呀……（妾白）唉吔不好。奴欲捨身爲國。怎奈夫郎。佢難捨恩情。眼見一城民衆困死城中嗎（介。也罷。不若趁夫郎冲出戰未回。待奴殺身成仁。以救全軍。豈不是好。（介）着。待奴拜謝蒼天。以身報國呀。（雁兒落）（張昬頭上）（哭相思）哪呀哪呀哪呀。哎罷了……愛妻……呀。（白）嗳吔。事到如今。哭也無用。待俺整頓殘兵。誓死報國呀。（快中板)一息尚存。當奮勇。男兒爲國。氣何雄。悲悼又聞。鼙鼓動。(介)慌忙殺狄。片甲不容。

105. 背令會紅顏

南燕音樂會編撰

(旦唱)(乙反戀壇板面)淚帶迎郎吻。往事別堪問。嬌花逝損。天喪玉人。長恨恨化鵑魂。(乙反龍舟)懷往事。淚紛紛。多情天妒碎痴魂。今日刧數難逃悲慘運。尤負高堂白髮。兩嚴親。君你有日班師。須把我魂招引。免我伶仃孤苦。化作塞外孤魂。(生唱二王)語酸辛。情暗暗。多愁多病。更傷神。嬌你勿再凄酸。惹起痴郎。哀感。人間離合。乃是註定。前因。憂可傷人。勿再自殘。金粉。你要放開懷抱。一解。愁心。(旦唱士工慢板)見高郎。頻慰問。塵世知音。遍遇風狂。獨暗。當日力斬四門。今朝無能却病。盧醫扁鵲。已盡所能。(生唱)嬌你太傷心。愁帶恨。小病相纏。何竟淚流。難忍。玉慘花愁。落紅陣陣。菱花怕對。多感。含顰。待我與嬌姿。把淚痕輕吻。難捨難離。能不凄然。可憫。軍令甘逹。離營午夜。深宵寒露。未許冷了。情心。(旦唱流水行雲)愁絲困。病中幸有郎慰問。恨結心相印。人間難得白頭吟。血淚落滿衿。有願不了訂他生。有願不了結他生。命多刧負君愛護勤。良緣已渺。嬌花已殞。願君記。願君記舊盟。雙親今番付與君。椿萱朝夕代慰問。流淚看君。負親更負人。鳳死悲鸞。嘆愁病倍侵。難以共君共抱衾。今宵與君吻。他宵定抱憾。恨消愛分月照孤憤。永奕今生。永奕今生。恨分飛如燈暗。念雙親悲莫禁。難逃刼運。難逃刼運。與君你。與君你夢裏尋。命中註定長抱恨。(生唱二王)惟望情天垂愛。一現法雨。慈雲。(雨把芭蕉)悲聽聲聲。斷腸傷心韻。哀聲撩人。紅淚落紛繽。愁難禁。悲不禁。命裏遭黑暗。癡心紅裙。爲着病魔困。含惡恨。怕作塞外魂。驚心情人夢裏尋。月落星沉。難望舊痕。長懷芳心。今生與嬌。癡情心間印。同訂合歡盟。(滾花)但望天相吉人。嬌你莫懷傷感。(旦唱)深感高郎情重。又怕仙藥難尋。

106. 桃李夢 (南燕音樂會)

李叔良編曲

(旦唱昭君怨)月影殘。惆悵深閨夢裏間。追思往還。前路茫茫。慘慘淡淡。前路茫茫。慘慘淡淡。終宵不寐。我淚汎瀾。(哭相思)罷了先師。(滾花)此後陰陽隔斷永絕人寰。(生唱反線中板)我聽悲音聲聲傳來。却似門徒。在此悲嘆。我呢個陰司人。見佢情義皆重。不愧係得意。門生。我就細看他。他一似去了知音。的確凄涼。旦旦。有若淚人兒。好似猿啼鵑怨。眞係慘極。人寰。(滾花)(正線)現在我魂到人間。叫句門徒你咪哭得咁慘。今日爲師共你再訴曲衷。(旦白)唉苦呀。(士工慢板)見師你夢裏魂歸。我一洗肝腸。眞係全無。淚眼。我歡何似。樂何如。雖則陰陽隔斷。可以暫免心煩。(生唱二王)你須知。死生由天。你又何須。怨嘆。你須要前途爲重。莫再爲我傷顏。(旦唱乙反二王)當日相逢。幸喜得垂。青眼。蒙你循循善誘。眞係恩重。如山。師你一片眞心。你誨人。無限。所以門人擾幸。擁戴。似狂瀾。(乙反芙蓉中板)估話衣衲得傳。我歡無限。誰料星沉大地。渺人寰。此後欲見眞容。惟有求諸夢幻。思量往事。苦煞紅顏。(敗擺)(生唱苦喉龍舟)門徒你、莫個心煩。要保重容顏強飯加餐。繼我志前行。切莫倦懶。勤修曲譜。把琴調多彈。個陣譽滿藝壇。一新人眼。(二王)總要謙和對象。切勿傲視。人間。我囑咐你嘅言詞。又切勿當爲虛泛。(滾花)我幽魂一縷。卽要復返。陰間。(旦唱合尺首板)傷心淚。流不盡。神魂不定。神魂不定。(滾花)南柯一夢。使我抱恨綿綿。(反線二王)嘆人生。如春夢。變幻無常。令我五中。悲痛。恨蒼天。使我恩師早逝。只剩我隻影。孤單。我此後。舊調不再彈。誓把歌衫。拋棄。(反線滾花)紅魚清磬。了此一生。

107. 離恨天訪妹

許覺先
唐雪卿 合唱

(頭段)(南音二流生唱)謝慈悲。出門檻。披袈裟。脫塵寰。喜笑悲哀。貪痴嗔愛。都是盡成虛幻。金丹法外有仙丹。船頭別父不覺入聖超凡。(轉小曲打牙牌)大荒山。嘆孤單。寂嘆修眞心未慣。念佛看經更重難。數天優遊漸覺煩。在此間。數天優遊漸覺煩。(轉二流)令我心灰意懶。不若我問仙緣尋景幻今日廣寒宮殿任我飛渡重關。(旦轉二流慢板)離恨天。恨事重重離愁疊疊。比較奈何。更慘。見你個冤家寶玉又試令我心煩。(二段)(生轉小曲和尙思妻唱)妹你煩呀莫個煩。我喊就無謂喊。我地兩家此後都冇乜艱難。係咁大嘆特嘆。長遠共你嘆。(轉二王下句)嘆息寶釵姐姐今日變左影隻。形單。(旦怒白)眞係俾你激死我咯。(轉快中板)聽你言詞。眞心慘。憐新愛舊。太貪婪。快的蹋屍我唔聽慣。(生白)哦哦哦。亞妹。因乜野咁𠝹又要趕我扯啫。(旦白)𠝹就止嚟你見倒姐姐。就唔記得妹妹。見左妹妹。重掛住姐姐。唔𠝹就假咯。(生白)唉你心多嘅啫妹。(士工滾花下句唱)唉我一言講錯。妹你就𠝹得咁交關。(轉小曲柳含烟)我尋訪你。難上難。夫妻都分散。歷盡幾辛艱方才得見妹你玉顏。和尙你咁夾頑。眞正不識嘆咁靚嬌妻竟然棄他眞野蠻。(生唱二王)妹你念舊情。莫把你哥哥。激喊。我做和尙。都爲尋妹妹你。捱盡風霜雨露。與共苦辣酸咸。(三段)(旦接士工滾花唱)唉吔你駛乜將假淚撻人。我一於唔聽鬼喊。你既係有心搵我。點解又扡。住寶釵姐姐影隻形單。(轉小曲送情郎)我念前情。更心慘。你都心醉佢容顏。同禊香串我親眼。乜你唔怕受人彈。難入眼塵世快囘還。(生接龍舟唱)唉妹妹你。咁你都記在心間。你從前嘅性格就夠刁蠻。我下氣低頭將你就慣。但逢女人我望吓都唔啱。記得寵袖開香把你當芋辦。講完個隻古仔啫。你就笑開顏。(轉海南歌)今帳就最啱。居然天開眼。姻緣終不散。共你又結番。(旦接唱)今日在此間。仙凡不相犯。姻緣皆虛泛。共你絕冇關。(轉中板)從前事。絮果蘭因我都盡知。聚散。淚還完。心事了點肯再結塵寰。(四段)(生白)又唔係咁講嘅妹。(士工滾花)妹你須知呢個離恨天。終日都係愁雲慘淡。若果我同你。(旦插白)同我又點呀。(生唱)同你成就神仙眷屬。不用傷離惹恨。個陣就春在人間。(旦接滾花唱)唉吔見你冤氣騰騰。眞係週時都。(生插白)就咁喇妹。我情願叩個頭俾你𠹌。眞係。(旦唱)若非你鍾情獨厚。(生插白)係囉。(旦唱)要我睬你都怕幾難。(生唱)(梆子中板)聽此言眞令我。令我感恩。感恩無限。從此後。兩情繾綣。咁就笑逐笑逐開顏。妹你既係有情。從此後我地可以鈒而。鈒而不散。今日得妹汪涵海量。不枉我遠覓到仙間。

108. 雨淋鈴（調寄紙馬搖鈴）

呂文成唱

多少恨。孤男。最傷情。愁頭擧我都疊疊噉千里路程。心中擾亂。交相並。血淚暗傾。淒涼。恨恨恨恨塡膺。崚嶒蜀道。崎嶇難行。峨嵋嶺。凌空天相競馬亦驚。怎暫停。冷風戰。和雨應。馬鈴鳴聲趁雨聲。叮滴零滴叮叮叮。零零零叮叮叮。傷心聽。更重病。添悲哽。血淚交迸。淋漓雨聲。和鈴相應。

109. 文姬歸漢（調寄恨東皇）

呂文成唱

心傷悲。分別去。相顧淚沾衣。生生母子各離異。恨白知念雙兒嗟怨痛恨心更癡。音信縱易身難寄。嘆胡兒未得相隨。恩斷愛絕不欲歸。令我心如碎。同聲哭嗚嗚。今生會已稀。情牽兩地。身歸漢相思夢中夜難寐。

110. 風流皇帝

桂名揚 韓蘭素 合唱

（頭段）（旦唱小曲剔銀燈）心悲痛。可憐儂。君恩往日。情義重。恩恩愛愛。龍龍鳳鳳。獨占春風。又誰料一旦風流成虛夢。別深宮。淚溶溶。恨君皇。情偏縱。（轉順口歟）還要偸期密約雨雲縱。幸得姐姐多情將計弄。（轉二王慢板）移花換柳使我魚水。和融。等我踹足上前就把君皇。捉弄。（序唱）亞主上你眞情重。（生接二王下句）唉吔吔夫人去咁耐究竟你整乜。東東。（收掘笑白）哈哈乜你去咁耐㗎夫人。個天都黑咯。快的叫人點燈嚟。（二段）（旦白）唉吔黑黑地眞好呀主上（合尺滾花）因爲我地暗結同心。豈可任情放縱。（生白）怕乜野啷（旦唱）我重恐他日變作紈扇嘅秋風。（生唱）咪咁傻喇。我係第一個多情。正所謂天生情種。（旦白）你薄情就眞嘅。（生唱）我實在多情到極。你唔信呢我明日帶你回宮。（旦唱）唉吔入宮恐防。（生白）你恐防乜嘢呀。（旦唱）不久又噲失寵。（生白）唔怕嘅。我誓咗願愛你嘅嘞夫人。（旦白）點寵法呀。（生白）若果我唔愛你我就國破家亡。（旦唱）唉吔咁我多謝萬歲。待我玉環意厚恩隆。（生白）哦哦哦。乜原來愛妃你呀。哈哈你兩姊妹咁鬼馬吓。你而家嚟重好添。（旦白）唉吔主上你就好咯。（戀檀新二流）你眞眞陰功。太昏蒙。當日乜束束。趕我鬆。令我腸悲痛。（三段）講乜恩情重。講乜雨露濃。幾乎將命送。（生接乙凡滾花唱）我話你道理太唔通。（轉昭君怨尾段）你唔自重。你唔自重。記得你自進宮。最恩濃。情獨種。兩心同。三千宮嬪係你情獨種。總古春風。總古春風。深恩異衆。嬌意多從。嬌意多從。情愛問誰與共。噉你都重惹起酸風。（轉龍舟）你重怨乜野。話我陰功。孤皇待你的確與別不同。我偶然石地把炎菇種。你就無情白事大起酸風。一味生嬌和恃寵。自姊家妹咯又駛乜咁眼紅。（旦白）唉主上呀。（旦接唱中板）好主上。你惹草拈花太過風流。放縱。只恐怕。羣臣議論個陣羞愧。難容。（四段）薄命人。得侍宮幃何幸專房。獨寵。眞正係。粉身碎骨亦都圖報。你無從。到今時。再覩天顏臣妾自知。罪重。荷皇恩。天高地厚賜我重返宮中。（生轉小曲孟姜女唱）放你出宮。已經恨重重。今番不意喜相逢。慚愧我一朝火氣動。與卿同去更恩濃。（旦接唱）妾意深知罪難容。君心此後誓遵從。還幸姐姐將計弄。但祗願長傍日邊紅。（生轉芙蓉中板唱）此後愛情永無變動。（旦接唱）恩情再結更融融。（生唱滾花）愛妃呀我地攜手回宮。尋好夢。（旦接唱）但願天長地久。恩愛無窮。

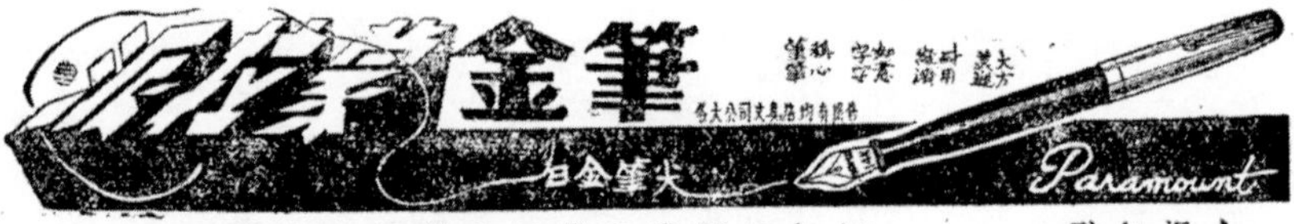

111. 錦上添花

錢大叔 羅燕蘭 合唱

（頭段）（打頭鑼）（小曲跳花鼓）（生唱）駟馬高車。今回方得志。百姓齊凝覩。提名還道字。（旦接跳花鼓）拜舞呀逸街。歡迎叔叔你。腳震難扶住。連忙來跪地。（生接唱）富貴歸家中。英雄非昔比。嫂嫂緣何事。唔同前禮義。（轉小曲戲妲己）（反線）因乜事。又咁得意。你倨後恭。我問聲你。唉吔問聲你。（旦唱）（咸水歌）唉吔而家你又有面又有錢。手瓜又起展。功名又貴顯喇二叔呀你。我應當跪接你莫怪我來遲呀喇。（生嘆白）唉吔唔怪得話貧窮則父母不齒。富貴則親戚畏懼。眞正係世情看冷暖。人面逐高低咯。（的的二王）想我爲着功名記不盡諸多。苦事。記得往秦邦。黑貂之裘敝。黃金百斤盡。千辛万苦我都尙未。逢時個陣我囘轉家中實在係情非。得已。可恨嫂不爲炊與共妻不。下機。（二段）（旦轉中板南音唱）二叔你。懵懵無知。你去秦邦失敗返家時。我地兩嬸母蛤埋激到你翳氣。等你認眞發奮學習兵機。你將頭髮懸樑又錐㓤大髀。三年苦讀矢志不移。個陣滿腹經綸就成大器。好似蛟龍得水向天飛。今日衣錦榮歸眞得意。重話我後恭前倨講的咁嘅言詞。（生唱二王唱）須知錦上添花。晌呢乃係平常之事。雪中送炭至得惹我。懷思。（旦白杭）唉吔二叔你。重樣唔知。你下帷苦讀個三年。家中事務全不理。高堂白髮嘅雙親。倚靠何人供甘旨。若非我地勤紡織。試問你點支持。而家做咗乜野官。想將我嚟出番氣。（重句）（生起龍舟唱）呀。眞係道理。你所講嘅言詞。之你唔講起我就的確唔知。（旦白）你扮傻就眞喇。（生唱）我呢一個官呢眞正自古以來猛到極地。（三段）（旦白）點猛法呀。（生唱）任你係封王賜爵都未足爲奇。（旦白）乜野官咁交關呀。（生唱）呢六國嘅雄兵都要聽我嘅令旨。六國嘅皇帝都要奉我爲師。（旦白）眞唔眞呀。（生唱）呢重有六國嘅錢財都任從我處置。（旦白）唉吔咁就有死嘞。(生唱)因爲六國嘅丞相都係我一個做主持。（白杭）重有斗大黃金印。抬都抬唔起。八寶紫羅蘭。賜俾我做朝衣。六國王侯同封相。古今有誰能可比。我舌劍唇槍眞犀利。蘇秦不愧係好男兒。我蘇秦不愧係個好男兒。（旦轉石榴花唱）唉吔二叔居然咁得志。今番眞正令奴笑開眉。得遇時機。蛟龍向天飛。身榮貴高官至金銀器不勝記。（生接唱）六國都要依我合縱計謀奇抵秦勢保國基共同誓興師方得天下太平有安樂時。（旦起白杭）二叔你。眞正飛。造到六國都丞相。的確係誰人及得你。（生白杭）我老婆封造六國都夫人。你話得意就唔得意。（旦轉的的二王唱）原來你。富貴功名。（四段）剩係顧住老婆。共自已。（生白）梗係喇。（旦接唱）家中父母兄嫂你都詐作。唔知。今日富貴起來就不仁。不義。（轉合尺滾花）總曉君子不念舊惡。乃係孔子嘅言詞。。（生白）哈哈重有嗰嫂嫂。你聽我講埋吖。（生合尺滾花）我亞爹封爲衛國公。亞媽封造衛國夫人。（旦白）咁你亞哥呢。（生白）亞哥呀。（唱）亞哥就未曾記得起。（旦白）唉吔。知到你係咁樣呀鬼嚟迎接你咯。(生唱)喂喂你咪嬲得咁快。等我睇過聖旨都未遲。(旦白)睇鬼睇馬咩。唔嬲就瓦燒咯。(生唱)呀。原來亞哥封為定遠侯。(旦白)眞唔眞呀。(生唱)嚟聖旨重寫明嫂隨職封。(旦唱)咁我就謝天謝地。又多謝二叔你帶歁一屋。正係光大門楣。(生唱剪剪花)我榮華至。名播萬人知。此際方得志。富貴男兒事終歸向天飛。(旦唱)向天飛。向天飛。你有才總遇時。向天飛。向天飛。你男兒當自期。

112. 花好月圓

月兒
呂文成 合唱

(頭段)(生唱小曲蘇武牧羊)消魂并肩笑語頻。(旦接唱)美酒再奉陳。對月醉花陰。(生唱)花繽紛酒芳芬月色照玉人。(旦唱)月下共傾樽。(生唱)花襯美人韻。(旦唱)軟語花生暈。(生唱)微笑月破雲。(合唱)惟願你我共對月圓情義深相印。(生唱)與嬌對月吟。醉後更相親。(旦唱)朝相親暮相親合歌醉夢魂。夜夜共香衾。(旦唱)恩愛藉緣引。(生唱)我倆相親近。(旦唱)情厚羨煞人。(合唱)惟願你我共慶白頭情義深相印。(生唱轉木魚)眞煙韌呀。找地兩家温。同歡共醉月夕花晨。我有意護花。所以常親近。因為坐花醉月酒更長斟。(旦唱)唉吔花若有情。(生唱)咁呀點唧。(旦唱)就眞炒韻。(生唱)梗係喇。(旦唱)若果花如解語我話更消魂。(生轉二王唱)所謂解語消魂嬌呀你都着埋。兩份。你有花容月貌咯令我心醉。與酒難分。(二段)(旦接唱)君你護花與共惜花必定係花心。到不堪問。(生白)唔啱嘅。(唱)咪咁傻喇愛花有意我就更加有意愛人。(旦轉小曲孟姜女)你咁愛花喇。講乜愛人。幾多野花專噲迷魂。咽係家花香陣陣。你都要迷入野花羣。(生唱孟姜女)你靚過朵鮮花已經消我魂。個一的野花我永不聞。你無謂花心將我混。翠杯來斟你再飲一勻。(旦合尺滾花唱)唉吔我不過試吓你心腸。(生白)梗係話試嘅。(旦唱)你就當堂咁肉緊。任佢月咁圓花咁好。你話團圓美好點及得我倆人。(生接滾花唱)喂我醉唉吔我醉欲眠。不若講吓的風流妙韻。你睇月色西沉花露重。點似去玉軟香温。

113. 賣花女郎

(調寄楊翠喜)

梁貴貞唱

漫天寒雨。落霏霏。挽提籃。鮮花低喚行還住。何堪箕伯太相欺。又聞又聞杜鵑。聲聲歸去。聽來潸潸珠淚垂。對景興悲。對景興悲。舊遊復相記。記當時。弟兄姊妹各相依。共同暮旦向詩書。到後來天災兵寇連年遇。無端家散最堪悲。奈何奈何兩餐天天相至。採來嬌花街上提。忍把花枝。忍把花枝。換錢復歸去。慣奔馳。菱花不向向花枝。月蛾淡素懶施脂。

114. 燕歸人未歸

(調寄雙聲恨)

梁貴貞唱

睡起懶畫眉。念玆在玆晚來意懸懸。瘦損腰肢。困頓困頓最恨那心事似抽絲。令我自覺日夜欲睡。燕歸郎未歸。越更悲凄。心恨事自知自悲。音書向那方寄人地已非。怨只怨別離。一去無期轉歸。盼望盼望盼望那陌上柳絲。日裏無語。夜裏暗自嘆孤棲。夢繞深閨對香帷。日遲遲。胭脂懶調。纖塵已迷。懨懨情思。懨懨情思。懨懨情思令我心如醉。紙裏多半相思字。枕畔漬滿相思淚。自怨自憐太痴嘆分飛。茶飯不思。相思自思。傷悲自悲當日恩愛尚依稀。說歸說歸在何期感綰蛾眉。日盼書至。屈指計。難計。恩拋棄。難棄。無計無計自遣心事。日暖夢回枕邊淚沾衣。

115. 傷春曲（調寄小桃紅）

呂文成唱

（頭段）聽杜鵑。叫滿園。因何杜鵑哀叫聲如怨。全為那春愁怨。春去難繫又怕不復見。杜鵑。不須怨。花開遍。春方俄延。勸你莫叫喧。穠桃豔。嬌杏妍堤上。柳方垂綠線。豔陽天。最堪繫念。獨占先。百花算桃豔。春光獨占先。自憐。自憐。為春去自憐。向春更無言。更心牽。又聽酸聲哀叫杜鵑意愈亂。（二段）又見鶯燕一對纏綿。情難遣。空自憐。眞眞莫負華年。呢喃燕。在簾前。雙倦戀。心意陣陣悲酸。蝶尤豔。最堪羨。採花相約伴。對對蹁躚倍心酸。暗自怨天怎向天。花豔柳鮮三月天。怨恨最牽三月天。心事倍添三月天。鶯鬧燕喧三月天。鶯鶯燕燕纏綿繾綣怕令春思牽。怕相見。懶流連。深恨百花開遍。春歸如箭。

116. 長恨歌（華聯粵樂組編贈）

陳跡撰曲

（妃唱）（貴妃醉酒小曲）誰憐金甌破。六宮呼奈何。士弱民懦。孰為江山助心憂淡掃娥。憔悴芳姿受折磨。令我難安臥。（滚花）堪嘆南內西宮。一旦慘蒙戰禍。漁陽鼙鼓震動山河。玉輦天涯。怕見燎原烽火。九重城闕。空憶漫舞輕歌。（皇南音二流）眉雙鎖。恨如何。車駕倉皇逃兵禍。離離未忝忍念故國銅駝。好笙歌曾驚破。驪宮歲月易消磨。誰料四野烽烟。歷盡那艱難險阻。（白）鶴淚風聲聞四播。憑誰一戰挽山河。（滚花）你睇風雲蕭索。到此馬嵬坡。更有噩耗驚心。共指紅顏惹禍。要把玉環賜死。以謝山河。又怎樣奈夢暖昭陽。拋不下蘭因絮果。此際生離死別。我都要一面嫦娥。（妃撲燈蛾）掠橫波掠橫波。君皇何事淚滂沱淚滂沱。（皇）情也多。恨也多。大軍不發無奈何。無奈何。（妃連環西皮）心凄楚心凄楚。千里關河不慣奔波。（皇下句）唉吔。恨無十萬橫磨。（二王）鐵馬金戈。釵分鏡破。恨無良策挽山河。幾許冷語流言侵御座。共話兵連禍結。各在選色徵歌。此日胡馬縱橫。痛切國亡家破。（妃）玉宇興波。金甌地墮。傾城傾國。不在嬌娥。誤國誤人。試問誰紅過。我自紅顏命薄。香盡。綺羅。（皇乙反二王）都係我容縱祿山。至有鑄成大錯。野心狼子。悔不及早誅鋤。一旦變起非常。反累美人受過。又怕森嚴軍令。未可延俄。（妃）君你萬乘之尊。難庇我女流一個。試問長生殿裏。所有誓約云何。但得激動軍心。就不惜犧牲自我。回首玉樓金闕。惆悵夢斷春婆。（皇小曲）風翻波破。嬌花嗟淪墮。悔恨悔恨當初。朝政廢附。朝政廢附。憑誰扶助。（妃乙反木魚）當日共指雙星談因果。估話風流天子最情多。豈料社稷垂危。多搖播。君你情輕國重。又叫我怨誰何。（皇）唉委曲蛾眉。皇亦知到錯。無奈六軍不發。好比身困楚歌。衆口一詞。

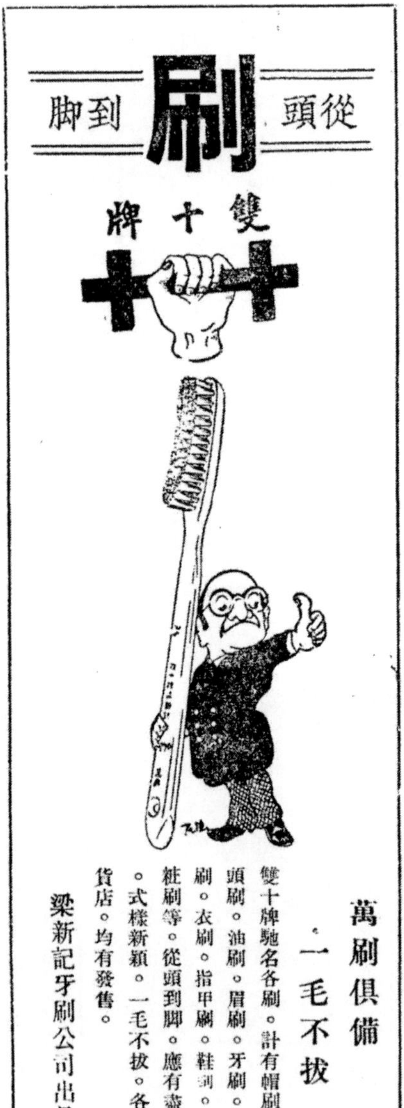
從頭刷到腳
雙十牌
萬刷俱備
一毛不拔
雙十牌馳名各刷。計有帽刷。頭刷。油刷。眉刷。牙刷。梳刷。衣刷。指甲刷。鞋刷。梳粧刷等。從頭到腳。應有盡有。式樣新穎。一毛不拔。各百貨店。均有發售。
梁新記牙刷公司出品

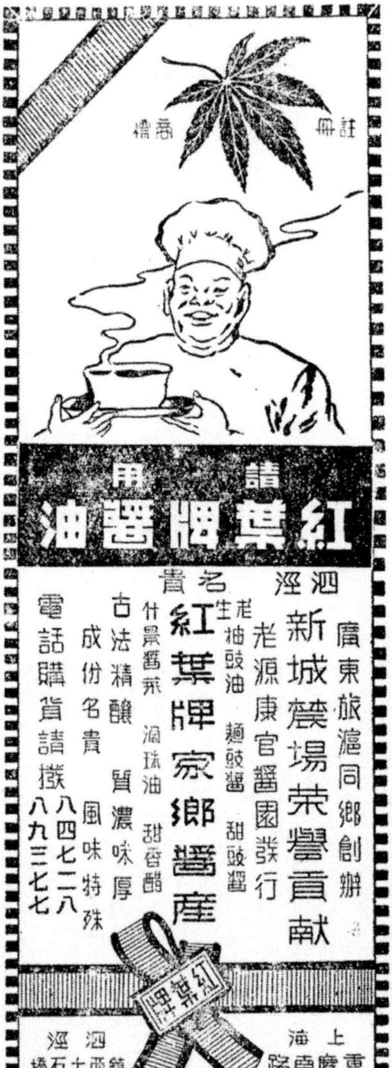
註冊商標
請用
紅葉牌醬油
泗涇名貴
廣東旅滬同鄉創辦
新城農場榮譽貢獻
老源康官醬園發行
老抽豉油 生抽豉油 麵豉醬 甜豉醬
紅葉牌家鄉醬產
什景醬菜 滷珠油 甜香醋
古法精釀 質濃味厚
成份名貴 風味特殊
電話購貨請撥 八四七二八 八九三七七
紅葉牌
上海 重慶南路二百号
泗涇 鎮西大石橋東首

要將美人誅戮。我江山都難保又怎護嬌娥。（妃小曲）亂離愁鏡破。夢殘魂碎破。遼分並蒂柯暗香散蔦蘿。徒恨錯。更遭刦禍。一番恩愛爲情義助。興動戈干。（重句）非關妾過。身繫河山。（重句）難自顧寧坐臥。應知世間情縱多偏恨多。（皇妃同哭相思）哪呀……罷了妃子皇君呀。（皇滾花）心碎破。淚滂沱。名花絕代忍摧磨。爲國爲情難兩可。何堪揮淚對宮娥。又聽軍令頻催。不禁徒呼荷荷。（妃滾花）馬嵬一別。緣盡絲蘿。只爲情重江山。零落了名花一朵。夢魂何日。會南柯。（白）惆悵君恩如逝水。拚教紅粉息干戈。（銀台上句）扶御座。忍痛聽歌悲。（哭相思）哪呀……罷了妃子呀。（快中板）美人恩義絕紅綫。雲散風流緣烽火。花鈿委地痛如何。（滾花）忍痛吞聲。唉銷魂眞個。悠悠生死。淒絕馬嵬坡。

117. 胭脂井（南燕音樂會）

李叔良編

（生唱乙反滾花）枉我係一個君皇。無力將愛妃救挽。（二乙滴珠二王）枉我多才自負。難保一個弱質紅顏。今日國破家亡。累到阿嬌。受難。（旦唱）都係奴奴命苦。致有受此。摧殘。勸句君皇。切勿爲奴。悲嘆。（生唱）感卿多義。令我更覺。羞慚。（苦喉流水南音）流淚眼看。流淚眼。（旦唱）傷心怕見。月兒彎。（生唱）自古風流容易散。（旦唱）可憐薄命。是紅顏……。（生唱昭君怨）身比風霜冷。嬌花。遭刧難。弱絮作飄風飛翻。闌珊。闌珊。(旦唱)惜花。已經歎春晚。夢魂散。驚落瓣。竟似夢幻。（生唱）無復平日燦燦。又令孤心傷淚汎瀾。時時淚暗彈。淚暗彈。無力共保挽。(重句 唯有唯有暗悲歎。（龍舟）皇知錯咯。恨難翻。可憐征血。染江南。往日國事久疏。朝政懶。戀愛美人恩重。失了江山。又怕賊兵來把。你嘅嬌容犯。叫我點能捨得。呢位女嬌顏。（旦唱二王）我感你咁多情。令我歡懷。無限。惟是烽烟四野。難渡。危關。（生唱）眞愛成癡。或者皇天。有眼。明神垪祜。不使月缺。花殘。（旦唱）若果失手被擒。就難逃。刧難。我願同歸地府。勝過失𦋐。人間。感你安慰我一番。我依然。唔多夠胆。（生唱）你可以依皇懷抱。可以減却。憂煩。（滾花）咁我就放下心頭。（旦唱）奴又覺特倦迴慵懶。（生唱）呢個胭脂井內。可以暫作巫山。

118. 今宵月亮為誰明（鶴音社）

蘇流撰曲

（反綫芙蓉中板）月呀。儆乜編編要向住我床頭。來照正。今宵月亮爲誰明。異地飄零。使我增愁觸境。滿腔愁緒。怕聽籬外虫鳴。（詩白）萍水相逢盡是他鄉之客。關山難越誰悲失路之人呀。（中板）我今日。無路請纓。枉有文才本領。皆因爲。昨晚被寒風所浸。更重有些微病。况且是。床頭金盡。（轉二王）令我孤苦。零仃。窮且益堅。正是英雄本性。唉我時機未至。爲有忍氣吞聲。命舛時乖。大抵天公注定。所謀未遂。未知何日金榜題名。回憶起。往日之時。一呼百應。所求未遂。百事無成。（滾花）蒼海桑田（合）。變遷環境（上）。爲有默祝窮蒼（士）。早日衣錦歸榮（尺）。

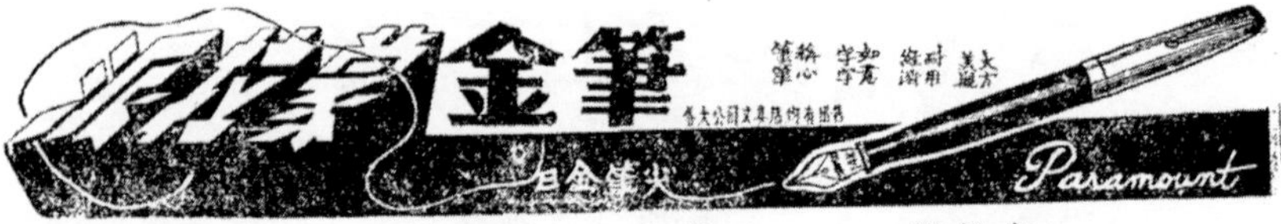

119. 薄命人憐花命薄

李麗蓮唱

(頭段)(梆子滾花)一夜東風吹透羅衾冷。(中板)捲簾只見落紅殘。我半自憐花半自憐。墮溷沾泥說什麼金鈴十萬。恨東皇。施狂暴。至令花事(慢板)闌珊。憶當年。蘇小門前。(二段)肥馬輕裘夜夜華燈璀燦。誰料着。逝水韶光。今日秋娘老去(反線)憔悴花顏。顧影自憐。羞對菱花倍覺愁懷黯淡(中板)護花人去。前程似水枉說意海恩山。芳訊消沈空望眼。眞覺(滾花)獨愁無計倚遍十二欄杆。

120. 薛剛打爛太廟

錢大叔唱

(梆子首板)通城虎。難却了。天羅地網。(滾花)不覺披星戴月往。(白)某乃通城虎薛剛。祇因大鬧元宵。酒後無德。打爛太廟。嚇壞天子。連累一家人斬首。某乃逃走出來。不免走往鎖陽。找尋地方藏身可。(滾花)祇因在家把禍闖。害得家散與人亡。邁開大步把路趲。不覺來到大路傍。舉目抬頭來觀看。又祇見公主在一傍。走上前來把禮參。人馬當道爲那行。(慢板)站立在。山崗上。把言。來講。望公主。寬洪量。細聽。端詳。我父親。薛丁山。英雄。武將。我母親。樊梨花。是我。親娘。思想起。那長安。元宵。大放。都祇爲。酒醉後。闖禍。兇狠。(中板)嚇壞天子。把命喪。打壞了皇親。罪難當。連累一家。在抄斬。一心走往。在鎖陽。偶遇着公主。來玩賞。遵城虎就是。我的名堂。聞後來武則天。做了皇上。橫行私政。議朝綱。晝影圖形。把我訪。四處無路。把身藏。多蒙着公主。仁議廣。把那終身。結鸞凰。但祇願皇天。把眼放。(尾聲)做一對夫妻。地久天長。

121. 醋淹藍橋之鬼魂出現

白駒榮唱

(中板)我背轉身。見愛姬。與共明珠。一顆。在靈前。來祭奠。哭到淚灑。滂沱。我叫一聲。賢愛姬。你得過。就且過。那奸夫。和共淫婦。今已盡地。誅鋤。從今後。你個的艱險嘅情形。也曾。過左。惟獨是。我同你陰陽隔別。難聚。一窩。你還須要。撫養嬌兒。把香燈。來到繼後我。我最難忘。呢一個弱女。素娥。彭玉福。忠厚至誠。的確爲人。不錯。你還須要。將女來許配。等佢兩結合。呢一段絲羅。老丈人。不過係。一時。折墮。佢皆因爲。宦落途魄。你要厚待。佢良多。劉好漢。義俠性情。你都難搵番。第二個。你兩人。必要互相來扶助。你重要拜佢。爲哥。今晚夜。你祭奠我亡魂。元寶蠟生菓。我都也曾。嚟領過。好多謝。過橋散花沐浴。與共種種。喃嘸。我騗罷了。我呢個鬼魂。見得心中。都已妥。爲丈夫。所囑的言詞。你勿作。爲訛。

122. 泣荊花

白駒榮唱

（二王首板）棄紅塵。去修行。出了家。（重句）（二王）阿。彌。阿。彌陀。阿彌。陀佛。昔日裏。有一個。目蓮僧。佢救娘。出獄。地獄門。借問靈山。有多少。路途。他說道。十萬八千。係有餘。里數。非輕容易。得到。此途。咿吔喃嘸佛。每日裏。坐禪房。參拜如來。佛祖。有燈光。和塔影。長伴。香爐。昔才間。坐禪房。參禪。參理。吾正在。呢個蒲團合十。我都念緊。個句阿彌。忽聞聽。後門外。何以噓咁嘈。吧閉。因何故。三更半夜。重有乜誰。到來。我聽真佢。係嚦嚦鶯聲。是個女人。聲氣。我出家人。總總都不理。不理不理不理。是非。莫非是。夤夜私奔。個個紅拂。有意。莫不是。個的山精妖怪。與共。狐狸。須知到。我佛門。明鏡之台。乃是菩提。淨地。豈容你。個的妖魔鬼怪。來動我。凡思。知你或者是。今晚到來。欲想同我傾吓。佛偈。你既望着。我地佛門保佑。等你生番個。嬌兒。我本是。出家人。方便爲門。乃是慈悲。爲主。還須要。講明講白。免我。懷疑。聽罷了。門外人。佢所講。言語。却原來。林氏之女。係我當日。個個髮妻。佢作日拈香。已到來。吾寺。佢同行有一個男子。與佢形影。不離。你既係嫁了於人。我都從此。了事。因何你今夜。還重。到來。你失節重婚。我都唔怪得。於你。我心存消極左咯口念。個句阿彌。須知冤家有頭。就債還。有主。情緣個兩個字。我都讓比過。人癡。從此與你。斬斷呢段夫妻。名義。等你快些回去。同佢夫唱。婦隨。（轉快）任你講盡千言。我都作爲。虛語。我都身爲左和尚咯。重有乜。心機。自古出家容易。乃係前人。有語。歸家個的難處。你知道。唔知。我自問今生。都係唔對得。你住。望你海量汪涵。就恕我。爲宜。你叫我開門。你都唔使。指倚。事關瓜田李下。事避。嫌疑……。（滚花）聽聞了門外人。要生要死。佢話我閉門不納。觸怒左佢蛾眉。我原本同佢係結髮之情。佢又幷無過處。豈可相逢不面。做個陌路蕭兒。惟是我今日出了家。須把七情拋棄。又豈可無辜一旦。動了凡思。進退兩難。惟有求佛呀你同我做主。聽聞門外嚎。慘悽悽。令我出家之人。心胆已碎。請嬌坐下。慢躊躇……。

123. 三娘教子

白駒榮 倩影儂 合唱

（頭段）（花旦）罵聲畜生眞無用。念書唔過重亂噏西東。舉起籐鞭打到你肉痛。（介）（子哭白）打我做乜唔我又唔係你生嘅。（旦怒唱）教子如斯焉能對得祖宗。唉唉剪斷機頭登時心血上湧。（陰羅）（老薛保白）唉敝家伙（二王）老薛保。我老矇矓。眞正唔中用。我在廚房。黎把飯弄。點知知得個上又生來。下又燶。兼夾跌左個箸筒。跌爛個水甕。打穿一個大瓶罋。昏昏沌沌有柴不燒了個火筒。老主母。你緣何故。如斯氣動。你將機頭來剪斷。做乜靈前係痛哭到滿面淚容。弊乜東東莞茜怱。（二段）（旦戀壇中板）遺畜生。近來頑皮得很。日日念書語迪。頻頻教他唔從。令我非常心痛。看來教子無用。因此將機頭剪了（轉二王）以謝我個死鬼老公（生雙思嘆板）哪哪能了我地三主母。我哭我哭了一聲。唉我地賢德三娘。唉三主母你要念佢係少小無知喇。還念吓老東人佢遺傳血統。

(三段)唉請你勿灰心。莫冷意。呢將來撥得雲開係一定見日紅。罷我地我地我地三娘。待我回頭來叫一聲我地小東人。你莫要走。待老奴老奴有言來來來叩奉。(轉二王)快的將藤鞭上前跪地奉。你話唔該唔該唔該唔該媽媽高高打。咁就低聲罵。你話打在兒身。痛在媽媽嘅心中。我老朦懂心痛。(子白)媽媽。打我喇。下次唔敢嘞。(旦二王)我見畜生跪地來。(四段)令奴愛痛。(薛接唱)你地三主母將他打(將他罵。求衹打了一下。當二下。必要輕輕打。就輕輕罵。輕打輕罵。以警小虫(旦滾花)唉乖仔。叫乖仔你快起來。上前叩頭老薛保謝奉。(薛保白)依唔使唔使囉。唉小東人你從此乖乖地。不必些禮重重。(旦白)要嘅叫孫兒快來待媽媽同你來呵呵吓痛。(薛唱)呢小東人你更要上前跪拜。謝過了祖宗。

124. 月明林下美人來

白駒榮　關影憐　合唱

(頭段)(生唱中板)我輾轉係空床。都難入寐。懷人空怕。個一個月色雖離。你話點得係相逢。一個係懷春少女。個陣能償我嘅夙願。免使我日夕躊躇。我閉目養神。(滾花)希望朦朧睡去。暫且放開心事。俾得我夢入華胥。(旦唱揚翠喜小曲)哥哥昨晚太呀心呀呀呀痴。越想越呀奇。細看佢近來神情異。爲着何呀事。點呀解呀冇呀晒心機。佢無呀呀呀心呀冲霄呀呀呀志。究竟爲呀誰却呀令人懷呀呀呀疑。(食住轉二王)疑惑佢近來。一定爲着婚姻。之事。(二頭)等我把哥呀佢嚟撚化。免使佢日夕。奔馳。(白)睇吓亞哥呀)喻吓喻吓個咀喎。好。我聽吓你講乜野至得。(生發開口夢白)哎你話月林下點得美人來呢。(旦白)嘻嘻。發開口夢都記住沉晚喺公園喎。好)等我乘機嚟撚化吓你至得。(生唱小曲)噎哋噎哋呀嬌呀妾。嘻嘻嘻嘻。行埋嚟呀談吓心事喇。喂喂喂。慰呀想呀思。繫紅呀呀呀絲。結佳呀呀呀呀期。(白)嚟喇姑娘埋嚟喇。(旦白)嫩乜野啫先生。(生白)我我想同你呀。(旦白)噎哋唔得嘅。我好怕醜㗎。(生白)唔知怕也野醜呢。(旦白)喂亞哥。(生白)哦哦。(旦白)你索野唔好咁猖狂噃。(生白)哦。也妹你嚟嘅咩。論盡。(旦白)係我喇。(唱快二王)喂你無謂驚慌。享處驚慌。都無謂。(生唱)嚇得我魂飛魄散。眞係魄散咯。係魂飛。(旦唱)你何事咁癡心。癡心。何事。(生唱)唉我言詞都難說。眞正難說。的言詞。(旦唱三腳凳)我冇句好哥哥。我知你嘅其中意。(生白)知也野啫。(旦唱)你成朝發開口夢。都係爲着個可人兒。(生唱)你咪當我冇正經。喺處言三兼語四。實在女人個兩個字。我聽見就怕到心辭。(三段)(旦唱)你既係怕女人呢。(滾花)我就無謂嚟多事。(生白)哦點解呀。(旦白)哦。誰知你怕女人呀。(生白)之唔係。(旦白)你眞係怕。(生白)怕到冇牙添呀。(旦唱)咁我就把用神捉錯。重想話同你代覓嬌妻。(生白)也野話。(龍舟)喂亞妹你。(旦白)也野阿哥(生唱)也你想共我覓嬌妻。(旦白)冇錯喇。因爲我有個同學好好嘅啫。(生白)係呀。(旦白)唔。(生唱)係咁咯既蒙盛意咯。你話我點敢話推辭。(旦白)至弊你見左女人就驚呢。(生白)唔係呀。(唱)我見左女人就驚呢。我不過驚佢唔鍾意啫噃。(旦白)哦原來你咁驚法。(生白)所以啫。(唱)我實在時時都想住。眞係想到我心痴。(旦白)咁你又講得咁正經。(生唱)因爲我地子恩幾微。(白)哎好妹妹。(旦白)也野亞。(生唱)望你共我早日成呢段婚事。(旦白)我唔做慣媒人個噃阿哥。(生唱)他日得到承香代火。(二王)全賴妹你。共我維持。(旦唱)你條題日大得交關。（生白）好緊要㗎。（旦唱）我就應承。（生白）至好喇。（旦唱）於你。（生唱白欖）妹你果然係眞義氣咯。勝過我地鬚眉嘅男子。生佢樣貌係如何呢。大抵都唔落得第幾。（二王）請你講明講白。免使我日夕。懷疑。（旦白）佢面似兩朵桃花。（生白）而唻。（旦白）眉如一彎新月。（生白）嘩。（旦白）格外惟肖惟妙。（生白）攞命喇攞命喇。（旦白）眞個搖曳生姿（生白）想唔暈浪都唔得喇呢鰊。（四段）（生白）吁眞妙咯咁就。（滾花）佢面似桃花。（白）咁就確係靚個噃。喂係唔係搽胭脂嘅咋。（旦白）唔係呀。（唱）因爲佢有兩笪紅痣。（生白）哦兩笪紅痣嘅咋。（旦白）係。（生唱）咁佢眉如新月呢。（白）又點呀。（旦唱）生得格外稀奇。（生白）係稀奇成點啫吓妹。（旦白）佢得一隻眼嘅咋。（生白）哦單眼㗎。（旦白）唔。（生白）哦死咯確係。（旦白）乜死亞。一彎新月呀嗎。天上有兩個月光嘅咩。（生白）呀你分明攞景噃。唔係嚟賠慶噃。咁重有乜野添亞又。（旦唱）佢對脚生得唔齊。所以行得好趣緻。（生白）連脚都唔齊㗎。（旦白）係喇。（旦白）確係搖曳生姿喇咁就。（旦唱）又有的盟鷄享隻眼處。重滿面豆皮。（生白）吓你眞抵死喇確係。你重話佢惟肖惟妙添。（旦白）噫吔盟鷄盟就盟得肖呀嗎。豆皮豆得妙呀嗎。（生白）我話你分明係曳。（唱二王）你無謂講咁多。實在有人。有你咁好氣。（旦笑介）（生唱）分明想撚化我。你都太過。㚇皮。（白）豈有此理。（唱）快的番入去房中。（滾花）因爲我再來要抖睡。（白）快扯。（旦笑介）（生白）亂譜一通享處嚟。（旦唱）係咯。等你重尋好夢。睇吓你再會乜誰。（生白）你咪理。我又再瞓。（旦白）我睇吓你點瞓法。

125. 東坡戲妹

白駒榮 呂文成 合唱

（頭段）（小鑼）（石榴花）（旦唱）哥龍亞亞哥。（生白）乜野呀。（旦唱）你的牙去邊處。（生白）喺把口囉。喺邊處呀。（旦唱）睇唔見點算睇唔見點算望吓個咀邊。（生白）吾見嘅又噲（旦唱）毛裏有言傳。（旦白）嘻嘻眞好笑啥亞哥。（生白）乜野傢伙。（旦白）你眞係欲叩齒牙無覓處。急聞毛裏有聲傳咯。（生白）唉吔笑我添呀吓。（士工滾花唱）我話你點算點算。我實在話你正係唔知點算。我話你若遇眼中流淚。你可能駕駛得隻鐵甲嘅艦船。（旦白）唉吔亞哥你笑我眼核深嘅喎。我唔製㗎呀。（生白）重話明嗷你又笑我滿咀鬍鬚呢又。（旦白）嗱你好囉你。（慢中板）哥龍哥。（生唱序）你又話嚟笑我囉。（旦唱）你恃住學士風流好把恩情綣縫。（生唱序）你越講就越遠。（旦唱）之我總唔計。（生唱序）你都係唔摻肺。（旦唱）個的閒花野草都話共。佢有姻緣。（生唱序）呵呵我髗䯏夠齊全。（二段）（旦轉二王唱）點知因作多情嗷就相思。都難免。（生唱序）我問你係點得見噃。（旦唱）至好我唔見。你去年一點相思淚。今日方流到。（生白）點呀。（旦白）你個咀邊。（生唱）係咯笑我滿咀係鬍鬚重更兼。馬面。所以相思個點情淚話我流左一年。（旦白）你自已知道就好咯。（生唱龍舟）請你聽住我講。你重更新鮮。但係你未曾照鏡我都幾難言。（旦插白）咁你唔怕講呀。（生唱）我講起上嚟怕你就唔得拈噃。（旦插白）你慌噌變亞陀呀。（生白）因爲歷素低頭日夜看詩篇。（旦插白）咁又點呀。（生唱）點知你睇睇吓。睇到你個額頭。（旦插白）點呢點呢。（生唱）你個額額。（旦插白）點呢亞哥。（生唱）咁就墜埋一便。（旦插白）唉吔我㗎。（生唱）所以遮步你未離蘭閣內。梅粧先到畫堂前。（旦插）白我㗎你好靚咩。

（士工滾花唱）唉吔亞哥你噉樣諦人投算係唔算。（生插白）大家諦之嗎。你又諦人。（旦唱）容乜易成盌笑柄。四處相傳。（生插白）你精就咪笑我。唔係大家鬥笑。

126. 韓文公祭鱷魚

白駒榮唱

（頭段）（滾花）（金童）曾己擺列好壇台。（玉女唱）快將大人請命（金童白）請大人登壇（文公）曰兩八侍候（玉女白）領命（慢板）（文公唱）睜開眼。我嚟細看他。睇見無限魚蝦。你睇的大鯨魚。與的鎮沙。噎也又有石斑。呢又有高花。最大鱷魚公。與共鱷魚乸。眞正係恆河沙數。睇到令我兩目。花花。打打打。我又打開榜文。在壇台・嚟高掛。（二段）你地魚族中。不論大大小小。老老細細。都要肅靜）勿喧嘩。想本官奉旨。來頒賞賜。單向你鱷魚。嚟訓話。你在中國嘅沿岸。係傷殘我百姓。屢次作惡。嚟行差。須知你。子子孫孫遠祖遠宗。未嘗有領皇。嘅教化。所以皇下詔。山川河峽。都難藏你種。七洲洋裏是你。爲家。（三段）皇姑念吓你。係水族嘅無知。法外施恩賜你地饅頭三十萬個。共猪羊。牛馬。我限定你居處。南洋羣島內。上至星洲一帶。下至加喇巴。（南音）皇詔宣傳罷。供奉寶燭呢與香花。所以你地宰牛重兼殺馬。等佢食飽去遠方扒。從今痛改個的強蠻霸。勿傷人類。祇食魚蝦。況且中國之人。又味淡太寡。（四段）個的黑種人嘅味道（二王）眞正越發。係香牙。重較爲。易消化。（快二流）我指導都已完。你鱷魚要速往而之他。唳唳。颯時一陣。個的波濤又怒吒。狂風號動。你睇雷雨交加。吽左右。快與爺下台騎馬。從此除暴安良。我都事畢回衙。

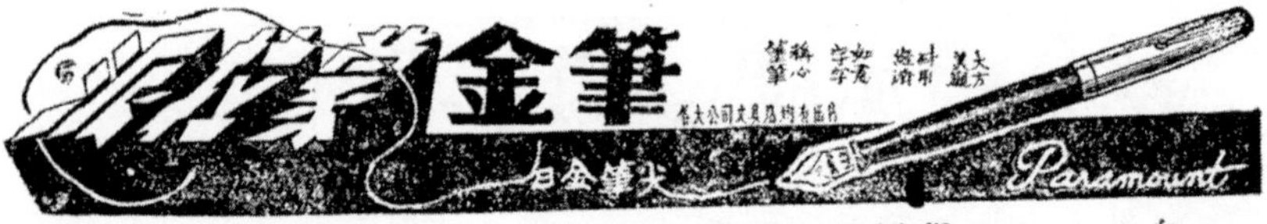

127. 嫣然一笑

薛覺先 上海妹 合唱

（頭段）（張少萍寒關月新曲譜唱）寒關月。征人血・金簇壺空寶刀缺。英雄傷創始光榮。滅盡仇讎恥方雪。（念白）銀海無光血染鮮。壯士從來不受憐。千萬頭顱還一箭。死亦光榮在九泉也。（滾花）斬將搴旗不幸飛來冷箭（軍校白）稟上元帥有周燕菲到來求見元戎一面（少萍白）周燕菲到營前（白欖）心又喜。我嘅心又酸。心事轆轤幾變遷。見難不見難。相見亦怕相見。佢若知道我殘廢咗。一定令佢腸先斷。惟有強振起精神。相思人見相思面。相思面。（燕菲白欖）君你情太短（重句）一別歸期遠。望到凱歌旋。秋水望穿人不見。人喜征人歸。奴把征人怨。我把征人怨。（二段）（少萍花下句）妹呀恕我匆匆戎馬未暇到妹粧前。深感嬌你風露不嫌把征人眷眷（燕菲二王下句）今日遭人奚落眞係錯作纏綿。若你凱奏榮歸甯識雕樑雙燕。（少萍二王下甯）所謂情壇風月都經已盡付雲烟。兒女癡情付與山河壯念。人如木石惟作微笑花前。至有色笑無歡溫聲減欠。（三段）（燕菲二王句）君你征袍未解難怪帶有將帥威嚴。當此紅豆春生應念相思萬點。（少萍花上句）傷痕苦痛陣陣熬煎。何忍以殘廢之軀在嬌前顯現。儘憑薄倖把嬌佢幸福保全。辣手忍心強作絕情手段。（燕菲口古）點解你忽露鄙夷顏色莫非志變情遷・奴有萬結情絲任你剛刀難斷。（少萍中板下句）心比寒灰夢偎閨。禪機不管花朋豔。寧從父命棄前緣。瘦影寒鴉何足戀。自有瓊簫伴彩鸞。意決一言煩步轉。（四段）（燕非新腔反線中板下句）問君曾否念從前。共對月華談愛願。共祝人天月共圓。馬上鴛盟成鐵券。我地期約踐就係凱歌旋。秋風未老捐紈扇。哥呀畢竟誰個負心先。（花高句）今日既見絕于人更何堪留戀。（少萍滾花）癡心萬種又向誰言。又怕薄倖名存是非難辯。此後眞情一點惟知我者是蒼天。

128. 胡不歸慰妻

薛覺先 上海妹 合唱

（頭段）（生唱）情惆悵。意凄涼。枕冷鴛鴦憐錦帳。巫雲鎖斷翡翠衾寒。燕不雙。心愁愴。偸渡銀河來探望。強違慈命倍驚惶。爲問玉人病狀。（白）妻呀。（旦唱白欖）心又喜。心又慌。何幸今宵會我郎。會我郎。（生唱）心又喜。我心又安。話嬌你曾否復安康。復安康。（旦唱滾花）唉我又怕郎縱情長。妾命不長。（生唱二王）唉我苦衷滿懷。何幸得嬌妻。你見諒。（唱旦）斷不敢怨郎情薄。我亦知你母命。難忘。（二段）祇怨惡病相纏。唉我都未能。無恙。（生唱）相對凄涼。相看神愴。嬌呀你梨窩淺笑。試問今何往。春山愁銷。淚偸藏。花好遍逢。風雨放。苦命妻逢。我呢個苦命郎。恩愛難求。我個位慈母諒。惟有低聲偸怨。怨一句天意。茫茫。（旦唱）但願留得青春。再續情絲。千丈。（三段）郎你倚閭有母。何堪令佢盼望。更長。夜雨嚇人。郎你要早歸。爲倘。（生唱中板）忍聽鵑聲啼怨。呢個病婦凄涼。又恐怕事洩親娘。更多不諒。唉因爲孝親爲重。無計惜玉與憐香。（滾花）惟有先令佢安眠。然後靜囘家往。（旦唱）夫呀寂寥奴已慣。你勿愁我不安。又怕事洩婆婆。令我更多罪狀。（四段）妻呀你種堪憐嘅病態。應早休養在牙床。我當陪坐床前。重爲妻你垂羅帳。（旦唱）我又何忍令郎獨坐。自去夢入黃梁。你既係不怕歸遲。正好一話別來情況。（生唱士工慢板）話遍多。一定情更苦。縱多心事。自有來日。方長。待我展香衾。更爲你陳綉枕。嬌呀你安眠。毋讓。（旦唱滾花）惟有輕衾強就。以慰夫呀你情長。

129. 西施之驛館憐香

薛覺先 上海妹 合唱

（頭段）（西施白）苦呀。（范蠡口古）嬌呀你病狀如何個心係唔係痛得好要緊呀。（西施口古）自你而家嚟左我又唔痛咯。我好想起吓身睹。（范口古）宮人快扶貴人起身。要小心謹愼。（西施口古）我唔。我要你扶我至起。我唔中意親近的宮人。（范白）呀。（花下句）呢個復國佳人。我本不應縱情相困。惟是睇佢個種愁眉弱態。又豈能失佢歡心。嬌你勿發嬌嗔。待我把你香肩扶穩。（西施白欖）倦沉沉。（雙句）強步曳羅裙。曳羅裙。（范白欖）西風緊（雙句）翠袖恐寒侵。恐寒侵（西施芙蓉腔下句）君能送暖。那怕晚風頻。（范上句）願嬌玉體早安。承此大任。（西施下句）奴願遲遲不愈。等你進獻無能。（范慢中板）病美人。恰似雨中花。多是香殘。粉褪。你捧芳心。顰翠黛反覺肯豔。橫生。豔海中。一笑傾城已見當年。金粉。你呢種捧心病態。何難一繫傾國。何用以病。遲行。我越王。社稷有靈得此美人。有幸。（二段）（西施中板下句）自憐遲暮。暗傷神。生怕薄命。綠脂粉。知否捧心病態。為誰颦。忍將越色。吳宮嬪。風流自誤。又誰人。（花高句）將絕色讓他人•君呀你何太忍。（范蠡花唱）我雖係憐香有意。未敢浪肆情心。為惜憔悴芳馨。進玄霜藥飲。（西施二王下句）病裏光陰。斷磨耳鬢。又怕香消玉殞報國。無能。碧海青天。長埋。幽恨。（三段）（范蠡二王下句）語酸辛。情黯黯。藥爐紅粉憂國孤臣。春去天涯風雨困。又怕綠章難奏紅雨。香塵。午夜銀燈。春橫綉錦。（流水南音）萬里山河萬里心。香車遠送淒涼甚。為復山河誤玉人。凄切芳心。殊可憫。（二王下句）辛酸熱淚。酒向。羅衾。（滾花）為祝嬌花長存春韻。（西施花下句）縱有人間妙藥。難治我心上愁痕。（四段）（西施滾花）解此萬結愁心。惟若你能勝此任。（范蠡口古）若能令嬌早日安痊就國家有幸。（西施口古）我個病好與唔好盡在君你一身。（范蠡口古）若有妙藥能醫我點艱難都去搵。（西施口古）心病還需心藥君自有醫我之能。（范蠡花下句）恕我國仇家難未敢解受美人恩。國主羈囚。生靈苦困。縱有相思萬種都要暫付烟雲。我非不解憐香無奈身膺重任。（西施花下句）愛非所愛。他日我更何堪。許國以身。何妨以心為贈。且把吳宮冷月。照向越國忠臣。若果生覺無聊。不若死消怨憾。（范蠡花下）句為情為國。未敢有負釵裙。嬌呀憂能傷人。切勿再作斷腸悲感。（西施花下句）你知我腰圍減瘦就不應冷落鴛盟。水遠山長君呀勿負眼前衾枕。（古蠡花下句）海棠低護何妨暫乞春陰。信有前緣我亦多情不禁。為慚衾影滅此冷笑銀燈。

130. 醉打金枝

月兒
胡美倫 合唱

（頭段）（生中板唱）唉我娶老婆。正係好衰唔衰娶着皇帝個一個衰女。呢最可恨。佢週時恃勢不理夫唱婦隨。我今晚夜。惟有借酒行兇將佢教訓。幾句。振夫綱。免至親朋恥笑話我大隻。纍纍。（左撇花高句）唉吔吔我腳步浮浮。一于整色水（轉三醉）我就至飲多幾杯。我都未曾醉。我入到閨中將佢推一推呀。喂你困乜咁早就瞓。你又咁鬼衰你又咁鬼衰。真係令人怕怕郎陣除。（接花下句）唉吔㗎乜人地出酒你出命。你飲親都咁衰。（生怒連還西皮唱）唉吔吔唉吔吔你個衰神共我呀。作對。（作嘔酒聲介）。（二段）（旦插白）唉吔該死咯你。重嘔添呀。（生花下句）唉吔吔令我怒氣如雷•（旦怒唱戲妲己）㗎瘟呀。㗎衰呀。你時時飲親都大醉。你都大醉（生怒白）混賬我都醉（一槌）混帳我醉（一槌）（旦唱）唉吔唉吔乜你將我㩒亂推亞（生怒白）推你又點呀。（旦怒白）我㗎（一槌）（半截二王）你飲埋。的屎水。就將我。亂推。（生接唱）噎吔你眞唔。識趣。我舂你幾槌。（打介一槌）（旦叫白）衰鬼。（一才）（生再打介）衰呀嗱。（一才）（旦怒哭起口古）唉吔吔你眞係胆大包天敢打我呢個皇帝女。（生怒口古）乞痴。我將你煎皮剝肉當你係桂林鎚。（旦哭口古）你任性妄為你都唔知罪。（生怒笑白）哈哈我拳頭在近更打多幾槌。（旦二王唱）你你你。你借酒行兇。亂打無為打到我皮開。骨碎。（生插白）我同你鬆骨呀嗎。（旦唱）你隻死災瘟。（生插白）死呀嗱。（旦唱）你個衰鬼豆。（生插白）衰呀嗱。（旦唱）牛精騸馬。今晚一定遇着。鬼追。（生白）追你個魂頭亞追。（旦唱）嫁着咁嘅老公試問有乜人生。樂趣。（生插白）好失禮你呀。（三段）（旦唱）一日都係父皇失察將我雍落。坑渠（苦喉拉腔哭介）（生龍舟唱）喂喂你都唔好

PARAMOUNT

派拉蒙金筆

白金筆尖

久負盛名

耐用美觀

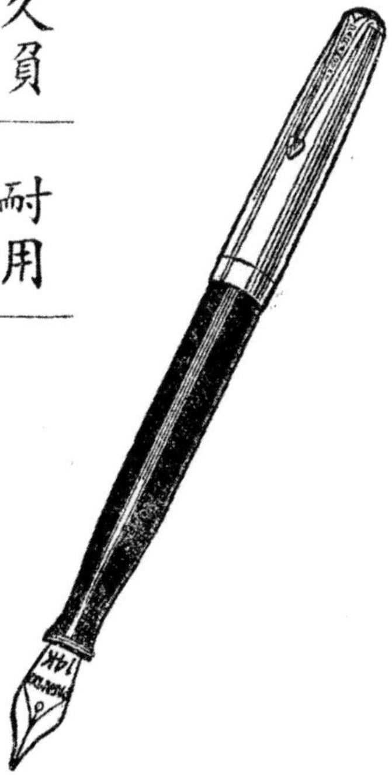

字字如意

筆筆稱心

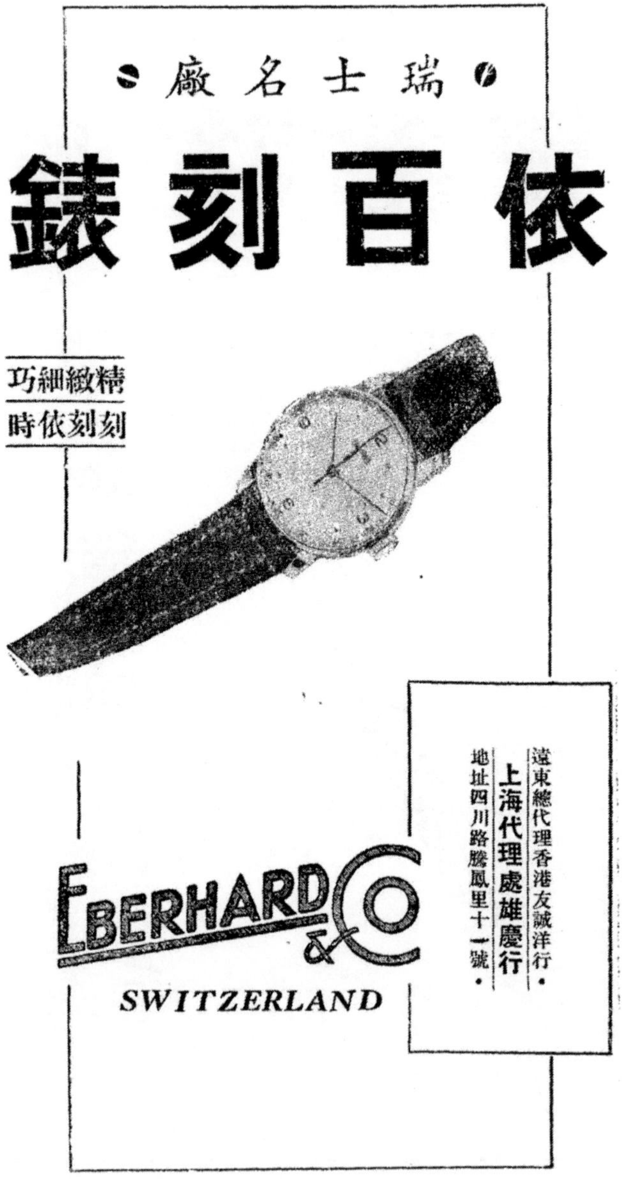
瑞士名廠
依百刻錶
精緻細巧
刻刻依時
EBERHARD & CO
SWITZERLAND
遠東總代理香港友誠洋行・
上海代理處雄慶行
地址四川路騰鳳里十一號・

喊。（旦哭聲白）啱你又打我又打我。（生唱）想吓你幾衰。（旦怒插白）我話你至衰你至衰。（生白）重話我（生唱）我實在忍無可忍咯至趙你幾槌。（旦插白）打死佢嚟打死佢嚟。（生白）又唔駛話打死佢呀（生唱）自你入我門一味恃住皇帝女嚡。（旦插白）係定喇。係定喇。（生白）係定喇呀（生唱）個的家庭嘅禮教你都一概唔拘。（旦插白）點唔拘法㗎。（生怒白）睇你呀（小曲旱天雷）不理係乜誰嘩嘩總要爭把咀啱樣。眞正係嚟人人都怕左你陣除。人人都怕左你你你就唔當同人類。嘩嘩你就連我啱猛俾你亦影衰嚟衰。唉吔係呀你眞你眞連我都陀埋衰喇人（生唱）點解人話你喝冤冤氣氣冇技冇能冇仁冇義一無所事你都話乜誰（轉龍舟）況且我係玉葉金枝唔通共你重唔登對。（生插白）亞能補鞋咯你。（旦唱）我父係當今皇帝嚡你都蘊居居。（四段）（生白）唔講話你老豆做皇帝我算你做皇帝。（生接唱）唉吔總之你係我老婆就要守我規矩。（插白）噉就任你打咯嚡。（生白）又唔係話任得我打（生唱）我最憎你丟裔扯擰不識夫唱婦隨。（旦插白）同你替死呀。（生轉中板）呢呢最可恨。我叫你定省翁姑朝晚你都冇時。肯去。（旦插白）唔去又點亞。（生唱）俾你嚡到我俾人恥笑誚我怕老婆話我第一。衰頹。（旦白）你唔抵俾人誚咩。（生怒白）唉吔吔你重想打吓添嚡（花唱）你不知痛改前非。重啱胆大嚟應我咀。（旦唱）唉吔我告俾公公知到。（生白）點呀。睇住你就衰。（生白）我都未衰過。（旦唱）我立刻奏上我地父王個陣你就知死罪亞你。（白）跟住嚟嚡你。（生唱）驚你呀我任你走去冇當公個度。我亦都要追。

131. 殘夢

月兒獨唱

（頭段）（士工滾花）殘夢依稀蝶夢無憑。是眞還是夢。說是夢。竟無憑。無憑。（重句）都是一場空。（反線中板）宵來夢。流連忘返。誤入那桃源之洞。（士）曲譜詠霓裳。流水聲聲送。幾疑是廣寒宮。又怎知。國色遐逢。忽然飛來一隻彩鳳。眼前甫一現。雲烟散處。轉瞬只有霧迷空。怪石嶙嶙。（轉二王）雲樹蒼蒼。只剩寒風相送。迷離撲朔。依稀猶聞。遠處傳來。環佩叮咚。欲覓見人何處。數片桃花逐水流。流向天涯。再播相思之種。（二段）檢拾遺骸靈心動。何如放縱。追逐零絮尋蹤。（快乙凡南音）追入叢林有座鴛鴦塚。這是誰人葬蘢中。莫非你生前防作雙飛鳳．死後變成一對可憐蟲。自哭如今也是情痴種。與你風流薄命同。（轉二王）凄絕間。雖知更有淒涼鵑聲。把人意動。（士工線士字序）聲聲喚我。不如歸去「不如歸去。啼到幽香零落。怎變了兔跡狐蹤。（滾花）冷汗淋漓。醒來卻是一場春夢。果是夢。何去太怱怱。

132. 上林苑題詩

月兒唱

（頭段）（首板）御林軍與孤皇。上林院往。（中板）與丞相。慱御院遊玩。一番。（慢板）幸喜得。道幾載。民安物阜。可算太平。有衆（二段）那風調。和雨順。國泰。民安。昨日裏。皇甫國舅。在於金鑾。奏上。他說道。當朝宰相。是個女扮。男裝。孤欲想。要把他。仙女。來訪。來到了。百花亭。下了。龍鞍。（白）曖吔好。這首詩詞。果然字字珠璣。眞令皇喜悅他。（三段）（嘆板）我見詩詞不由孤。心精神爽。丞相你。才高八斗。眞果世下無雙。（中板）手挽着丞相。來觀看。你來桃紅柳綠。鬧春光。你看楊柳多情。心一樣（介）我單思丞相。要病爲皇。（白）君臣們在此題詩。不得高慶。不若擺了酒宴與卿家一醉。內臣擺酒。（二王）君臣們。在天香。心中。歡暢。（四段）又與着。麗明堂。共讌。瓊漿。昨日裏。往上林。題詩伴駕眞果是有勢。宰相。况且你。天生麗質。貌勝。潘安。又喜得。宰相你。才高。學廣。眞果是。琴棋詩畫。件件。高強（二流）耳邊廂。又聽鼓打二响。我與卿同睡。在天香。

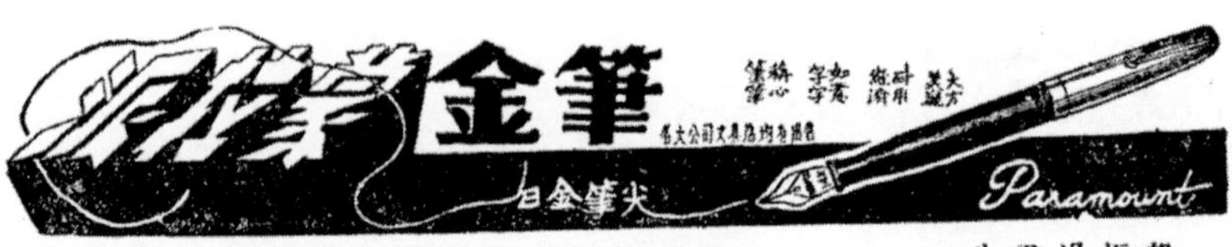

133. 情淚種情花

徐柳仙唱

（頭段）（賽龍奪錦）男兒爲國家。離心兩地掛。夢也。夢也。夢也可憐夢也。見他。見他。見他空是見他。唉淚眼昏花。（重句）若醉非醉若醉非醉喚他叫他。嬌不應燈光下。嘆寂寞耳畔聞胡笳。傷心傷心聽胡笳。故鄉共此關山月塞外戰士又思家。（連環西皮）心思家。心思家。念煞嬌娃。念煞嬌娃。地北天南。徒教念他。噎吔吔月邇人遐。（龍舟）回憶分別日。你有若帶雨梨花。眼前珠淚。洒向手上琵琶。佢話無可奈何。君去也。若把匈奴殲滅。你便好歸家。講到咽不成聲。淚濕紅羅帕。唉淚濕紅羅帕。（二王）眞個是離人情緒。心亂。如蔴。虧我肝胆嘅英雄。也被情。軟化。（二段）我地洒將情淚。嚟種。情花。若得花放合歡呢。個情天。都係假咋。休使無情風雨。摧折。的根芽。（中板）凄絕唱。難捨難離。早知到想思。可怕。黯銷魂。一聲珍重。從此我憔悴。憐他。嘆分飛。悔覓封侯。唉我半生。戎馬。（西皮下句序）噎吔我心都念他。怎還家。（唱）劇可憐。居塞外。心在。京華。呀呀呀呀呀淚落如蔴。（三段）（二流）愁帶淚搔首問天。獨自徘徊月下。在遼邊枕戈待命。未知何日奏凱還家。我地妹妹棲霞。相信也是瘦腰盈把（白）唉別恨短長隄柳線。離愁滋味比梅酸呀。（楊翠喜）獨嗟獨嘆恨偏加。岑寂渡韶華。怨煞絕塞夜長憑誰話。絕塞夜長憑誰話。聽蟲聲悲悲切切切切悲。惹出珠淚撫鬢不寐。爲伴有誰念煞他相思棋怕。常念玉人更覺萬縷情緒亂如蔴。關山關山明月下。關山關山明月下。千里離人共牽掛。休再教夢棲霞。噎吔妹妹呀。離中應記兩家。香閨裏共盟這些話。且待玉郎罷戰回我共你長護那合呀合歡花。（二王）花如長好。我亦能夠終伴棲霞。（序）依戀渡韶華。（四段）（唱）他日韶事如仙。說不盡風流。佳話。（序）春風有紅杏嫁。（唱）得諧伉儷。我個陣春美。如花。（序）情事最堪誇。（唱）祇怕恨隔關山。妹呀你把恩情。丟罷。（序）眞正係此心難放下。（唱）又怕佢爲郎憔悴。長日寄遠。琵琶。（序）咬碎了銀牙。（芙蓉腔中板）記得臨別牽衣。致囑個段衷情話。勸我前途奮鬥。才可以對棲霞。話擬心願作。願作征人馬。死死生生。也伴他。嬌呀你情義。感人。（滾花）使我心無那。等待種得花成結得就。我一定爲謀銀屋貯嬌娃。

134. 紫㛋留恨（吳一嘯撰曲）

徐柳仙唱

（頭段）（白）消息斷腸憐薄命。尋收豔骨慰心癡呀。（彈燭花二段）聽消息。心驚碎。聽消息。心驚碎。最堪嗟。喪娥媚。此恨綿綿無絕期。（合尺滚花）驚噩耗。恍如迷。肝腸斷矣。美人尸。無處覓。惘惘何之。驀見了。斷崖前。唉不覺魂飛。萬里。（哭想思）哪呀呀哪呀呀。唉罷了我地兩個妹妹呀。（滚花）誰堪目覩。此雙尸。（恨塡胸）惜惜惜分飛。惜惜惜分飛。（白欖）生相思。死別離。恨罡風。摧連理。（唱）悲莫悲。憶憶憶依稀。憶憶憶依稀。(白欖)姊妹花。愛畫眉。博嬌歡。情旖旎。(唱)效于飛。（轉戲妲己）多嬌媚。多嬌媚。我暮暮朝朝親二美。因猜忌。因猜忌你對對雙雙都斷氣。(滚花)噎吔吔我都難。難捨你。（拉腔轉反線慢板下句）我哭雙姝。天愁地慘。草木。同悲。（二段）千金軀。橫山下。芳草腥紅。我又淚流。遍地。表哀思。靑山紅谷。有我痛惜。芳菲。低聲呼。輕聲喚。妹你應我不曾。唉郎心。已碎。思想起。多情姊妹。可算今古。都稀。方寸間。憶舊誓共死同生。不久我亦追隨。哎嬌你。唉怎捨得。一坯黃土。葬你玉骨。冰肌。（轉反線中板芙蓉）凄絕夢遺。與我堪一比。恨煞罡風無故。折寒梨。姑嫂殉情。爲酬眞知己。風流凄豔。古來稀。（三段）不想你姊妹也效前人。我亦冷了英雄氣。恨不若江南名士。（轉二王）詩吊。娥眉。（下西岐）却恨情情太癡。郎心心太癡。廢公私。偸來悼故知。念情義。嘆情緣盡矣。恨如何。嘆情緣盡矣。恨如何。淚絲絲。流不住。生者固然酷相思。死者定也苦相思。唉空教前生繫赤絲。（轉西皮下句）悵前歡。有若夢。唉終作。鰥魚。將見土一坯。埋雙豔。今後塵天隔矣。（滚花下句）噎吔吔我都捨難。呢一對可人兒。（二王）昔日談心有玉梨。昔日談情有玉姬。玉姬玉姬。玉梨玉梨。眞令我死生。都懷記。今日談情那有玉姬。今日談心那有玉梨。玉梨玉梨。玉姬玉姬。祇剩得塵影。依稀。(四段)眼昏花。淚淋漓。但見血肉糢糊。與其殘肢。斷臂。誰個惜征人。爲你形消骨立。又哭到意亂。神疲。今後隔絕塵天。姝妹呀你芳魂。何寄。唉名花萎折。算是。天機。（龍舟）哭一句玉梨妹妹。又哭一句妹妹罷玉姬。唉你爲情而死。致有共我中道分離。哎今世無緣。共嬌你諧連理。且待來生再效。燕雙飛。淚滴紫坭。坭一片傷心地。唉傷心地。（二王）不過桐棺三尺。咁就葬。娥眉。（白）唉惆悵荒山。憑吊盡。低徊正是。我斷腸時係咯。

135. 香魂何處

張蕙芳唱

（頭段）（念白）香魂渺渺難相會。簫是鳳凰祇獨吹。（士工滚花）鮫綃上。染桃紅。舊漬還添新血淚。（新譜胡姬怨）。痴癡似醉唉思悼名花心宛碎。癡癡似醉思悼名花心宛碎。淚飄飄慰解呀憑誰。愁默默共枕呀和誰。唉多嬌忍獨去（轉中板）我悼香魂。影形俱瘦。長日祇有愁恨。相隨。今後隔雲天。都欲見無由。一課情心。已經片片碎咯。唉桃花人面已相違。重來崔護。不堪憑吊故人居。枉斷腸。莫測天心。唉究竟玉人何罪。（二段）（清唱）忍令名花一朵陷落溝渠（流水南音）瘦腰郎自。添愁悴。（乙凡）唉此後巫山雲雨。枉躊躇。昔日恩情。今逝水。紅泥深葬。玉人軀。有恨待教。長日醉。又空使狂流淚。唉。我欲追隨卿死。永伴。仙闕。（轉昭君怨）眞堪怨。眞堪恨。妹死我又生各獨居。鴛衾繡枕却和誰。唉吔令我懷舊侶。思舊侶。（拉腔收掘白）唉。愁死愁生。如癡如醉。強睜倦眼看衿頭。却是酒痕和血淚呀。（小曲楊翠喜）獨嗟獨怨暗唏噓。難續舊情緣。落盡懷人淚。（三段）落盡懷人淚。唉鴛鴦遭刧各自嘆分飛。眼底中心間內愁怨重長問怎軀。孤燈空對。長夜悼娥眉。怕見綠楊垂。天也天也何降罪。天也天也何降罪。唉災降玉人令我心碎。唉今生不相逢唉妹妹呀人間天上各自嘆分飛。那得雙雙同若彼。眞箇斷人腸欲見惟夢裏。暗暗唏噓。（食廬字轉下句）（二王）寒問暖。唉吔吔更有伊誰。嘆名花。今萎折。（四段）悽絕人間。少却一個風塵。伴侶。合歡人記合歡情。每對濠江風月。唉猶憶夜並。香車。昔爲盟。今赴約。滿想金屋藏嬌。永作寃禽。相聚。豈料玉人天奪魄。何期一別。鴛侶。成虛。（轉打攝街）恨煞嬌獨去。痛哭知爲誰。傷心淚將竭。嚏吔憂來怨又隨。（滾花）生相思。死亦相思。我還嬌千點點淚。敢問心間煩惱。何日消除。

136. 拗碎靈芝

胡文森撰曲

桂名揚 紫羅蘭 合唱

（頭段）（旦餓馬搖鈴）悲聲呀叫愛弟。今番呀中計。老父正昏迷。讒人弄計。至有分別袂。臨別不禁傷心出涕。（生接）家姐呀你棄孤弟。一朝呀永訣。以後各東西。悲涕。悲涕呀繼母太胡爲。縱威。（同哭相思）哪呀呀哪呀呀。罷了家姐弟弟呀。（生滾花）究竟佢如何挑撥。你都要細說端倪。（旦唱）（乙反流水南音）當日花下題詩。我悲身世。未知誰人唱和。韻清淒。繼母進讒。話我私通男仔。父兮不察。我就苦悲啼。（生唱）我想繼母不良。早擬安排毒計。你把是非明辯。（乙反二王）使佢無所。施爲。（旦乙反中板）因爲父失姬人。不歡慰。我若表明眞相。一定遭父棄遺。（二段）爲保骨肉恩情。令父心內翳。我甯願犧性自己。不愿父悲啼。（生昭君怨）家姐呀你。深知孝悌。在理要力勸親歸正軌。無虧（旦接）爹爹呀寸心。也遭花迷。話我無禮。枉用計恐怕重更弊。（生接）難道你甯犧自騎睇。又令我失依任孤危。憑誰代拮攜。避免危。（旦接）無謂咁悲涕。無謂咁悲涕。賢弟還注意呀聽規。（生白）也嘢呢家姐。（旦唱）（乙反龍舟）須要知孝悌。守家規。咪話爹爹無理。你就任意抗違。繼母雖係不良。你都要勉強推抵。或者憑點孝義。可感化到佢從規。（生接）謹奉訓言。我已深明一切。我亦粗知詩禮。（士工慢板）斷冇不孝行爲。（三段）（旦中板）呢陣重有嘢。你束髮授書。究竟年齡。尙細。須記住。每日書窗課能。你要及早。回歸。晨與昏。定省慈懷。毋疏。此禮「講到求學問。又要承師訓。恪守。學規。（生唱）（担梯望月）謹承規。守義禮。舉成例。當自制、（旦接）還愛分陰休浪費。（生接）牢記於心不忘背違。（中板）姐你不用爲吾。心繫。（旦接）重要勤向學。他日鰲頭獨佔。個陣你步上。雲梯。（生接）倘或邀天幸。衣錦還鄉。我就不忘。姐你勉勵。就算我身尊榮。你未得共同富貴。未免心內。慘悽。（四段）（旦白欖）若果你得志歸來。要把我宿寃洗。你能符我望。便是對我無虧。（生白欖）相見只有今天。不久就要長分袂。你重有無言語。請你吩咐齊。（旦唱二王）曾記當年。慈親。棄世。又把靈芝遺下。叫我切莫。忘遺。謹遞靈芝。交還。幼弟。（生接）一見靈芝尙在。如見。我慈幃。（滾花）唉我觸景思親。又不忍見你歸泉世。（二王下句）不若把靈芝拗碎。分別。收攜。(旦接)我半帶去陰曹。交與母親。一睇。（生接）半留爲紀念。我地相隔。雲坭。（旦接）唉我死別生離。（生接）忍不住悲傷。流涕（拉腔）（旦唱）（滾花）此後惟有逢相夢裏。（生收）又怕夢境凄迷。

137. 鶯艷

桂名揚唱

（頭段）（詩白）翕然絕色當前現。疑是嫦娥落九天。（上雲梯）眞係見所我未見。佢半發香肩。軟如綿。偏又偏。一邊鳳眼蛾眉現。芙蓉臉。多嬌豔。但得一親香澤却病延年。那個坐懷能不亂。眞係見所我未見。（的的河調慢板）呢佢行一步。眞係何人憐。佢觧舞嬌姿腰又軟那呀。我眼花撩亂呀。口難言。三魂七魂飛上。半天那呀。（中板）最銷魂。梨渦淺。櫻桃口。軟紅鮮。（南音）重有嚦嚦鶯聲花外囀。默默含情把心事傳。（二段）（鳳凰台）唉佢轉一轉我頭昏却又軟。唉吔點算。都不見了美人面。尤令我越更奄唉。囉囉攣佢想跟佢入個邊。與嬌得相見。恩愛兩情願。誰人將線牽。天台會眞仙。（的的二王）呢神仙歸洞天。佩環聲漸遠。但聞鳥鵲喧。門掩了梨花。深院。東飛搖曳垂楊線。游絲牽惹桃花片。有幾個意馬。心猿。我望將穿。涎空嚥•惟望菩薩慈悲•你要廣行。方便呀。（轉滾花）若非佢小姐心有靈犀通一點。難免我相思透骨病魔纏哪呀。

138. 後母心

新月兒
譚伯葉 合唱

（頭段）（丑怒白）（冲頭）死喇死仔走嚟。（生白）噎吔唔關我事亞媽。唔關我事。唔好打我呀。唔好打我呀。（丑怒白）呢輸蛋家婆打仔你飛上灘。（生哭白）唔關我呀媽。（丑怒白）唔關你事吖哪。（生白 噎吔噎吔噎吔（（丑怒白）學是學非死仔。（生白）噎吔唔好打我呀。（龍頭鳳尾）（丑唱）你胆包天呀•你胆包天呀。話我心偏。話我心偏。要將你。皮煎•（生唱）（歎板）噎吔吔吔吔我都要忍痛明言。（丑白）講喇死仔。（生唱）（小曲趴馬搖鈴）唉求媽你慢求處斷咯。施恩哀憐。唉况且你講到話是非喇的確我未曾言。總盼望盼望明見。跪懇媽媽前呀。（追信排子）（丑唱）嘘你人細多端。更兼尖喇。成肚詭計在伯爺面前。（二王快慢板）你又將老娘。（白）吓咁抵死係嗎你。（唱）暗算。（白）學是學非。（唱）將的是非嚟顛倒。眞係無法。係無天。纔過床頭都係老母喇嗎死仔。（唱）我俾你着蘆花。都乃係好心。一片。（生白）唉我知到你愛護我嘅亞媽。（丑唱）因謂又輕又軟。更兼重可以。慳錢。（生白）我有學是學非。求你原諒我喇。（丑唱）點知老鬼嘅心腸。都俾你當堂。攪轉。（白）吓舊時你老豆都有咁衰嘅。（唱）話我親生嘅兒女。就穿着。嘅絲棉。（白）咁我而家好刻薄你咯噃係嗎。（二段）（丑唱）今日被趕出門。我定要籐鞭。都打斷。（生白）噎吔吔吔（丑白）死咯你。你咁衰死存。（生白）噎吔吔吔（丑唱滾花）今日將老娘嚟趕絕。吓死仔你都要望吓喇個靑天。（生白）噎吔亞媽呀。（哭相思）哪呀。哪呀呀。唉罷了罷了我地媽媽呀。（生唱二王）等到把眞情表白。我就雖死咯。亦心甘（丑白）有乜野講。快的講咯噃。（生唱南音）因爲棉衲用到蘆花。必定唔襟暖。（丑白）冷死你咯噃咁就。（生唱）點想當時又適值係雪地冰天。唉我着蘆花去推車。冷到我神色變。（小曲楊翠喜）敢亞爹見孩兒就身穿衣衫厚鋪棉。佢不知咁齣尖。要將衫剪穿。又查驗過一遍。唉見非絲綿。（丑唱）睇天喇而家嚇趕我爲你多端。冤枉我話條心偏。吱你害人害到係咁該劏。（三段）（丑唱）

(三脚櫈)你喺老鬼嘅面前。重詐作件衫唔夠暖。等佢條心都轉哂咯。嘘大還威權。(生唱)哎我實在冇此心。(丑白)重話冇。(生唱)唉不過難遮掩嘅咋。(丑唱)呢係唔係都好喇。你重何用。咁多言。(生唱)(乙反中板)唉母在一子寒。母去三子單。曾把亞爹。嚟苦勸。(丑白)係呀。(生唱)佢都無非係。係一時嘅火性咋。實在恩義。猶存。我心知。侍奉無方呢。累到家庭。大變。我又望親娘。將兒恕過。敢就盡釋。前嫌。(丑唱)噫我聽佢言來。不覺良心發現。將佢時時咁刻薄。令我羞愧難言。佢係無母嘅孩兒。已經有人打點。難得佢生成孝義。(二王)自問太過。心偏。(丑白)哎乖存。(生唱)我伏望亞媽。唔好終日含愁。抱怨。

(四段)若果家門和順。一定福壽。重添。(丑唱正線二王)仔呀此後你娘。都話過心肝。嚟改變咯。斷冇將兒你刻薄。學式往日。咁無緣。(插白)起身喇乖仔。(生唱)唉我難得我地親心。至被媽媽。你討厭。(丑白)我唔討厭你。(生唱)今日成人長大。都係託賴。昔前。(白)我都係託賴你啫亞媽。(丑唱)想我往日個的糊塗。的確係心存。陰險。幸得孩兒你孝義。使我感動。無邊。(生白)亞媽你好就眞嘅。(唱)我地母子如初。此後無愁。無怨。(丑唱)但願闔家和好呢。大家不記。從前。(生唱)我地歡笑一堂。(丑唱)係囉你更加。要自勉。(生唱滾花)眞正家門有幸。(丑唱)係呢我都要答謝我地的祖先。

139. 蘆花淚

新月兒 笭月 合唱

(頭段)(生唱士工滾花)喂妻呀我勸你唔好咁心偏。成日都痛哂個親生仔。(旦白)咁仔都唔痛咯噃。(生唱)哦咁乜你把個大姨仔嚟刻薄。呢有係乜野嘅所爲。(旦白)唉我話你成個都懵個咯。(生唱連環西皮)唉嬌妻呀。(重句)望你從今勿亂嚟。憐惜吓個仔。(旦唱)噫吔你快的聽住嚟。(二王)佢的咁嘅性情若果重唔教呢。恐怕將來。(生白)將來序點亞。(旦唱)越學越弊。(生序)我唔係懵閉閉。(旦唱)佢居然攪到偸錢。重學得。咁曳。(生序)喂你唔好亂噏無遺。(轉流水南音)講到偸錢呢層。係一個反比例。完全係你個仔。立心太虧。(旦唱)你成日都唔在家。唔知底細。(生白)至好唔知。(旦唱)我當堂搜到咯。點(轉二王)圖賴。得嚟。(生唱中板)喂喂你都不應。唔俾錢佢買點心。日日把佢嚟。抵制。(旦白)你話都唔好話亞。(生唱)就所以我。淨淨地俾的錢過佢。叫佢就隻字。都不可提。(旦白)咁你就夠偏心喇。(二段)(生唱)點知阿大蘇。佢生性過頭。把的錢糙理。就唔捨得駛。(旦白)唔好話佢偸嘅。(生唱)哎後至你。思疑佢偸錢。你就嚟把佢。把佢難爲。(旦白)我教吓佢啫嗎。(生唱)唉你打到佢。遍體都鱗傷。你都太過忍心。哎你忍心得滯。(旦三脚櫈)講的說話。你唔通俾鬼迷。佢共人打交啫。打傷個身體咋。唔啱死左都賴我嚀。樣樣都把我爲題。你係唔係找晦氣呀。點嚟都無所爲。(白)嚟嚀嚟嚀我同你拚過命。(生娛樂昇平)哎你咪嘈嘈閉。癲定廢。(重句)乜野無原無故登威。賢妻。還須的火氣放低。無爲無嚟大衆吧閉。(旦唱)聽你的言語傷心肺。你寃枉入令我心翳。(生唱士工慢板下句)哎望賢妻。你平心靜氣。聽我把的說話。相規。(轉士工反線中板)我而家。把的是非嚟講明。你唔駛嬲到面如。好似個鑊底。(旦白)唔嬲就假嘅。(生唱)喂喂阿大蘇。雖然唔係你同腸嘅啫。亦都應該把佢。把佢提攜。(旦白)咁而家唔理佢咩。(三段)(生唱)咁你因何。一個食暖衣。呢咁就身嬌。身嬌肉貴。(旦白)細蘇聽話呀。(生唱)呢一個。要捱飢抵餓。哎眞係重慘過。地底坭。（卽轉正線二王）喂。你唔睇生人。都要望吓個神龕。個隻死鬼。（旦白攬）講起個隻衰仔。無人有佢咁曳。掛名嚟讀書。成晚亂噏和亂譃。最慘天曚光。大聲嚟嘈嘈閉。等你闖到闖唔安。唔知報仇抑或扭計。話親佢就眼淚汪汪。正一係食塞米。你就夠偏心呢。痛大唔痛細。的咁嘅抡衰家。等我趕左佢扯俾過你睇呀。（生二王）你的著名嘅後底𨋢。你試敢摩吓佢。我話你偸鷄。（序）不過老虎未曾發威。（旦唱）噎吔你想抛我浪頭。眞係奸心。你咪嘞。（白）發火嚟點啞。食左我牙。（生白）駛乜食你啞。打你夠好嘞。（旦白）噎吔打死人咯（生白）手震牙。打死呀嘩。（旦白）噎吔救命呀。縱子行兇呀。打死我咯。（生白）救命呀嘩。縱子行兇呀嘩。（旦白）噎吔噎吔。（生白）打死你的後底𨋢眞係大快人心呀。（旦白）噎吔死咯。（滾花）噎吔吔打到我個身都淋晒。（白）眞係有陰功咯你。（生白）咁你打個仔就有陰功牙。（旦唱）你睇吓塊面都腫起上嚟。（生唱）鬼可憐你啞。（旦苦喉龍舟）唉我心內苦咯。（生白）由得你苦咯。（旦唱）苦凄凄。哎我淒涼苦楚。我都暗自悲啼。（四段）我啼笑皆非。佢特權特勢。哎我勢唔估到。（轉乙反二王）今日命要。歸西。（白）哎我死左佢罷咯。（生白）早死早着啞你。（旦唱）你縱子行兇。我都死唔。得眼閉。（生白）我話之你死開七槪呀。（旦唱）我死爲厲鬼。一定鑒生。把你嚟迷。（生正線二王）你快的去趁地淋。咪食貴晒陽間。的米・去投河吊頸抑或中井。任你邊一樣而爲。等我攞過個人。嚟到治番。你個仔。（白）去喇去喇去嚊死去喇去喇去喇。（旦滾花）哎我聽佢講來。都令我覺悟起嚟。（三字經）哎我望夫君。前事勿可計。我從今改過。大家提攜。（生中板）你痛改前非。我亦無所爲。你要時時導守。都不可相違。（旦白）哎我第二時唔敢刻薄佢係喇。（生白）係咯咁就麻麻地。

140. 傻瓜賀年

老丁曲詞

大傻 朱頂鶴 黃佩英 合唱

（頭段）（乙白）喂傻哥。恭喜嚟。（甲白）喂老丁。恭喜恭喜。我恭喜你出街踢到一大綑銀紙呀。（乙白）好極好極。喂我又恭喜你今年踢番枝蓋野嚟。（甲白）對晒啦。哈哈哈。（乙白）喂傻哥你聽吓。（唱無獅鑼古）嗱嗱（得洞燦。洞龍洞燦）（甲口話）燒炮仗）（兵當崩能㨃）（乙板眼）鑼鼓又響咯。炮竹喧天。原來係舞獅子。慶賀新年。（甲唱）我同你入城去行一轉。睇吓的褸袵大姐。靚過天仙。（乙唱）又無女仔拍拖。唔得夠面嚕。（甲唱）隨街咁撞好多野姻緣呀。（旦唱）（毛毛雨）正今天。各家作賀年。掛燈彩。光輝煌燃。且看。門慶情形實乃少見。喜歡欣。我自往消遣。（甲白）大步走。（甲乙唱）（軍歌）咪怕羞。去城裏兼索油。求新有女人吼。要全靠派頭夠。唔愁唔講究呀。的馬褂長袍係文華縐嘅。（序）呢呢成套嚟緊喇。的女子行藏如楊柳。（甲白）快的趕過頭。就去索油啦。（旦二王）今日人海人山。惡以提防。左右。不若轉身行過。個邊小路・慢慢來遊。（乙插白）喂女人嚟緊啦。（二王）睇佢婀娜娉婷。確係銷魂。過亞柳。(收任)（二段）(乙白)喂傻哥呀你睇吓呢個。梳隻二寸髻。行路踹死蟻。外着黑縐紗。內襯白衫仔。喂呢個夠睇唔夠睇呀。（甲白）個個呀。嘩。諧剎剎。老額額。汚糟辣撻。撈飯貓都唔食。重話靚添。連你都抵擂呀。（乙白）唔鍾意重有第二個吖。呢呢呢轉灣嚟呢個蓋嘞。白雪雪。滑脫脫。得倒佢個面珠仔嚟啜一啜。包管你暈浪暈足六個月亞

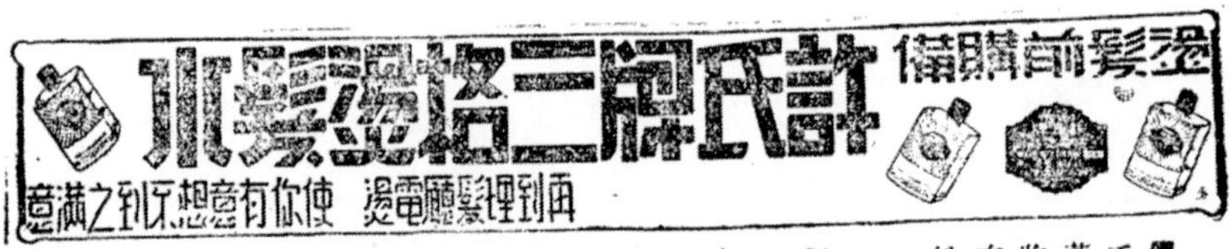

傻哥。（甲唱）（快二王）咁就跟其尾後。等我再用。機謀。（旦驚白）嚥吔。（連環西皮）小手猖狂。小手猖狂。老吏鄉團快快幫手。（乙白）喂槍野呀。拉佢。拉佢。（甲快白）邊個咁大胆。白日嚟搶偷。我摔甩你個頭。揼你個心口。若還你唔走。我踢你個桑蔴柚。（生白）好你重走得快的嘀嘀我止得吓暌喋姑娘。（旦尾腔）唉吔吔慌到我冷汗橫流。（甲龍舟）好在我幫手咋。唔係就有晒收。（旦唱）幸蒙兩位相助咯。請把名留。（甲白）喂你同我話畀佢知喇。（乙白）我話呀。（乙龍舟）佢叫做亞傻哥又名叫做傘燈友。（甲白）喂。唔好咁掛。（唱）呢佢叫做老丁嗎。成世都係造地踎。（乙白）啤。你食錯藥咩。（唱半句）我又請問呢位小姐貴姓名。（旦唱）好話嘞。我叫做陳月秀。（甲乙白）嘻嘻哈哈月秀姑。（旦唱）我地三人有伴咯。不若去入城遊。（甲白）好極喇。（板眼）我就忙舉步。過街坊。今晚魚燈大會嚐。景緻非常。（旦二王）一路行遊過街過巷。（三段）我恐防噲冲散左。各自一方。（乙白）我地拖住就唔慌蕩得失㗎嗎。（乙唱）我地三人拍硬拖。至得便當。而且文明世界。要咁至。在行。（甲滾花）喂喂你聽吓個座八音棚。打得鑼鼓亂响嚐。（收音樂）鋤頭柄。鋤柄。鋤柄呀。——六叔六六舉齒艇。碌側又擰正。（旦白）幾好聽聽吓啦。（甲乙唱）朝臣大閙烏鬃躂。踢着沙煲幾乎躝。（旦板眼）嚥吔唱成的板路都好似唔啱。聽到我當堂流出冷汗呀。豎起個。毛管一行行。（甲白）個處圍滿咁多人。亦係有歌唱嚐。（收住白）（甲白）究竟佢唱乜野呀老丁。（乙白）咁都唔曉。（東莞山歌）佢話舅爺存。你久唔嚟。嚟時住到唔知歸。百萬家財就無所謂。最怕係家貧都有乜話爲。担錢番來都唔夠你駛。餐餐食飯要白斬鷄。佢話個姊夫在戲棚造皇帝。百官見左把頭低。我係皇親你話架勢唔架勢。你唔駛眼睇睇。我飲醉三杯兩盞睡到雞啼。（甲笑白）哈哈哈。（四段）（旦板眼）唱得唔湯唔水。我都不解其詳。（甲唱）喂你唔好亂啤我都曉得唱。不過任你在學院嗰處賣文章啫。（旦二王）你睇紅月西沉。正是黃昏。景像。重有許多時候。至得燈火。輝煌。（甲唱）如果想去睇烟花。必要夜來。至有得看。不若四圍蕩吓。然後再作。商量。（旦插白）搵個地方坐吓先可。（乙二王）嚟啱踢親個舊石頭。幾乎把我一交。躝倒街上。（乙白）豈有此理呢舊石頭踢親本少爺隻脚。好我睇你有幾大舊至得。（旦白）石頭就有乜好睇呢。行罷喇。（甲白）佢就嚟傻㗎啦佢。（唔好同佢講。（乙白）唔係石難嚟呀。傻哥。（甲白）你慌係銀紙咩。（乙唱）（三脚櫈）竟然係銀紙。成卷在路旁。（旦唱）俾你發左新年財。你今年硬係旺相咯。（乙唱）好話。好話。（甲唱）全靠我恭喜過你。說話果吉祥。（滚花）嚥吔點解個當公走左入我個肚係處淋淋咁嚮。（旦白）嘻吔真係好笑咯。睇見人地執倒銀紙你就話詐肚餓啫嗎。通氣喇老丁。（乙半句）（滚花）好喇咁我就實行先請晚飯。（旦半句）可以遂佢心腸呀。（甲白）點解而家有咁緊要呢食左野先至行街。呢層就梗係喇嗎。（甲乙白）（同笑）哈哈哈。

141. 激壞聖人

陳露撰曲

廖夢覺
趙蘭芳 合唱

（頭段）（旦詩白）今晚節屬狂歡應醉酒。（生詩白）何妨遣興作清遊呀。（唱狂歡）美酒消受。美酒消受。與卿同醉歡樂。美酒消受。暗香輕留。寒雲月明。午夜作清遊（旦唱）微微涼風。吹拂衣。袖傍玉手共明月。同把身抽。峭料寒生羅綺飄香。月色清幽。月魄娟秀。（生唱）何處仙奏。晚風吹送來。歌音清奏。（旦唱龍舟）你真係過身八股着得咁老休。（生白）老休。（旦白）你知到

一家春大酒樓

粵 菜 茶 點

全滬唯一無柱大禮堂

經濟實惠 ★ 譽滿中江

專承外賣部

菜豐味美

銀器新穎

便利迅速

加派侍應

地位得鬧中取靜

四馬路二六六號

九三一一八一·電話·九六二八三

因何今晚。（生白）哦。（旦白）我共你行遊。（生唱）係咯。點解馬路咁輝煌。笙歌並奏。張燈結彩好似樂爾罷忘憂。（生白）正係時維臘月。未屆新年。何其鋪張華麗。有如是也。（旦唱二王）話你道學先生是見聞鄙陋。你都唔知今年聖誕。經已臨頭。（生白杭）我想已經過左八月。重點噲拜聖人呢。（旦白杭）呢個唔係我地孔夫子。（生白杭）咪當我傻尖慎喇。唔通文王伏義與共周公。（旦白杭）呢個係耶穌嘅誕辰。（生白杭）點解古書冇記載呢。（旦白杭）因為你未曾讀過英文。（生白杭）佢有冇春秋嘅著作。（旦白杭）佢有聖經救世叫做福音。（二段）（生唱二王）原來係來路聖人。唔怪得到處狂歡痛飲。（旦唱）今晚舉行聖舞。我共你去增廣見聞。（生唱）（滚花）喂你又唔係西人。點噲跳打腎。（旦白）我晚晚都去跳㗎。你估學你成日揸住本書咩。（生念書白）唉嗚呼。國家將興。必有徵祥。國家將亡。必有妖孽咯。（旦唱）我唔係叫你念文章。讀八股。咪学處子曰詩云。（白）唔嚟到添咯。（生白）唼唼。乜個紅個綠咁嫁。噲噲咁架勢。咁講究。個地吓都讓鏡㗎鼻。（旦唱）（梳粧台）我共你。跳打腎。跳一跳。褪一褪。唔駛咁頻倫。（生唱）磨擦香肩兩頭運。跳一跳。褪一褪。份外消魂。我共你。拉拉擺。拉一拉。擺一擺。跳得汗淋淋。（旦唱）我同你跳呢眞正糊混。拉一拉。擺一擺實在頭暈。（生唱二王）呢我膝頭打冷震。郁吓又摙親人。確係你冇狗拉貓。夾硬將我嚟頂癮。（白）至衰就係你喇。（旦白）你至衰呀。（三段）（旦唱）你又亂踏亂推。亂攆亂行。（生白）我都話唔識嘅咯。亂拉亂扯旦都幾乎扯爛。我條裙。（生白）唉吔臨老學吹打。叫我吟詩呀嘅重易過咯。（旦白）嗱。我介紹你識的朋友嚟。呢位密絲打陳。（讀英語 Mr Chan）（生白）哦。密先生。（旦白）車。人地姓陳㗎。mr 即係西人先生咁解嘅嚟。（生白）咁論盞㗎。（旦白）嗱。呢位密絲打黃。（生白）哦。黃西人先生。（旦白）車唔駛話西人嘅。（生白）咁你又話西人先生咁解。（旦白）嗱。呢位密絲馬利李（MISS MARYLEE）（生白）喂喂。佢姓馬抑或姓李㗎。（旦白）姓李叫做馬馬利呀嗎。（生白）咁李馬利唔係好囉。又馬乜野利利乜野李李乜野利呢。（旦白）人地呢處香港興呀。（生白）呀嘅。你興埋我都得咯。不中不西。吾未之聞也。（旦唱中板）喂喂今晚夜盛會難逢。重有草裙。妙舞。（生白）乜野叫做草裙舞呀。(生唱)呢佢舞婆娑。睇佢柳腰擺蕩。的確肉感肉感。風騷。（旦白）呢的正係藝術吖嗎。（旦唱）重有更撩人。個位裸體姑娘。又作天魔。舞蹈。（生白）好等我帶番個眼鏡咋。（生唱）佢夠玲瓏。一絲不掛。眞正妙到。妙到秋毫。（旦唱）一陣食西餐。（生白）咁就點呢。（旦唱）你要斯斯文文。切勿輕狂。暴燥。（四段）（生唱）哦做乜用晒刀叉。容也易掯親個口。（二王）令我豎起個的汗毛。（旦白）咪咁鄉里喇。（旦唱二王）現在舞樂悠揚。等我去攬腰狐步。（生白）又試攞我跳呀。（旦白）唔係。我同人地跳啫。(生唱)唉吔眼光光。佢俾個男人嚟擁抱。分明剃我。棚鬚（生白）喂喂喂鄉里。佢係我老婆嚟嚟。哪聖人有話。已所不欲。勿施於人呀嗎。乜你監粗嚟㗎。（旦白）咪咁心胸窄嚟。人地𠵱交際舞之嗎（生白）搵的呀嘅交際。佢俾個老婆我跳吓呢我就話交際。（生唱板眼）我眼火滚。咁樣算拜聖人。須罪聖經明教。授受不親。非體勿言。非體勿近。你地截攪截舞。分明侮辱聖人。尊重聖人。就要遵從聖訓。雖然聖人係來路。豈較摩登。就算摩登。都唔好咁胡混。若果孔聖番生。一定怒火如焚。（旦唱二王）你迂腐得咁淒涼。唔怕俾人笑你慎。（生白）嘻。孔子在生。必曰吾不欲觀之矣咯月（旦唱）我話道德應該從舊。智識就要從新。

142. 西蓬擊掌

半日安 關影憐 合唱

（頭段）（生唱柳搖金）心中正慮思。轉歸府第。叫聲乖乖女兒。（旦白）吓你叫我整乜嘢呀爹。（生唱）皆因你拋理招堵。（旦白）我至歡喜係呢件事嘅啫。（生唱）總係惹起我憔悴。（旦唱序）遣也你又憔悴。（唱）我從幼立志願如斯。（序）等到於今。（唱）正遂我心意。（生唱）但愁兒你願已非。（旦白）點解亞爹。（生唱）今天姻緣事。你估得配是誰。（旦唱流水南音）我聞此語。甚驚疑。滿城百姓。個個皆知。亦有貧窮。亦有富貴。高門貴族。不少到嚟。（二王）總係未知個個綉球。打着誰家。公子。（生唱）女呀全非你嘅願意咯。豈知綉球無眼。打着你平貴。乞兒。（旦白）跪該死咯。（唱訴冤）自恨命鄙定配寒微堵呀呀。萬事在天並不到人爲計呀呀。越想喉越翳呀呀。下淚沾衣。（哭相思）哪呀呀哪呀呀。唉怨聲命鄙呀。（二段）（生唱訴冤）女呀莫怨天。我有處置盡在要你同意呀呀。（旦唱）我到時也無主張。（生唱）有條計謀可施。（二王）包管你身嬌。肉貴。呢頭嘅婚事。一定另作。方爲。（旦唱）我地爹罷爹。（生白）吓。（旦唱）莫妄言。（生白）點解呀。（旦唱）講到夙世姻緣。乃係由天。所鑄。（生白）哈哈咁就係嘅。（旦唱）縱然係貧苦。我亦甘受。無辭。（生唱龍舟）勸你不必咁癡心。要嫁個個薛平貴。實行將你改嫁。造一個解元妻。享不盡富貴榮華。你話何等聲勢。我重有嫁粧全副。任女你般齊。（旦唱）哎自古道好仔不論。爺田地。好女又唔論嫁粧衣。哎我只有決心。存大義。存大義。（生唱二王）壹定將來噲餓死。（旦唱）我都不願。更移。（三段）（生唱旱天雷）我偏要係更移。（旦唱）難移。只怨命裏鄙。（生唱）你好胆。點到你任性頑皮偏偏自把自爲。堂堂相府女兒結配貧寒士。實在係見覺太羞恥。（旦唱）爹亞爹。豈有話要富貴至能配得名門女。傍人難免笑笑爹你係爲富不仁不義鄙屑寒微。（生唱）又何奇。我居心要將婚事退那個胆敢共我生氣。（旦唱）我我我堅心堅心決意到尾任你是我誰人難改二。婚事既成豈有話將來退。（生唱）我要退。嘥是必是必。（旦唱）唔得唔得。（生唱）定必定必。（旦唱）唔得唔得。定要把你命遂。（生唱士工慢板）既然是。要嫁薛平貴。莫怪無情。與你脫離父女。（旦唱）難抵受。專制家庭。只有任你。施爲。（四段）（生白）你個畜牲好胆。（滾花）既係你個奴才。不分賤貴。有夫人都唔造。要造乞兒。金釵與及釵環。不準你攜帶去。快些除下。個件寶羅衣。（旦唱快中板）衣服釵環。些少事。縱然唔要。又何如。雙手交還。交還（滾花）投出外去。（生白）咪住。（唱）你把羅裙脫下。方可步出門閭。（旦白）唉爹爹呀。（唱戲妲己）只哀求。施恩義。羅裙脫了羞愧何如。羅裙脫了羞愧何如。哎爹爹呀。望你廣施仁慈。（生唱十八摩）豈有此理尚有何辭。父女之恩兩相分。重說乜野情義嘅噃。（旦唱滾花）哎我無可奈何。都要交還過你。（生白）擰返嚟。（旦唱）後堂還有。（生白）有乜野呀。（旦唱）老慈幃。（生白）混賬。（旦唱）養育之恩。都要亂別佢。（生白）咪住你去邊處呀你。（旦白）有錯你既無父女之情。難道我無母女之義。我入去見吓亞媽。然後至去。（生白）混賬。既係前堂無父。那得後堂有母呢。若然你入去。將你腳骨都來敲斷。（旦唱十八摩）哎呀呀嘈。呀呀嘈呀。嘈呀嘈呀呀嘈。我永不返嚟呀呀嘈。（生唱白欖）你呢種人。就無口齒。你挂飢兼抵餓。個陣你就返嚟。（旦唱）我冷到死。餓到死。永不來求你。同你擊過三吓。掌。（生唱）快的嚟嚟嚟。（介旦唱滾花）且看蛟龍。得了風雲過。個陣吐氣揚眉。

143. 千里尋兄

飛影 黃佩英 合唱

（頭段）（關公打引）一片丹心扶漢室。英雄豈怕出身微。（白）初有黃巾四海知。顏良纖𢇍在當時。鋤奸除惡平生志。熟讀春秋一卷書呀。（左撇）方才聞俺大哥。有書。帶至。他罵我。貪功名。中道。相違。大丈夫。所作事。心存。忠義。海可枯。石可爛。矢志。不移。（中板）我到不知。請嫂嫂出堂。往尋。兄扯（白）有請兩位尊嫂。（甘夫人唱二王）聞聽道。二叔相請。未知所爲。何如。（二段）爲皇叔。（乙反滴珠二王）我思念佢嘅行蹤。眞正無時。或已。佢並無下落。好令我。懷疑。（昭君怨）拋不去。傷心淚。日夕傷悲。含悲含悲。心肝碎。憂思慮。日夕傷悲。含悲含悲（二王）我急速上前。睇過所因。何事（白）請問二叔。喚爲嫂出堂。爲着何事呀（關白）聽道也。（滾花）嫂嫂請坐。待俺言之。（霸腔）俺大哥。着差人。傳來。消息。（三段）他現在。安身河北。對我。說知。（甘唱）聞聽得。劉皇叔。有消息而至。不由于我。笑口。開眉。（關唱）最不幸。誤會俺。不存。終始。他估我。爲着功名忘恩義。貪圖富貴把志移。桃園中。來結義。不願同生願同死。一旦拋棄。連枝。（中板）豈知俺。立地頂天。不是貪生。怕死。不過是。嫂嫂重托。故此暫把。身羈。（甘唱）我叫聲二叔。你無庸憂慮。因爲佢未明眞相。有此懷疑。現在得佢嘅行蹤。你又如何處置（關轉滾花）我辭官歸去。不延遲。（四段）馬上要起程。河北去。（甘白）且慢。請問二叔。此番囘去。可曾辭却曹公呀。（關白）大丈夫作事。來得清清。去得明明。嫂嫂請聽也。（快撞點）拜辭丞相。禮應施。也曾前去曹府第。只見迴避牌高掛。一定避我面辭。因此上。封金掛印。不理其他。之事。（甘白）噎哋好。（二王）你尋兄心切。不畀千里。驅馳。千里尋兄。尤重更得。義氣。途中你要累愼。還望叔你。維持。（關白）好。左右整便車輛。攜備行裝。聽爺號令可。（滾花）千里尋兄。存矢心。我護送嫂嫂。份應宜。途中若有。人阻止。關某保駕。你莫驚疑。唥馬提刀。起程去。（介）曹公若到。我自有言詞。

144. 夜戰馬超

（老丁撰曲）

飛影 妙生 合唱

（頭段（排子頭）（張飛唱）（賽龍奪錦）蛇茅丈八槍。橫挑馬上將。（撲燈蛾）披戎裝。烏錐馬上逞豪強。逞豪強吔。（快中板）張飛有名。稱好漢。馬超原是。小兒郎。誇口與他。來結抗。定然破敵。表名揚。忽聞戰鼓。如雷嚮亮。（擂戰鼓介）（白）吔。（快中板下句）葭萌關外。做戰場。傳令三軍。（兵白）有。（張唱滾花）快臨陣上。（兵白）喝呵。（張白）吠。誰人是馬超來與張飛戰過。（馬超白）爺爺來吔。（唱恨塡胸）且觀那個好胆（重句）（白欖）敢來叫。爺名堂。（唱）左右快綁。快綁。快綁。（張白）丕。（唱滾花下句）我估道你有三頭六臂。原來是一個少年亡。舉起蛇茅。我要你當堂命喪。（馬白）吠。本帥交鋒。不斬無名小將。快把犬名報來。（張白）吔丕。不曉爺爺威名。你又聽到。（唱滾花下句）我就是燕人張飛。殺人王。（馬白）吔。（唱賽龍奪錦）甚壯（重句）實乃英雄健壯。眞不愧好漢。遠近聞（食間字轉霸腔慢板）風。就胆喪。（張白）你知道就好了。（馬唱）我正欲想。與你來一會。棋逢敵手。最好比量。高強。（二段）（張唱中板）馬孟起。你本是。一個無能小將。還說那。英雄無敵。威鎮。西涼。你帶兵。犯葭萌。勸你休生。妄想。我曾請令。誇大口。要你兵敗。將亡。知機者。早歸降。在我馬前。自綁。倘若是。執迷不悟。難免禍起。蕭牆。（馬白）丑。（唱十八摩）講到本領。本算你為強哋嘀。自說威風太誇張。你且快宜自量。（張唱霸腔二王）三國中。俺張飛。我自破黃巾。經已聲威。日上。在虎牢關。槍挑盔纓。殺得呂布。心寒。（馬唱）衆寡相欺。幷非是。英雄所幹。（白欖）三人戰一人。叫佢點能來抵抗。反為被佢殺左出重圍。你就唔敢將佢趕。（二王）單人交鋒。可以稱作。豪強。（三段）（張唱）匹馬單槍。在百萬軍中。衝殺曹操。兵將。長坂坡。怒吼一聲。喝斷。橋樑。（馬唱）雖則是。嚇退曹兵。都是歸於。草莽。追兵再趕。你就驚恐。奔忙。（張唱）取西川。把守盧花蕩。氣煞那周瑜。大抵能稱。威壯。（馬唱娛樂昇平）佢經已懊投羅網。非係你好漢。非係個好漢。你王帥用奇謀。詐許退讓。願將大兵助他臂力佔西川。（二王）慘遭奸謀。因此身故。桑柴。（張白）可怒哋。（唱滾花）你偏要將爺爺。來毀謗。出言藐視。好荒唐。我又試問你本身你有何能幹。（四段）（馬白）你又聽了。（唱滾花）我在西涼地面。顯威揚。習慣刀槍。人稱好漢。（張白）丕。身為好漢。父仇不共戴天。為甚麼你。不敢殺了曹賊。與父報仇。看將起來。你就哋哋嗚喇。吐。（馬唱滾花）也曾殺得曹賊。心胆寒。（中板）我話長鬚就是。曹賊相。佢把鬍鬚割下。走如狂。我追近佢身邊。無路往。銀鎗刺下。勢兇狠。僥倖急危。有楊柳擋。奪船冒箭。最彷徨。我如此威風。（滾花）據居你張飛之上。（張白）看槍。（馬白）丕。大胆張飛。本該明槍明刀。為甚麼你。暗用鎖喉槍。危些性命。喪在你手。未為好漢。（張白）你個蠢才（的的唱手托排子）交戰大衆槍將槍。豈有臨陣至饒讓。兩虎鬥定必有一傷。（馬唱）應要憑力較量。奸謀萬分惡備防。盡可見你立意太張。（張乘唱快中板）若非你死。就是我亡。能夠用謀。至為上將。誰人叫你。不作提防。（馬快唱）君子光明。如日朗。小人懷害瞎無良。本帥知機。唔上當。生平武藝。確非常。叫句張飛。（滾花）聽某言講。（白）張飛。你與本帥交鋒。戰了多時。未分勝負。若還好漢者。定期今晚。在為葭萌關。與俺夜戰。（張白）好。提起夜戰。爺爺最愛。不可食言。（唱滾花）遂我生平之願。（馬唱半句）誓要大戰一場。（張白）記得來。（馬白）記得。

145. 梨花罪子

飛影　瓊仙　合唱

（頭段）（快點）（薛丁山唱）聞道嬌兒。犯軍令。轅門綑綁。受斬刑。本帥魂驚。心不定。忙忙趕上。講人情。秦寶二將。你且聽。稟報本帥。轉回營。斯斯文文。恭恭敬。稟上夫人。說分明。（秦寶白）啓稟元帥。二路元帥回營。（樊梨花白）哦。（起梆子慢板）耳邊廂。他兩人。高聲。傳令。我聞報道。二路元帥。回轉。大營。我撩莽袍。端玉帶。忙施禮敬。（浪裹白）老爺有禮。（薛白）夫人有禮。（唱）夫妻們。手挽手。全進。大營。（樊唱）這幾天。要老爺。前方打聽。（浪裹白）請問老爺。這幾天蘇寶銅道裹。可有動兵呀吓。（薛白）晒夫人呀。（二段）（唱）樊夫人。來掛帥。大展。威名。蘇寶銅。心胆寒。無心取勝。（樊浪裹白）

這都是老爺的威風。（薛白）夫人的威風。（樊白）老爺的威風。（全白）威風嘩哈哈。（樊唱）見老爺。你多勞頓。爲探。軍情。進營。抖精神。何須相請。（薛浪裏白）嚇。看將起來。都是不相干吧夫人。（樊白）好個不相干。（薛白）不相干。（唱）莫非是。他這裏。識破。衷情。（中板）我囘轉頭來。施禮敬。夫人領受。本帥情。（樊白）哈哈。自問老爺。爲何這等好禮數。（薛白）夫人。常言道。禮多於人就不怪夫人。（雁落平沙）因何嬌妻要傷兒命。要傷兒命。斬他小嬌英。只因所犯何條諭令妻你莫看輕。（三段）（樊唱二王）皆因是。三六九。命他。打聽。誰料他。自家莊上。就招了。親情。那畜生。眞好胆量。他敢違。將令。因此上。午時三刻。就要問。斬刑。（薛白）吔。（唱中板）估他犯了。何將令。陣上招親。小事情。陣上招親。該行斬令。（樊白）謝老爺。（薛唱）嚇。惟有他年紀少幼。你本要原情。（樊唱快二王）聽老爺。口聲聲。說他少年。品性。你且看。周瑜年少。他也破。曹兵。那古人。一樣天生。他爲何。本領。那畜生。投胎難道。是禽獸。成形。（四段）（薛唱）樊夫人。說話之間。莫把古人。比聘。（插白）兩旁退下。（唱）想當日。寒江關上你怎樣。情形。（樊唱）說起了。寒江關上。就勛奴。火性。若非是。婆婆恩義。那親事。怎成。況且是。這個奴才。他是奴。收領。與你家。薛門內外。有那樣。親情。（薛唱）這嬌兒。色則收來。我也曾。招認。怎比你。身中懷孕。你兩樣。心情。（樊唱）叫秦寶。掛劍轅門。把典型。明正。（薛白）不好了。（滾花）只見夫人他發怒。好叫本帥心驚。步往出轅門。又神魂不定。（浪裏白）應龍。嬌兒。唉。（尾聲）若要相逢。在枉死城。

146. 岳武穆班師

飛影唱

（頭段）（梆子首板）金韃子寇中原。飛揚肆擾。（滾花）恨無人誅奸佞。鞏固皇朝。至令得破京師。君臣莫保。衆黎民遭國難同受煎熬。蒙天子賜爲臣孤軍北剿。幸喜得諸豪傑。與我同袍。俺本待挽狂瀾。把山河再造。秉忠心。酬雨露。誓掃胡奴。（慢板）想當日。統兵戎。功成。馬到。出皇畿。臨塞外。旗開得勝掙下汗馬。功勞。（二段）俺驅馬。似龍驤。戰無不勝。殺得胡奴哀哀。齊叫。那時節。戰場中。殺得鬼苦。神號。一路上。望風降點壺漿滿道。俺王師。如破竹。直搗。金巢。（中板）那敵人。望氣齊驚況且內無。糧草。我這裏。從容破敵教他插翅。也難逃。（三段）與將士。披堅執銳。守其。險要。待他勢窮力盡。可以取勝於崇朝。他日裏。奏凱旋歸。告功於太廟。那時節凌烟閣上一個一個一個一個早把。名標。怎知到。功未成奉到班師詔。（新腔）有金牌。十二度召我火速。回鑣。思念着。二聖蒙塵。至令有誰。可保。眼見得。無人救應。至令久困。籠牢。俺今日。進退兩難。使我滿胸。煩燥。難道是。功成到此。一旦。全拋。自古道。爲臣盡忠。爲子。盡孝。逆天旨。怕只怕。觸怒。當朝。（四段）無奈何。傳將令。班師。奉詔。出師未捷。至令鞍馬。空勞。今日裏。鞠躬盡瘁。惟有皇天。可表。（中板）曾經百戰。可嘆數載。長勞。將軍白髮。邊庭老。受盡了風霜雨露。使我塞外蕭條。俺本待。恢復中原。免得偏安。難度。又誰知天不從人。枉我血染征袍。任你是擎天手段。經綸妙。請纓無路。枉具豹略。龍韜。這都是。有讒臣。把那聖朝欺藐。（收）待等着。回國去。面奏當朝。

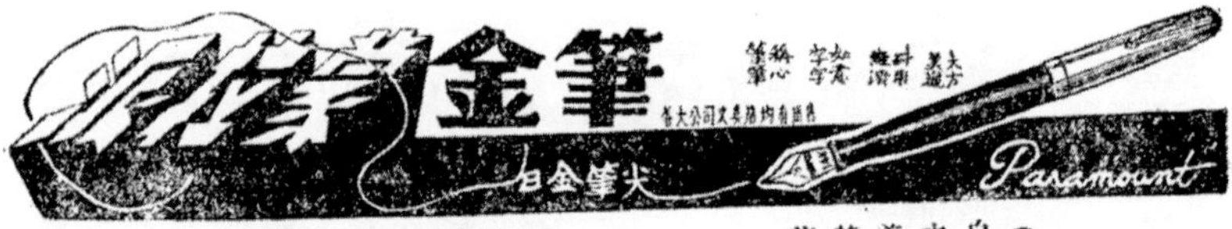

147. 再生緣

妙生獨唱

(難段)(快中板)昨日金鑾。領聖旨。一路回家心愁眉。打着馬兒。一路去。思想婚事。心如絲。(慢板)少華。在馬上。自思。自想。想起了。當年事。掛在心時。昨日裏。在金鑾。領了迎親咯旨。(介)有誰知。吾主爺。不聽。俺言。因此上。好一比。分飛之鳥。(介)(二段)多感了。孟恩師。朝到殿前。(轉中板)看見了。蘇小姐。佢形容。眞色。有幾分。好一比。孟家。嬌兒。催着[illegible]。馬刁鞍。回家而進。(白)不好了(滾花)一霎時。眼暈花。跌下馬蹄。(白)吓吓。想我一路回家。霎時之間。跌下馬來。甚麼的原故。我又明白了。莫非爲着孟小姐。勞心過步。故而跌下馬來不成。唉吔。看將起來。這一個孟小姐。眞眞累死人呀。(滾花)我爲着小姐。長掛心。好一似鋼刀。割在俺心時。我叫人來。你攙扶回家而進。見過了。二雙親。對他說知。

148. 氣壯睢陽城

(忠曲粵曲)

陳徽韓 簡明 合唱

(頭段)(張巡士工首板)(一句)孤城糧絕垂危待救。(開邊滾花)睢陽被困。愁上眉頭。(小曲秋江別中板)孤軍門。怕將難守。(序)孤軍門。怕將難守。(序)窮將兵飢費籌謀。窮將兵飢費籌謀。(張接妾秋江別)將軍呀。(序)將軍呀。不須眉縐。不須眉縐。(序)儂有策思定良謀。儂有策思定良謀。(轉二王慢板)今日被困睢陽。必要有良謀。挽救。何不背城一戰。或可破賊。奸謀。(張)皆因軍中無糧。點令飢軍。戰鬥。況且兵微將盡。難以籌謀。(妾轉中板)尊一聲。將軍你。不用鎖眉。深縐。(二段)雖然是。危城被困。但係妾有。奇謀。請將軍。殺却奴奴。不可惜憐。罷手。雖則無倆絕。見你愛人亦都殺了。當會激動。佢地圖謀。(張轉海南曲)卿罷我地卿。威名不巧。確係貞烈閨秀。義冠牛斗。(白)卿你貞忠節烈。愧煞我鬚眉趄趄。(妾)我今日捨身救國。只望……(拉腔慢板)夙志。可酬。(士工慢板)軍威振。視死如歸。那權夷蠻。毒獸。(張)捨生命。齊心合力。衝破城頭。(過板)進明公。佢坐視不救。(三段)辱國喪權。眞係可羞。可醜。(妾)佢貪名利。甘心賣國。確是齒冷人流。(收掘)(龍舟)賀蘭你。枉稱威振九洲。貪生畏死。正係辱國之流。只曉飽滿私囊。不理豺狼入寇。終日風花雪月。高枕無憂。(妾)須知到唇沒齒寒。你終不能久守。佢重懵然不知覺。甘作敵國馬牛。累到虎將霽雲。咬指吃師閫挽救。佢良心泯沒。(二王)(下句)重譏諷。我失籌。(轉龍頭鳳尾)太過不應乖心透。(序)見危不救永遠臭名留。(士)(張)縱我邊疆遭魔寇。(序)總要同心合力挽殘漏。(四段)(妾轉跳花鼓)我決意捐軀。激動三軍門。(張)氣虹揚宇宙。氣虹揚宇宙。(口白)樊中之鳥恨怎休。(妾)請君殺妾在漏留。(張)我怎捨美人刀下喪。(妾)你恩情莫戀。(張)唉。我熱淚難收呀。(羈腔滾花)寶劍鋒芒驚綠綉。怎忍嬌娥飲恨。在危樓。惟是大難臨頭。叫我點能罷手。戀情殉國誰屬高謀。因爲殉國則死有殊榮。殉國則屬不忠禍首。(快)誰輕誰重。口問心頭。浩歎大。恍惚良心自割。(妾)(士工滾花下句)君呀。何必踟躕緩慢。請快把令案存留。(張長聲)氣煞了。(七鎚頭快中板)身乘車任死誰咎。郎情姿意付東流。嬌卿捨身來挽救。紅顏浩氣壯危樓。吐能了衷詞。拔出寶刀毫光透。（姿）（滾花）速把奴奴殺却。或可以勇退奸謀。耳聽笳笛頻催。又是攻城時候。（張白）不好了。（介）龍線開處。（姿）玉魄化雲遊。

149. 滿天神佛（譚秉鏞撰曲）

譚秉鏞唱

（頭段）生生神馳坐。世世保神清。無災亦無障。永保大康寧。清淨法水。日月華蓋。中藏北斗。內有三胎。神水洒淨。濁去清來。靈符蕩穢大天尊。（咳介）焚香一拜請。焚香二拜請。焚香三拜請。請到肚臍大髀觀世音菩薩。買一開三又殺。買二開四都殺。又嚟請到北方眞天眞武玄天上帝。車天車地亂嗡亂謡。大溫特溫胡天胡帝。呵嚹吉帝。僑國有個廢帝。外母見女壻口水嗲嗲咁謡。（咳介）又嚟請到南海廣利洪聖大王。黑口黑面晦氣大王。貪飲貪食流口水大王。蛇王鱔王。過江招親落籠大王。（咳介）弟子虔誠奉請。今有寃氣冲天煞氣騰騰。開壇綠煞。酒筵三杯尊獻。（咳介）叩頭。（唱）初聲鑼鼓響叮噹。列位星神降道場。天梯有路我未會上。玉皇大帝請我拉天窗。拜得神多自有神庇佑。金銀衣紙可以買得命長。（二段）利市大封多大吉。事關菩薩同我有通商。打變個查叉要聽我講。誰敢反對呢要佢有晒行。再聲發語喜花花。請到十三太子李哪吒。大鬧東海鬼都怕。魚蝦龜鼈。依晒牙。三聲鑼鼓響叮噹。經動地府個個地藏王。西天請埋個唐三藏。同埋去打個三眼華光。玉皇大帝爭老契○攬到花魁都唔吼。個個賣油郎。（白）好喇天靈靈。地靈靈。今朝騎馬去省城。出到省城。就搵亞丁。原來亞丁爛左把秤。搵着亞明教天平。（咳介）呵嚹吉謡豆腐三塊。古靈精怪。鰲洋遮修。收補爛拖鞋。案上虔具元寶臘燭。鬼五馬六。一隻生鷄。成團死肉。大條油炸鬼。大個咸煎餅。白糖倫教糕。般般奉獻。（唱跳花鼓）白糖倫教糕。三文買兩件。大條油炸鬼。大個咸煎餅。有錢挑公烟。冇錢吞三沙。瞓在煙床上便。因謂亞銀唔聽話。攪到週時唔得掂。呃呃騙。呃呃騙。呃騙呃騙呃呃騙。呃騙呃騙呃騙。（唱）噎吔煙引起呢週身震。快的去搵三沙吞。鬼叫你窮。都要監硬嚟頂住癮。（重句）

150. 潯陽感舊（樵山山樵撰曲）

梁以忠獨唱

（頭段）（引白）已是舊遊如夢境。況經遠別更天涯。（柳底鶯）幾多愁。春光逐水流。流向海盡頭。片帆浪影去悠悠。望斷遠山隴長天過涯秋。（二王慢板）。尺錦才華。寒灰心事。無情一片是春雲。隔得兩家天樣別。使我眉頭纔下却上。心頭。少年時。遶井雲深。丁籠風暖。鏡裏雙蛾瘦。風花轉瞬常如夢。相看微醉。幾堆香霧。漫難收。（二段）錦瑟關情。青鳥遞訊。蝸角浄名。爭似酒醒。入幃後。金碧春邊。笙歌月下。怕聞團扇難終曲。高會題詩。在上頭。溼紅羅。唐白紵。花前幸是相逢早。聽澈長更。銅漏。更是春風鬢影迴燈掩袖。吠我生負。吳鈎。上京華。逢秋鷹。舉目蕭然。禁不住尋芳。載酒。（三段）釵掛臣冠。花驚郎目。幾場明月。醉倒。爐頭。橫塘路。金路長嘶。燕子移巢。春滿蒲西之柳。門外柳波。枕函紅淚。微雲淡月。唉長嘆兩地。悠悠。（反線中板）動綺懷。前度客驚霜雪後。疎林夕照送孤舟。我明知此恨人人有。好一似萬枕梨雲夢忽流。潭水桃花紋初皺。（四段）惹我惜花無奈轉成愁。新亭淚。（南音）幾家樓閣望中收。北雁南烏兩地愁。可惜白雲遮斷不見隋堤柳。關山斜月冷簾鈎。細看衿上脂痕濃似酒。（乙凡）惹得我天涯涕淚自奔流。唉想起九踏槐黃徒袖手。今晚橫紅曲唱怯登樓。（滾花）此際長吏飄零。愁見你消脂損瘦。牽歎幾會終絮語。掩關從此入離憂。

151. 花落春歸去

（相思詞）南海十三郎撰曲

崔慕白唱

（頭段）（慢板）花不羞。我也羞。羞我未成名。日夕將花守。千般愁。萬般愁。非關病酒。不是悲秋。思悠悠。恨悠悠。恨到歸時也未休。歸時低聲問紅袖。妹阿你可安否。（重句）但得妹阿你安。毋計我傷心透。（二段）最怕妹你青春怨白頭。（中板）未配相逢猶有恨。我願相逢妹你嫁後。個陣羅敷既有夫。呢個使君無可恨。何使我恨海沉浮。天與我多情。相逢猶似夢。不與長長相守。獨守月圓昨夜對月談歎。今夜對月生愁。你昨夜咁光明。今夜何黯淡。縱使月你常圓。惟是好花不長久。（介）從此怕提鴛鴦兩個字。我又怕說風流。

152. 巾幗鬚眉

崔慕白　瓊仙　合唱

（頭段）（旦唱雨打芭蕉）苧蘿村裏。有女一人。浣沙溪畔。洗俗塵。（生唱中板）聽歌聲。好比出谷黃鶯。一曲陽春。唱詠。餘音繚繞。有若鳳哀鳴。我爲國馳驅。旦夕徬徨。所以萍蹤。靡定。却恨她。國亡也不管。猶復黃唱。後庭。（滾花）縱步移音。穿花徑。原來溪之畔。有女玉立婷婷。（二王）等我躡足跟蹤。步難。自己。（序）行爲有點放恣。（唱）姑娘你能否。能否假我。臉兒。（旦唱序）也你說話得咁離奇。（唱）此是良秀村鄉。不是平康。之地。（生唱序）我又何敢涉邪思。（二段）（旦唱）這非開花野草。與共俗卉。殘枝。（生唱序）豈有我唔知。（唱）冒瀆芳容。我亦自知。罪戾。（旦唱序）何以忽然又咁客氣。（唱）你有何指教。不怕直講。出嚟。（生唱序）請你細聽我嘅言詞。(唱)現在國難當頭。我地人人。奮志。（旦唱序）此乃國民嘅應份事。（唱）須國亡家破。試問何以。生爲。（生唱序）可謂巾幗勝過鬚眉。（唱）你既國勢深知。請勿自甘。暴棄。沼吳大事。正要借重。嬌姿。（旦唱滾花）我聽佢言詞。究竟緣何底事。不若我上前問過。解我懷疑。（三段）（三脚櫈）走上前。施一禮。請問吓先生。你姓甚名誰。（生唱）我係越國大夫。名叫范蠡。你係誰家閨閣。現在何處棲遲。（旦唱半截梆子慢板）我生在苧蘿。村裏。名喚。西施。（生唱）不愧一個。多才。佳麗。而且是個救國。英雌。（轉反線中板）因爲個吳王。以爲越人不武。不知宴安鴆毒。以酒色自娛。因此遍訪名姝。惑其心志。踏遍天涯海角。不避。崎嶇。不幸天假之緣。今日得逢。卿你。你既關懷國事。當亦義不。容辭。（四段）（旦唱反線二王慢板）爲國家。作犧牲。豈讓男兒。專美。只可惜。我纖纖弱質。恐怕任重。難支。還須要。把的救國嘅良謀。

廣東

朱普太和藥號

發行所：上海河南路一四一號

烏雞白鳳丸

★功能：調經種子補氣養血

專治：婦女經帶一切隱病

小兒回春丹

★專治：急驚嘔吐腹痛感冒

功能：退熱除痰解積消食

★應時良藥

清心牛黃丸

參茸衛生丸

人參再造丸

婦人白帶丸

萬應如意油

正玉樹神油

萬應午時茶

珠珀點眼散

（正線）望你從詳。指示。（生唱）得你一言允諾。何患不滅。吳師。從此可雪國仇。完成：大事。（旦唱）寧願捨身爲國。就一死。都不辭。我地萬家一心。（生唱滾花）同仇敵愾。（旦唱）我回家與雙親辭別。然從爲國馳驅。

153. 王昭君（舞台名劇）

薛覺先 上海妹 合唱

（旦連環西皮）心驚呀震 空悲呀憤 奸賊不仁逼 要鴛 分 生接 唉吔吔苦煞寡人（長句二王）月晦天昏 燈愁 影暗
多情空抱恨 縉愛嘆無能 十萬金鈴 空響震 摧花無奈 雨淋淋 爲惜如此江山 不免逼王 薄 倖 （旦接）變色風
雲生逢 刦運 既係難逃不幸 曷早成仁 欲惜花殘 個個大不憫 何若殘花捨却 免教鐵 騎 橫 行 （滾花）一死存貞
保得山河繡錦 （生龍舟）嬌呀你尋死路 孤又豈可獨生 可憐惡夢斷驚魂 孤縱多情卿你偏抱恨 誤卿花容我枉號帝君 縱有百萬
雄師難保多情紅粉 （二王）忍使蛾眉碧血 灑 邊 征 塵 不若我一死殉情 不使名 傳 薄 倖 （旦龍舟）
主上既不許奴一死 我亦何忍主上輕生 惟有忍辱和戎 以解山河危困 （二王）我捨身爲國 不怨主上 無 能
（生接）只恨明日天涯 唉怎了今 宵 哀 感 （旦白欖）遲相分早相分蛾眉當有報君恩 身是漢皇人 當抱胡衾枕 有情今
夜盡 杯酒盡奴心（重句）（生士工滾花）唉縱有楊枝甘露 孤亦飲不成甘 往夜可飲千杯 今夜眞係一杯都難飲 （旦反線中板）
勉 抑辛 酸 強 展 顰 玉 杯酒澆 千 重恨 好 夢翻 醉 裏 尋 君 欲排愁 當
痛飲（生椄）淚 流乾 腸斷盡 安得恨化 寃 禽 痛 征雲 遮遍月華 至令情天 昏暗 漢
宮花 何吐豔惹此千里 胡塵 來日你困 胡邊 孤亦被困愁城 唉仝遭 杯幸 酒 縱多 還有盈盈珠淚
洗不了疊恨 千層 （口古）不若留此醇醪待卿你歸來獻贈（旦口古）又怕歸來無日濁酒空陳咯（生）唉（旦士工慢板）
鶴兒去 燕 難歸 又怕酒已乾時 人 遭 不 幸 （生）人有志 或者事竟成 只怕琵琶漢調

彈作胡　虜　歌　音（旦士工滾花）只怕花使寒盟。不患花兒墜溷。（生長句滾花）天也聞。地也聞。此心可證諸鬼神。美人一去遺衾枕。留與孤王牽夢魂。粉黛三千全不問。鎖盡巫山片片雲。一曲琵琶休再問。此後青山無語暗自消魂。（旦）生情份。死情份。一別天顏難再近。舊歡如夢夢難尋。芳心欲向君王贈。破碎璣憐贈未能。舊恨新愁。不覺悲懷陣陣。（同哭相思）（生滾花下句）此後宮花寥落。不見故宮人。

154. 多情燕子歸

（吳一嘯撰曲）

小明星唱

（醉酒頭段）玉人先醉入香帷。漏寂燈殘。（轉士工慢板）尚有銅壺。聲細。紫雲衾。半覆佳人體。正比海棠春睡。貌勝西子。南威。（中板）頭上堆雲。巧作玲瓏髻。尚有一朵紅花。伴鬢圍。粉漬脂痕。還未洗。惹我心猿奔放。覺何歸。今夕佳期。（滾花下句）休使巫雲滯。（二段）（小曲平湖秋月）

工尺尺　工六六　五反五六　工尺六五反六工尺上　六工　六工六工尺上尺乙士　六尺六
醉迷迷　力細細　輕挽嬌妻　尙沉醉　香　衾　裏　雙棲　雙宿　兩心　繫　爲解

工六工尺上　工尺工上乙士上尺工合　仩合士上合尺工上乙士上尺工上尺乙士合士合仩上尺工六尺
丁香　帶　解　帶　度　腰　圍不是從　前纖　細　便　憶　曩　日　離　人　各　東　西

（轉戀檀）淒淒。楚楚。到江隄。風風雨雨。更淒迷。念起舊情心轉翳。（二流）東去伯勞西飛燕。怕只怕永久相違。落花時節送行人。的是驅愁無計。（二王下句）戲煞望窮秋水。纔見緩緩。馬蹄。（三段）挽香車。滿眼離情淚。爲問此行。竟是投京。選壻。傷心此別郎無語。祇恐娥眉嫁後。不復。言歸。曾經滄海難爲水。除却巫山不是雲。眼底已無。佳麗。她道不自由。惟有死。情花可種。勸我莫惜。春泥。又道春歸不見歸。便要相逢。隔世。（四段）（小曲胡姬怨）

六六工六工尺上　工士合六工尺上　（尺上尺上）　六六工六工尺上　工士合六工尺上　（尺上尺上）
聲聲解　慰　碧玉情深不可廢　聲聲解　慰　碧玉情深不可廢

上士上尺工工　六五六工尺尺　合士合士乙乙　乙尺乙士合合工尺六工尺乙士上合士上
悄候　春歸　鳳　去　鸞啼　愁　連　夜月　恨繞　寒幃　念嬌心　未　替

（食替字轉流水南音）替卿愁到。減腰圍。聲沉影寂魚書滯。幸等得多情燕子共春歸。今宵綠帳紅燈底。酒後春容意自迷。芳澤微聞香喘細。尚未銷魂眞箇已聞雞。千金一刻莫個多留滯。（合尺滾花下句）便把玉人輕抱下羅幃。

155. 魂歸離恨天

（吳一嘯撰曲）

新馬師曾　小燕飛　合唱

(生唱訴冤頭)唉我夜夜爲嬌恨到迴腸斷 我夜夜爲嬌苦到迴腸斷 欲見無 從見 淚落 心更酸(詩白) 委曲娥眉
事可憐。悔爲情癡悔梏酸。癡心未肯忘前愛。三十年來祇獨眠。((旦唱仙女牧羊) 恨不得如願恩永斷 生悲死怨難求愛再圓 隔
塵天 隔塵天 鴛鴦招妒何無緣 (乙反流水南音) 緣盡恩窮 徒想念 死生難捨 兩情牽 癡郎苦到 肝腸斷 今夜魂歸 故舊
前 慰彼三十載相思 (正線二王) 此夜夢 魂 相 見 (白)唉癡郎亞癡郎。(生唱銀台上一句)夢已亂。隱約聽聲喧。
(白)唉妹呀。(金蓮花)多嬌今復見今復見知否郎君心未變寸心未變(二王下句)捱盡鰥魚苦況 唉吔吔三 十 多 年序)
我願妹醬前嫌(曲)倘 有恨 恨煞我和卿 死後生前 都未得同 衾 綣 戀(旦唱序)前塵休再
念 (旦唱胡姬怨)今宵一見纏綣酬君撼解怨 (生唱)今宵一見想亦曇花多轉變 (旦唱)數繫於天到底無緣(生唱)紅顏命
盡恨止何年唉縋心千萬遍(二王) 求方 術無計再活 嬋 娟(旦唱序)呢的正係孽和冤(曲)唉沈郎腰 潘郎鬢君呀知否容
顏 瘦 損(生唱序)魂魄不久隨恩斷(旦唱曲)你毋自苦 從來天下 未有不 散 之 筵 (生長句滾花)悵
無言。恨無言。情天破碎石難塡。恨相見爭如不見。嘆有緣還似無緣。傷心空對歸來燕。淒清徒恨鏡中鸞唉祇落得無限淒涼枉見卿卿
面。(旦長句滾花)生纏綿死纏綿可憐到底成虛願。從此月月年年都是憂憂怨怨。唉君呀你愁眉淚眼可人憐。(旦芙蓉中板)難得你
滄 桑歷盡 心 無 變 (生唱)唉獨惜刧 後難開 呢一朵並 蒂蓮 憂 恨何長 緣 太短
(旦唱)且待來 生結合 呢一段未 了緣 (轉滾花)前日我別抱琵琶 君呀你莫加嫌怨 (旦唱孔雀開屏
)悔恨以前以前 苦你苦你思念 是奴是奴負約先 君竟愛不還 永記從前永記從前 像鐵心堅 像鐵心堅長爲我淒絕祇自解自憐獨
飲又獨眠令奴奴慚復見君面 (生反線中板)若果論 當年 都是我兒女情深 英雄 氣短 最 傷慚 飄零書劍得卿憐我未
路 王孫 迷心茹苦柔腸斷欲我成名 痛揮斬情 慧劍 比至錦 衣回 我竟濫情相報唉噉我就變返 成 寃 (正線)從此

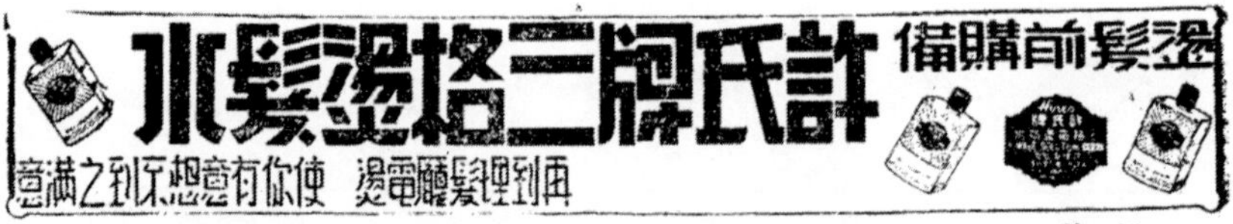

離，恨天宮　卿，抱　怨　怨　和明月　不重圓　（滾花）今夜魂影依偎　稍遂癡人心願　（旦白）心事未央殘漏盡　且拋

愁苦好溫存　願爲神女巫山夢　（生滾花）卿慰淒涼三十年

156. 葬花留影恨

（吳一嘯撰曲）

月兒獨唱

（頭段）（排子銀台上一句）萬縷恨絲縛寸心邊。（詩白）明珠成粉玉成煙。如此紅顏信可憐。髗骨已埋荒塚裏。唉。銷魂徒恨隔人天。（長句滾花）愁默默。恨綿綿。傷神佇立鏡奩邊。昔日理粧人不見。隱約餘香半尚存。此景此情腸寸斷。哭句卿兮問句天。唉天呀莫不是紅顏薄命塞。（嘆相思）—唉—淚珠盈一面。（乙反流水南音）愁怎奈。恨難填。一寸情心自覺酸。風流舊夢。仍癡戀。噩耗驚聞。罷管絃。卿太情多。我緣太淺。千愁未盡。萬愁添。總算檀郎辜負你情一片。此後難相見。（轉二王）不復溫存繡閣。和你抵死。纏綿。（二段）憶卿南國佔花魁。不鮮王孫擲錦纏。薄命憐卿。夜夜強顏。侍宴。自慚無力挽紅粧。却幸有人垂青眼。營金屋。貯青蓮。豈料花債未完重歷刧。再向石塘建幟。祇緣烽火。滿南天。休道娥眉不負興亡責。羣芳義唱力輸捐。心熱名傳。自是爐峯。知遍。正道影娘聲價重。畢竟花無常好。月不。常圓。（三段）（小曲鬱金香）

六反工六工尺上尺乙上尺（六工尺工六尺上尺）
天也忍相　煎

上尺上士合（士合士合）合上乙上尺　工尺上乙士合　合上乙上尺上乙士合　六上上　乙士合上尺工尺（六工尺工尺工六尺工上
絕色已長眠　憐煞萬刧花　花態已莫存　憐煞萬刧花態已莫存　空有我　每爲腸斷心酸

尺）尺乙士合　尺乙上　尺乙上尺上尺上士合上士合仜合
影恨倘留　花落了　總令寸心　如割恨　難言（反線中板）薄情天。偏妒娥眉。白頭不許人間見。趁啼鵑。碎人心魄斷人腸。傳來消息。痛煞我共幾許。王孫。惹人憐。名花底事淪斯刧。芳魂却爲伊誰斷。讀遺書。殉情猶道。非情死。如卿聰慧。我眞個欲語。無言。悵今宵。當頭明月再團圓。山道紅樓。（正線）從此桃花。人面。（四段）（小曲打櫓街）賸我哭青天。悼卿飲黃泉。（戀檀尾）念起前情思一見。（轉變檀尾）不得復相見。噎吔銷魂記舊緣。緣已斷。倍令我心悵念悵念怨絕痛絕。隔絕也情牽。哭聲天。（戀檀二流）夢如烟。情似水。再無緣訪舊桃源。意中緣。緣裏苦。生也相思。死也相思。太息一代名花空留幽怨。（合尺滾花）知否故人情重。月夜哭嬋娟。淺喚低呼。聲聲腸斷。仙藥難療花復活。素娥有恨月不圓。

157. 北地王殺妻

（吳一嘯撰曲）

小珮
桃珊　合唱

（生唱）（賽龍奪錦引子）斷腸人故宮。河山已斷送。（四古頭）（續唱）斷送。斷送。斷送山河斷送。（旦唱二王下句）君你按青鋒。入深宮。究竟因何感觸。滿面。怒容。莫非國事縈懷使你彌增苦痛。（生白）唉枉有撳天揭地才何用。今日山窮水盡。恨塡胸（霸腔花下句）可嘆英雄失望。因於欲戰。無從。最可痛父王昏瞶。把權奸寵。我正係有心無力。所以一任愚蒙。恥作亡國王孫。自覺偷生無用。（唱恨塡胸）抖抖抖那青鋒。（雙句）（白欖）殺妻兒。遣部衆。（續唱）方盡忠。盡忠。盡忠。（花下句）盡忠存節。做一對轟烈雌雄。抖青鋒。先把嬌妻來斷送。（旦沉腔花下句）噎吔吔。也你瘋狂亂殺。苦不相容。（轉反線中板）雖則水剩山殘。堪悲痛。奈何不背城一戰。決雌雄。（二段）（旦唱）你本是有志男兒。當知興亡重。若果臨危先死。笑煞天下英雄。務要力挽狂瀾。（滾花）唉。夫呀我亦生死與共。（生接）唉。怎奈我向父王苦諫。佢都當作過耳秋風。（花古芙蓉）佢佢佢不該。因讒多寵縱。重話投降事狄罷兵戎。（旦花古芙蓉）你你你應當。發揚一已勇。誅奸殺狄。作英雄。（生霸腔芙蓉中板）自覺得力薄人稀。終何用。所以氣得孤金鑾殿上。口吐腥紅。（齊口中板）好男兒。不是亡國種。卿存節。孤存忠。須知生死間。名節重。他日黃泉地下。（轉南音中板）可對祖和宗。（旦接）可恨蜀漢江山。都却被權奸送。君如殉國妾亦盡節相從。我視死如歸。又何足恐。（滾花）就向君前跪下。請你動刀鋒。（三段）（旦唱）願你先決奴奴。（生接）唉到底難將手動。（同哭相思介）（生滾花下句）忍不住斷腸下淚。氣煞英雄。（生快二王首板下句）心悲痛。（反線二王迴龍腔）恨句老天公。徧把權奸。放縱。（拉罪子腔）噎吔罷了我的好。罷了我的好。好青鋒。（二王下句）青鋒有恨。恨未血飲奸雄。唉吔嗜。我愧辜負。青鋒。（詩白）空壞壯志氣如虹。寶劍無靈飲恨終。傷心未作沙場鬼。我願把鴛鴦情血染青鋒吧妻呀。（四段）（旦起唱長句嘆板）怨重重。恨重重。勸君再莫憶情濃。今日覆巢驚燕夢。河山錦繡已成空。你既識輕生名節重。可知情長兒女。誤盡幾許英雄。（生接）怎奈寶劍提來千鈞重。（旦接）生何悲。死何懼。嬌妻能捨是英雄。忍辱偷生徒傷痛。何如一死兩存忠。唉我地生作鴛鴦。死作黃泉鸞鳳。（生接）唉。我一聲長嘆。不禁頓足搥胸。（旦催快）你你你不用遲疑。我亦心非惶恐。（白欖）我盡節。你存忠。成仁究未遜成功。我地夫妻同就義。應該含笑死從容。死從容。（生白）唉吔好好好。（快中板下句）馬革裹尸。願難從。羞見旌旗。揚蜀隴。先殺妻兒。後盡忠。抖青鋒。（一才）切齒橫心。將手動。（生唱滾花）忠魂烈魄。（旦唱）含哭九泉中。

158. 芳草送斜陽

周瀕泉撰曲
廖了了領導

月兒
胡英倫合唱

（生士工滾花）今後問誰猶共憑欄處。（旦唱）愁眉淚眼恨何如。（生唱）腸斷消魂惟有殘鶯語。（旦唱）一刹綺情歡夢天涯門外須臾。（生踏月行）

上尺工六士尺乙士合士仜士合上尺工士合上士合士仜士合（旦唱）乙尺乙士合仜合尺六工尺上
醉洞房 記得初遇情逗娥眉 便應合長相緊溫柔相醉

（生唱）士乙士合仜合仜合上五工五生五六工六尺工尺工六尺工尺工尺乙士工合上合士上尺工上尺工六尺工上尺（序）工
何期惟有 短會幽歡 小取 一番好 夢都無據 空相對

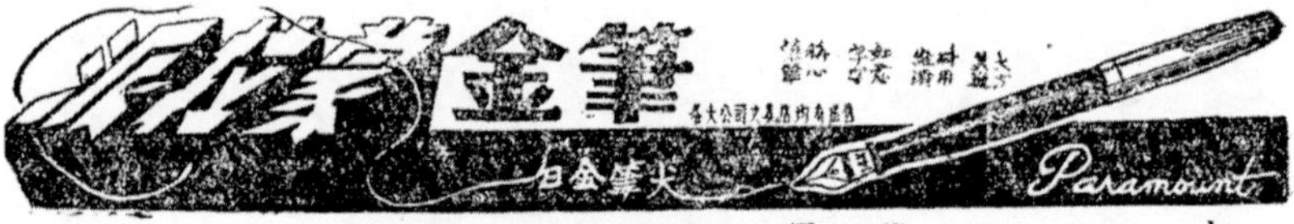

六生五六工六尺工合六生五六工六尺上尺 一 （旦唱）乙尺乙士合士乙尺士 尺乙尺乙士合上仜合士士（生唱）乙尺士乙士
變作離情別緒 手共相攜 惟有淚 況值是

工尺工合上士上尺工六工 乙士合乙士合士上尺士尺 工尺乙尺乙尺乙士合尺工尺乙士上尺工上（序）六工士工士工尺上工尺上
春色闌珊 滿園又是 亂花狂絮

尺工上尺工上 一 （旦唱）六五生工六五五六工六尺工五六工上尺上仜合士尺乙士合尺工乙士合仜合士乙士乙尺士合仜合士（旦唱
怕好風景輕 催更恐是隨 盡君攜去

梆子慢板上半句）惆悵檀郎。亦去。（二段）（生唱）幾囘得見。見了還休（旦接）爭如不見。千度。攢眉。今朝素手試梅粧。都緣別有離別恨。（生接）怪不得畫作遠山。愁到三峯。碧聚。（旦接）綠瞬留君住。（生接）斷腸無由醉。（旦接）悶酒或淚。先透。羅襦。（生反線中板）幾何時。來時春初。去是春將。老矣。（旦接）長亭道。一般芳草。祇有好在。歸時。（三段）（生唱）三分春色。一分風雨。花謝花開剩得相思。幾許。（旦接）厭厭細數。此恨平分取。未休眼意。心期。（生唱）（小曲）（雪擁藍橋）軟語吳儂麗。娟娟隔湘水。恨別癡心碎（食碎字轉二王）菱花。（旦二王）破瑤琴。我獨倚欄干。（生接）卿呀我消魂，羈旅。（旦接）驪歌高唱。（生接）空教臥轍。牽裙。（旦乙反慢板）況且柳絮如烟。挂住離人。（滴珠二王）珠淚。（生接）多情自古傷別離。縱有江淹詞詠。文園病客。才衰。（四段）（旦接）又只恐。金井瓶沉。嘶騎不來。暗了銀台。（滴珠）燭蕊。（生接）記寶珠薄甯。再數故園花信。是定卜。（滴珠）歸期。（旦接）那邊啼鷓鴣。這邊喚杜宇。一聲聲行不得也哥哥。一聲聲不如。（二王）歸去。（生唱）（小曲鴛鴦散）今朝更憔悴。（旦接）未語心先碎。（生接）痛欲去。（旦接）哥你莫去。（生接）嬌你莫淚垂。（旦接）重訂後期。（生接）再作并頭鴛鴦對。（旦拉腔轉昭君怨中板）債還有淚。（重句）那堪戍笛吹。（生接）更傷別離情緒。（旦接）勸君莫淚垂。（生接）唉今番歸去定憔悴。（旦唱序）征騎嘶聲。征騎嘶聲。催君立去。親愆伊誰。（生接）親慼伊誰。（旦接）還你兩行血淚。（生乙反滾花）。一鞭殘照裏。（旦接）愁載七載香車。

159. 一語解相思

月兒
羅麗娟 合唱

（頭段）（生武西廂）仜合士仜合 一 六六六上六上尺工 士上上尺工六工 士上上尺工六工 士上士仜合 六上 六上 六上尺工
無緣恨無緣。凄風悲雨吹散苦鴛。未了呀呀夙冤。未了呀呀夙冤。悴煞別離鴛。偷怨。偷怨。偷怨句天

士上上尺工尺工 士上上尺工六工
恨痛呀相煎。恨痛呀相煎。

（河調慢板）眼昏花。迴腸斷。不覺心迷。意亂。（旦運序西皮）樂嫗媛。病復轉。爲情命佢

終天。抱怨。情生變。公子淒涼恨倍添。信讒多端。非關是吶紅粧意轉。（浪裏白）睇佢瘦損郎腰腸欲斷。支離病骨。我見猶憐。唉公子你見點啫。（生沉腔滾花）唉吔吔你不用虛情假義。（轉高）再引我枯冷心田。相見亦無情。不如莫相見。（旦二王）我不是夢娘花史。却是小婢。香蓮。（二段）（插白）你認錯人嘑。（續唱）枉你雙目圓睜。怎不把我容顏。分辨。（生反綫中板）蓮姐何事。到我病榻前。莫非你為佢傳書再把吾欺騙。須知我心如灰燼。不復燃。（滾花）你不用絮絮叨叨㨪處惹人討厭。（旦唱銀台上第二段）

士乙士 乙乙尺合尺士 乙工尺乙士
未見面。莫謂他人始亂。負心願。

（生接）合伬仜 合士乙士合工尺上尺上乙士
你毋亂言。來為夢娘爭強辯。

（旦接）尺上士合上上 士合仜合士
休抱恨抱怨。悲憤淚添

伬仮仜 合士合伬仜 合士乙士合工尺上尺上乙士
情發現。終勝雄辯。其實佢淚腸因愛君寸斷。

（生白）也話。（斷腸滾花）你話疑雲疑雨。致有錯過良緣。你快些說出眞情。（旦接）又怕言多討厭。（生轉二王）唉香蓮姐。望你汪涵海量。切莫執怪前言（序）睇我病得幾可憐。（曲）你若再隱瞞。我一定死期不遠。（三段）（旦龍舟）我本屬唔願講。又不忍令你心酸。事關讒人擺弄；你个老慈嚴。佢苦勸夢娘。咪个將君愛戀。豈料夢娘愛你。志本堅。（生白）陰功咯。惟是佢不敢誤你前程。忍把私情割斷。正是愛君情切。至有委曲求全。（生白）唉。（哭相思）哪呀呀哪呀呀。罷了夢娘呀。（教子腔）妄將紅顏怨。情緒更零亂。愛心絲斷。恨難如願。嬌心為我酸。紅顏負了寃。怎打算。癡心獨願。寄夢為蝴蝶變。（二王）願者蝴蝶。立刻飛到粧前。藉慰多嬌。消却新愁。舊怨。（旦接）獨惜劍終難合。明日佢就北地。南天。（四段）一別灞陵。恐怕你無緣。（生白）無緣乜野呀（旦接）再見。（生白）唉傷心咯。（生接）疑團未釋。無奈又賦。離鸞。未得一訴衷懷。點釋我嘅癡心。妄念。（旦毛毛雨）

上工尺上尺上士合 上工尺尺工尺上工仜合
借音書寄粧前。再傷心影響。你病|原。

（生接）尺尺工上 士上士合仜合士上合
不相見。又怕增恨綿綿。

（旦接）六工尺乙士上尺工上
相看增令佢增|怨。

（生二王）此心已決。我請你不必多言（三腳櫈）訣別訪蛾眉。心如絃上箭。（旦接）無端撩舊恨。小婢悔多言。（生接）我立刻起程。因為時光已短。（旦接）你如斯品性。眞係急煞香蓮。（連環西皮）公子你去邊。公子你去邊。（生接）去訪美人。（旦接）為時已短。（生沉腔尾句）唉吔吔我定要再續前緣。

160. 逍遙曲

（陳徽韓撰曲）

陳徽韓獨唱

（頭段）（蕩舟）我學人哋。唱枝歌。唱到聲破。無奈何。鬼叫咁蠢。想落係唔妥。叫我如何。咁樣同樂器極難和。（中板）呢我亂唱一通。因為行樂須要及時。莫把時光。錯過。呢古語都有話。話得快樂時且快樂。眞係此語。無訛。想吓世間人。碌碌勞勞。終日愁眉。雙鎖。你睇只穿花蛺蝶。探得百花成蜜後。不對聰得。（二王）自己。奔波。學唱快樂逍遙歌。不離卿卿。我我。學唱粵曲班本。不離士工尺上乙士合士仮士仁合上。尺工乙尺士上合上尺工上。公不離婆。秤不離陀。公不離婆。五六工六尺工上跟住句士工合。學唱電影情歌。不離個個熱男郎。司花利亞。（二段）滿口 All right 與及番話(白)Beautiful Beautiful 得閑無事 Look girl 臨到辦事 I Don'tk now（二王）又話蜜斯。蜜斯波羅。學唱劇界明星。不離薛覺先。（白）薛覺先。馬師曾喇。（唱）兩個。因爲佢歌喉清脆。的確動聽。柔和。咁樣嘅逍遙歌。都確係眞眞。正妥。人生最嘆。就係對酒。高歌。（士工滚花）今日鄙人。胸無點墨。惟有將巴人下里謳。敬獻一個。但願各位女士先生。聽過呢枝逍遙曲。就快樂逍遙。玩野嘅音樂大家。與共我地的唱對嘅歌曲家。玩過唱過。亦快樂逍遙。恭祝大家快樂。笑口呵呵。

161. 風流夢（胡文森撰曲）

小明星獨唱

（頭段）（走馬）半身挑健任情種。情意加濃。早沾愛戀風。愛思滿胸。手拈花。陶情夢正濃。借詩喻愛衷。讚花命意工。晝夕俱與共。愛心加重。興濃。美人兒自憐顧弄。貌出衆。若芙蓉。豔態人栽種。用情陪纏。若游龍。善舞。步兒縱。秋波送。若梧桐。靜態滴翠又玲瓏。并坐花間閑抱玉箏細弄。情引動。花叢花叢。尋樂談笑共。并坐情動。共赴巫夢。愛情動牽愛情夢。絮花飄滿頭時。夢正濃（詩白）不誇萬戶公侯貴。只羨鴛鴦戲綠叢。（二王慢板）愛陽春。迷烟景。（二段）秉燭夜遊。不讓古人。情縱。流連花國。飛觴醉月。倚翠。偎紅。彈弦襯歌對玉容。阿嬌夜夜把瑤琴弄。叮咚。歌意義遠重。聽玲瓏。情懷透流酥胸。眉目輕送。近秦淮。多佳麗。（三段）掠過輕舟。留得脂香。微送。你重牽衣問。問郎情誼。是否似畫舫。行蹤。（雙飛蝴蝶）我話郎心似孤松。願依嬌花永效忠。佢話奴身似飛蓬未悉君許寄蹤。婉聲低勸莫悲痛。愛心一縷爲花種。借花風。替嬌花保重。愛心一控。莫教花飛遠送。（垂句）誰知花變哀。（士工慢板）此後過殘春。驚寒食。不惜花鈴。一任花飛。過隴。（四段）孤燈寒。燕蹤杳。玉樓人去。深院。更空。（中板）月明中。獨抱琵琶。孤清。吟弄。花陰下。憑誰唱和。唯與鶯燕。競吟風。我最傷心。深恨月姥無情。誤了人間。情種。綠蔭內。杜鵑啼血。宛似悼翠。悲紅。恨世間。閨女半無情。何況是青樓。遺種。又何怪。一枝紅杏。偷過。牆東。十載風流（滚花）竟成幻夢。但見桃花依舊笑春風。

162. 郎負我（胡文森撰曲）

張玉京獨唱

（旦唱禾虫滚花）淚紛紛漬啼痕。底事推尋無限恨。從今長作可憐人。月夕花晨。唉莫把前根再問。夜深深。照愁人。苦雨悽風撩衾枕。寒燈冷影暗傷神。回首當年恨事。欲說無因（士工慢板）離恨天。成苦海。屈指佳期。又是春回。三稔。尋好夢。夢難成。眞是由來好夢。最易。消魂（戲水鴛鴦）離憂困。愁帶恨。那堪風雨撩人。滿衿啼血般印。相思困。痛心天也將奴棍。（二段）欲問天。天意實難問。秋宵攬鏡。心驚雪染雙垂鬢（二王）恨我初入情場。錯把情絲。誤引。情投意合。相愛。相親。記得邂逅檀郎。錯把癡

歡迎賜顧

價格公道

廣★南

水電工程行

計劃大小水電工程

採辦歐美水電材料

設計

新式枱燈・

蔴雀燈・

落地燈・

精緻吊燈・

各式美術燈罩

電話

41176

四川北路一三一一號

心。相印。綺羅枕畔。與你共訂。朱陳（中板）醉花陰。明媚春宵。記否檀郎。．吻。你重偷盟誓。生生世世。長作。鈙緒。唉哥諾
哥。曾幾何時。竟遇情場。刧運。（三段）原何故。貪新忘舊。背約寒盟。哥能哥（滾花）哥你若在我面前。誓數我郎薄倖（詩白）
當年回首陪傷神。祇爲多情誤識君。我不負郎郎負我。我郎竟作負心人。（花間蝶）負心人。在初殷勤。願商朱陳。最消魂。永料唔
到立心欺棍。神共憤。怨恨薄倖人。情場惡病困。（哭相思）哪呀。罷了你個負心人（乙反二王）我是紅顏薄命。難享月夕。花晨。
（四段）哥能哥。須知人海茫茫。應結情緣。情份。昔日愛人。今日仇人。情深戀怨。莫非插錯。情根。我不負郎。郎竟負我。午夜
迴思。試問郎心。何忍。多情自古空餘恨。豈有蘭茵絮果。註定。前生。巫山風雨。隔行雲。欲罷不能。（滾花）唉我唉有將君再問
（詩白）我郎是否薄情人。誤把情絲縛我身。萬刧不離情一字。誓將情淚種情根呀。（滾花）唉從此空門遁跡。永絕紅塵。

163. 茶花女

（宋華曼撰曲）

黃鶴聲　紫羅蘭　合唱

（頭段）（小曲纏綿恨）今尺呀反番尺我上冤尺屈反卿尺呀上眞尺反難合反合乙以上把尺罪上乙辭合不尺上堪尺反記上不尺上堪尺反記上你乙同合我上嘅上情凡誼合（旦接）你反自尺係尺共尺我反
共尺我反同合乙往上我上自乙覺上此尺心反匪尺反石上眞尺反正上乙難合乙轉上尺上乙移合你反父尺不六諒反尺兮上你反父尺不六諒反尺兮上分尺上尺散上了五六燕反雙六尺反飛六（生接）上尺反望乙你合
諒乙我上種反種尺荒尺唐合自乙上尺反開尺上乙上懷合就乙容合乙上尺易乙（旦合尺滾花）唉最恨無力春風。難爭得唉氣。（反線二王慢板）茶花女。今已
身輕如燕。更覺命似。游絲。（二段）瘦腰肢。經已弱不禁風。何況情海波瀾難禁幾番。失意。（生接）你何須要。心心懷恨鎖住。
愁眉。我千不該。萬不該。（正線）疑心生暗鬼。在於舞場幾番轉。（乙反二王）生氣。（旦接）我倚郎肩。思量往事忍不住珠淚。
淋漓。（三段）（旦唱）（昭君怨）五憶六昔六五與反五君六與反君六初六反會尺反時上尺爲乙你上情尺乙義上堪尺乙記上心尺反中尺上又乙詫上異乙長上日尺懸上念尺你反念尺你反
我反臥尺病尺更反覺反你反心六越尺細反微合乙時合時合望乙你上時合時合又乙覺上疑合你乙長合日乙送上花尺反至上又乙難合望乙見上君尺反你上情合重上你乙情合重上情合又乙奇合太反癡六太反癡六（生接）我
都五一六心六一五意反五爲六天六黑五地尺爲乙爲乙愛上卿尺六相反思尺唔合知尺唔合知尺（生流水南音）好似相思樹。掛住雙相思。正係一日相思十二時。重有十
二欄桿都遍倚。都係爲卿情重爲卿癡。（旦唱）確係難得我郎情與義摯。所以情根深種永不更移。（四段）（旦唱）（剪剪花）確係

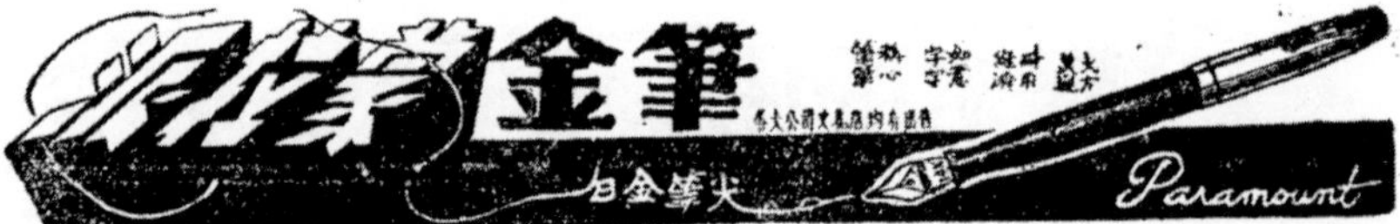

情難已。如醉又如癡。所以忍痛將君棄。（生接）我父無情理。總之我不依。我不依。我不依。誓同卿你結褵。（旦接）你須知你須知。我絕無推辭。（生滾花）唉王道不外夫人情。我父話憐你太癡心。經已應承我地嘅好事。（旦唱）唉君罷君崔護重來花已謝。就算藍橋有路我呢個病都難醫。（生戀檀二流）唉淚傷悲。傷悲到願從卿死。（旦接）天台何處訪靈芝。感君垂愛恩義。我地緣份如斯。何必傷悲。（重句）我雖係一死。（生唱）我血淚交流（哭相思）呀呀呀呀呀呀唉罷了蒼天呀。（尾句）來世相會在何期。

164. 海角紅樓

（吳一嘯撰曲）

鄭山笑　小燕飛　合唱

（頭段）（生唱滾花）昨夜玉人曾親近（慢板）吻朱唇。親粉面。春風初度。眞个銷魂。永難忘。呢種愛情滋味。今日猶帶餘香。渴欲再見多情。紅粉。（旦起半音相思）唉。畏羞還帶恨（小曲鬱金香）

搗　芳　心　斷　柔
六反工六工尺上尺乙上尺　六工尺工六尺上尺　上尺上尺上士

魂
合

憐我淨潔心
士合工合合上乙上尺

一旦染俗塵
工尺上乙士合

情愛若到深嘆最誤人
合上乙上尺上乙士合

羞答答
六上上

漸對觀音
乙士合上尺工尺

可嘆被情所
六工尺工尺工六尺上尺尺乙士合尺

困
乙上

空令數番　惆悵剩　啼痕
尺乙上尺上尺上士合上士合工合

（食痕字轉士工慢板）淺痕深。都是一樣。傷神。（二段）（滾花）唉縛不住愛馬心猿。便惹情惹恨。今日我已無面目見觀音。舒玉手。下球籬。祇爲我泥絮沾心。從此與佛無緣份。（生白）昨宵雲雨多恩愛。點解今日無端化淚人啫素秋表姊。（旦白）淚人淚人。你至唔慌唔累人咯你。（滾花）所以我佛前懺悔。你你你休再撥雨撩雲。（生插白）唉咪喊咋素秋。（旦唱）傷情淚。滴碎了懺情心。（生接）等我拈起紅羅帕。就同你抹吓的淚痕。我恐怕你流得淚多。唉濕晒面上的芙蓉粉。（旦插白）由得佢囉。（生白）等我同你搽番的喉。（旦白）唔駛。你咁寃氣。唔失禮我都失禮個觀音呀。（生唱）嘻嘻你有六郎可愛。又何必掛住個个觀音。（減字芙蓉）我地緣係有前緣。菩薩都難過問。（旦接）我已淸心嚟懺悔。此後不說愛和憎。（三段）（生接）祇許一夜嘅纏綿。敢問素秋你何心忍。（旦唱乙凡二王）心我如如古井。（生接）你莫个辜負花月良辰。（旦序）我願把風流讓與人。（生唱）薄命憐卿。長日在愁城苦困。（旦序）君亦徒憐憫。（曲）我祇願長齋繡佛。了却絮果。蘭因。（生序）係咁我亦削髮願爲僧。（旦唱）唉你苦苦相纏。（生接唱）都係我熱情。難禁。（白）眞正係不得卿憐裙下死。縱然做鬼也甘心呀表姐。（旦白）鞋。快的起身喇。你成日跪享處抱住我隻脚整乜呀。（生白）素秋呀素秋。（滾花下句）你若果意不悶。心不轉。我便長拜石榴裙。（旦唱）我都知到你有似海深情。賞識到你呢個斷腸紅粉。（四段）（生口古）我地經過昨宵嘅風流。重駛乜怨怨恨恨。（旦口古）雖然係啫我第一就怕流長蜚短第二就怕你地男子負心。（生口古）噎吔我恨不能擺出個心肝嚟共你個心相印。祇有對天爲

誓。永遠做你嘅不叛之臣。（旦白）唉眞係鐵石心腸。都俾你盡軟左咯。（小曲下西歧）我願檀郎無變心（生唱）我願和嬌
工上尺 上士合工工上尺 上士上工

心印心（旦唱）最堪驚將來負素秋鑄成恨（生唱）望玉人莫個多沉吟（旦唱）
工上尺 上士上尺工尺工尺合士上尺 乙尺乙士合士乙尺士 乙士乙尺士合士上尺工上 工尺乙士上合士合

你莫忘誓約須念前盟（生唱）香腮呀忙貼近相與並頭度此生（旦唱）恩愛永久不相分
乙士合士上尺六工尺上 工尺乙士上合士合 尺工尺尺五反五六工 工尺上合乙士上尺 工尺上尺尺工工六尺 工

種得情根共愛根（生沉腔滾花下句）噎吔吔。我願卿長與郎相伴。（旦接）我亦願郎重吻妾朱唇。（生接）他日海角紅樓。（旦接）
尺工尺工士上尺

長親近。（生接）相依難捨。（旦接）任地塌地沉。

165. 胡不歸逼媳離婚

丰日安
上海妹

（頭段）（旦唱乙反滾花）哎病魔久纏。心嗟怨。（鳥驚喧）哎夫君一去爲國征戰。孤單一個極凄怨。久病未痊。衿寒衿寒不暖。因何因何得咁賤。（序）病魔相牽。（哭相思）哪呀呀哪呀呀。罷了我的夫君。（丑白）哎。撞鬼你咩。（唱二王）你因何終日。係處涕淚。漣漣。（旦白）亞安人。坐㗎。我唔係喊呀（丑唱）容也易俾你喊衰。睇你份人。太賤。（白欖）你終日苦口苦面。究竟你唔知想點。你正係陀衰家。你快的自己嚟打算。（重句）（旦唱二王）做也佢忽然一旦。會發出。此言。（轉中板）之佢係我嘅家姑。縱使無理強橫。我亦都要強顏。嚟應變。又豈可。把老人觸怒。只有係暗自。凄然。（二段）况且我郎君。爲國馳驅。遠在沙場。嚟應戰。惟有係。逆來順受。怕也委曲。求全。我稟告安人。（滾花）因爲我抱病懨懨。所以愁眉不展。（丑白）哦。重攪到學人病添呀。（唱）咁你唔好快的去死。點解你病得咁纏綿（旦白）哎你估我想病嘅咩。個天公唔憐憫啫嗎。（丑白）哎吔。（唱昭君怨中板）有人得你咁賤。你休怨地怨天。你呀個病源。難望轉。都有兩年。（旦唱）哎眞眞令我長抱怨。心肝斷。腸又斷。眞正心酸。（重句）天呀念我。我不願生存。（重句）償我素來意願。免令我愁怨嗟怨。（白）哎。我都想死嘅咯。（丑白）哎吔而家攞死嚟撻我囉噃係唔係呀。（旦白）唔係呀安人。不過我見醫左咁耐都唔好啫。（丑白）哎吔你睇佢個衰樣呀。（唱龍舟）你重喺處駁口駁舌。都可謂胆大包天。你目無尊長。你婦道不存。我要你即刻共我個仔離婚。佢亦也會甘願。（旦唱）唉吔我有何失德。也講得咁牙烟。况且我夫未有一言。還望婆婆垂念。（丑唱）哈哈哈呢件事我大條道理。你唔好話你個家婆専權。（三脚櫈）你怨一句天公。生得條命賤。過年孭住個藥煲。足足病左有一年。（滾花）哎我個，數代單傳。我驚佢把你個病傳染（三段）（旦唱）唉我搥心泣血，慘切陳言。（反線守板）我命不辰。（丑白）睇吓你個衰樣呀。（旦唱）慘病遭逢。更苦親恩。拆斷。（丑白）你咁至衰呀你。（旦唱）論夫

夫。（丑白）點呀。（旦唱）誰不愛。我亦何獨。不然（丑白）咁就要離婚嗱嗎。（旦唱）若謂病有防。（丑白）當然係嚐。（旦唱）儘可分居。何必弄成。婚變。（丑白）分居就得㗎嗱。（旦唱）噎我望開恩。（丑白）我唔做好心㗎。（旦唱）憐我苦命。免使我恨海。難塡。（正線滾花）望把媳婦顏面保存。尤勝我再生恩典。（丑白）嘩咁就只顧你嘅顏面。就唔使顧我仔個條命嘥喇。（旦唱）請你收回成命。免使我抱恨年年。（丑唱）噎吔。（連環西皮）眞眞陰險。（重句）你快的扯人勿遲延。你唔知愛面。（白）唔通你要搵掘頭掃把拍你至扯咩。（旦唱）吱吔吔咁就要拆散姻緣。（丑白）喂你而家想點㗎你。（旦白）係咯安人。你唔使咁怒氣嘅。（二王）不過我想求你寬限一時。待等與郎。一面。（收掘）（丑白）幾時至等得佢番嚟呀。（旦白）噎雖然佢係願同我離啫。但係我都想表明我自己唔願㗎。（四段）（丑唱長句滾花）噎吔咪講你唔願。我都唔願。分妻唔同第二件。鬼想拆散你姻緣。不過有你嚟處就攪唔掂。你話點能阻止。我個對你凝戀。爲國家起見。爲祖宗起見。家嫂千祈要聽我勸。咁樣亞萍個條命仔至得保存。你重要立實心腸就唔好轉。咁就賢德個個賢。你只管想透想逼喇。睇吓駁唔駁得我掂。（白）你駁掂我喇。（重句）（旦唱）我悲難言。憤難言。更難希望佢衰憐。地慘天愁。腸寸斷。聲嘶淚盡都也徒然。猶幸夫郎人去遠。未睹傷心在目前。（丑白）你睇吓佢個個衰樣呀。（旦唱）無可怨。（重句）仳離慘禍終難免。愛夫無計。更變全。幸福犧牲何足念。含冤惟待訴黃泉。（丑白）點呀（旦白）噎惟有依照婆婆。任從你主張處斷。（丑白）噎吔太公婆開眼咯。（白欖）我謝蒼天。我就謝祖先。我難得亞家嫂你甘心願。更免亞萍再找尋。噎吔你有咁遠時就去咁遠。我送你一百兩黃金。我送埋亞春桃你差遣。你病好不防話俾過我知。噎吔免我時掛念。免我時掛念呀。（旦白欖）事旣無奈何。你話點就點。惟求他日我夫凱旋歸。莫言媳婦有不善。新婦再續絃。務宜求淑眷。淑婦甘食貧。百兩黃金我不羨。可誓對蒼天。死生節不變。願乞得春桃。相伴爲證見。殘生再相逢。斷不敢有怨。（重句）（丑白）嘘。（唱滾花）實在我都唔捨得你㗎。不過不得已而然。大家分手都要分得喜喜歡歡。你唔好苦口苦面。（旦唱）傷心何處。是我家園。

166. 夢殘可憐宵

月兒唱

（頭段）（楊州二流）長夜悠悠。誰念沈郎腰瘦。月如鈎。寒似水。一般舊恨上心頭。思悠悠。恨未休。淚溼青衫拋殘紅荳。空自心酸眉皺。梧桐深院鎖清秋。孤另棲留。秋深矣。自生寒。昨晚涼風初透。越相思。空悼玉人不壽。今夜空對粧樓。（轉士工慢板）樓依舊。無復添香袖。賸粉寒霜。却把郎腰。恨瘦（二段）桐雨花風。寒砧殘漏。聲聲和月（二王）送入。層樓。繡閣香消。玉棲人瘦（流水南音）夢囘月夜。記溫柔。記得珠簾燈下卿慵繡。怕繡到並頭鴛鴦。半含羞。消魂底事。堪囘首。悠悠長夜（二王）聽徹畫閣。更籌。此後月使花朝。無復管絃。相奏（三段）卿你泉台寂寞（乙反）知否我終日。凝眸。花謝後。蝶空留。還說甚麼比翼連枝。還說甚麼畢生。廝守。卿你音容笑貌。此後夢裏。難求（小曲陌頭柳色尾段）淚未收。唉相思未休（昭君怨中板）玉人化後。玉人化後。豔骨我尙收。那堪血淚流。良友。死生兩悠悠。今生相愛未諧偶。（序）青塚一坵。（重句）花凋蝶瘦。佳話空留（重句）鸞鳳帳難就。眷戀恨與憂於深秋。（合尺首板一句）秋深風切。寒侵袖。（小曲柳底鶯）念溫柔（四段）愛卿心未酬。香銷空有恨留。求諸夢好結鸞儔。空有柔情萬縷相思透。眉皺。強傍病骨上玉樓。人比黃花更重瘦。（反線中板）夢魂中。彷見玉人還似仙姿如舊。欲訴相思。却被秋聲驚破。倩影。難留。骨以成灰。恨未灰。怕見青梅。如豆。債難酬。今生難了。惟在來世。相酬。碧雲天。黃葉銷魂。正是。（轉正線滾花）多愁時候（秋江別中板）相思透。問蟬你覺否。鴛鴦偶。未得並首。緣切今生願未酬。但願重證他生結鸞儔。（滾花下句）唉正是綿綿此恨。到死方休。

167. 送春歸

小明星

（首段）春水。一池。是誰吹縐。（慢板）南國花。齊放後。依稀夢影。使我長繫。心頭。凭朱欄。望南浦。烟雨濛濛。送君歸去。空餘。殘柳。恨東君。落花無數。從今紅粉。只剩青塚。一丘。深院靜。暮烟垂。腸斷春歸。况復情牽。一縷。春歸何事。倍傷神。半是憐春一半自愁。啼鶯散。蝶夢闌。春草低迷。惆悵春容。不壽。花開易見。花落難尋。樓頭人渺。無心再作。勾留。花欲淚。向誰憐。子規啼血。喚盡殘春。住否。恨流光。傷逝景。人兒一個。且莫登樓。撫瑤琴。將心寄。六朝金粉。筵前歌舞。今非往昔。令我何堪。回首。（白）試看烟雨迷離。浸那淒涼庭院。唉原來是姹紫嫣紅開遍。似這般都付與斷井頹垣。奈何天。傷懷日。寂寥時。不若把琴一弄聊訴衷情呀（雨打芭蕉）（調寄東風齊着力）春雨纖纖。鶯聲乍歇簾上金鉤。畫眉時候。消息又添了一段新愁。且休把欄杆獨倚。遠望歸舟。春水向東流。遙望處總虧鎮日凝眸。塞烟日落暝色入層樓。沒計將愁遣去。除非是夢到楊州。涯漏。離情切切。別恨悠悠。（慢板）絃哀調急。傷春有恨。不是悲秋。尋夢去。夢不成。幾度低徊。不覺宵殘。盡漏。（滾花）試看春殘花落）何處勾留。却憐海燕棲樑。怎忍見傷春楊柳。試卜他年相聚。贖却重樓。愁生原上草。既燒還有。往事如烟散。身世等蜉蝣。最是魂銷。春歸後。花與紅顏。兩俱休。

168. 梅魂

小明星

（合尺首板）烟澹澹。月柔柔。脈脈鴛鴦。眠正穩（花）獨憐佢湘簾放下。會爲我悄含顰。（白）數年來。閒中默默。記不起誰恩誰怨。月明花滿如天願。終也有酒闌人散。不如被冷更香銷。獨自去思千偏呀。（慢板）嗟別夢。醒天涯。獨自凭樓。絮果蘭因。我都要向嫦娥。低問。南國傷讒。西州怨別。多愁公子新來瘦。都要商量出處。到紅裙。薄倖名。誰肯心甘。猶記水裙。風鬟。不過勞人難得如花恕。只有空王。可諒人。眉意淺。佩聲幾。正曉捲珠簾。愁心凄緊。重到曲欄杆。記起人標樣。幾番攜手處。玉釧。猶聞。修簫譜。月底共商量。一笑平添。幽韻。鋪玉版。捧紅箋。刪盡劉郎本事詩。昔年詩卷。今日猶駐。精魂。紅燭填詞。青綾擁被。春雨同聽。埋却平生。幽恨。言病復言愁。絲絲雲屏下。我已厭言愁。不理傷心話。翻顛。嬌嗔。牡丹絕色三春暖。豈是梅花處士妻。原是狂生、題贈。二頃梅花。幾堆竹素。綠珠不愛珊瑚樹。眞是美人胸有。北山文。（白）絕色呼他心未安。品題天女本來難。梅魂

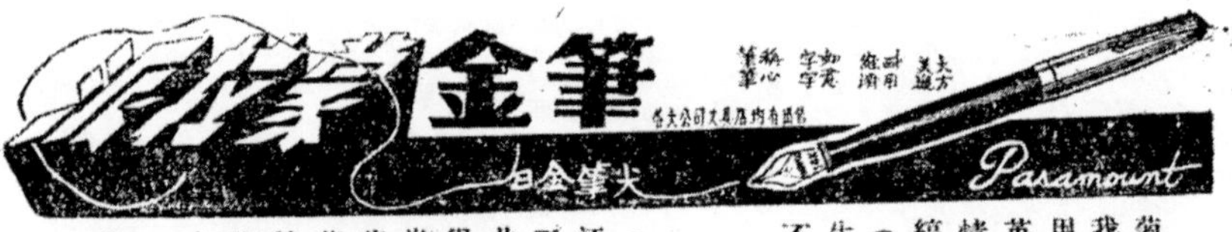

菊影商量遍。忍作人間花草看呀。（反線中板）我今日。惟有偸將紅淚。彈前恨。願把心香。誓舊盟。安得偶逢錦瑟。佳人問。知否我。注定卿卿。早已盤頓。全神。十一年來。依然是春夢冷。只爲我。征衫不漬尋常淚。才有半生。未報恩。卿呀卿。你是天花又豈用鈴旛。長護穏。分明是。（南音）玉樹堅牢不病身。恥爲嬌喘與輕顰。惟是江湖遠去。秦郵近。也曾誑我剔寒燈。想你爲囊劉郎。英氣振。又要我刪盡娥眉。惜誓文。（乙凡）萬一天塡。恨海平。羽岑安穩貯雲英。仙山樓閣。不是尋常境。好與你重話京華。送我情。誰料鳳泊鸞飄。別有愁。妾將花草。夢蘇州。自係江湖流落後。正有負却美人當日。錯刀投。今日空山徒倚倦游身。臨風長憶縞衣人。香重烟輕。魂魄冷。異似睇鸞。縹渺身。此後春寒重有誰來問。唉。問句天何忍。使我銀燭心多才有淚。寶香字斷更無痕。（白）今日青松心事成無賴。頑福甘心護虎邱。我只有長替梅花深頌禱。明年何遜守楊州呀（合尺滾花）辛苦癡懷何用訴。知與你同生無份。惟望自鋤明月。日後葬你梅魂。憶從頭。訴從頭。沒個商量。除是和愁等。（收）祇惜是。九宵一派銀河水。終是流過紅牆不見人。

169. 花落蓬江

小明星

（雨淋鈴）迷迷惘惘。負了春光。凄楚蓬江。（雙句）復到已滄桑。（收白）噫。我爲訂鴛盟收髗骨。今日傷心人再到蓬江。（二王）江水深。江水寒。依舊當年春景況。却憐夢不見紅妝。心惆悵。意徬徨。棲棲芳草斜陽巷。花落樓台滿繡床。細味剩粉餘香。不覺爲玉人。神往。（序）空使檀郎心想愴。（轉小曲鬱金香）燈照淚珠光。噫愛妹已云亡。（士合士合）誰與共唱歌。歌唱醉畫堂。誰與共唱歌。歌唱醉畫堂。心已碎。徒怨碧蒼。此後莫吟風月句。想念半生情。愛實難忘。（食忘字轉二王下句）忘情那得如太上。倘記得名花情重。一任粉蝶。猖狂。（序）情愛味如糖。（轉流水南音）又記得明月共醉蓮花舫。賞識新成巧樣粧。爲折玉簪把雲鬢傍。豈料我歡娛一夜便買歸航。（苦喉）更苦無情烽火南天降。致使名花飲恨落蓬江。舊日樓台空再訪。空再訪。（轉乙凡二王）恰値落花時節。苦煞了前渡。劉郎。倚欄杆。魂欲喪。傷心情網已難逃。今日更難逃。刼網。只道未老情天完舊約。誰知鐵蹄過處。忍教花落。人亡。可憐佢弱質柔枝無力抗。又恨我護花難覓返魂方。卿呀你曾葬落紅。今日我把葬花。人葬。（中叮轉走馬）前負錦繡願望。因緣終歸刼海翻作浪。（轉秋江別）眞傷心。死別會無望。吁嗟浪蕩。分散分散比翅鸞鳳。縈念卿卿。痛煞孤戀癡郎。棲草荒崗。卿魂你可安。又安得愛嬌卿今夜夢裏歌唱和玉郎。舊景況。你歌習鳳求凰。今日舊調悲孤唱。卿應否念吓郎。血淚盈眶心胆喪。（轉反線中板）更莫憶舊時盟。同衾共穴。休計地老。天荒。總是生生死死兩難忘。念卿卿。好比虎吻幽蘭。我日夕憂思。難放。豈料斷腸消息到。悲秋憤恨。苦煞呢個無力。東皇。故此我走闖關。不辭跋涉渡龍潭。（轉士工滾花）但向青山尋骨葬。（介）噫卿呀。我未得相從地下。都只爲有白髮高堂。

170. 流水行雲夢一程

徐柳仙

（小曲流水行雲）同心證。舊歡已恨無處認。杜宇不堪聽。郎衣盡濕血淚凝。（序）有夢不見怨一聲。有恨一斷嘆一聲。獨嗟怨孤影更獨形。（慢板）隔簾笙呼不應。一線天涯。枉說鴛鴦同命。是我無緣。是卿薄命。至今到廣寒深鎖月不明。卿自相思。郎自苦。幾重翠幕。似隔萬里長城。憶卿卿。淚盈盈。又憶起玉樓天半起歌聲。歌訴幽情。勸我莫如。必正。獨影搖紅人半醉入郎懷抱。囑我莫負雲英。會幾何。緣又斷。只爲禮關防未許天台再認。（小曲採花詞）過去溫馨。念來自覺心冰。任前程。萬縷嗟。渺渺無定。恨聲嘆聲。恨聲嘆聲。一朝春盡。怕負了郎憐卿。變作負卿。風流撫得斷腸淚深歸。休想怨薄情。昔夜並頭蝴蝶影。可憐今夜嘆伶仃。怕只怕環境迫人。呢一對鴛鴦難活命。（滾花）嘆一句行雲流水。又夢過一程。

171. 春到人間

（旦流水行雲）奴心放。伴君泛掉湖裏蕩。（生）桃花照水兩岸旁。好似對鏡臨妝。（旦）往日心裏盼春光。而今滿目錦綉已春光。萬花放。蜜蜂替誰忙。來來往往。升升降降。弄花瓣。用花製蜜糖。（生西皮）糖般滋味。雙雙飛。飛翔到遠方。造蜜糖。挹芬芳。（旦）歡欣呢快樂怎怕忙。莫負大好春光（滾裏曰）你睇百花如錦。蝴蝶雙飛。眞正歡欣咯呀。（生西皮）鳥語花香天氣爽。我地搖蕩仿。（旦）滿林芬芳。俏倚郎懷傍。險絳。不禁熱情奔放。自羞似鳳凰。並翼衾裏藏。（生二王）今日我兩遊春。亦比蝶兒。雙傍。更比鴛鴦戲水。比翼池塘。嬌你貌比花嬌。豔勝杏桃初放。你睇百花失色。因爲嬌你在傍。（旦）自顧蒲柳之姿。君勿巧言輕放　賓蒙君不棄。經已心感檀郎。（何日君再來）百花含蕾又放香。折枝花送檀郎。慶幸時常伴。（生）怕你妒花伴郎旁。不若將花轉送嬌。留爲你鬢邊旁。（旦）怕君你時常笑奴話你此花竟退芬芳。人溪似花樣。（生）嬌你對花還豔芳。同豔陽開放。（旦滾花）噎吔吔君你信口雌黃。（龍舟）心歡放。度春光。我地夫妻恩愛。甜似蜜糖。君你作客多年。異鄉往。今日返家團聚。感謝上蒼。（生）我自知有負嬌妻。更把青春埋葬。記是新婚十日。我便別却閨房。實辜負蜜月風光。我亦凄凉心愴。不過爲貪名利。事業必忘。一去多年。不計夏來春往。累妹空閨獨守。我眞係愧對紅粧。尚幸今日滿載榮歸。此行不枉。此後家庭福享。常伴閨房（旦中板）我怨郎君。當日重利輕離。不顧我凄凉。景況。最可悲。我怕見陌頭柳色。與共蝶戲萬旁。每夜間。寒衾獨擁。遊人懷念。不禁傷神惆悵。苦相思。蟬圓虛度。怕見月照牙床。今日君你夜錦榮歸。使細訴檀郎你嘅罪狀。（生滾花）冷淡溫柔罪過。我甘受亦何妨。我願伏罪粧前。任你怎責罰呢個薄情漢。（旦唱）啫呀我要君你永伴粧台。重要溫柔貼熨。有時重要學畫眉張敞。時常服侍紅粧。（生戲水鴛鴦）眉心放。同我望。立刻應允何妨埋當。陶醉溫柔鄉裏。甘把青春葬。歎今生不作封侯望。願愛卿休笑我癡情狀。睇見嬌眉羞答答聲細細雙眉放。（旦滾花）願君此後護花有責。勿再冷落閨房。（生）我已利就名成。又何怕學那畫眉張敞。（旦）但願好月能常圓。（生半句）願作春蔭護海棠。

172. 文素臣

妙生　環仙

(落更介)(色一才旦起小曲剪剪花)我情迷惘。閒卸晚來粧。抬頭偷偷望。細細把檀郎看。佢丰姿賽潘安。勝潘安。(轉士工慢板)眞個風流倜儻。我悄解了了香扣輕卸榴裙。情懷脈脈。影背。銀釭。小芳心。如鹿撞。不覺羞凭牙床。(轉滚花)低垂鴛帳。(一才收白)初作新人羞且怯。欲呼郎處怕驚郎。噎。都唔知點好。(二更介)(生假公白)我我我好醉呀。(開邊起唱醉酒頭段)夜來飽醉。夢到高唐。忽覺陣陣蘭麝。陣陣幽香放。心底欲狂。(過序轉唱士工慢板下句)此身疑入。廣寒。我擦擦雙眸。更把銀燈亮。只見素粉紅脂。迷離。枕上。(拉腔的的撑一才)(卽起叻叻古沈腔滚花下句)噎吔東何來佳麗。並枕聯床(一才起唱蕩舟)又來問。好嬌粧。講出眞相無妨。我深悔傾樽。飲個盡醉事全忘。今宵何以。半夕糊塗睡綉床。(拉合子腔轉龍頭鳳尾過短序生揷白)小姐。點解我唔會入左來你個房闢呢吓。(旦接龍頭鳳尾)噎。我欲待講時唔會講。(尺)(生前腔)小姐你欲吐還茹乜乜乜野事。(士)(旦前腔)眞係遮身無地把身藏。(六)生前腔)你直言相告也不妨。(合)(旦轉唱合尺滚花)君呀。你且聽我講明眞相。(上)(隨卽起唱上雲梯)記得救嫂恩高義日況。我哥哥。感你仁義廣。苦心配鴛鴦。請君休笑奴淫蕩。今晚同羅帳。心傾向。(食住向字轉二王)向君剖白。莫怪自荐。輕狂。(序)廉恥我未全忘。(曲)都是嫂懇兄求。的確係情非。虛妄。(生轉唱二王)須知婚姻大事。豈可兒戲。荒唐。無問無媒。何異桑間。濮上。又況未曾稟命。白髮。高堂。若果救嫂償姑。笑煞英雄。好漢。施恩受報。不是豪傑。行藏(催快一點)負却一片深情小姐你恕予。無狀。慚非佳侶。奴餘留待。東皇。不少才子風流。卿你求凰。別唱。(合尺滚花)小姐你汪涵海量。恕予無胆入情場。今宵情事付烟雲。請你莫留印像。(旦白)唉。(半音相思)哪呀哪呀……有若情天霹靂響(轉長句合尺滚花上句)心悲愴。意凄涼。醉盡心肝斷盡腸。又似無情劍刺芳心上。虧我癡情偏遇鐵心郎。雙飛比翼成虛想。(士)苦煞那有心神女。恨煞那無夢襄王。莫非姓名未註鴛鴦榜。姻緣漂渺本不詳。可憐好事成魔障。此夜何曾結鳳凰(尺)自怨自傷。(合)不若當堂命喪。(上)(先鋒鈸生急曰)咪咪咪。(連環西皮)卿休悲愴。(重句)那用徬徨。容當細想。(沉腔滚花下句)噎吔吔你且把念頭放下再商量(一才收掘清歌)見你梨花帶雨我亦不禁心傷。何忍焚琴煮鶴。我豈忍鐵石心腸。我並非故作無情。把婚姻推躺。自有苦衷難告。恨不得剖示心肝委曲蛾眉。我自知罪狀。卿呀你且抹乾眼前珠淚。再莫痛哭悽惶。(旦白)唉。君呀。(起唱反線中板)今晚耳鬢廝磨。鴛枕上。誰則。空情猶未。身已屬檀郎。我非比楊花無緣。隨風向。恨作枝頭紅杏。道東牆。妾亦陋質自慚。不敢望酬和唱。所謂瘦影寒鴉。未足比鳳凰。郎呀我所望非奢。但願如妾想。許我晨昏伏侍。得到偏房。妾騰甘居(轉滚花)豈敢居然作儷伉。(生三脚櫈)聽佢陳詞宛轉。感動我心房。佢願作小星。可謂情深一往。任你心如鐵石。都變作惜玉肝腸。卿呀你休再心傷。莫多惆悵(轉七字淸中板下句)我自然不忍。負紅粧。今晚鴛盟。如鐵案。海枯石爛。誓不忘。卿你玉潔冰淸。(轉滚花)留待花燭良宵。至把定情歌唱。(旦長句滚花)何幸逢門陋質。得在君子身旁。不枉我生死傾心。得遂奴奴癡想。但願情郎妾義。地久天長。綰紘同心。情絲千丈。(生滚花下句)今夕只作掛名伉儷。有日作比翼鴛鴦。

173. 三月杜鵑魂

蔡健忠
梁灼霞

公義

南北雜貨號

專營

廣東土產
著名燒臘
中西罐頭
南北海味
蜜餞糖果

總號
武昌路四三一號
電話四四六七四

分號
浙江路四〇八號
電話九五九五二

電話購貨・服務迅速

備貨充足・歡迎選購

（旦唱新曲胡不歸）儂心酸。儂心酸。喚君愁。癡心凄戀情非淺。太慘酸。太慘酸。喚君憐。相思徒嗟流恨怨。鴛鴦碎斷。魂歸血灑付泣鵑。冷月悄圓。憐儂。破心凄斷。太慘酸。太慘酸。銷曳殘陽冷寂然。冷寂然。淺念相思情凄酸。情凄酸。（的的士工慢板）離恨人。相思地。芳草斜暉。人候當年情燕。子規啼。正是落花時節。伸魂零落。底事憔悴流年。望迷遠。柳籠煙。又怕秋水天涯。我爲郎歸嗟怨（拉腔高句收五搥滾花下句）又是桃花泣血。更覺逝水堪憐。惑煞春訊無情。那管落花腸斷。莫問魂銷三月。長爲故燕凄然。又未知。守蕭郎。肯綫相思人見。（介）驀望遊鞭逐絮。奴自喜上眉尖。（生揚州腔南音二流）春歸燕。逐香研。花落迷途粧樓遠。情思悄悄。零落誰憐。白楡天。鵑魂怨。撩人三月。客歸旋。往事低徊。總覺斷腸寸寸。暗情牽。香草怨。天涯人隔兩凄然。踐約難忘。何處桃花人面（滾花下句）踏從舂兒步荒村。（旦充頭起中板）怕聽春歸人嗟怨。是否郎憐。秋水。盼望穿。（生接）妹你瘦却丰華。應怨爲郎損。我也癡魂歸夢。頻爲繞糊前。（旦接）故劍應憐心不變。我却愁瘦損。（轉二王下半句）謝君你花落還憐。（生接長二王）絮花天繫日多情燕。不堪回首話當年。當日人笑杜鵑。多愁怨。今日杜鵑還笑。唉我夢成煙。踐約蕭郎。謝妹你慇懃候見（旦接下句）眼兒酸。腰兒軟。春歸人約候郎旋。知否我嫁後時光。多懷怨。念郎狀況。更覺心似梅酸。雖則頻頻踐洪橋。都總怨天涯一線。（生木魚）青衫翠袖。枉作情牽。正係蕭郎陌路。倘有何言。彩鳳多情憐凄燕。愧我天涯淪落。依舊寒酸。妹呀未斷相思。盡付歸來一見。（慢板下句）又怕當年恨債。化作斷碎無存。（旦中板）唉凄訴君。三月啼鵑。撩起我柔腸寸斷。又怕寸斷柔腸。無緣爲君候。使你玉碎芳年。長掛牽。冷燕癡鸞。無奈相思莫見。兩癡心。猶幸春雷未斷。杜鵑啼血喚君旋。（生接）杜宇凄涼人瘦損。又怕紅顏念煞。我呢個陌路凄酸。當日恨別銷魂。估話萬難再見。誰料傷情此夜。使我欲語無言。（旦三腳凳）今日遊子情牽（猶腸念相思冷燕。年年今夜。故地歸旋。唉我迴首當年。（轉滾花）不禁肝腸斷。也知蕭郎你抱恨。怨嬋娟。

174. 孽海情鴛

徐柳仙
張玉京

（襄王南音二流）離恨天。香草怨。垂楊拂絮曳風前。啼血杜鵑寒食怨。愁雲悄月。孤客凄然。柳含烟。漫碧鈿。未管霜華和露染。今夜幽墳祭奠淚涓漣。一點相思。儘爲香魂。奉獻。掛金鞭。勒紫轡。凄絕誰憐魂夢綣。踏尋碑碣。總覺低徊魂斷。（白欖）腸寸斷腸寸斷。天涯芳草葬嬋娟。薄命癡郎偷泣奠。亡魂何處踏碧茵（重句）（二王）劇憐相思人渺。幽塚。埋寃。棘草荊叢。眼底孤墳在見（哭相思）唉罷了我地嬌呀（滾花）癡心碎斷。哭祭嬋娟。血渡涓漣。翻覺天旋地轉。（神女小曲胡不歸）儂心酸。儂心酸。爲君憐。癡心凄戀情非淺。太慘酸。太慘酸。爲君憐。相思徒嗟添恨怨。鴛夢碎斷。魂歸血灑付泣鵑。冷月悄圓。憐儂破碎心凄斷。太慘酸。君奠儂墳兩淚漣。兩淚漣。此夜凄傷儂心酸。儂心酸。（乙反二王）天荒地老。猶幸有一會之緣。（正線）不忌玉樹臨風。輕把癡郎喚轉（襄王銀台上）夢巳亂。身似鴛輕烟（手托）隱見舊愛心更酸。嬌你物化惹王念（神女接）夢得綣。幸有七天（二王）眞誠天憫。賜讀此未了夙緣。碧海青天。我嗟君會難。久綣（襄王白欖）心也酸。意也酸。貞魂長駐奈何天。我愛嬌出至誠。癡心原一片。當日春心撩逆後。今日空悔誤嬋娟。不過情重比金堅。自問踰規非蕩檢縱有摧花嫌。實存惜花念。嬌情倘未斷。當有諒郎先（重

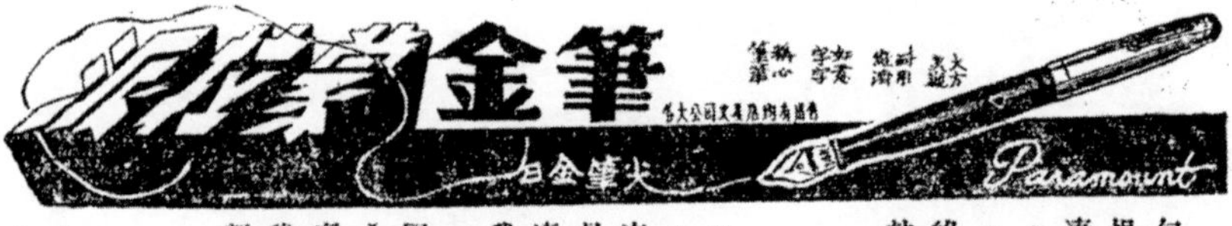

句）（神女接）夢成姻（重句）人間愛戀隔雲天。摧花奴未怨。只怨背約誤嬋娟。誓信等閒言可嘆男兒心實險（重句）（王反線中板）恨無邊。生憐死愛。呢一對苦鳳。孤鸞。悔摧花。酒後歡愉。憐妹你白璧。郎玷。訂白頭。終逾約。惟恨國事。羈縻。覩遺書。披露凄悽。嘆一句紅顏。遭天算。（神女接唱）淚盈眶。腸斷幾。更不堪重溯。當年。縱偷生。郎你信渺音冥。我比秋深。紈扇。意難遠。于歸別聘更難奈此制薄。親嚴、（正線滾花）嫁杳有期。難待檀郎歸面。殘生了却譽保節烈紅蓮。唉我未死貞魂。更未死靈犀一點。（襄王滾花）恨我登天無術。難伴此緣世嬋娟。若得使入夢頻逢。寧我壽齡減短。（神女白）唉君呀（滾花）天憐苦眷。許賜七日緣。暮暮朝朝。郎呀你莫愁緣淺。行雲行雨。奴司至上威權。十二巫峯。君呀我地何妨遊遍。（介）（襄王）此際顛魂倒夢。且作眷效神仙。

175. 草轎驚夢

徐柳仙唱

（合尺首板）人在天涯同此月。（打掃街小曲）夢隔一方。半倚孤床。相思繫不放。唉吔更闌玉漏寒。（戀彈二流）怕憶起離人苦況。抱新愁。撩舊想。教人想斷九迴腸。一般月。兩宵情。卿在西廂。我在他鄉。問嫦娥。昨夜今宵。可是團圓一樣。（上雲梯）悄撫青襟倍恨悵。染脂香有鸞鳳想。祇望他朝御征鞍。西廂守約人無恙。卿我會向瑤台上。（二王下句）郎原舊壻。卿作新娘。可奈西廂月。移照草橋霜。夜夢驚迴。愁得我幾番惆悵唉我意馬北騁。心猿南向。怎得心隨明月。夜夜飛往。西廂。孤鸞獨宿。何曾慣。客舍凄涼夢短長。何日得同衾共帳。（清歌）一念到西廂雲雨。狂斷肝腸。祇道並頭花永放。豈料難瞞夜雨洩春光。約法三章諧伉儷。等我金榜題名始。賦洞房。一聲珍重就把驪歌唱。伯勞飛燕。恨煞利鎖名韁。昨日離筵設在長亭上。小姐呀。你淚珠和酒。獻與張郎。（（反線中板）正是斷腸相對。愁顏向。牽衣無語。咽淚擎觴。佢戒我休萌。薄倖想。重話鶯娘可負。負不得紅娘。（正線滾花）祇因他是撮合功臣。每祝情鶯無恙。（平湖秋月中段）念離情。念愛況。心碎心傷。嗟莫前生今生賬。他鄉。他鄉。相盼望。隔斷巫山心飛往。唉可嘆月照空床。受難眠苦況。（士工慢板下句）尙記臨歧誓語。訂個地久天長。祇願早日榮歸。長偎傍。花燭良宵。了却癡人。舊想。洞房春。諧好夢。合歡筵畔。我地痛飲。一觴。誇折桂。玉斧長。月殿龍門。自有雲梯。千丈生花筆。文章眞有價。看我春風報捷。得意。宮牆。（減字芙蓉）正是藍袍惹桂香。名登龍虎榜。玉樓紅粉女。笑待綠衣郎。個陣嬌客臥東牀。西廂留印象。新婚人久別。衣錦入柔鄉。（滾花）我今曉幻想歡娛。聊慰我一時惆悵。（介）祇願天下有情人都成眷屬。賣盡凄涼。

176. 天涯何處覓芳踪

徐柳仙唱

（禾虫滾花）心悽怨（重句）懷人怕對月華圓。心間苦念多情怨。傷感何勝猿啼。長對金樽幽難把我愁城消怨。唉心慘酸。情慘怨。柳岸鶯啼實可憐。風弄何聲愁緒亂。又怎得青絲紅線繫歸鸞。（二王）月晦天邊。天涯訪遍。花國名香。我都已無得見。昔日長亭折柳。嬌呀你勸勉勿流連。又見梧桐葉飛飄。更重隨風而捲。但願捲將愁恨。付與薄霧。(士工慢板)雲烟。(反線中板)望長天。皓月空圓。知否我人間。多情怨。負多情。呢個嫦娥仙女又不甘寂寞花前。我捷秋闈。買棹南歸。失了多情紫燕。我又恨。至令名花冷落。反憎我薄倖名傳。我訪天涯。未知燕子歸蹤。空教鐵鞋踏遍。(滾花)又只見重來崔護會無緣。怨又愁腸千百轉。(介)但得深宵魂夢。夢嬌呀你粧前。

177. 名花飲恨

艷情名曲

簡明

(詩白)一代名花花有恨。花開花落有前因。花自飄零人自苦。問誰甘作護花人呀。(平湖秋月)茫茫恨海喚奈何。慣受此折磨 倩誰替扶助。助我結絲羅。是誰過。悞我歲月蹉跎。絮向坭墮。青衫啼痕淺雙蛾。何從訴說愛思。現今知錯。悲淒悲淒嬌態無那。誰慰我飄泊罪孽之河。寒虫相和。裂却歌衫斷腸淚多。狂蜂。狂蝶。纏我。夜夜徵歌苦心嘆存何。(南音)何去。何從。花開過。闌珊花事。淚痕多。花月。有情。增淒楚。好花難久。不禁消磨。(紅豆子)淡掃胭脂。莫覩往年花嬝娜。愁對着雙星渡銀河。(士工慢板)至今我青山。鬱鎖。流水落花。人間天上。傷情觸景。不盡感慨。吟哦。秦淮月。章台柳。旖旎烟花。惆悵青春。等閒過。解語花。花有淚。呈嬌獻媚。強作歡笑。溫和。(中板)薄命花。飛絮天涯。自愧朝秦。暮楚。花正開。却被狂風折。原受環境。折磨。(小桃紅)粉拋疏。棄綺羅。鑄成大錯。錯在當初。誰憐火坑蓮墮。(二王)花國中。擅清歌。陵少年。爭纏頭。曾教豔名。騰播。十三學得琵琶成。裝成每被秋娘妒。反累我永墮愛河。(石榴花)想起奴當初。聰明誤我。犧牲色相。懶描雙蛾。選入銷金窩登歌壇寶座。歌音嗚咽。淚墮聲和。(二王)誰知我強笑承歡。實在內心。酸楚。紅箋夜夜。無非是假意情多。(戀壇)堪悲白蘭縛青娥。春陰乞惜。護嬌娥。嘆知音問情有幾多個。(詩白)唉。正係生無可戀甘爲鬼。死尚能燃願作灰呀(滾花)芙蓉帳下。樂得一夢南柯。

178. 慘綠

小明星

(打引)慘綠惟憐桃樣命。唾江長惜花前冰。(反線中板)最傷心。一樹梅花影。啼妝病態。書難成。碧桃小朵。負我初誓定。徒倩題詩。記定情。往日歡娛。如夢境。大抵折除恩愛。是聰明。(合尺滾花)今日庭樹陰陰。苔滿徑。怕看遊絲飛絮入窗欞。池館蕭閑。無復平時豔景。只嘆幽花零落。午夢頻驚。(二王慢板)夢如烟。不可尋。惟向漢水荊山。金環。再認。念從前。閒坐愛新涼。殷勤話水鄉。美人如月。依然眉語。盈盈。惠山泉。味同嘗。說是幽人。清興。扶殘病。望西冷。蘭氣一絲腰半束。風神未減。雪樣。聰明。書玲瓏。最淒人。依舊玲瓏樹影。吟幽砌。繇人尤伯。個種嗚咽。虫聲(苦喉)雙樹手栽憐並活。一花先謝忍重看。又是淒涼光景。早知一病無醫法。何苦三生種夙緣。今日已埋花解語。斷腸春色惟似。青陵。(合尺)怯重薰。沉水香多。已是爐烟絕影。曾共苦。禁寒朔雪。何堪淒怨。懺東星。忍飢只願餐蛾綠。鏡裏春痕斷遠山。又是終成畫餅。散後天色。參來水月。惜離緒才寬。病又成。

（苦苦清歌）冷暖相依僅五年。不應草草。賦遊仙。問句嫁日歡娛。何太短。猶幸殘時明麗。倍過生前。卿呀今日你為愛九泉。傳誦遍。詩扇還教。手上拈。今日綠琴。絃已斷。任是塵生。我都不願續絃。記得你重典春衫。同我買硯。多藏雪水。替把茶煎。正有旋閨韻事。人爭羡。都話恩愛情深。似蜜甜。問天何事。總不如人願。空說同心。比石堅。細想卿呀你涕淚瓊瑰。將血變。都為離別正有此恨綿綿。舊居一榻。還應戀。慘淡香盆。散藥烟。有陣猶聞。蘭氣喘。欷歔長夜。令我更生憐。點得倩女離魂。歸一見。唉。慰我長思念。再續生前。未了緣。（白）唉。一點花魂。終無覓處。小窗斜月。惟夢來時呀。（芙蓉腔）幽花零落。太息優曇影。使我埋玉人朝。慟不勝。芳雲飄泊。此後知何定。安得月夜魂歸。同話舊情。（中板）詩我詩樓舊稿。重商訂。與我花市清游。細品評。與我對月舉杯。行酒令。與我笑折梅花。插玉瓶。（滾花）誰料彩雲易散。空負蘭心蕙性。才使詞人心緒。好像雨飄零。綺語消魂。何堪再聽。只為買山偕隱。夢曾醒。蛺蝶瘦。路鸞聞。空有廿四花風。無復一雙人影。（收）從今後。祇餘小像。爐香影裏共寒檠。

179. 悼鵑紅

小明星

（中板）鵑紅是我。眞知己。傾心曾賦。定情詩。願為海燕。雙飛去。生生世。不分離。我曾記得。玉樓同凭倚。微茫殘月。聽鶯啼。一寸橫波。多豔致。萬荊妒煞。海棠肥。我猶記得。佢臉上紅潮。含酒意。殘粧睡後。態慵擬。祇道相逢。多笑語。誰知惜別。轉生悲。對景懷人。偷偷怨句。（介）怨句伊人秋水。使我徹骨相思。（慢板）憶去年。問水尋山。策蹇拿舟。遍訪江南。佳麗。莫愁湖。桃葉渡。花浮絮薄。多是俗粉。庸脂。（過板　明湖月色。好夢如烟。眼底春光。我亦等之。流水。脂粉叢中。綺羅隊裏一勾留三月。纔遇。蛾眉。（過板）劉鵑紅。魂麗兩容。是個多才。女子。談句溫柔。冰人冷語。不容風雪。相欺。（芙蓉腔中板）惟與我一見情投。佢就留髡醉。豔歌來唱。為我度新詞。總係彈龍琵琶。滿巾淚。怪不得話一例傷春。係個的小女兒。佢重誓託終身。願為連理樹。同衾同穴。牢縛情絲。誰料離緒催人。終須歸去。所以送君南浦令佢鎖雙眉。（滾花）前日曾聞。佢病由愁起。虧我一聞消息。唉。哦就恨身無翼。飛到蘭閨。我耳畔又聞。佢有音信至。（介）等我剖書來看。睇吓佢病體何如。（二王首板）讀遺書。痛鵑紅。心腸。寸碎（嘆板）落葉涼蟬都成哀響。情淚頻揮。可嘆佢命薄如雲。身輕似絮。才不偶命。運不逢時。我都要默告芳魂。唉卿呀你魂兮來此。（介）等我長歌當哭。臨風灑淚。一悼芳姿。（清歌）流不盡眼淚。哭一句我地鵑紅。你死得咁淒涼。有邊個知道你嘅苦衷。我讀罷你嘅絕命書。詞心係好痛。問句東風何事。咁不相容。今日回天無力。我重點叫得係眞情種。采筆江郎。眞係賦杜工。唔怪得人話離恨天無。歡喜果種。同心人郎。係可憐虫。想你茗碗藥爐。我都唔知道你咁病重。若言知道。我一定到你中閨。唔使你臨死心係咁唔安。賴話我冇用。估話我係個個薄倖王魁。噉就怨恨萬重。所以今日要大大哭過你一場。等你知吓我情義係最重。免你九泉之下。重鬧我係個採花蜂。呢陣已醒蛺蝶。生前夢。誰縛春蠶。死後絨。我只怨牆角殊牆。無力護擁。至使網得明珠。上秀亦空。但得你芳魂入夢。肯話來時共。就係人鬼殊途。我亦怕乜嫌遺。卿呀。做乜我哭到聲喉嘶破。你都好似全唔懂。唉。我又怨句。天佢將人弄。試問魂兮何去。是否眞係化作鵑鳥啼紅。（白）悲歌一曲悼鵑紅。鵑紅無語我啼紅。眞是情太纏綿緣太短。五更殘夢落花中呀。（二王慢板）黯情飄。幽諸響。各處黃昏。各樣悲人。聽怕。未是秋來先已冷。一樹相思影。一場恩怨猶未分明。碧雲高。良夜靜。樓在花陰月在陰下等。燕子夢長春欲醒。四面青山應。對殘金縷情淚。盈盈。豔歌新。最消魂。就是當時。情景。獨惜不易相逢容易別。休云唔葬。自鍾情。貯阿嬌。金屋徒誇。鈿合金釵。空有證得成比目何妨死。不必芙蓉。更有城。合歡裯。從今後。我怕春光斜映。往事思量哭笑難。聚來頑鐵從頭錯。哀情。誰平。多情不偶。賦命原奇。轉怕雙雙兼並。今生豔福嘆難齊。怎學裴航有幸。得遇。雲英。我猶愛他。春在眉痕香在肉。身如明月。又有幽蘭。心性。熱腸堅似石。冷語聰明。今日少鳥一聲歸去也。知他天上是人間。祇有來世因緣。再訂。知今爾爾。還說甚名士。傾城。（滾花）歎今日傷春無語。人歸寶鏡。幽夢有痕。香衾酒醒。望天際彩雲。迢迢為影。神仙原咫尺。何以總無聲。留得銷魂染下相思症。生無可戀。我都願死去隨卿。歡喜地信步每來。怕見落紅滿徑。（收）惟有重簾深下。懺我癡情。

180. 戀痕

小明星唱

（中板）柳梢頭。淡月朦朧惹起我舊時。情事。紅牆裏。清流暗繞有一位嬌媚。女兒。記年前。偶遇在花間似有情絲。暗繫。乍通情相逢恨晚。我自甘低首。拜娥眉。兩無猜。為學新詞。屢屢依入。問字。荼蘼下。羅衫薄薄嬌聲輕唱。個首斷腸詩（乙反）晚風涼。送過梨花影盪罷秋千更把纖腰。斜倚。鬢雲鬆。香汗冷。嬌紅欲滴綠雲繚亂燕釵垂。此際無言。相看帶笑。惟見落花。輕着地。水潺潺人寂寂。驚回幽意竹間聞聽。鷓鴣啼。玉樓中。燈影下。細語簾前命道是天涯。知已。講到情深處。輕嘗櫻顆我暗握。柔荑。掩羅巾。媚態撩人曲曲眉梢帶着了凄凉。情意。佢輕言道。生本名家女。願終身相託。莫相違。我本多情。更聞此語便把閒愁。惹起。樓影深深。月明似水。此時情緒除却天間明月。都沒人知。千古恨。月有陰晴人間離合情至便遭。天忌。從此去。片帆輕浪天涯一別。動相思。（反線）悶損人。那夜離時欲住也留無計。胭脂啼濕。深淺粉面。依依攜手暗自相期。（慢板）到今日。故院重臨。芳徑苔生空自泣殘。清淚。爭無那。幽人已渺多情夜月猶照。落花飛。獨徘徊。暗谷流紅尚想當年。風緻。柳陰曲。臨流弄妝影。望殘煙草。正低迷。寒泉畔。譜新詞。生嘆紅顏負有天才。絕世。楊柳堆烟。疏簾月暗。唉戀痕依約我那堪重話。小樓西。憶離時。淚滿雙眸。哀怨依人別際。言猶在耳。誓生生世世此情無二拚將紅粉。待郎歸。春如舊。人歸後。花落花開我別語今時。猶記。重門靜。層樓迴。徘徊惆悵忍看簾燕。入羅幃。觸此景。傷舊情。滿眼烟絲無限淒涼。滋味。袖香寒。芳訊斷。塵緣易絕天涯何處。覓幽姿。（芙蓉晚中板）到如今才道多情自是多沾恨。更想望穿秋水。斷海棠魂。失約歸來生負了燕釵蟬鬢。荼蘼影裏我淚染羅巾。畢境情多我誤却了多情紅粉。舊時幽夢。已逐香塵。初見時一點靈犀便兩心相印。想必是結下前生未了因。花影依依我來向花一問。為甚名花總不屬惜花人（二王慢板）風送香來又見落紅。飛陣陣。堪嘆空裏浮花。夢裏身。碎離愁一片輕風。搖竹韻。畫樓西畔杜鵑聲苦。不堪聞。處處飛花又是惱人。寒食近。星星燈火又送黃昏。（滾花）此際重有時情。情誰共話。舊時明月。又照紗窗。新月纔堪照獨愁。却又照那梨花落下。此後尋消問息。怕誤盡了嬌小年華。

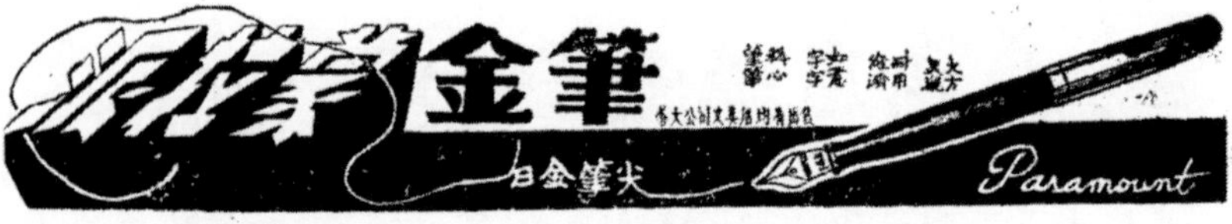

181. 乞借春陰護海棠

小明星唱

（二王首版）明月多情。應笑我。（南音）笑我微微吟草。斷腸多。怕種下情因。成了恨果。才人病後。眞係壯志易消磨。自係綠梅花下。卿逢過。我愛佢秀髮明眸。粉玉搓。脂唇豔似櫻桃顆。佢殘紅欲葬重荷着花鋤。檄討風姨。頻囑我。護花宜努力。莫要輕疏。佢有陣長宵不厭。薰香坐。都爲欲乞題書。半尺羅。記得睡中喚起。眉心鎖。枕稜墜髻。笑倩郎梳。歡態每來。驚處可。撚帶無聊。又憶翠蛾。腰肢解舞。猶婀娜。動人無那是橫波。可憐密雨。佳期阻。不覺低徊。喚奈何。而今才道當時錯。未及鴛鴦競一窩。凄迷心緒愁無那。好比燭珠紅淚滿銅駝。聞道玉人思念我。夢中常喚好哥哥。幽情怕被人猜破。強作無愁。未敢斂翠蛾。曾記露叢愛去尋幽朵。花如人臉。豔上梨渦。有次欲學湘雲。芍藥花間臥。嗔忽無端。恨我半語訛。嬌羞不肯來饒過。才令我臂彎零亂指痕多。明朝翻把人瞞過。又不許檀郎捲袖羅。正有豔景消魂。顚倒我。爲卿情重。好似中了風魔。誰料離歌忽唱。就把關山阻。怪不得話由來好事。（二王）係慣。蹉跎。斷腸攜手。何事匆匆。使我眼底乍抛。人一個。嘆今日。客窻滋味。棠娘長憶。叵奈。愁何。書來蓬島。門隔桃溪。幾日心情。酸楚。望若仙。疑爲夢。薄福難消銀燭下又是離人。受折磨。悔從前。領略嬴。負人。負我。從此後。風情減、都爲婺姊無端。住隔河。透紗廚。素馨花氣。事事堪人咒咀。憶漫漫。悲悄悄。未容題札。慰嫦娥。雨到殘時。酒當醒後。淚零枕畔。愁病裏等閒。輕過。花落鷄啼早。柳暗鶯啼老。樓頭玉笛更惹。別愁多。影也無從抱。夢也無從到。山尖眉瘦。可奈愁黏。病縛何。無意緒。話偏長。怨別愁離。你重柔嘶。細哪。爲郎愁絕爲郎痴。更怕郎愁不遣知。你又丁囑寄書人語我。你話玉兒歡笑。依然如舊。何曾珠淚。濕衣羅臨行記得語依依。收拾杯觴莫睡遲。都算眞心。來愛我。今夕客窻孤獨畔。漠漠難尋路隔烟。惟有細自。吟哦。捲重簾。花映月。意緒微茫。更是寂寥。難破。對海棠。思傾國。未得掃黛晨供。十斛螺。怕只怕。不成春。海棠。已過。我都要綠章夜奏莫蹉。蹉跎。（白）爲愛名花抵死狂。祇愁風日損紅芳。綠章夜奏通明殿。都要乞借春陰護海棠呀。（中板）海棠庭院。獨自憑欄。望風。憐想。彈出空候難寄恨。都爲長憶呀。我地個個。棠娘。今晚夜。月色溶溶。更値海棠。初放。因此我。對花憶豔。願燒高燭。照紅粧。你睇燕子不來。春又半。落紅陣陣在春。泥葬。一簾花雨。又惹起我恨事。茫茫。還鄉約。尙羈遲。更添。惆悵。至令驚殘蝴蝶夢。使我離愁。芍藥長。花正好。總係最愁人。凄涼旅況。今日胭脂無可寄。只有關心到海棠。花呀花。你在欄干外。我都願橫陳。錦障。免愁風日損紅芳。我重要。草綠章。夜奏通明。望個位東皇諒。許我春陰借。無愁夜夜狂。到此時。風韻合嬌。如對玉人。無恙。錦爲天。繡作地。何愁老去。韶光。膩有痕。嬌無力。淸夜宜人共賞。才免我。豔骨看成瘦。至令芳心稍自傷。雨泣烟愁。難學曉霞妍放。擎使我臨風惆悵。對垂楊。（滾花）但願幾日陰濃。如我所想。三春借暖。替花呀你扶將。綠綺春前。花宜作帳。等你海棠一睡。任得高士評量。個陣我梅聘海棠。不用天涯搔首望。（介）與仙爲膩友。長伴紅粧

182. 鳳兮

小明星唱

（巾板）絲陰滿地。紅闌悄。離魂入夢。倩誰招。淚偷零。只爲別後心期。和夢杳。殘更目斷傳書雁。夢也何嘗到謝橋。（白）蝶舞愁邊影。娟啼夢裏聲。楊花原不解零。只是被風吹得可憐生呀。（新腔二流）篆香消。鳥啼欲曉。無語凝愁。春燈紅小。銀墻月度。醒醉也是無聊。（合）爲問東風。因何料峭。使我春來。金閨夢繞。仙妻難面。枕上怕聞啼鳥。（上）（二流）誰爲玉人傳近咏。（滾花）慰此可憐宵。（小曲）仙娥結束學嬌嬈。種下了歡苗恨。無鳥鵲替塡橋。願傳言玉鳥。替人關照。錦字寄蘭翹。得桃花含笑。蕊珠宮。無縹渺。錦幃初卷。蟬雲繞。樂逍遙。情多少。倍覺魂消。始信卿心是一條。（二王慢板）傷春人。在平台。開聽鄰家。歡笑。觸起我。相思無限恨。不堪良夜。正迢迢。記得紅蘭四面秋。芙蓉花底水西流。替燒石葉香三瓣。一鈎眉月。把那垂楊。分照。歡場此際。都算我最。魂消。猶記得。護花鈴靜瑤窗閉。共看爐煙。風裊。夜夜深窗同坐。背燈開聽。春雨。瀟瀟(南音)想你華年碧玉。已苗條。把袂溫言百囀嬌。細訴柔情。微帶笑。重話密商佳會。渡藍橋。今日恩情。猶未了。茫茫此恨幾時消。此情待共誰人曉。只有金鳳愁拈。舊步搖。庾郎瘦損。同卿呀你知多少。辜負唱徹陽關。字字嬌。深情翻易成孤悄。密約終難。（二王慢板）破得。寂寥。從別後。到今朝。玉笛無聲。青鸞。信杳。舊事逐寒潮。啼鵑恨未消。心花那得靈台放。卿你眉葉何描。我敗筆描。碧桃花。縱有盛開時。恐已負了劉郎。年少。樹綠陰。花悄……。舞餘鏡匣開樂掩。知你檀粉。慵調。柳舒腰。蓮展步。幾回殘夢。空憐嬌小。並肩密坐。並頭私語何時再見。你羞暈。紅潮。（滾花）。影凄迷望中疑。非霧非煙。只莫被人知了。恨只恨。呢個誇鳳人。偏不姓簫。從此後。文園憔悴。話說甚酒爐夙調。惟有把。一天愁緒。按出瓊簫

183. 梅魂

小明星唱

（合尺首板）煙澹澹。月柔柔。脈脈鴛鴦。眠正隱。（花）獨憐佢湘簾放下。會爲我梢含颦（白）數年華。閒中黯黯。記不起誰恩誰怨。月明滾滿如天願。也終有酒闌人散。不如被冷更香銷。獨自去思千偏呀。(慢板)嗟別夢。醒天涯。獨自凭樓。絮果蘭因。我都要向嫦娥。低問。南國傷纏。西湘怨別。多愁公子新來瘦。都要商量出處。到紅裙。薄倖名。誰肯心甘。猶記水裙。風鬟。不過勞人難得如花恕。只有空王。可諒人。眉意淺。正曉捲珠簾。秋心凄緊。重到曲欄杆。記起人標樣。幾番携手處。玉釧。猶聞。修簫譜。月底共商量。一笑平添。幽韻。鋪玉版。捧紅箋。剛盡劉郎本事詩。昔年詩卷。今日猶駐。精魂。紅燭塡詞。靑綾擁被。春雨同聽。埋却平生。幽恨。言病復言愁。絲絲雲屏下。我已厭言愁。不理傷心話。翻願。嬌嗔。牡丹絕色三春暖。豈是梅花處士妻。原是狂生。題贈。二頃梅花。幾堆竹素。綠珠不愛珊瑚樹。眞是美人胸有。北山文。（白）絕色呀他心未安。品題天女未來難。梅魂菊影商量遍。忍作人間花草看呀（反線中板）我今日。惟有偷將紅淚。彈前恨。願把心香。誓舊盟。安得偶逢錦瑟。佳人問。知否我。注定卿卿

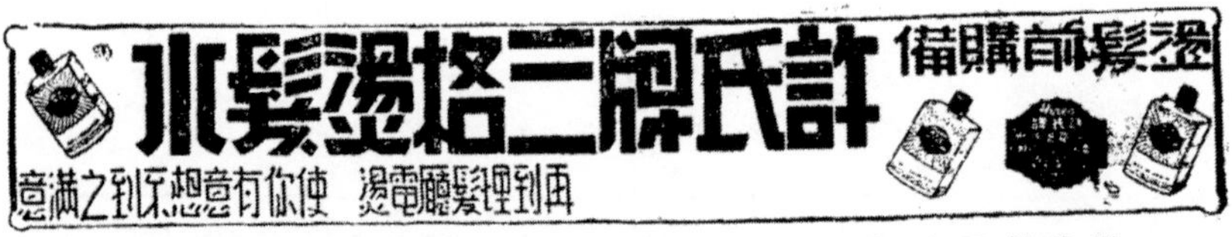

。早己整頓。全神。十一年來。依然是春夢冷。只爲我。征衫不濆禮常淚。才有平生。未報恩。卿呀卿。你是天花又豈用鈴旛。長護穩。分明是。（南音）玉樹堅牢不病身。恥爲嬌啱與輕㜷。惟是江湖遠去。秦郵近。也曾詛我剔寒燈。想你爲冀劉郎。英氣振。又要我剷盡娥眉。惜誓文。（乙凡）萬一天塡。恨海平。羽岑安穩貯雲英。仙山樓閣。不是尋常境。好與你重話京華。送我情。誰料鳳泊鸞飄。別有愁。妄將花草。夢蘇州。自係江湖流落後。正有負却美人當日。錯刀投。今日空日山徒倚倦游身。臨風長憶。縞衣人。香重烟輕。魂魄冷。日似嚟鬱。縹渺身。此後春寒重有誰來問。唉。問句天何忍。使我銀燭心多才淚有。寶香字斷更無痕。（白）今日青板心事成無賴。頑福甘心讓虎邱。我只有長替梅花深頌禱。明年何遜守楊州呀（合尺滾花）辛苦擬懷何用訴。知與你同生無分。惟望自鋤明月。日後葬你梅魂。憶從頭。訴從頭。沒個商量。除是和愁等。（收）祇惜是。九霄一派銀河水。絲是流過紅牆不見人。

184. 故國夢重歸

小明星唱

（打引）秋風庭院鮮淩階。珠簾閑不卷。可奈情懷。（白）晚涼天氣月華開。玉樓搖殿影。空照秦淮。唉。自念四十年家國。三千里地山河。今日一旦歸爲臣虜。眞是沈腰潘。都被消磨呀。（南音）春也去。意闌珊。惆悵黃昏。獨倚欄。餘花歷亂。鶯啼散。相唱楓葉。色如丹。轆轤金井。又是梧桐晚。菡萏香銷。翠葉凋殘。情可恨。可憐國破。不是舊山河。至使篙萊壯氣。空嗟嘆。感時不禁。淚縱橫。今日南國清秋。同夢幻。（轉揚州）難望殿前傳點。各依班。只有籠烟寂寂。金堦冷。重講乜召對西來。入詔鑾。你睇鳳閣龍樓。迷望眼。總係不見黃龍。五色旛。六宮粉黛。多已零星散。怪不話別時容易。見時難。想我金劍沉埋。心已懶。落花流水。負了天上人間。最是人未還時。飛塞雁。唉。眞可歎。虧我流年光景。又要太惜朱顏。（白）唉。雁來音信無憑。路遠歸夢難成。離愰却如春草。眞是更遠還生呀。（何尺首板）朦朧。澹月。雲來去。（重句）（滾花）分明故國。夢重歸。（二王慢板）多小恨。夢魂中。上苑閑遊。依稀。還似。龍馬車水。依然花月。正春時。魚貫列。春殿嬪娥。重按霓裳。歌聲。徹耳。雲一窩。玉一梭。澹澹衫兒薄薄羅。又來低首。峨嵋。上高樓。月如鉤。別來春半。得月池台。空逝水。觸目愁腸斷。春紅謝了。蔭花樓閣。祇賸。斜暉。深院靜。小庭空。身似滿城。飛絮。千里江山寒色暮。玉鉤羅幕。惆悵。暮烟垂。恨依依。羅帶空持。烟草望殘。風裏落花。誰是主。欲尋陳迹。又悵。人非。簫鼓奏。別殿遙聞。眞是動人。情處。泊孤丹。蘆花深處。鳳笙徒向。月明吹。重簾靜。層樓迥。蟬。鳳釵慵不整。知爲君王。憔悴。悠悠哀怨。又便我淚雨。橫頤。在心頭。是離愁。別有一般。滋味。燕支淚。相留醉。重敍。何時。風月一簾。無奈朝來。寒雨。柳堤芳徑。怕見粉蝶。雙飛。香印成灰。綠窗冷靜。誰在秋千。笑裏輕輕。私語。雕闌玉砌今猶在。祇是櫻桃落盡。（轉反線中板）送了春歸。今宵夢。夢影淒迷。憐往事。使我夢回芳草。思依依。月明中。回首何堪。故國風流地。人生恨何能免。天教心願。與身違。上西樓。悄無言。醉闌干。情未已。問何時。清風月滿。重踏。馬蹄。倚畫樓深。昔嗜燭明。滿鬢清霜難禁。愁思。登臨不惜。更霑衣。自生憐。未識干戈。（滾花）纔有今宵垂淚。猶記倉惶辭廟日。別離歌奏。宮娥相對。涕泗橫飛。今夜故國夢回。更觸起斷腸千萬緒。誰慰轉燭逢飄。一夢歸。山遠水重。明年今夜。又不知人何處。眞是爐香空嫋。鳳凰兒。對景難

鴻鈞醫士 功參良相 林森

鴻鈞醫士 神明自通 民國三十六年 右任書

鴻鈞醫師 正之 鍼膏起廢 楊虎

何鴻鈞醫師 存 濟世實多 王曉籟贈

何鴻鈞醫師 惠存 扁鵲復生

仁醫

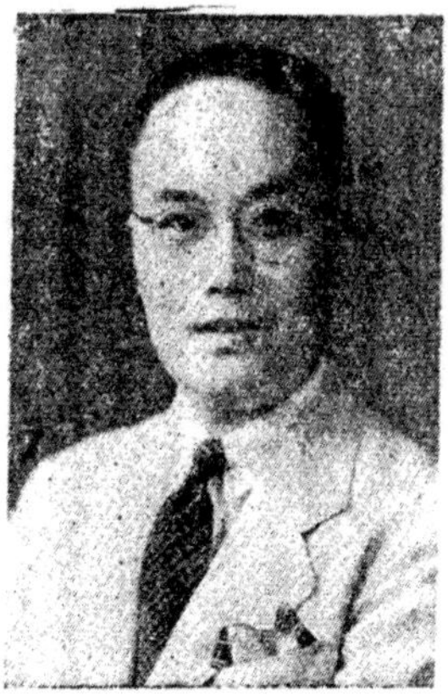

鳴謝 何鴻鈞大國手

鄙人素來身體衰弱於民卅二年春頸部突起一核痛苦異常歷時半年遍請中西醫診治均無效果後由友人介紹求治于何鴻鈞大醫師診治兩日餘核已全消回復健康數年來因環境失于營養前月頸部惹又起一核仍登 先生之門經治數次藥到病除可知何鴻鈞大醫師不獨係跌打傷科專家亦係外科之華佗也屢拯鄙人于病苦之中恩同再造沒齒難忘謹泐數言藉表謝意

梁新記牙刷廠黃乾漢啓

診所地址

虹口乍浦路四二六至八號・時間上午十時至一時・電話四〇六四七

華山路大勝胡同一二九弄卅號時間下午三時至六時電話七三五四二

上海市銀行業同業公會會員銀行

泰和興銀行

辦理一切商業銀行業務

經營廣東四鄉各地滙兌

（手續）（簡便）

✶

（服務）（週到）

行址

寗波路五九號

電話

17399

17390

排。關心事。還設甚天顏有喜。近臣知。還說甚笑迎天子。看花去。還說甚結得金花。賜貴妃。人長恨。水長東。只惜身猶。夢裏（收）曉月墜。宿雲微。我惟有無語枕頻欹。

185. 衝冠一怒為紅顏

小明星唱

（打引）牛酒驅寒獨酌豪。班聲風動夜蕭騷。開簾瞥見妖星影。躍起床頭七寶刀。（白）醉臥美人膝。醒握天下權。想我吳延陵。是個風流名將。自守關後。匪氛日熾。每念陳娘。恩深見難。今夜虎皮帳內。觸景懷人。身是英雄。亦不禁淚洒戎襟呀。（西皮頭）思無聊。愁欲絕。（二王尾）惜人。懊惱。（西皮）綺羅心。魂夢渺。（二王）誰暖。征袍。（西皮）馬蕭蕭。人去去。（二王）萬里陽關。道路。（西皮）金甲冷。戍樓寒。（二王）怕聽。松濤。（過板）（二王）香貂舊製戎衣窄。試問誰來。替補。胡霜千里白。月冷。風高。翠速娟。紅縹緲。愁腸欲斷。怕對連天。衰草。連理分枝鴛失伴。一場離散。只恨如夢。全無。淚掩紅。眉斂翠。知佢爲我牽腸。掛肚。舊歡娛。新悵望。陣雲冉冉。蕭蕭颯颯。佈滿。皇都。陳圓圓。質弱心柔。怕佢遭逢。兇暴。被東風。來蹂躪。枉我。英豪。耳邊聲。又聽得。有偵騎。報到。（白）唉。不好了。（二流）他報道。蟻賊滿長安。帝位來圖。陷京師。蕩宮闈。我家都莫保。貴臣互室。盡繫在監牢。老父約我歸降。眞係如何是好。（介）唉。眞眞是難呀。（唱）若果是盡忠報國。就是一個不孝之徒。今日忠孝兩難全。哀憤向誰訴。唉。事至今日。都係孝字爲高。我想到此情。我又問句我地陳娘。可曾安好。（介）唉。可怒也。（反線滾花）可恨闖賊。太糊塗。敢索綠珠。將我圓圓擄。我又豈肯。低頭。侍個的惡奴。我怒髮冲冠。定要仇來報。興師前去。爲國立勳勞。救返陳娘。珠還合浦。（介）統雄兵。來殺敵。願擲頭顱。（入場）（士工首板）一戰。功成。不英雄兵。百萬（滾花）若非壯士全師勝。又點都得娥眉匹馬還。你睇吓。我地陳娘。啱不定驚魂。最可憐佢係啼痕滿眼。我身要上前去。慰問句我地嬌顏。（龍舟）忙按劍。把腰灣。陳娘叫句。我重替佢整理吓雲鬟。卿呀。自係李賊自成。來造反。我就時時都想看。接你到邊關。總係慌埋將罪犯。縱使君王原諒。都噲受人彈。所以才令嬌妾。長日怨歎。話我無情太甚。碧鎖眉山。闖賊猖狂。都算無乜忌憚。竟將絳樹。喚出雕闌。個陣落花無主。我知你一定愁無恨。玉液瓊漿。你亦都懶餐。好似鳥困在樊籠。來受難。含悲忍淚。怨恨佢太過縱橫。幸得我係趙子龍。一身都係膽。才得破敵收京。下玉關。百戰沙場。將卿呀你救返。眞係衝冠一怒。爲紅顏。今日重逢。確係天有眼。唔駛英雄氣短苦怨緣慳。想你身入賊手個時。信得過係好慘。要生要死。終日像啱涕淚汎瀾。好在魔障重重。經已解散。嬌花無恙。尙未被人攀。卿呀。此後賊星。佢必定唔敢再犯。離災難。你重何須凄怨。（慢板）珠淚。偸彈。樓頭柳。天邊絮。知卿。不慣。戰場中。幸相逢。月圓花好。同詠。關關。我是英雄。卿是美人。眷屬中終成可無。憂患。燕雙飛。花並蒂。溫柔長住。自是福慧。不凡。（中板）卿呀卿。應一粲。爲郎歌一曲。個闋夢江南。合歡有夢。原非幻。護花經有使。不怕受摧殘。不作斷腸人。愁對瀟湘雁。繡幃鴛被暖。樂事更安閒（滾花）安慰了玉人。我又把佢柔荑輕挽。（介）上雕鞍。回營去。同奏凱歌還。

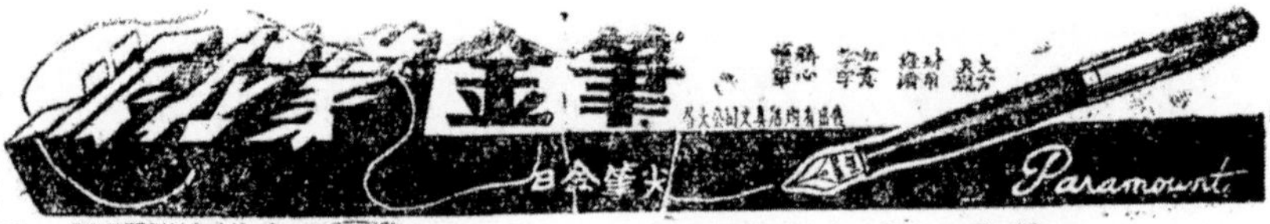

186. 客次動人煩

小明星唱

(詩白)寒雲日斷淚潸潸。屈捲如今不忍談。十載窻前功夫盡。筆運如斯怨胸間。(平湖秋月)紋琴彈不怨唱盡在悲歌夜漫漫。愛讀那修鑄詞和彈。動人煩無復。再弄免自慚。人寄涯角。魄落堪嗟。我我文何猶。怎麼一旦淪落歸無還。怎奈文無價也賤沽。命憎空嗟嘆。心酸心酸盼孤雁。聲聲呼諫。歸他莫等閒。父母朝晚。望斷江邊盼。緣何去不返。長憂長憶長盼。眞正盼斷買歸舟。京裏動程還。(二王)還家後。生怕牛衣對泣。只爲苦洗貧寒。是實朝不敷晚。寒天掃雪。乏却。竹箕。茅房三尺。仍是雙戶。虛關。數夕一炊。火才不多燃米小粥稀。共對鐘聲。沾慣。暮近黃昏。膏焚晷繼。獨我推窗借月。度却永夜。漫漫。習習秋風。宵裏驚凉。短襖殘衣。怎可紓寒。達且。最堪悲。一對老邁人。年逾半百也着薄履。衣單。嗟奈何。可奈何。百結迴腸。過此非人。生嘆。徒令流淚眼看流淚眼。一宵難度一宵煩。徑不得下堂求去。我倘髮妻也。波翻(胡姬怨)虛嗟空嘆。炊斷腸花裏穗不慣。(雙句)謂我飢餐。布衣留難都情移淡薄。莫紅顏。唉始終不動諫。(反線中板)去寧歸。夫也無能。徒是憂朝。慮晚。是故舊雄心。不畏遙遙遠道。甘作驪旅。謀餐。到京邦。科舉爭臨。冀護一官。半宦。怎奈文章遭憎命。却又名落。孫山。(滾花)使我筆硯欲焚。聊作紓悲一嘆。今日文章賤賣。歸也無顏。異地棲遲。身羅難。聲聲尤怨。自寄琴彈。

187. 衝破相思網

徐柳仙唱

(士工滾花)虧我十載癡情。無由自解。(拷紅)相思債。恨無岸涯。時時受懲戒。朝來縈念懷。懷念至暮。愁心不快。魂夢擾病懷重重冤孽。債休道相思最易捱。命中多蹇歪。謀愈我瘦若柴。尋求嬌玉帶。金腰帶。百萬難買。(士工慢板)似有情。還無意。若離若即。使我難測。難猜。凜若冰霜。豔如桃李。若論花容。却似神仙下界。(鳳陽花鼓)美人態。獨一派。柳似香腰軟。神仙身裁。眼尾秋波人人愛。最愛他淺笑梨渦酒載。嬌羞欲滴。稱冠同儕。(二王)無相言對。誰代我細訴。情懷。進以遊辭。佢又責我瘋狂。無賴。我本斯文手段。佢又笑我弱似。裙釵。雄辯高談。自謂時髦。少艾。狂蜂浪蝶。纔肯放蕩。形骸。應付無方。惟有自艾。自嗟。(催快)佢更有一言驚醒。我就立轉。歡懷。寫盡相思。藉此魚書爲介。相思成病。爲你骨瘦如柴。若肯矜憐。我就酬恩百拜。若不蒙恕諒。惟有撞死。庭階。(滾花)猶幸喜訊傳來。不付洪喬誤帶。(白)待月西廂下。迎風戶半開。月移花影動。疑是玉人來。(小曲)拜拜拜。拜拜拜。謝你詩句忙下拜。決定今宵到金階。書生乖。喜中猜。(直轉反線中板)借情詩。當日崔鶯傳韻。今日我又效此。撮埋。乞斜陽。快快沉西。使我早償。宿債。求花影。遮成月陰。助我地鴛夢。偷諧。具精誠。金石爲開。果是無訛。眞解。誰知道。美人心軟。我何用把相思。苦捱。四言詩。勝過妙醫岐黃。(二王)我已胸襟。寬快。但不知玉人是否相戲。有意使我空候。庭階。(轉南音)須念卬心精忠一介。桄榔一樣不斜歪。我不負人休聽人唆擺。死生由你。任你怎樣安排。閨女未必無情。況有詩爲介。若然負約。我要追到你書齋。嬌也聰明。（二王）定知責無。旁貸。可以安心踐約。不用疑惑。滿懷。但願十載相思。一朝。渴解。（拉腔轉滾花）。瑟與琴。雖係不同調。（士）終賦和諧。（尺）

188. 蝴蝶夢

小明星唱

（仙女牧羊）願東君長護嬌花豔。春不歸去年復年。有情天。有情天。肯教花月共常存。花花花使我自倒顛。深歎重來燕。已歸先。遂我所願。（食願字轉慢板）春歸。無復去。我憔悴經秋。爲盼多情。飛燕。旣相逢。愁已盡。莫說長離短別。妹你憶恨。年年。等開流。英雄淚。數載相思。此愁。此怨。（紅荳子）年年望眼穿。憶嬌離懷空繾綣。愁腸寸寸。孤衾獨眠。（二王）幸娥眉。同守誓。補得情天缺陷。從此不羨。神仙。不羨仙。願成比翼。他日海角紅樓。願作雙棲。紫燕。弄粉調脂。水晶簾下。不讓風流張敞。與佢細畫。眉尖。（龍舟）花正好。月重圓。檀郎今夜會嬋娟。斷藕連絲。情未斷。深喜玉人無恙。故鄉園。相逢消却。多年怨。今後不須鴻雁。遞雲箋。等待月上柳梢人見面。人見面。個陣和嬌握手。話纏綿。（反線中板 我約阿嬌。怎奈久立花陰。不見人來。深宛。欲斷腸。惹得嫦娥竊笑。令我慚愧。萬千。步花間。滿目芳菲。使我心情。絞亂。倚花阡。念到悲歡離合。不禁意興。索然。（白）一曲歌衫成淚史。半生戎馬惜嬋娟呀。（流水南音）情急煞。意難傳。伊誰爲我寄語嬋娟。囑佢不用胭脂。塗粉面。更不用重梳寶髻。在鏡粧前。須念郎心千百轉。黃昏未到眼將穿。縱使素抹淡裝。來見面。檀郎未必會生嫌。（子母喉中板）我菊癡心。向月談情。更對花嘆。訴怨。願春留。願花常好。又願月常圓。更恐防。好景不長轉眼花凋。柳損。黯消魂。試問人生幾見。嬌花明月。並兼存。記依稀。曾與玉人。（滾花）當日兩心。相戀。（上雲梯）月媚花嬌往日見。景終遷。緣何淺。把酒問青天。不盡盈懷願。常懸深怨。愿花不散月常圓。無邊風月同繾綣。莫使春光去似箭。（士工滾花）天若有情天易老。月如無恨月應圓。（二王 賞識芳菲。好使你又等閒。針線。十二欄杆。並頭待付。奔來眼底盡是花絮。當前。不久春歸。試問幾時。再見。滾花）從此兩心相。印相愛相憐。

189. 一代癡情人

小明星唱

（陌頭柳色）拆鐘相應。趁賴聲。冷衾寂靜。亂了心性。夢難成。獨披衣強起獨顧影。迷離落英。怨花拒受人護庇自甘凋零。（二王）愛花嬌。憐薄命。豔不常鮮。似有前因。注定。乞春陰。護海棠。憐香有意。願借。十萬金鈴。花若有知。又若無情。任教蜂蝶偷香。致有悲淪。斯境。怪不得話楊花輕薄。風來個便。就向個便。有情。（中板）憶當初。舞榭相逢。我便憐卿。薄命。憑護力。願作閨中良伴。暗繫月老。赤繩。伴妝台。粉膩脂香。替你把嬌容。細整。晨妝罷。教你畫眉深淺。點綴。雙睛。醉花陰。詩酒唱酬。一觴。一詠。蠟光下。說不盡山盟海誓共指。雙星。怎料月中仙。轉向別人圓（滾花）自份楊花水性。（拉士字腔）（直起柳底鶯）累了病。情迷性。忍氣。吞聲。恨嬌太薄情。噎。（哭相思）哪呀哪呀唉罷了卿卿。（二王）我不負卿。卿胡負我。莫非我羞澀阮囊。

難爲姻緣。保證。何况是。佢綺羅心醉。怎不愛慕。虛榮。俏姐兒。愛多金。暮楚朝秦。大都是依憑。無定。待等床頭金盡。不許無顏壯士。再喚卿卿。(乙反)黃金。白眼。淚灑空聲。枉用眞心。具敬。美人無價。文章賤。那得黃金萬兩。買盡。愛情。(乙反禾虫滾花)羈人戀愛害非輕。寸心長恨百回驚。爲憶玉人常抱病。可笑我喘聲微喟。自顧瘦影。單形。(合)迷人商女貌傾城。腰肢婀娜態度娉婷。半面窺人好似嫦娥錯認。迎賓有術。老少歡迎。怪不得的八萬王孫。個個願作量珠之聘。(上)我栽花有意獨我力難勝。惹得無窮情淚也流清。藍橋路斷不遂生平。堪嘆溺愛癡情短盡了英雄壽命。(士)我欲生不得死不成。事關殉情難以盡親情。情情情愛海已無情。親恩情垂永。到底殉情不敢。只爲難捨親情。(尺)(念奴嬌)懺餘情。心腸如冰姻緣從天訂。悔莫名。試修眞悟性。誦金經。逃禪了舊情。禮揖虔誠。(合尺滾花)此後一代癡情。(合)長伴紅魚青磬(上)心如古井(士)不復再牽情。(尺)

190. 盟心折舊釵

小明星唱

(合尺首板)寒燈下。(戀檀楊州腔二流)愁聽得秋聲一派。(上)淚痕斑。盈素枕。(尺)怎生了呢段情懷。(合)恨當年。怨舊好。徒自相思。彌覺心癡。(士)夜夜眷想。玉人媚態。(上)絕巫山。嗟夢短。(工)愁何能盡竟無涯(合)留恨史。傷心塡。萬千言。難付與鴻飛雁帶。(上)靠伊誰。憐痛苦。(士)獨自檢點鳳頭釵。(尺)倍思人。每爲多嬌哭。此世難還未還淚債。(上)(嗌相思介)(合尺滾花下句)眼將枯。腸欲斷。吱自撫骨瘦如柴。癡心未死恨娥眉。相思不慣。(詩白)玉人咫尺是天涯。慢把心情子細猜。歎笑諒卿同往日。別離憔悴。我獨傷懷。(小曲蕉石鳴琴)追思前情終不慣。走馬看花驚仙態。眞個愛他又惜他。兩初相見且訴訴情懷。相與共悲淪落天涯。虧煞我心我心動矣怎生安排。終縛情絲情絲不解眞不解。一旦妹妹負我無由。月老難猜其意難猜。娟娟此豸。(轉孔雀開屏)癡心。傷句。傷句。戀愛戀愛失敗。看定情舊折釵。願終乖。吱鴛鴦難諧。(重句)月老心歹。月老心歹。常爲愛加罪。此萬古萬愁難抵難捱。問誰曾成不敗。寃債眞眞寃債。寃債寃債莫大。我但從夢裏猜。絕世娥眉眼一雙惜欠明珠買。應教妹妹嘆復怪(重句)妹兮妹兮。金釵金釵。我幾時還盡寃孽債。(嗌相思)(相思尾)吱淚濕羅衣帶。(的的二王下句)劍痕自撫。無日不悽愴悲懷。天下少不散筵。到底成空。妹佢已把恩情斷賣。多情何以竟無情。女兒心事。眞個難猜。當日一見傾心。我所以榴裙甘拜。彼此相逢恨晚。共惜淪落天涯。喜今生得一個知己紅顏。令我滿心愉快。最可人最可人。佢斜波送媚。貌比西子尤佳。願郎一吻妾朱唇。語罷含情遮粉面。無限纏綿。佢重笑拈裙帶。(龍舟)春光無限。莫教外人猜。暖玉溫香抱滿懷。說到風流羞索解。我把風流解罷。佢重笑罵我立歹個陣此身疑入巫山界。嬌呀半推和半就。(二王下句)我地好事。終諧。(十月懷胎)斷金釵。同盟將月拜。(願此生共和諧縱是死亦諧)(重句)(反線中板芙蓉腔)兒女多愁眞故態。都祗爲楊花心性亂人懷。枕畔談情。幾曾私語誡。妹你莫被虛榮所誘。惹得恨無涯。見異思遷。本亦何足怪。惜我愁思太過。已不復舊形骸。祇剩有一個心肝。(正線)償孽債。(白)吱天南地北。緣短恨長。拋散無端。頓起相思萬疊。歡娛未了。那埋別夢千山。况復昔日戀人。如今負我。折釵猶在。唉盟誓已非。(合尺滾花下句)昔多情今多恨。此後莫記秦淮。莫愁妹你果無愁。獨苦煞寒酸一介。(介 實難禁。悠悠珠淚。渺渺序懷。

191. 賣花女

南燕音樂會編贈

（流分行雲）愁侵鬢。賣花過日長記恨。恨不已。名花未得愛護人。血淚落滿襟。故舊不見已傷心。故地不到更傷心。賣花女。賣花更賣貧。紅顏易老。青春易泯。舊恩愛。似烟雲。怨聲君你太負心。怨聲君你太薄倖。長負我心。你另戀愛別人。我走遍天涯有誰人憐我萬刼身。奴半是愛君。半是怨君。唉悲聲有杜鵑襯。悲哀有誰過問。情根。愛根。盡化寃孽恨。燕侶相分。（重句）越追思。越悲憤。在他鄉。悲莫禁。愁城永困。（重句）自嗟嘆。墮風塵。賣花過日長記恨。

192. 桃花放

南燕音樂會編贈

（流水行雲）桃花放。摘花向住雲鬢傍。舊婦不堪見。無邊月色照迴廊。引動愁滿腔。往日心裏愛春光。而今每夜悼春光。念恩愛。念起我意欲狂。迷迷惘惘。悽悽愴愴。恨不已。恨不嫁玉郎。思君恐作冶豔裝。思君不覺已飄蕩。人在那方。舊好我未忘。記起當年與郎淚眼看。郎已是有妻。我亦有夫。他傷心忍作負心漢。嘆婚姻已絕了望。徒教念傷。夢裏一會郎。怕對春光（重句）爲君悲。爲君愴。妒青春。心復愴。形神已喪。（重句）淚濕透。淚濕翠袖旁。共君隔絕徒悵望。

193. 花落君歸去

南燕音樂會編贈

（流水行雲）驪歌奏。落花更是人去後。別已心傷透。何堪落花人愁。却恨春去送歸舟。每念君去怨春休。爲花瘦。望君倍凝眸。眉兒綿綿。癡心縷縷。恨君去。共花絮逐流。花開花散。有定秋。惜君一去杳音候。離恨抱憂。我莫把君駐留。悔把鴛盟看來事已休。曾對月證花兩誓永久。唉終歸佳偶。唉相思有淚滿袍。原君約守。共訂歸謀。兩送歸舟。（重句）望汀洲。綠波綢。恨一聲傷別透。長亭折柳。共春去。共花絮逐流。落花更是人去後。

194. 憶故鄉

南燕音樂會編贈

（戲水鴛鴦）吾鄉土。淪敵陷。萬家遭刧黎民。喪生。城化蕉炭。骨肉離散。夫婦分。一族皆遭難。泣血望故鄉。咫尺不能返。朝朝夕夕宵宵旦旦不閒懶……吾鄉土。淪敵陷。壯夫血戰流亡。入山。同抗侵犯。舉起木棒。與大刀。不怕鎗和彈。大家共一心。殺敗勇莫敢。朝朝夕夕宵宵旦旦不閒懶……（娛樂昇平）大家奮鬥（重句）熱血換自由（重句）能夠爲國不故身。齊齊奮鬥。眯落人後。（重句）手執大刀（重句）殺盡倭頭。

195. 清夜惜華年

南燕音樂會編贈

（流水行雲）愁深遠。萬般也是情作淺未堪見。深閨玉燕雨纏綿。倘日問句天。有夢不暖已悽酸。有恨不敢更悽酸。淚花濺。為惜妾華年。愁來似劍。憂心似箭。舊恩怨。盡教寄弦。恨今生早已了冤孽。他生休個再想念。愁兼怨鵑。更莫憶並頭眠。顧影生憐。每臨玉鏡邊。容似玉似花似霧似烟。唉春風展舞。更不見。唉春風花轉眼又不現。人傷瘦損。此後邀遊花妍。瘦態纖纖。為春悲。為愁怨。舊胭脂。不復染。韶華冉冉。韶華冉冉。綠水軟。綠水送流年。淚殊滿日愁滿面。

196. 漢奸監房自嘆

南燕音樂會編贈

（蘇武牧羊）呢回受縛。恨悠悠。臭監有得捱。你話有乜收。臭哼哼。無得捱。受苦無盡頭。日日食鷄糟。白飯無得好。常常抹眼淚。只有用膝頭。點似往日珍饈八味。住坐石屎樓。（龍舟）憶往事淚流流。高樓大廈。永無憂。削下民脂連我民膏。來享受。共嘗甜蜜。樂憂悠。點知倭奴戰敗。隨處走。故此牽呢個奸賊。受苦盡在裏頭。（平湖秋月）淚痕滴濕。衣衿頭。往事似夢遊。恨然更無收。想到我心頭。頭都痛。愁更憂。只怕鎗決與殺頭。個陣更無收。審判定罪難。免傷愁。心亦無良又賣國。貪錢只顧把苦受。無收。無收。更加無收。從今已失却自己嘅自由。重入監房抖。夜深怕聽鳴蟲不停口。胡思。胡想。眉縐。即使受苦都係自己憂。唉。你話好月不常留。

197. 郎歸了

南燕音樂會編贈

（流水行雲）郎歸了。會嬌馬上更心焦。月空照。殘山剩水送寒潮。魂斷藍橋。午夜衿冷雨瀟瀟。午夜衿冷雪飄飄。杜鵑叫。夢醒嘆寂寥。愁腸斷了。癡心碎了。恨相隔。恨相隔迢迢。今宵去再會嬌。相思得解覺心妙。魂蕩魄飄。為嬌暗神搖。記起當年畫眉弄玉簫。情與義都已付了嬌。朝朝共歡笑。宵宵共唱調。合歡正好別嬌嬈。遠去一朝。信渺音消。負嬌。罪知了。負春宵。花謝了。情郎渺渺。羅幃悄悄。念嬌你。獨守帳無聊。誓不再別慰阿嬌。

198. 白雲深處

李少芳唱

（秋水伊人）人離家鄉。寸心百轉惹恨長。神顛意喪。怨關山阻障。疎疎綠楊繫明月初上。寒雲冷深風聲。最斷腸（南音）白雲下。

是吾鄉。安得心隨明月到家堂。慈母念孩兒。定是倚閭望。。爹感無人依膝下怎免悲傷。媽你莫多倚閭望。怕沾風寒恙。(乙反二王)
爹呀你要加衣強飯。默祝你玉體康強。兒應爲親憂。事關孝爲至上。若果親因兒累。兒呀罪大難當。今日遊子遠行。未獲承歡色養。
猶幸有妻賢淑。你要替我侍奉。高堂。(流水行雲)(小曲)驪歌唱。望妻妻要原諒。別妻往。無非爲生計忙。我並非好兩分張。重
利輕愛折鴛鴦。念恩愛萬般我未忘。惆惆悵悵悲悲愴愴。爲妻你爲妻意若狂。日中難辛我受盡。夜感孤身最飄蕩。誰爲慰安。問噓暖
寒。爾守空幃。更毋自怨我傷。郎有日衣錦再踏故鄉。嬌妻你便歡暢。居功你實至上。願嬌妻強歡莫再爲我斷腸。樓頭柳岸。毋庸盼
望。稚子呀。望撫養。稚子呀。怎狀況。牙牙學語迎人若鳥喝。望仔你日歡笑伴娘。揚歡減娘怨望。(木魚)記得揮別淚。洒江干。
爹娘無語。淚雙行。妻呀你情話滿懷。又不敢在翁姑前多講。只有低頭含淚。淚汪汪。你重抱子近郎前。乞郎多望。重話他日縱不念
親兒生母。都要念吓呢個無知嘅小兒郎。(士工慢板)所謂黯然魂銷。惟別而已。販底哀情。都因爲離人。成苦況。孰無家。誰堪別
。旣使我難逃一別。又何使我有美滿。家堂。半載難歸。經年不返。只怨我潦倒頻年。未遂凌雲志壯。又怕子榮歸親不在。個陣樹兮
欲靜。無奈難禁風揚。(減字芙蓉)個陣少婦怨征人。錯立封侯想。青春容易逝。鬢髮已如霜。我應該惜取少年時。雄心當不讓。男
兒雖努力。莫教愧鼎藏。(二王)但願衣錦榮歸。我就扳輿。迎養。承歡膝下。若盡甘嘗金屋藏嬌。補佢多年苦況。且將歡笑。一洗
往日淒涼。笑弄孩兒。極盡天倫。樂享。(滾花)待等雲開見月。自有萬丈豪光。

199. 焦土抗戰

譚伯葉
上海妹

(頭段)(旦唱手托小曲)我地中國現已起戰爭。必有危難到來臨。你重只顧大醉紛紛。(生唱孔雀開屏小曲)飲杯祝我中國。所建
所設穩陣。定然定然耐戰爭。怕乜他相侵。(旦唱)你看敵人。殺到埋嚟。你重咁開心。重咁開心。(生唱西皮)所以。至要飲。(旦
白)點解呀。(生唱腔尾)噎吔吔吔如今抵抗有實力施行呀。(旦白)又係噃噃。(生唱狂歡小曲。怕乜開鑾。怕乜開鑾。各需用有
准備已經充份。(旦唱)國之精神。唔同舊時軟弱無威振。(生唱)完全維新。方方所有係鋼軍具雄心。臨陣應戰。快捷靈敏。(旦
唱)壯哉優哉舉高一等。(生唱)萬國稱讚。浩氣英敏。野心專家發兵來侵。屢次遭羈困。哈哈哈(旦唱)我都戥佢有引。(生唱)
多多到嚟。又試受我教訓。(旦唱)死到佢盡。嚟就必定長瞓。(生唱)越殺越強倭奴係咁震。呢呢見左我軍要發瘟。哼哼棄槍叩首
喊救命。(旦唱)衰得佢呀衰得佢呀一味求生。(生唱)呢呢你睇你睇我國軍。叻叻最喜最喜去上陣。(旦唱)勝利全屬我地慇在抗
敵齊心。士氣威振。(生唱)何愁他長日犯我陣。難望能遂佢願。謀盡計困。難特戰爭。(旦唱二王)果有如此樂觀。我都開懷。笑
得一陣。(二段)(生唱)因爲近來我地中國。總總的建設。(旦白)點呢。(生唱)一新。(旦唱)我亦頗有所知。大家圖強。發
奮。(生白)當然喇。(唱)一聲霹靂。驚動了世界。都知聞。(旦唱)係喇照此而觀。我地大有泰山。之穩。(白)唔使驚佢嘅噃
。(生唱)其中嘅准備。可謂妙算。如神。(旦唱)個的公路交通。利於戰時。輸運。(三段)(生唱)至要金融穩固。可免經濟。
艱辛。(轉琴瑟和諧小曲)今日之中國人。能與敵國相爭。原是賴有此倚凭。始終務要殲滅個班敵仇正可雪恨。(旦唱)講到救國。

相信邊個話有唔奮。定當大衆輕身堅決戰鬥。（生唱）但其時維以共佢抵抗暫且容忍。忍耐忍耐到於今一旦振奮。打到佢三軍慘敗幾亡盡。（生旦合唱）哈哈哈哈哈。（旦唱）笑敵國人馬。絕無能。但凡開話去打心都震。（生唱）佢倚仗諸般戰利品。豈畏擺佢非常火炮轟。（旦唱）點夠我地全國抵抗心。（生唱）雖百戰亦無畏艱辛。但看他。怎樣來。提正槍。迎面殺。至其敗陣。佢走邊處。就向邊處。只要追。（生旦合唱）殺殺。（生唱）將佢盡地圍困。拚命豈任佢偷生。（旦唱）中國必勝。係雄呀雄在軍心。係雄呀雄在軍心氣慨憤。（生唱）甯與敵人起戰爭。（生旦合唱）此皆國家幸將來除盡了苦困。（四段）（生唱邦子慢板）以保國家。安穩。（旦唱）回憶我中華。四千年前。眞個最強最盛。豈肯示弱。於人。（生唱中板）到如今。再向光榮。復興嘅徑途。直進。趁其機會。自有進展。嘅可能。（旦唱）事無他。你睇總理歷四十多年。革命嘅艱辛。在求中國自由。平等。如果係。欲要達其目的。必先要喚醒。黃魂。論戰爭。一味抵抗長期。便是我地中華。好氣運。我敢說抱樂觀。現在勝者非爲榮。敗者更非爲恥。總求最後勝利。概屬吾人。（生唱快中板）不受鐵蹄。來壓緊。甯將土地。化焦塵。奮鬥成功。（滾花）。首稱我地中華一等。（旦唱）唉你睇旁人都共灑同情淚。（生唱）我他更要振起救國嘅精神。

200. 藝海飄蓬淚

南燕音樂會編贈

（白）藝海飄蓬十數年。逆境羈人恨未遷。粵曲生涯原苦事。譜來夜夜自心酸。（寒關月）自歌自憐悲誰見。心內悶煞年復年。何曾得脫歌衣免自思忖愁懷暗悲又怨。（食怨字轉反線中板）時乖不逢辰。是個女兒柔軟。負此家庭任。奔勞整日。未有稍懈。機緣。苦遍肝。歌海流漣。徒令多增。恨怨。須然是。御寒尚保。聊慰目前。可惜寸方心。夙願未償。到底偷泣。難免。有誰知。私心遠慮。仍是有恨。莫塡。我也爲卿悲。你個多智娥眉。却被污泥所染。恨不能。擺脫籠囚羈絆早日逃出生天。怎可卸歌衣。度着歲月閒遊。了半生。悲怨。免令得。歧途之上。找不到下世。家園。（龍舟）嬌心內。是苦是酸。藝壇之上。估你是個定逸。嬌妍。快樂人家。謂你當嘗遍。怎知形勞終夜。苦自酸內幕如何誰知見。有如五內盡胸塡。是弱質娥眉。懷着英骨現。許多男兒莫及。責負你堅。你嘅幸福犧牲。仍無節變。嬌身須是。一個女英賢。（漁歌晚唱）霓曲。心場曲裏。恨帶酸。心裏怨罵做化不變。生爲弱質招妒怨。詢蒼天。又却令遭逆算原何賜她成爲女媽妍。不甘弱女身。長是伴人前。畢生食盡苦怨。今世惟望心堅。歌衫重着歌衣莫卸之作負擔。奴賤犧牲色相。犧牲槩相了債願。自嗟怨。心裏自偷怨。爲人何賤。長日寸腸斷。自覺悲莫譴。何時貽盡霓曲心傷心裏恨帶酸。心裏莫罵做化不變。（白）恨煞嬌娃肝腸斷。此身生作是如泣如訴。琴絃聲震。不堪玩弄。凄淇寫芳心。度芳心。筆墨難描。反觸我砌詞。歷亂。握管忘索弄到隻字。難塡。嬌你身世書來。有令毛飭。莫串。（滾花）多是悲酸成份。曲了筆尖嘆今生。嬌你夢迷離。肝腸欲斷。（哭雙思）哪呀昔你生來冰黯。（花下句）枉你綺年玉貌。骨格英賢。

201. 恨不相逢未嫁時

南燕音樂會編贈

金陵酒家

大世界東首

高尚粵菜
大筵小吃
各種冷飲
奶油冰淇淋

電話：八五五六六

兩廣飯店

中正中路二七六至八號
電話三九五〇三

經濟客飯
精緻美點
炒賣麵食
夏令甜品

名師監製 廣東家鄉雲吞

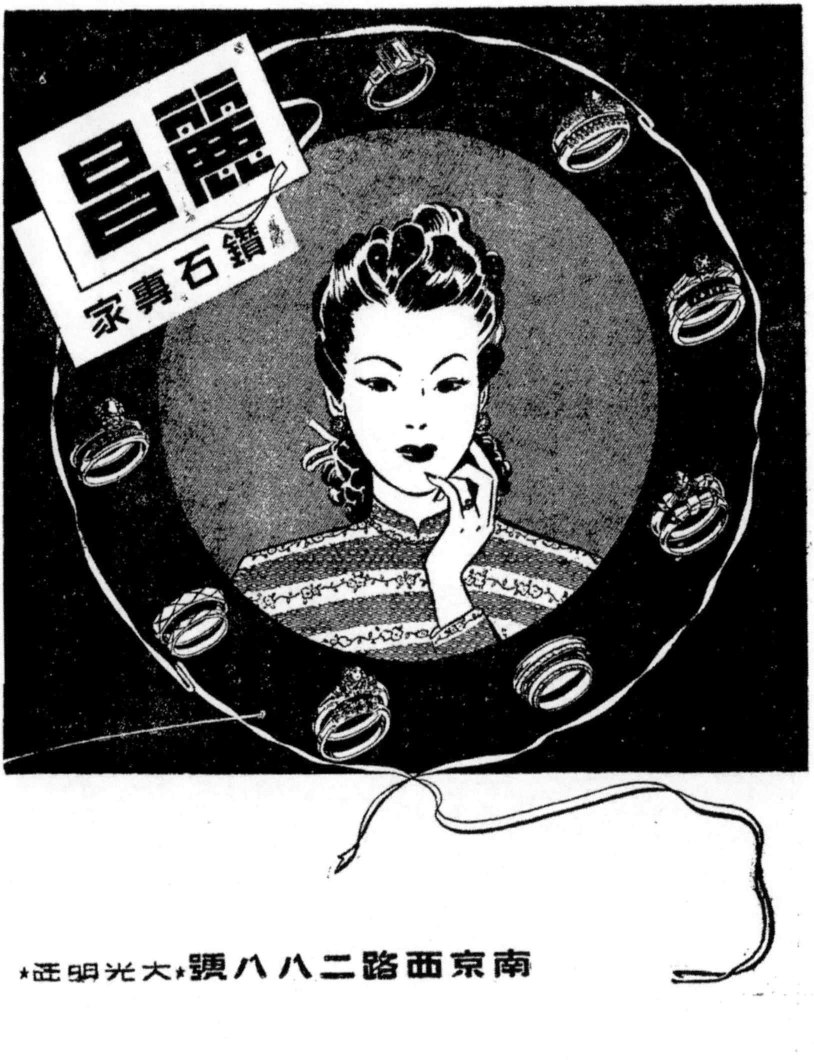

麗昌
鑽石專家
南京西路二八八號★大光明西★

（旦流水行雲）情凄嬪。恨君已別無過問。萬千愛。難邀綠水愛護人。（序）冷落恩怨碎碧珍。有夢不見痛相分。念初嬪。獨影倍斷魂。誰爲我憫悲歡意困。未親吻。未親吻舊人。春風花底怨恨身。傷心不許寄君問。難續愛根。負君更負人。唉。我腦海不忘誓詞共結身。奴痛未嫁君。已別君。心旌似落花嬪。憂抑冷淚有恨。未死愛心。夢冷驚斷魂。割愛之身(序)萬般酸。萬般困。問碧蒼。嗟嘆殞。前緣已殞。難償醉吻。斷音韻。舊館已無人。恨吾已別無過問（。生）（下句滚花）何處凄聲愁韻。一曲流水行雲。仿若絃內知音。是否有緣親近。果是斷腸人在。借此一訴前恩。(生口古)歌者是否委曲前身。聊譜傷心離韻。莫非荊娘舊侶。尙念此陌路之人。（旦接口古）唉。郎呀。你何日南浦歸來。是否欲覓無情人問。奴好比沾泥花絮。更慘過有恨難伸呀。（生接）妹呀。何以你曲語酸辛。似是相逢已嬪。喜若明花有主。莫再怨斷癡魂。（生長句二王）眼底碧珍。羞憐負嬪。尙憶別時無恙。猶作淺笑。輕顰。生望南浦歸旋。共指雙星。豔韻。點想你琵琶別抱。錯落愛海。消魂。（旦接）郎亞我淚血沾身。非情苦嬪。無奈難違母命嫁商人。迫斷前盟誰哀憫。使我青春難待。郎你恕我薄倖。之人。今日雖死難辭。（乙反）劇怨終成。飲恨。（收）（生苦喉木魚）。不堪聞問。妹你白壁玷身。唉。扚碎情緣未許同情虎吻。解鈴還須繫鈴人。（旦）哥亞。又知別後離情不堪聞問。祇怨恨不相逢未嫁。都是還我負君。愧我清白長埋羞絕困。惟有還君珠淚。誰惜我倩女再離魂。（生）唉。妹。（反線中板）碎情心。人生憾缺。莫過白壁。沾塵。怨泣聞。重利輕離。多數是行商。慣於不問。楚江邊。寒梅錯落。不勝憔悴。花魂。舊歡痕。福薄緣慳。各抱傷心遺恨。(旦接)我痛忘恩。忘恩非有意。能否體諒苦命。釵裙。眼底無人。逼使另嫁。商人。重富輕貧。(滚花)我怨一句毋兮不憫。躺能邀諒。已非清白還君。（生唱）（小曲泣殘紅）。莫憐爲愛君生續舊痕。（旦接唱）傷心我。負了君。痛離恨。相見淚盈頻。（生唱）怕念相分。碎盡情痕。酸辛莫伸酸辛莫伸。未冷先嬪。（旦接唱）君恩未負圖覓君。已沾身。蕭郎莫問願爲君死了情痕。（生唱）冷語頻頻。莫念惜君。（接君字二王序歌）君子常言愛自身。你莫悲恐斷魂。（長句二王）落花殞。兩消魂。雖件零脂。重拾當年。豔韻。(正綫花)一點相思離恨。（士）不堪記取眼前人。（尺）（旦唱）腸斷消魂。奈何妾身已嬪。（生唱）此後迷津莫問。（旦唱）或許再續身。

202. 驛館春橫

薛覺先
上海妹

（西施唱）（新譜鎖魂曲）相思調。寄相思斷魂新月意思潮。夜色涼情。獨個無聊誰照料。愁聽凄涼杜鵑叫。怨春宵。歎蕭條。傷春夢欲調。怨相思未療非吉兆。倦厭嬌苗。惆悵孛夢怨不了（念白）正是解得相思猶帶恨。可憐魂斷可憐宵（范蠡揚州腔二流）情網消。意蕭條零落香簾燈笑函云鎖斷枕冷香遙。（合）惹心焦。魂飄渺。憐香莫解種情苗。驛館停驂。把伊人照料（上）（西施白）郎呀。（五槌花下句）知否我望穿秋水愁對驛館蕭條。鬢懶粧慵更愁聽春鶯啼曉（范蠡二王）魂冷香銷。燈光影悄。美人抱病恰比芍藥烟籠晛朵復國名花。卻倩東皇。惹笑。但願名傾國不任萬世。芳標。卿呀你莫多病多愁更莫惹菱花冷笑。（西施接下句）淚洒紅綃靈犀枉照。未許我身成報國。何堪染病長療。心藥誰酬自有難言苦悄。但願遲遲不癒尤勝異國香飄。心底相思。郎呀你要爲儂分曉。（范蠡唱下句）正是紅螺香草偏惹魂消無奈嫁杏芳洲。自不應纏情相擾。（七字清中板）虧我夢冷巫山。意飄遙。雲雨斷腸憐蘇小匡時尤賴呢個好嬌嬈。縱使我萬縷相思。（花下句）又忍俾美人噴笑（西施白）唉君呀（撬點頭）（西施反線中板）爲情爲國病難療。薄命生憎憐色笑清磨歲月意空苗。一縷情絲長爲君郎繞。凝魂瘦盡更覺生戀無聊。君呀二十四橋。休使寒生悄。（范蠡接下句）斷腸花。憐破碎。珍重水遠。山遙我謝妹你多情尤愁莫禁風流。繭繞。慰相思。憐香斷。妹你莫個憔悴心撩今晚驛館春生帳底流蘇享不盡銷魂色笑。個個天邊月撩人情緒我羞見玉兔窺苗。此際驛館春橫（正線花高句）卿呀莫怨心靈空照。（西施花下句）咁我趁把珠簾放下。倩郎你輕凭聲腸。

203. 悔教夫婿覓封侯

薛覺先
上海妹

（生沉腔首板）瓊樓訪舊（倦尋芳）冷月影瘦。苔痕認舊。眉梢病皺。憔悴添愁。慨嘆驛亭憶贈柳。銷魂重幸蝶歸樓。暗牽憂。人去後。淒涼守。怨白頭。迷樓冷燕憐苦透。踏尋香徑悄鬢羞。（士工花）楊垂花寂。月侵樓頭。冷靜低徊。何處絲桐妙奏。（旦三醉）望渺歸鞭。郎未見。我夢似輕煙。憂交煎。嘆相思遍。使我袖澤淚染。嘆奴心撩亂。萬千遍懷舊怨。淒涼爲君眷。夢痕心縈念。病愁交迫我爲愛牽。夢常綣苦掛牽。心底算。歸丹未旋。唉。淒然淚更牽。癡情惟憾天隔斷。（哭相思）（生擲才士工花）正是故人無恙。葉落三秋。爲赴聯試秋闈。氣煞相思人候。（長句二王）長夜牽憂。衾幮影瘦。怪不得多情燕子似爲我喚春愁。別後相思。嬌呀你淒涼透。借得金鈴十萬。聊可換花羞。玉帶鎖裘。笑盡郎腰瘦。於念知音紅粉。堪嘆逝水。添愁。憐我咫尺天涯。忍令妹你春山。鬆皺。（旦接中板）爲郎惆悵望江樓。惜別依依懷折柳。正所謂悔教夫婿覓封侯。又怕花好月圓人非壽。又怕恨到歸郎恨更悠（轉二王）哥你踐約不忘。可算深情萬縷（轉流水南音）萬縷離懷萬縷憂。憂思淒付梢頭柳。柳搖魂斷爲郎愁。（生接）愁緒千般我亦相思透。透骨思情爲花羞。羞負才華非錦繡（轉慢板）幸喜多情天佑。許我殿試。占鰲頭。（旦轉反線戲水鴛鴦）調金縷。懷故舊。獻君杯載醇醪。美酒。眉再不皺。心歡透。燕子歸。應綣花憐瘦。謝叩天天將愛郎佑。相思了却君當有梢蒲柳。（生正線花）當日臨歧杯酒。化盡相思紅荳。今夜玉郎無恙。還帶味苦盈甌。此際月惹銷魂。應爲我情牽萬縷。（介）（旦）惜怕風侵郎淺醉。待我羞解繡簾鈎。

204. 黑俠

吳楚帆
關影憐

（生士工滾花）遠唱晨鷄。撩起我心頭別恨。正自溫柔夢醒。便見妹你粉面啼痕。燕爾新婚。心心互印。（旦接唱）哥呀。你勿憐眼底。呢個別離人。事關有責在身。不容斷混。（生轉南音）昨宵香夢慶良辰。春宵一刻値千金。（旦接）銀燭燒殘郎輕吻。芳心竊慰幾回鬟。燕好方濃互通心憫。郎又情深款款倍相親。（生接）但望朝。曦不來可以多親近。却聞鷄唱報清晨。（二王）倩倍切。曙色微。悲莫悲兮生別離。一寸愁心一寸碎。此後恩情付予誰。惟向青徽一問。欲語無由。離心黯黯。說甚麼天長地久。海誓山盟。春宵苦短。紅日透簾櫳。琴瑟甫諧甯忍別。（旦接）暗自含悲憤恨。君呀目前小別。你又何用傷神。且憶我倆相逢。情難自禁。金廬內。頻關目語妙傳心。見你豪爽不羈。行爲放任。呢個風塵兒女。却倜儻不羣。（小曲鳳凰台）示愛無由偷看君。怨復嗔。（生接）我亦常常魂思夢想凝神。暗裏念伊人。內心攝你。眉灣入鬢。（花間蝶）欲相親。欲相親復近。花月良辰。（旦接）自傷風韻。自傷風韻。欲戀嘆未能。（收掘暗相思生乙反二王）惜別淒涼。徒有喉嚨咽哽。憐卿孤苦。我想樹裏隨行。（旦接）郎你細意關懷。我只有內心銘感。如果你追隨我左右。反噲險事叢生。君你若愛奴奴。雖把奴言答允。（生唱鳥驚喧）我有萬語萬語難陳。把嬌言嬌言應允也你千祈休來偷怨我薄倖。（旦接）暗自暗自忍別恨。情鴛忍痛便要畔分。（生接）唉我與嬌與嬌舌盡那啼痕。（旦轉二流）遣綣何曾。（同）悔墜情淵萬仞。（上）最傷情離心陣陣。（士）（生收）且待他年重檢石榴裙。

205. 狀元紅

梁無色 梁無相 合唱

（旦哭相思一聲念白）帶憤含羞問句天。苦命何生劇可憐。恩已時身失玷。留將恨海更難填呀（乙反長句二王）心酸腸斷。腸斷心酸。花殘莫豔。恨抱綿綿。淒涼苦楚。熬煎。唉今生已矣。更有。何言。百感煎。愁莫遣。惟吃玉醪。方便。（快琴音兩次生滾花）因何佢舉杯狂醉。却又珠淚漣漣。我無限驚疑。忙上前阻勸。（介）嬌你無恙歸來。何以反爲淚流滿面。（旦）（口白）君你無庸多問。奴此事難對人言。（生口古）我已知你爲救我而犧牲。但你又何必事前遮掩（旦）既已兩全無計。又何惜苦命嬋娟。（生乙反芙蓉中板）你有無苦惱快明言。你如醉如狂。可知懵不變。（旦）心頭苦惱。君豈能憐。（正線滾花）奴所以借酒消愁。君你更不應撩人腸斷。（生反線中板）問芳心。何冷落。我是。無緣。論癡情。早屬卿卿。在於當爐。一面。况且美人恩。成意外。更令我顛倒。心猿。最淒涼。歷刧歸來。空留歡容。一面。問芳心。何苦惱。總不許。余言。望諒苦衷鑒愚誠。可以慰安。懷念（旦滾花）唉君你縱有癡心萬種。今日也是徒然。奴花已落枝頭。更難在君前吐豔。（生的的撐薪腔滾花）可恨狠心賊子。天理無存。但何問花落花殘。我此心永不變。（旦反線中板）薄命花。憐破碎。離合憔悴。香宵。縱東皐。有意憐香。試問何顏。復惠。我已盡廢情。爲報愛。亦與你。癡纏。嘆生生。已無緣。亦不顧淒涼。多見。狀元紅。堪永念。縱是味若。仍甜。（反線滾花）將杯酒。獻君前。奴當把情心奉獻。（生木魚）美人手。手中拈。嬌呀你愛金情重。事可人憐。嬌你爲救我蒙污。我當爲你洗此污玷。我可自誓一般情重。一樣心堅。（旦）天下許多美人你何愁無美眷。莫念此殘花愁地。（二王）更添怨恨。綿綿。綿綉前程。務望力求。貴顯。（生）若果花難並蒂•我亦富貴。雲烟。嬌不約我癡心。亦無容將酒獻。（旦白攬）你且飲先（重句）何必爲情去倒顛。君之愛奴奴已知。奴之愛君君已見。兩心既已結。更復有何言。（重句）（生）嬌爲愛我而犧牲。我前愛嬌未明顯。我不以嬌爲婦。何以對蒼天望嬌勿含羞。却八千里遠。望嬌能憐憫。許我以一言。（重句）（旦白）這個嗎。（白攬）君既愛奴深。奴亦忘污玷。要盡此杯酒。共結難中緣（生白）妹呀（快中板）得嬌一語便安然。忙舉金杯爲自勸。（陰鑼旦白）要茶不要。要酒不要。爲眞吃醉了（ 滾花 ）我忙留書決絕。永矢志禪逃。

206. 歸來燕

薛覺先
上海妹

（燕芬士工慢板）幾斷腸。淚淚泫泫。凄楚酸幸。常自淚痕滿面。怕聽奏凱旋。徒教恨綿綿。莫計腰圍瘦損。憔悴堪憐。嗟亡燕。痛征戰。留得繡袖長牽。還漬淚痕點點（白）劇憐一別隔人天。茫茫恨海債難填。釵分鏡破成懸語。長留紅荳映裙邊（滾花）嗟我流乾血淚。空見花好月圓。地老天荒情猶戀戀。贏得情心一顆。破碎無存。欲續未了相思。惟求來生重見（哭相思）罷了蒼天呀（滾花）沉沉萬籟。我却苦難眠。望天長嗟。低回故苑（打三更春心長二王）離恨天。秋風亂。迷迷月影照花研。我步步回頭恍住人睇見。歸來舊苑。已若杜宇。辛酸。鳥聲喧。頻呼喚。胡不歸去慶團圓。觸我百感愁添。慘撫傷痕。自怨。拂籠烟。舒望遠。沉沉故苑似往年。遊子傷心衹情念。（白長二王）爲把高堂沒見。深夜步返故園。步翻翻。心凄亂。深痕暗抹抹難完。恨事多端。斷腸寸寸（燕芬木魚）奈何人怨奈何大。千層淚眼。百感綿綿。長撫袖仇掠血染。郎你一瞑不視。記否此薄命嬋娟。未老青春。倫百念。郎你有靈應召。我落黃泉。（哭相思介合尺花）恍似杜鵑啼血（士）。句句碎我心弦（尺）。我再惹情心（合）覺要上前相見（上）。一見我身經殘廢（士）。未敢再令佢心酸（尺）。壓癡心。忍淚流（合）不顧再與相思人面（上）（欲下消天撞埋大樹跌倒介燕芬聞人聲急出視見春心大喜卽扶起春心介白欖）心自喜心莫酸。何幸君復在目前。君今賦歸來。我盡銷煩惱念。淚痕可洗卻。不用恨萬千。（重句）（春心士工花）被佢行藏窺破。又苦苦相纏。自顧殘廢之軀。豈能舊情再戀。縱有熱情無限。應化冰冷。一團。請嬌往事莫提。舊情莫念。已若行雲流水。好事如烟。所謂各有前因。一別有緣再見（燕芬花）君莫拒人千里。釋疑團。我倆個情深。經巳人知共見。更得相方明白。撮回我倆姻緣。莫愁道。有亂倫常。實可舊盟實現（生白欖）佢情何專（重句）情心一片比石堅。我固素多情。豈能無戀戀。縱人人諒解。我亦自心酸。殘廢始歸來。傷心固不免。爲卿幸福計。忍決絕嬋娟。刼後此餘身。前情盡消念。前塵如一夢。我決實進一言。誓難再結婚。恕遂嬌所願（旦滾花）佢素情深如海。那有此薄倖之言。旣剖內容。對於君名何玷。一定有難言之隱。我要問白爲然。我執手問郎。佢心腸何大變（發覺春心手斷介白欖）我把郎手牽。當堂令我心更酸。可憐佢英雄。歸來手巳斷。今才明白。情絕此嬋娟。定不欲以殘廢軀。爲我所發現。但愛情屬神聖。殘廢亦何嫌。君可息此心。我到死爲君戀（生中板）嬌情太重。我恨難完。你大好青春。豈爲我戀。況有此如花美貌。應配好少年。我耿耿此心。嬌應恕念。不欲負人深重。我願遠貫天邊（滾花）請納我所言。與弟終成屬眷（燕芬二王）君縱不念。原成金玉。也當一念我廁守年年。若不念你。白頭斷腸。知否你老人憶子。時時淚洒衿前。你旣有純孝之心。何不低首一念。（生滾花）嗟我生何不孝。竟令老父心酸。今日去亦難。不去亦難。惟求嬌你消除成見（木魚）我並非禽獸。當有骨肉情牽。忍教天涯飄泊。實不欲強結因緣。我愛妹癡深。不改變。無奈身軀殘廢。怕誤嬋娟。我巳決意犧牲。成全兩人美眷。怕你情不解。故遠別家園。絕你癡心。我原苦心一片。我望你成全孝道。與弟結鳳鸞。我可以待奉白頭。不用天涯走遠。眞情無他念。何必要結鳳鸞（旦花）你如斯決絕。我兩非屬無原。我不願累君骨肉分離。惟有把私情割斷。但你心此如。我此後念佛參禪。

207. 箕荳勿花煎

胡文森撰曲

（青梅竹馬反線）敵軍力已孤。烽烟未掃清。四處曝骨露。家國多傷耗。傷哉吾民飢和餓。相偪到有誰來助與扶。更生要力圖。（反線士工滾花）唉吔吔。豈料霹靂一聲。說道同室又要動武。（反線中板）爲何爭。爲何戰。到底心爲。何圖。大衆是同胞。不是敵人。何以要互相。伐討。細想古菩薩。只爲保民建國。才有出問。攻途。若爲爭政權。竟使民不聊生。豈是爲官。之道。痛中華。百年積弱。已等東亞。病夫。講到抗敵軍。兵弱民疲。收拾河山。只有佢一人。才可以領導。豈料功成後。你地竟因。爭權與內戰。豈不是辜負佢嘅勞苦。功高。請你念同胞。丁此抗戰八年。受盡那流離。凄苦。更何堪。使佢再罹戰禍。更多傷死。無辜。（正線滾花）若不嫌我絮絮叨叨。謹代四萬萬哀黎。向你嚟訴苦。（龍舟）佢地聞抗戰。喜又驚呼。禁不住滿腔熱血。所以怒上征途。別子拋妻。離父母。不問朝生暮死。爲洗祖國差汚。（轉乙反）佢嘅不幸家庭。一樣同遭悲苦。不論精神肉體。飽愛煎熬。有陣炸彈轟來。重有機槍亂掃。家園毀破。骨肉焦枯。寡婦哭夫。孤兒哭母。有的四肢分裂。（乙反二王）有的破了。頭顱·最慘就係城下兵臨。佢就拖兒。背母。攜妻奔避。歷盡水遠。山高。仔呀佢年幼難捱。可憐佢在路旁。跌倒。（序）又怕敵兵來追到。（曲）只有把嬌兒忍棄。含淚背母。奔逃。（難民歌）哀哉萬頃田又云蕪。傷心怕望故廬。多年內經商業豈知一日受了損失一概盡化無。佢爲怕倭兵。肆暴不甘俘虜。連連夜遁逃。又碰喘的兇賊。惡徒徒。通通刧掠驪眞正冇人道。看來定。死於飢寒。誰爲他作護符（詩白）不問工商與學徒。不分貴賤與農夫。不論軍民和百姓。一樣無辜受剪屠呀爺。（霸腔士工慢板）累蒼生。誰之罪。誰願傾力爭雄。徒使萬民。受苦。爲家邦。爲民族。不惜犧牲一切。不辭抗戰。辛勞。到底奸邪。難當正義。萬衆一心。終把寇爓。清掃。國難方完。民災未已。你睇哀鴻遍地。正在待哺。嗷嗷。要復興。和建設。自力更生。（滾花）正是吾人。急動。（金蓮花）休因私見不合意。偏動武。再令民生精力耗。瘡傷不及顧（白欖吊）一聲呼。再聲呼。慷慨陳詞欲咽嗚。都城遭破毀。田地已荒蕪。工廠受摧𣏌。機械無完好。農村將破產。飢荒難以避逃。工業又凋零。用材無助補。文化遭摧毀。整頓要下工夫。建設不勵行。民族何以富。生產不努力。民生何以甦。況尚有強鄰。窺伺吾疆土。自家不團結。何以禦胡奴。叫句親愛的同胞。勿過於燥暴。放下鎗。放下刀。爲我民族求生存。爲我民生求出路。你有抗戰百年嘅熱血。應當同治於一爐。你有善戰勇敢嘅精神。應向建設生用之途求進步。勿甘爲禍首。勿妄逞英豪。合羣卽愛國。建國功夫賴爾曹。（重句）（士工滾花）勿因私人福利。竟誤國家前途。同胞不是敵人。到底你地知到唔知到。四萬萬同胞生命。繫在你地一念權操。更勿因自私之心。竟致開門揖盜。（介）須知回頭是岸。猶是未遠迷途。

208. 情深恨更濃

最新名曲

（打引）綠柳垂絲。玉郎離妾去。紅桃吐豔。怨婦望夫歸。（詩白）依依惜別隔梅溪。渺渺雲烟客路迷。幾時得見歸來燕。懷人怕對

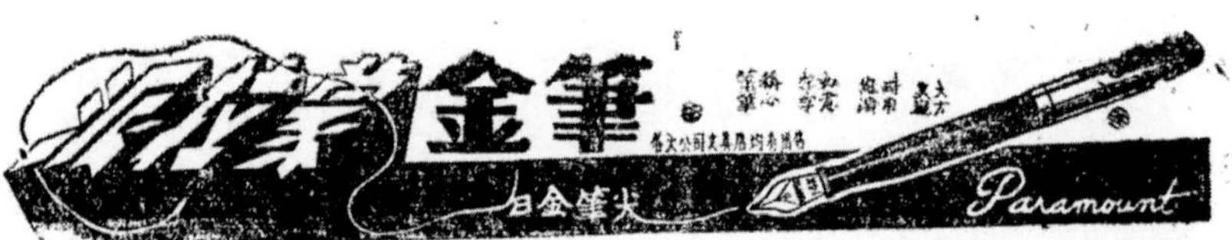

暮斜暉（鳳凰台）日盡揚帆不見歸。歲月駛。年又年。長使望斷雲霓。怕聽鵑啼。恨奴恨奴命曳。烟緣未鳳締。唉吔眞心翳。早勸佢爲。求富貴。別却了香閨。貪光輝。不理薄命妻。妾心已不濟。驚噌就嚟弊。惱郎心虧。將怕命歸西。（食西字轉士工慢板）窗下憶訂情。自證花媒。我倆赤繩共繫。估話得成眷屬。享受白髮。眉齊。（過板）又誰知。好景難常。都是爲無。生計。唱驪歌。魂欲斷。個陣相看無話只聽燕雀。喃呢（轉中板）佢一去經年流水逝。每日晨昏薄暮惆長堤。憔悴懶梳盤龍髻。相思成病瘦腰圍。極目雲峯飢寢廢。不成好事願爲尼。甚麼情重恩深（滾花）怎估到頭皆僞。一陣風孿浪使我就願與心違。祇落得鳳恐鸞悲。總屬音沉書滯。（平湖秋月）意迷迷。日閉閉。憶在深閨同君綺儷。雙棲雙宿兩心繫。愛親花開蒂。兄妹玉手攜。和諧生世。大家共訂同盟誓。守規。（戀彈）怎知到事體有問題。鴛鴦。分飛赴秋韓。舊好怕提新愛夫妻。傷心。兩相睽。東西。空睇。返歸韓事底。（二王）點得鳥倦。番嚟。好夢猶未底是虛。妾意郎情。莫非紅絲錯繫。獨惜不易聚頭容易散。今日前塵同記。禁不住酸淚頻揮。情釗濃時恨更深。愛字無憑。嘆一句情場可畏。有幸他生圓破鏡。良緣今世自嘆命註。不齊（秋江別）香衾冷。獨枕。自樓（重句）愁聽鵑聲伴月啼。（重句）（二流）獨思流涕。依稀映事。雪爪紅泥。憂怨成癡。強難壓制（哭相思）（滾花）風流自古空餘孽。誰知我病在垂危。

209. 重舉合歡觴

最新名曲

（急急風武西廂）悠揚樂悠揚。凱哥高唱歸故鄉。萬里風霜。萬里風霜。衞國願能償。歡揚。歡揚・歸故鄉。復結鴛鴦（重句）（士工慢板）喜我玉人。無恙。錦筵紅。羅幕翠。頻年征戰。此夜杯酒。初嘗。月似當年。花似舊。崔燦山河。處處凱哥。齊唱。國土重光。情花復活。百雲珠海。再見儷影。成雙。何堪念・八年前。我捨愛從戎。揮斷情絃。千丈（平湖秋月）我願橫刀驅魔障。脂香。紛香。不放心上。辜負璇閨金銷帳。甘戰死在沙場。令娥眉心不暢。（戀檀）無恨惆悵。春花秋月意偏長。冲天風火惹凄涼。唉我累妹。（二玉）獨枕。無雙。拯國難。挽危亡。責在吾民。應絕瓊思。玉想。是以男兒侮薄倖。且待他年勝利。伴你翠袖。紅裳。妹你舊日胭脂。想必亦無心向。妹舊時粧閣想必已荒涼。難得久待郎歸。未抱琵琶。別唱。喜使鴛鴦曾歷刼。倘喜今宵重舉。（芙蓉中板）合歡觴。妹呀你八載長思。應把郎體諒。我今後胸中無復。鐵心腸。此後粧閣書眉多歡唱。英雄兒女住柔鄉。今夜對月舉杯。但祝恩情無兩。（滾花）只願郎情妾意。得與地久天長。

210. 花愁知薄倖

呂文成唱

（小曲漢宮秋月）星昏月暗。愁來聚似雲。郎已自悔寒盟負愛人。襟衿都是淚。零落印脂痕。舊恩怨。幾思尋。便似蠶自困。憶最近玉人曾以清歌寄恨。聲聲唱到唱到傷心。痛指薄倖人。已知斷腸悲憤對簫琴。刺激深。歌聲止處已斷魂。（轉反線中板）一曲斷腸詞。詞苦聲酸。唱出芳懷。幽恨。戀花容斂鈿委地。能不嚇碎。郎心。唉我欲相扶。可憐同座有新歡。未許潘郎爲慰問。悵然歸。更有斷腸消息至。(反線二王)說道妹妹。輕生。藥飲芙蓉。爲感命薄如花。欲了殘餘。命運。(正線二王)未卜死和生。此日花愁知薄倖。但祝玉人無恙。重過快樂。芳辰。當日履歌場。意在聆清韶。估不到蓦地相逢種孽因。我本多情卿歷刧。。留歌人愛賣歌人。爲解郎癡。妹亦肯作出牆。紅杏。縱令名花原有主。難得荼薇情重。再嫁。東君。是前世姻緣。是前生夙恨。有憐香惜玉。有煮鶴焚琴。三角愛成千古恨(流水南音)只爲癡情兩字。誤妹一生。我不該愛花愛到鄰家杏。不管名花有主人。又不該爭情奪愛諧衾枕。歡得離婚又變心。更不該瓊樓顧曲撈紅紛(乙反二王)至令到拈酸自殺。妹呀你欲喪香魂。(小曲流水行雲中板)情本是愛根。也是怨根。雙雙被鎖困。唉雙雙又抱恨。情深愛深。今已盡化冤孽根。(二流)欲續情絲難解恨。(上)妹你薄命偏逢人薄倖。(士)潘郎悔作負心人(尺)。

211. 雲鄉憶別

最新名曲

(小曲)寒衿冷。淚清斑斑。月過欄。淚珠偷彈。嘆綠慳。隔別家眷怨孤單。(序)耐不慣。夜深更殘。別一旦。拽鄉到樓欄。(序)共訴心間。預祝歸還。自覺心煩。意倍難。悲傷在一晚。思鄉漫漫。茄雪堪餐。頓減花顏。遠隔關山(序)日相思淚空泛。夜相思思念慣。郎情晚晚。(序)達旦待嬌還。又憶貯花間。(二王)深院荒冷。寂對長空。幻想。宵來舊夢。夢即雲鄉。藍田日暖。玉生煙。空說盡鴻魚。作障。詩題紅葉。可幸賴有紅娘。血雨絲絲。迴腸寸寸。正是九曲欄杆蓮印遍。巫山十二聽盡啼猿。妹你絕無歌唱。(反線中板)又憶夜闌珊。雪霜花飄。妹你獨惆獨悵。寒風厲。獨搖寂影。怕聽。更長。我夜奔馳。爲履前盟。到會玉人。留印象。紅樓內零脂賸粉。不禁心冷情殭。(小曲)情惆悵。社字聲悲唱。怨句嬌去。負了今宵悵。諧和若鴛鴦。情同唱。世世生生燕棲樑。一朝永分。冤孽賬。(士工滾花)隱聽珊珊蓮步。陣陣芳香。不意背後藻英。頻招呼上(介)更重旋中淺笑。帶到西廂。

212. 噓淚滴桃花

最新名曲

(昭君怨中板)難償所願。(重句)怨天我復怨天。相唱淚漣漣。愁復怨。相思淚漣漣。今生今世情義斷。(尺尺上上合乙上上)恨句蒼天。怨句蒼天。私心百轉。苦透心紘。(重句)如柳亂。(復唱三次)天何苦相煎。(合尺花)看天邊明月一輪。惹起我萬分凄怨。儂好比花殘月缺。誰[illegible]可憐。花是薄命花。人是薄命人。恨我愛郎命短(詩白)噓嗟竟夕憶前緣。夢短夜長怨萬千。故地重臨傷寂寞。願將懷抱付冰絃。(柳底鶯)坐花前。素手輕撥絃。(重句)絃中語苦有誰憐。鴛譜未諧令我先凄怨。情義斷。血淚漣漣。奴心有薏箭。(南音相唱)……淚珠如斷線。(二王下句)飄飄情淚。點點滴滴灑向。琴絃。恨上眉稍。怒從心發。我咽不成聲。唉我迴腸寸斷。彩雲易散。素月難圓。嘆一句恩情似水。又嘆一句緇事。如烟。曲中債。言上語。訴與嫦娥只呀。否人間。發怨。(詩日)妒煞人間美滿緣。天何使我恨無邊。忍心邁奪檀郎魄。不許鴛鴦再團圓(再起二王)一寸相思一影寸灰。何堪回首。唉吔吔倒鳳。顛鸞。當日唱唱酬酬。如今冷冷清清。一過無痕。長使我繭心。婉轉。巫山雲雨。枉煞斷腸。說甚麼憐卿憐我。胡帝胡天。咬銀牙。拋紅豆。我到懶點朱唇。慵敷。粉面(合尺花)撫腰圍。盈一把。唉消瘦可憐。(龍舟)心苦煞。哭聲天。桃花心上血殷然。花心血是奴悲淚。淚滴桃花心更酸。憶起呢一樹桃花係郎手種。唉今日人亡花在。剩得長恨綿綿。(上雲梯)夕夕朝朝不復見。問情天緣何淺。思君越心酸。花絮飛花難再黏。情斷。恩斷。鵑聲苦叫夜難眠。月老未能行方便。願與哥哥地下見。(士工慢板)郎君。同相聚。一素愁心。恨淺。縱相逢。黃泉路。奴亦死也。心甜。(中板)無限低徊。無限怨。一思量處一淒然。由此人間難見面。願君魂魄在奴前。或許你欲慰儂心(花)你你你就把廬山一現。(介)倘得英靈一現亦稍慰儂的癡魂。

213. 宋江大戰史文恭　最新名曲

(點降唇)無道昏君心不正。梁山手足聚深情。濟弱扶危爲本性。誓把貪官一掃平(白)孤家呼保義。宋江。可恨賍官不仁。迫孤投到梁山。多蒙兄弟仁義。過全于某。衆兄弟。山前有事。快來通報。(冲頭燈蛾)聽分明。聽分明。(介)皆因賍官。昨天傳命令。攻打我梁山。大哥來令。(重句)(介)不須驚。(重句)(介)兵來將擋。理當應。傳命衆嚟嚟。聽孤來發令。聽孤來發令也。(花)聚義堂前忙發令。兄弟們個個要聽分明。叫一聲秦明你先去探聽。豹子頭林冲你去接應秦明。衆嚟把兵戎整。後堂請出智多星。(首板)聞聽。大哥。傳口令。(中板)出堂看過事分明。適才在後山把戎整。大哥傳喚不知爲何情。舉步到營觀究竟。(介)一定軍情緊急要點將興兵。(白)山人智多星吳用。在後山訓練嘍囉。忽聞大哥傳喚。須速上帳問明。(口古)步入帳前來候命。問聲大哥乜情形。(宋白)賢弟一旁來細聽。因爲個賍官無故要動刀兵也。(一才起恨塡腔)乜乜咁心驚。(重句)(白欖)問聲宋大哥。有乜野究竟。莫非個賍官。又試來攞景。(重句)怎樣把杷把叫叫叫一聲。(重句)叫聲吳賢弟。一旁來細聽。賍官打到來。請你來決定。(重句)(唱)卽要爲兵兵兵。可怒吔。(花)可恨個賍官把兵戎還。當堂令我火起無名。兄弟必須來聽令。山前埋伏不可洩漏風聲。立刻登程下山路往。(介)務把賍官一掃平。(入場首板)統雄兵。到了。梁山路徑。(花)人不離甲要日夜起程。要把水滸掃平顯俺英雄本性。距離五里要扎下大營。吩咐三軍須聽令。軍前有事報分明(冲)(撲燈蛾)忙潑命〆〆(重句)(介)梁山賊寇來興兵。况且他們多本領。元帥你要顧前程。(重句(可怒也。(連環西皮)罵罵罵一聲。(重句)未必他們有本領。唉吔火速登程。(口古)沙場今日堪馳騁。誓平賊寇還威名。(快點)身受皇恩宜效命。不斬宋江氣不平。深恨賊人殘忍性。滿腔怒氣怎能平。叫三軍。(花)號炮一聲你要忙接應。(介)梁山水滸要佢一掃平。(冲頭一才十八摩)呼應。呼應。三軍須聽令。上前交鋒不須驚。顧往前程。唉也。兵對兵。兵對兵。醒定醒定。須醒定。顯我威名。(冲頭白)來將何名還本領。(史白)史文恭就是我天下聞名。你個賊寇有何本領。快把狗名報上。我鎗下無情(明白)你靜開狗眼把老爺來一認。梁山好漢霹靂火秦明。一見賍官激到我無明火盛。與民除害。一留情。舞動鋃鎗攞你命。(花)龍爭虎鬥鬼神驚。

美光染織廠

最新出品 經久耐穿 ★ 顏色鮮豔 老少咸宜

九星圖
九里山
四千金
天賜財源
自由神
茶花女
九龍盃

安安藍布
元色斜文
絲光藍布
單漿漂布
陰丹士林布
單漿漂斜
絲光元布
元色細布
清水漂布

★ 納夫安而紅布 各種色布 納夫安而漿布 ★

廠址海防路人和街一七一號

批發所四川路騰鳳里十一號

大發

★被單集中地★

被面夾裏

被頭

被單

枕頭

透涼羅帳

支店
南京西路金國商場內
電話九六〇二一

★

總店
中正北一路二八〇號
電話三七五四八

石錦升

米糧麵粉號

零躉批發 ★ 特別克己

電話九四四六八轉

上海六合路七十二號

214. 紫玉成烟

最新名曲

（長句士工滾花）情如夢。愛如烟。枕香深銷恨未完。無情風雨如刀劍。斬斷人間並蒂蓮。唉。曲恨何平情太短。（小曲花間蝶）月空圓。鴛鴦不共全（雙句）羅襟綉枕每眠。憶起玉魂豔魄一朝豔花徒恨怨。（乙反二王）縱夢時一會。可憐不似。生前。花帶淚。柳牽愁。月倍添寥人添。幽怨。襟也無從暖。枕也無從暖。只有梅花影冷伴郎眠。棲鳳樓空腸總斷（正線二王）不復水晶簾下。爲卿你細畫。眉尖。最難忘風月夜。卿你一點紅櫻。印上何郎。粉面。教我莫洗脂痕。莫忘情味。花如有幸。得當粉蝶。相憐。愛心堅。柔情軟。銷魂此夜風諧鸞。何幸得成（流水南音）如花眷。自此噓寒問暖。有嬋娟。有陣歌徹玉樓聲宛轉。有陣一同醉後話姻緣。估道地久天長終不變。（滾花）又點想無瑕紫玉化成姻。唉綉湘綠竹有我紅淚染。（小曲連環扣）乙工乙上尺工尺。凡尺工尺凡六合六凡六乙上

尺凡合凡合凡合乙上乙上（凡尺六凡六凡尺上尺上）六 上六上上尺上乙士合凡合凡合乙上乙（凡尺六凡六凡尺上下）乙合乙上尺工

令我令我哭聲天 幌玉貌共那花容 世間絕

色 無 從 見 心 不 怨 情天難如人 算 舊情未了眞心

尺 尺上尺凡六合 凡五六生六合

酸 念來恨倍添 痛苦交 煎

（轉小曲孔雀開屏）嗟已斷琴絃。（雙句）常有嘆孤另。唉。月月年月。恨悠悠。情意亂。（拉士字二王腔）一思逢處一凄煞。（尺）正是兒女情長。（合）英雄氣短。（上）（介）苦我春心無主。（士）願化作啣恨啼鵑。（尺）

215. 莫負好時光

（戲以詞牌嵌之）

白幼緝撰
張蕙芳唱

（打引）不如事常八九。人生幾見。月當頭。（白）錦城春色花無數。莫放韶光容易去。好花開後月明前。縱有千金無買處呀。（中板）歎韶華（一去不回。我欲問君。知否。好將愁拋去。及時行樂。幾不辜負。（少年游。））（摘得新）枝。（相見歡）顏。何不以花。侑酒。看（杏園芳）處。（木蘭花）放。好去消受。花氣香柔。都因（解語花。）偏（多麗）質。無奈愛難。釋手。難怪得。那（蝶戀花）。幾度花底。勾留。（醉花間。）（玉樓春）宴。贏得（暗香。）盈袖。扶殘醉。莫（倦尋芳。）還要秉燭。夜遊。勸君莫辭貧。好花長醉。何惜（貂裘。換酒。）（掘收白）酒債尋常行處有。得風流處且風流呀。（中可起閒蝶）

尺六合 工六尺六工上合 工六尺六工上合 工尺上尺上尺乙士合工尺上合士上尺六工尺上合士上上乙上尺六凡六凡尺上 尺五凡工

且風流 問君有幾多愁 問君有幾多愁 年華逝水去不留 幾轉瞬華屋山邱 可歎塵棲弱草 人非壽 還教杯在

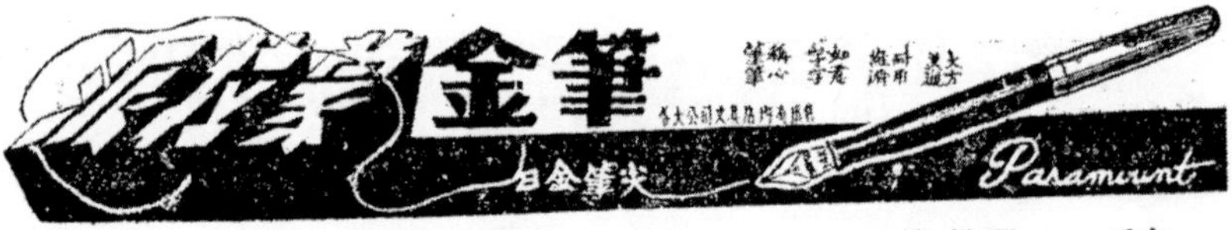

六‧手

（轉賽龍奪錦）醉後。醉後。不管眉皺。解憂。解憂。惟有杜康解憂。春復秋‧春復秋。（二王）任老侵潘鬢。唯願鄉住。溫柔。（憶秦娥。）（綺羅香）澤。雲鬢花顏。纖腰。似柳。（留客住。）幾番攜手。（步月‧）（上西樓）。（殢人嬌。）（秋波媚。）又慇懃。勸酒。不辭（薄倖。）豈讓杜牧。風流。酒罷歌闌。偹綺筵。人散後。（燭影搖紅）。惺鬆言語。珊瑚枕貳。正穩（夢。揚州。）夢纔醒。（訴衷情。）輕啓胭脂。檀口。（乙反二王）說道對酒當歌。人生幾何。廁身天地。身世。比蜉蝣。君知未。彈指光陰。鏡裏朱顏。容易白首。浮生若夢。眞莫個。言愁。須盡歡。屏除煩惱。（轉二王正線）莫學沈郎。腰瘦。（轉滾花）儘恣情風月。笑傲王侯。（白）勸君莫惜金縷衣。勸君惜取少年時。花開堪折直須折。莫待無花空披枝呀。（沉醉東風小曲）

五六工六五生六乙士上合士上 工六工尺上上上尺工六五生五六工六尺 生五六工六尺（六工六合六士合士上尺六工尺上乙士合）工
哭對冠玉 可人兒眼傳心意 兩家知

尺上乙士合士合 上尺工尺（五生六工尺上尺） 五生六凡工五尺工六五六 工尺乙工士工士乙尺工尺（工尺乙工士工士乙）
更柔情 綺語 拚與個薄情忿意 人生行樂耳

尺乙尺工六工六五生五六工六尺上尺（工六五生五六工六） 尺尺工合合士乙尺工尺上乙士合士合 乙士合士合 上尺工尺 六工六
雖富貴何時 不如意且謾愁眉 只流年 堪悲 問春

工尺工尺工六尺工尺 五六工六五尺五凡工六士合六凡工士乙士上尺工上 工尺尺工合合士尺尺士上（工尺尺工合合士尺尺士上尺上）
色有幾 休負了長日醉况愁春將歸怎生去 風流天付汝

尺上）尺上乙士（合士乙士） 尺上尺上（六工六工） 五六上尺（上尺工尺）六工尺上尺工六尺 工尺乙士工尺工上尺工六五生六
眞個快事 對花枝 香滿衣 君須記 芳菲

上尺乙尺凡工凡工士上 尺六工
又醉 金巵

（士工滾花）休管世情。白雲蒼狗。風流誰似。醉鄉侯。任富貴功名。怎比得。那美人醇酒。朝朝暮暮。歡笑秦樓。且聽（杜韋娘）把簫鼓。（聲聲慢）奏。唱出莫等閒。白了。少年頭。我藏有斗酒。待君已久。（收）與爾同銷。萬古愁。

216. 燭殘尙帶光

辛業宏
鄭紫琴 合唱

（中乙反戀檀連序）恨緒凝未散。帶恨訴憂患。崎嶇不顧爲見卿兩心相眉。紅淚泛。恨帶相思彈。（旦）怠倦腳偏慢。思君一縷深情亂我心間。羞帶恨。卻步數番。既驚心又愁煩。（生接）冷露更霜犯。花阡相對低頭默訴一番。星襯月暗又彎。酌春風緩吻酡顏。（旦接）我心痛未減。（二流）蓋不了恨慚。（送情郎）見郎還。心灰冷。可嘆貪嗔癡愛動愁凡。懷記舊情如烟散。（二流）都係情刦增悲嘆（生陳世美）兩心盼（雙句）當日情燕未還隔鄉關。此番賦歸怨光限（二流）你胭脂淚痕粉頰斑（合尺花）嬌你未語汛瀾。（旦乙反二王）憶往日永結同心。仙槎。共泛。好一對神仙眷屬。謫戲。人間。（生接）正喜人月兩閒。方幸相逢。未晚。尙記得尋芳時值。杏花春雨。江南（旦乙反南音）把臂倦遊。買醉蘇堤岸。歸來恒藏月一彎。好景不常正似霞烟散（正綫二王）風流如夢。底事刦降情壇。（生龍舟）記取長亭別。我就上雕鞍。你重茹悲孕淚。祝我錦衣還。折柳贈行情千萬。重願爲隨伴。護我涉關山。誰想我一去三年猶未返。致令你懷慚別嫁。都係我誤卻紅顏。尙記得落魄京華。一度沉魚斷雁。猶望春風重度。（反綫中板）玉門關。亦知你綉閣綠窗。終日長倚盼。爭奈那靑蚨作梗。阻我賦歸還。（正綫花）唉只有速望家園。眞令人傷心無限。妹你嘅懷人紅淚。想亦濕透枕間。（旦平湖秋月）當日樓頭怨傷別難難。燕歸夢亦殘。自憐鬢欲斑。思君那日還。（生接）我亦長懷盼。長懷盼。妹你綉閨冷落何處朝朝晚晚。（旦接）紗窗燕侶情無限。雙雙簾外爲戲飛往還。卻令紅顏羨嘆。偷怨一番。恨情刦心灰冷。稍念叮囑我千復萬。臨去秋波眼，忍痛淚偷彈。卻令紅顏我春晚。（旦接）未知賦歸叙舊何時悵銷春山。塞關徒使長嘆。生恐有日燕子歸時亦晚。好花不再駐豔顏（食顏字轉二王板面）容瘦減恨未闌。（生接）多嬌嬪入後宮侯門嘆。癡怨泣靑衫。祇有淚暗彈。嘆紅顏。情場刦餘夢未減。徒恨那春花燦。（反綫二王）我問一聲。別離中。嬌你獨守紅閨。可是孤單。不慣。爲甚因琵琶。別抱。轉向人彈。（旦接）儂當日。親老家貧。兼以高堂。病患。殘年風燭。幾致路隔。仙凡。無可奈。受聘侯門。爲把慈親命挽。今日裏受郎譴責。益增我。羞慚。（生接）心乍創。悲失意。今日得遂還鄉。卻剩凄涼滿眼。（旦正綫二王）我不敢求郎原諒。惟嘆句福淺。緣慳。（生快二王）刦後重歡。我問卿。何晚。（旦接）誤人誤己。不敢調重彈。（生接）重拾墜歡。乃郎心。切盼。（旦接）深感癡郎義重。又怕蕩檢。踰閑。情切恩深。惟祈犧牲。一旦。（生合尺花）我倆舊歡猶可續。（旦接）三生孽債爲郎還。

217. 新寃枉相思

梁灼華
萍　夏 合唱

（生唱斑竹罵）櫻花燦爛。櫻燦爛。豔美可讚。片片飛翻。蝶兒又飛舞愛花燦爛。無限。無限。爲花讚。惜花近春晚。花相愛使垂盼。可愛美花燦爛。（白）你睇花蝶有情。惹起我情無限。做乜寒山日落。都未見呢個女嬌顏呢。（旦白）來了。（士工慢板）春風暖。正是情濃時。今晚偷赴藍嬌。解我多年。渴盼。踏瓊瑤。穿花徑。又只見檜郎無語。獨自。倚欄。挽羅裙。忙斂妝。你睇花落迷途。哥你恕我步移。遲慢。（生）花正香。蝶正忙。今晚西廂待月。點會久候生煩（旦芙蓉中板）一別十年。難爲我望穿眼。（生接）我亦爲嬌情重。累到我廢寢忘餐。（旦）你僕僕風塵。可憐你容顏減。（生）我精神尚好。嬌你不用担煩。（旦花）今日人面依然。可惜你歸來已晚。（生）莫非你話我輕離重利。唔曉早掛歸帆扑。難怪阿嬌。長嗟短嘆。此後願隨花死。伴姐嬌顏。（旦花間蝶）莫多談。話起心更煩。自知羞慚。（生）慢把淚彈。有誰令你多悲嘆。無謂喊。（旦）以後。大家要分散。（生）點解而家咁淡（旦乙反流水南音）君你別後音書。不忖歸來雁。呢個天涯歌女。又試淪陷落人間。心感我個表哥。來護挽。我爲酬恩德。經已接納佢嘅婚環。（生連環西皮）心中悲慘。驚心穿胆。這等事情。是眞講頑。（旦沉腔花）唉吔吔。遣不時虛假言談（哭相思介）（生教子腔）淚盈眼。（旦）愁緒無限。（生）美花遭災難。（旦）恨痛無限（生）花風廿四番（旦）零紅落滿山。（生）風吹散。忍不住淚落。更重長歎。（旦乙反二王）天妒多情。勢難。復挽。（生）嬌呀你就名花有主咯。可憐我重飄泊。入間。（旦）今日大錯鑄成。已無。可挽。（生正綫）不若效文君司馬。與你遠走。邊關（旦）我亦願舊夢重圓。不過未敢把郎心。試探。（生）犧牲爲愛。古有。傳談。（西皮板面）睇吓月照寒溪澗。夜來不便多談。明日再來會你在此間。你莫過太晚。（旦西皮）捨不得。哥呀英顏。你要安慰我一番。（生）唉吔吔想落又係艱難。（乙反西皮）若係誤將戀貪。一時犯奸困情關。免不了危難。惹禍無限。聽我規諫。（昭君怨）貞操節義。只恐怕會損失在一旦。失足錯了。心悔無限。要思慮再三。（旦昭君怨中板）旣蒙責難。決然照辦。感若教導再三我深感嘆（生）能納諫。更加可讚。現今知錯勒馬時未晚。（旦）經過呢番。癡愛稍減。（生）風高露冷。候你花顏。請你早還。僥恕我曾冒犯。（旦）嘆緣慳。

218. 窮巷之冬

胡文森撰曲

月兒　白揚合唱

（生唱木蘭從軍）（板面）風聲悲。霜鋪地。雪片飛。撲宅籬。薄被寒夜那堪。拒寒氣。怨夫何事立心將我欺。憐我短盡男兒氣。萬般失利。夫與妻對泣怨力疲。（旦唱龍舟）嗟命蹇。嘆時非。人逢失運六親離。落魄窮途無知己。可憐白眼爲貧欺。（二王）正恨無台。把那重重。債避。無情威脅。就係兩字寒飢。夫呀你半世辛勞。爲我捱盡人生。苦味。（生二王）愧我未能盡責。時時要累你捱飢。廚下可有餕餘。妻呀你晚餐。進未。（旦另場花下句）佢未知我早餐還未進食。却爲餘粟。稀微。惟有強作飽餐。爲佢進此僅餘一器。（對生白）夫呀奴奴已飽食。待我爲你進飯捧几。（呈飯介）（餓極力不勝介）但覺微力不勝。唉吔。（失手碗墜下介）（先鋒鈸生接碗介）（白）好彩我接住。（唱）幾乎把此殘羹瀉地。（白欖）眞稀奇。確稀奇。一飯本輕微。捧來如吃力。一定爲枵腹致力疲。心爲惜賢妻。忍飢還飯器。妻呀我夜來腹尚飽。健步壯如飛。妻你面已有飢容。何必相誑戲。請留爲已用。莫爲我忍飢。（雙句）（旦反線中板）儂非臣朔焉敢言飢。今晚縱幸分羹嘗飯味。來朝忍餓又不知期。可恨無情催租吏。佢話逾期不納。便要偪遷離。

催債若催命符。眞係避無可避。夫呀我懷胎又屆分娩期。（花）如何渡此難關•眞教我食不知味。（生的的撑花下句）唉吔吔。天胡絕我。總不與我一線生機。（乙反南音）解僱當年因猜忌。經商失敗因爲不知機被逐官場。爲不識阿諛諂媚。寶文代價又輕微。義正詞嚴人弗喜。恥爲詭御博療飢。愧煞累人兼累已。空負昂藏七尺。（正線二王）更負蛾眉。（霸腔花）難難難。難難難。濫固因窮。盜由貧起、（抽刀欲行介）（先鋒鈸旦執生手介）（旦口古）你你你。你揸住張刀想去邊處。是否想學跳樑嘅賤技。（生口古）你唔好問。今日勢成騎虎。顧不得甚麼品行汚卑。（旦口古）唉夫呀。我地雖然係貧窮。但係你知否人體還有良心。天地尙有至理。（生冷笑口古）唏。良心。天理。最有良心就係人類。試問邊個唔作歹爲非。（旦白欖）是強詞。是奪理。聖賢所唾棄。君子固能窮。只有小人捱唔起。忿怒掩良心。莽行違天理。義不食嗟來。道不拾遺棄。況復恃強權。損人以利己。夫子須三思。勿誤諸一時氣。（雙句）（生霸腔中板）世情顚倒。那有眞是非。你睇奸商壟斷叨。名利纍富由來自居奇。人間幾見淸廉吏。民自凄涼官自肥。忠厚待人無知己。夷齊唯採首陽薇（花）此正是死裏求生。更好洩我胸中不平之氣。（旦口古）夫呀。你知否呢的乃係犯罪嘅行爲。你又何苦踏此險地。（生苦）人逢絕路。更不知何所謂危機。（旦口古）若果你今夜不歸。叫我向何方搵你。（生這個介）（口古）萬一我五更不返。明日監牢裏便。便是我與你相會之期。（冲下介）（旦叫不住介）（花下句）又恐怕噬臍莫及。禍在燃眉。無可奈何。唯有永神護庇。（開邊跪下祈禱）（生唱）（醉酒腔）夜寂靜。夜寂靜。雪又寒。到街前。我就捱盡寒峭味。（說明生來至小酒家門前見女主人是慈祥老婦正在埋櫃介）（生花下句）主人是個龍鍾老婦。我何忍以武力相欺。唯有候等佢離開。冒雪在前暫企。（瑟縮在櫃前介）（女主人見生在外可憐狀介）（女主人白欖）門外可憐人。瑟縮將雪避。面上有飢客。破衣納敝履。叫句靑年人。請來室內企更爲爾驅寒。急將酒肴備。飽食也無妨。無須多客氣。（雙句）（生另場花下句）估不到佢開門揖盜。眞令我啼笑皆非。步反遲疑。心底躊躕無旣。（女主人二王）你不用迂拘作態。估我是假意。慈悲。我嘅惻隱心情。卻爲你哀憐。而起。（生二王）恩逢萍水。使我愧復。驚奇。心爲急止飢腸。已把羞慚。忘記。（據桌狂食介）（女主人口古）睇你一表斯文。何以會弄到如斯田地。（生口古）唉。想我經年落魄。眞係不盡噫嘻。（女主人口古）家中可尙有人。需唔需要你料理。（生口古）家中尙有一個捱飢嘅妻子。而家重將屆分娩之期。（女主人花下句）好喇。我贈你白銀十兩。肴饌一筐。明日請來此酒家。爲我嘅店中助理。（生花下句）謝你如斯關照。令我喜氣揚眉。忙拜別歸告賢妻。使佢芳心歡喜。（冲頭返家見妻祈禱介）（花下句）又只見嬌妻跪倒。好似口念阿彌。聽吓佢所說何詞。何以佢跪而不起。（旦口古）誠心弟子叩禀。唯望菩薩有靈。把我夫郎護庇。保佑佢回心轉意。切莫作歹爲非。保佑佢早登龍門。先踐珠履。保佑佢今晚唔好犯罪。賜佢一線生機。（生花下句）妻呀我有白銀十兩。你不用生悲。更有肴饌一籃。歸來贈你。（旦連環西皮）心火起。（雙句）不義之財我不要。寧願餓死。（生尾句）唉吔吔。你不用突眼睜眉。（白欖）勿生氣。（雙句）得來非自盜匪。今夜過酒家。見財盜心起。但係店主是老婦人。慈祥無可比。不忍嚇老人。俟機在門口企。誰料佢憐我飢又寒。贈我繼餐。使我羞無旣。更贈十兩銀。聘我爲助理。今晚得職行無虧。所以我歸來急報喜。（雙句）（旦二王）所以話天良莫昧。此正是報應之期。猶幸你犯罪未成我便謝天謝地。（生二王）今後才知天良尙在。不過我未遇。時機怨天尤人。乃是我一時之氣。（旦二王）此後你重要向前途掙扎。務要制勝。出奇。勿使岐路行差。幸毋自甘暴棄。（生二王）你是我嘅晨鐘暮鼓。又是我嘅指導。神祈。今

日已還我良心。敢不奉行大理。（旦花下句）前程錦繡。（士）祝你勿負所期。（尺）（完）

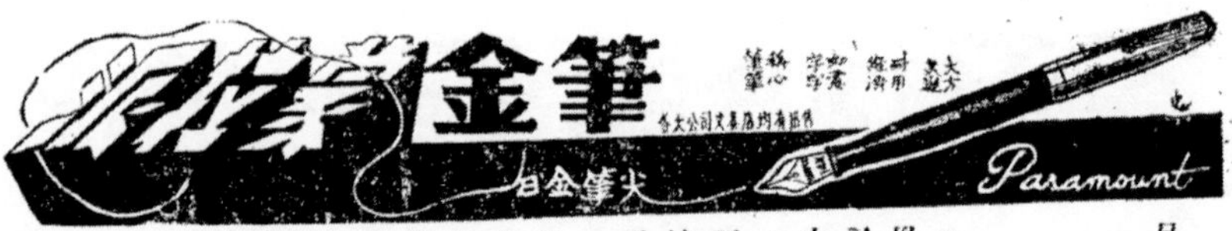

219. 淚洒斷腸碑

何鴻略
藺明 合唱

（旦唱）（鳳笙怨）三更後。深夜奠墳頭。悲恨未休。怨未休。令我眉長皺。靜幽幽。睇見墓前豐碑。奴奴忙跪叩。珠淚流。（哭相思）（士工滾花）慘聽夫氏滿門。蒙冤授首。慘見此僅餘聘物。何用把此物遺留。待我咬碎銀牙。碎此不完嘅玉扣。（開邊碎玉介）又覺得天旋地轉。好似步履浮浮。（陰鑼筆倒介）（生中板）想我江毅郎。避難含冤。怨句天兮。不祐。乘月夜。偸來祭母。夜行到此山坵。呢座子母碑。紀念我母子二人。未知建自誰人。之手。尤可異有位傷心紅粉。何以佢在山頭。我就下雕鞍。（滾花）爲問眞情。忙將她來灌救。（水波浪救醒介）（旦唱）（的的撐沉腔花下句）唉吔。有若地府魂遊。（開邊醒介）請留扶我者是誰人。寧不知不親授（生長句二王）你勿心驚。我忙追究。墓中人氏本是罪囚。小姐你夜弔碑前。情深厚。到底是親還是故。請你細說從頭。（旦接長句二王）江氏君侯。忠良之後。滄池一念事寇仇。累及妻孥遭殃咎。寃含不白葬墳頭。爲表同情。不由我五中。苦透。（生另場長句滾花）心苦透。（雙句）封禍重重難抵受。慘聽一言淚一流。心感同情人尙有。獨憐老父。竟爾不齒人儔。（對旦唱）問根由。（雙句）小姐碑前涕淚流。旣不是親和故舊。何須寅夜奠山頭。交淺言深。勿怪不才多口。（旦口古）因爲我是一個未亡。心已爲情苦透。墓中人亦係未婚而死。所以我憑弔墳頭。（生口古）就算係同病相憐。未必會爲此凄涼難受。况且此玉環何罪。何以你把佢碎在山頭。（旦唱）（反線木蘭從軍）睇我把生偸。夫已身亡後。訂婚嘅玉扣。那堪復再留。擲碎遺物化烈有又何咎。（生唱）勸卿細把內中之隱直剖。吾也是有心同情佢夜到此間思舊。之你將裏因說從頭。（旦唱乙反龍舟）言未啓。淚難收。毅郎公子是我嘅未婚鸞儔。只爲老父含寃。慘遭滿門斬首。可憐我地未謀一面。夫命已喪陰州。今日我自鬻到胡邦。暗藏七首。欲把仇人手刃。報夫仇。（生的的撐沉腔花下句）唉吔。使我涕淚交流。妻呀。我就係你嘅未婚夫郎。估不到碑前聚首。（旦唱二王）請勿游詞相戲。欺此窮貧。女流。事關我嘅不幸夫郎。佢都身亡已久。（生唱乙反二王）你嘅夫郎未死。待我細說。從頭。當日禍起蕭牆。要把我滿門斬首。我就留書亡命。媽呀佢又病死荒邱。未悉此子母碑墳。建自誰人之手。事關與你未嘗謀面。難怪你疑誤。不休。我尙佩有半角玉環。可證吾言非謬。（旦白）唉、（哭相思介）（旦乙反長句滾花）心苦透。（雙句）相逢未許成婚媾。何必寃家再聚頭。來朝又入暴奴手。但怨天胡此醉。身命不猶。思悠悠恨悠悠恨到何時方始休。緣到盡時。偏聚首。有情終教兩分投。玉碎一邊留此扣。既難完璧何君你獨遺留。唉我咬碎銀牙。碎此不完嘅玉扣。（生口古）妻呀。你何必煮鶴焚琴。碎此僅餘嘅玉扣。使我心同玉碎。片片不留。（旦反線中板）人亡何用物空留。况半璧已不完。試問何情之有。玉呀你有何顏面。獨遺留。玉呀你義當相隨。勿怪奴忍心辣手。（生反線中板）言中有意多怨尤。待我長跪嬌前把我嘅心情剖。須知我並非無恥。把生偸。倘或不幸名花。遭刦後。我定到魄門關上把你尋求。（花）今日難捨難離。一陣辛酸難受。（同哭相思介）（旦花下句）但祇報仇有日。死亦何愁

220. 青春如夢

胡文森撰曲 小燕飛 梁瑛 合唱

（旦唱）（蕉石鳴琴）青春最動人又似花嬌月媚。蜂與蝶肆誘爲貪青春美。不教野蜂沾惹聲架擺得似郎又若離。忽𡚸又悄原無據。夫壻向我追。諒也爲我嬌美。皆因愛金有心共渠暫時共結褵。夫佢遠征又要言離。剩了奴困閨幃更闌怯寒飽。試離別滋味（長句滾花）累蛾眉。（雙句）春思撩亂嚙襟期。自憐麗質難自棄。一枝紅杏出東籬。一病悠悠三月幾。病痊約赴桑中期。待我把脂粉重施。等候情郎將約履。（合尺相思）（情人上）（逍遙曲）尋柳問花貪芳菲。曾被撩惹郎拋棄。嘻嘻笑微微。貪新鮮好玩奇。求與玉卿親香肌。捱盡磨折多屈氣。嘻嘻有日期不慮。我望期我得了眞個一試。如何還重牽記。況且佢。經過一次沉沉病擾香軀年老病多姿色衰。憔悴神態悲失意。今番約赴期踏跙。腳步遲（旦二王）你不是蹣跚蓮步。何偏約誤。佳期。是否露冷寒侵。使我不勝。翹企。（情人二王）既知霜寒露重。便不應怪我。來遲。我尚有無限應酧。此約又不是綸音。聖旨。（旦二王）你到我如斯冷落。眞使我有無限。驚奇。尙憶你初獻殷勤。對我無微。不至。（收掘）（情人龍舟）想起你當年氣燄。眞係罄竹難書。恃住有幾分顏色。你就驕傲一時。出賣愛情。但求有銀紙。有的爲你單思成病。有的爲你發顚癡。有的爲你破產虧空。聲名掃地。有的爲你離婚棄父母。攪到家散人離。有的爲你顚倒晨昏。消磨壯志。有的爲你失戀自殺。你重一笑置之。我亦捱盡多年。你的美人氣。好在我面皮夠厚。（二王）終教鳳人羅幃。追念前情。我尙惱懷未已（旦口古）估唔到你雨露旣沾。你就當堂反噬。焚琴煮鶴。總不念吓舊時。（情人口古）正所謂以牙還牙。投桃報李。況且一個酸梅兩個核。今時不比舊時。（旦唱）（陌頭柳色）眞正冇稽之至。至今同樣美姿。無端分開事屬奇。未祇你。負恩忘義。舊好今朝概忘義。從前待你。有意垂靑未敢致詞。名花國色必須有架子。（情人白欖）梟架子。（雙句）招牌要收起。你嘅架子十分高。我嘅面皮亦有一寸幾。從來報應終有時。誰教當年你咁傲氣。玩盡世間美男兒。愛情當兒戲。須知無限青春有盡時。道德由來最可恃。花容減褪你唔知。呢𠱁埋便有個鏡子。縱然唔信鏡。請你信吓玻璃。咎辱自招尋。刻薄豈無理。恕我唔得閑。拂袖使離去。（雙句）（情人下介）（慢的的）（旦白）我老。我我我我眞係老。（照鏡介）（的的撐乙反沉腔花下句）唉也也也慘見此鶴髮雞皮。（乙反南音）消逝青春何容易。可憐花卸蝶還稀。往日風流今已矣。不堪重憶舊芳時。遲暮美人誰關注。老來孤燕傍誰依。正在淒涼。（花）又聽得人聲至。（夫戰勝歸來雙目已盲）（夫唱）（夜歸人第二段）榮歸又卸征衣。目已瞽。雖成憾事。懷念舊日雌兒。速歸去莫延遲。（掘）（白）阿玉卿。阿玉卿妹。（旦唱花下句）慘見佢歸來成殘廢。又感佢念舊情癡。無限羞慚。見此多情夫子。（夫唱花下句）妻呀。做乜千呼不應。莫非你怨我歸遲。若不是爲國馳驅。斷不致累你閭門遍倚。（旦反線中板）愧我花容遜色。始覺郎癡。或者佢雙目失明不見儂憔悴。良心惟盡訴衷辭。（對夫唱）夫呀得你歸來何怨懟。自慚花落損芳姿。陋質何堪配君子。恨君無目見零脂。（花）君呀你且莫憐儂。儘可另尋愛侶。（夫唱反線中板）聽此絃外音。分明有怨慕。所以故作。其詞。妻罷妻。可憐我轉戰經年。未許我歸來。見你。纔得賦凱旋。我欲見妻無目見。知你定有無限。傷悲。不是王魁忘舊誼。軍中無日不念蛾眉。（花）嬌呀你莫因怨藉詞。拒人千里。（旦減字芙蓉）良心底說話。語語非虛詞。日久見眞情。情自歸來始。花開難享受。贏得花落時。(滾花)你若不信我損了花容。煩你細撫摩。便會覺粗如有刺。(開邊的的撐)(夫唱)(沉腔花下句)唉也也使我剌人心脾。(白欖)愁難已。愁難已。青春不爲人留住。你一定爲盼夫不歸。花容竟憔悴。罪本在吾身。如何敢怨你。我本愛你嘅芳心。唔係愛你個樣子。花容減褪又何傷。我對你一片眞情情未已。(雙句)(旦花上句)見夫你如許情多。不由我不再訴良心之語。(龍舟)自君離別。我又不慣獨居。呢朵負義名花。羞任人摘取。負君情意數年餘。(乙反)豈料一病無人去料理。花容損却無復舊芳菲。恨彼浪蝶游蜂。都不顧而去。(乙反二王)愧見歸來舊燕。對我一樣深愛。不疑。相見無顏。(花)不若自尋一死。(先鋒鈸)(夫抱住旦介)(快中板)若能覺悟改前非。猶是無瑕何介意。一洗前汚有綠池。失足已成一誤事。何堪再誤以死爲辭。(花)須知我有你才有人生眞意義。癡情何忍獨作鰥魚。休苦煞此盲目嘅癡郎。徒自迂拘求死。(旦二王)估不到負郎不罪。使我羞愧。奚如。爲感郎癡。我便不敢輕於。求死。(生二王)過而能改。何用介意。前非。前路尚有光明。(花)莫教羞慚掩理智。(旦唱)(長句士工滾花下句)儂醒矣。(雙句)美醜花容何足恃青春如夢夢難期。有德美人。心亦美。美人無德飲恨堪虞。顛倒衆生不過虛榮美。歸根又怕陷差池。有情當論恩和義。只有眞情一點。是我歸依。

221. 拷紅

胡文森先生撰曲
小燕飛小姐主唱

(小曲)張生怨。恨未填。紅娘代籌算。冰人任完。橫禍替受捱鞭一遍。償盡愛孽緣。情人不復怨。不是鴛鴦却累連。受苦低叫寃。人幸試愛味甜。奴捱寃共怨。偸偸怨。怨恨情生變。(士工慢板)既生情何生恨。愈是多情。愈生恨怨。解賊圍。推婚事。結成兄妹。一語驚筵。妾含悲。郎飲恨。苦在心頭。肝腸寸斷。(中板)哀求好事爲成全。跪乞紅娘不計頭叩損。癡情可笑復可憐。任是鐵石心腸都化軟。千金一諾。未敢食前言。小姐不從。(滾花)奴就婉言相勸(掘龍舟)我話書生含恨病懨懨。母氏寒盟爲你招情怨。爲救無辜一命。何論禮廉。况且舊恩未酬。你又恩報怨。良心一點。點對皇天。問得佢俯首無言。啃就任從我處斷。(二王)爲佢西廂傳韻約會藍田(長句二王)過琅玕迴路轉。月移花影到芳園。急色兒郎眞討厭。錯把紅娘抱住。眞係可笑可憐。近花阡人意倦。滄亭扶坐自掀簾。寂寂無人(滾花)但聽一句天台劉阮天涯歌女。步兒潛暗窺見牡丹初放試味兒甜。溫軟幽香滿簾前。簾前秋風掃得葉兒飛轉(二王)晚來多露。唉也濕透。鞋橼。夜夜酬恩。都是紅娘送轉。那管人間天上，今夕何年。誰料易洩春光。難把夫人瞞騙。(跳花鼓)嘆到呀院中。親自審斷。朴責呀交加。追問多遍。責奴何賤。教人淫亂。(反線中板)受鞭笞。銀牙緊咬。本待矢口。不言。怪可憐夏楚頻施。難爲我筋疲。肉嫩。難抵受。祇有含悲帶淚。吐盡眞言。小情鴛。念我受此嚴刑。休把紅娘埋怨。繫紅絲。爲人作嫁。估不到受罪。無端。惟有忍淚兒。(滾花)但祝所願成功。我就任勞任怨。猶幸相思渴解。聊慰我抵痛嘅心絃。

222. 安祿山私探貴妃墳

南燕音樂會

黃樑編

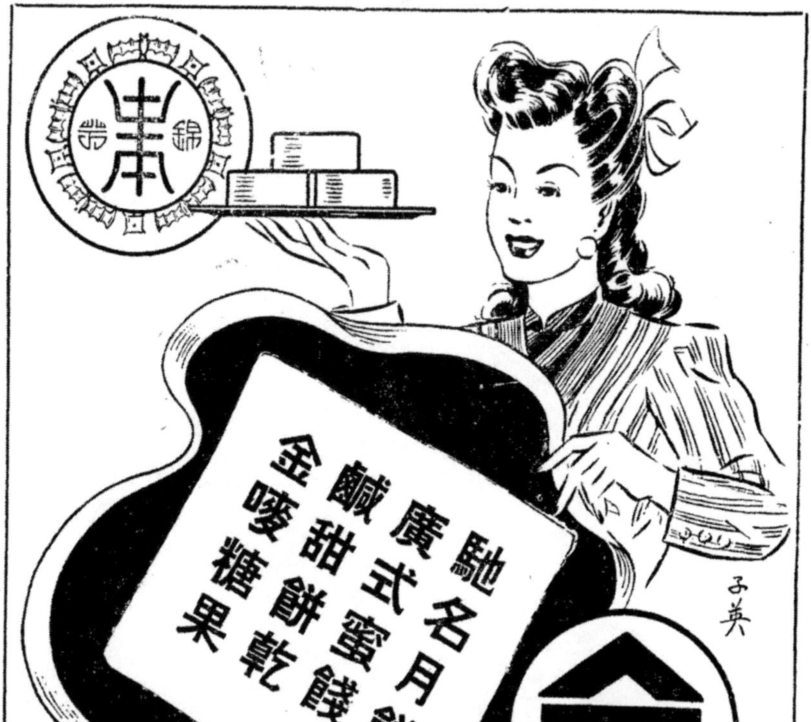

馳名月餅
廣式蜜餞
鹹甜餅乾
金嘜糖果
子英
金
暢銷五十九年
始終保持廉美
錦芳食品號出品
發行所·山東南路五二至五四號

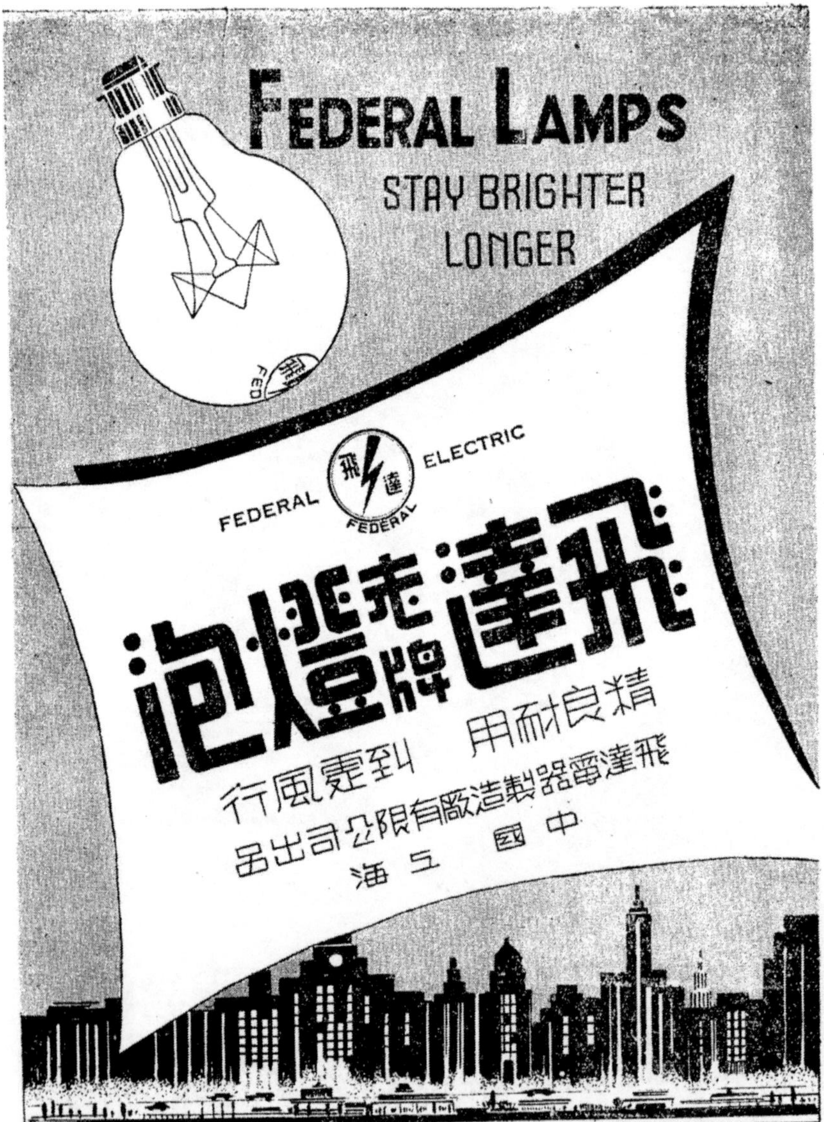
FEDERAL LAMPS
STAY BRIGHTER
LONGER
FED
飛達
FEDERAL ELECTRIC
FEDERAL
飛達光牌燈泡
精良耐用
到處風行
飛達電器製造廠有限公司出品
中國上海
中國上海天潼路四七八弄四七號　電話四一一四四

上海 大三元 酒家

總店：南京東路六七九號 電話九一〇三二・九一〇三三

支店：西藏中路十五號 電話九一〇四六・九一〇四七

粵菜茶點
燒臘鹵味
大筵小酌
喜慶禮堂

夏令冷飲
結婚禮餅
中秋月餅
年節佳品

多多福

食品商店

南京西路四八一號 電話三五〇三八

應時各種

冷品

各式粥品麵食
特別經濟飯菜
著名鮮蝦雲吞

首創酥蛋麵飽
奶油鹹甜麵飽
特製西點餅食

（首板）爲嬌娃。却令人。柔腸百結。（慢板）今晚夜。步山林。穿野徑。我就暗自愁思。若非是。爲美人。斷無此事。我何苦。勵兵戎萬里勞師。恨天公。偏不願。成人。之美。又遇着。今晚月暗星稀。難以。行藏孤清清。獨一人。單人獨馬只得前途而去。（二流）又覺得寒風陣陣。吹動羅衣。聽杜鵑聲聲啼。叫我不如歸去。見哀鴻孤單無對。在半天飛。對此景却令人。倍加愁悵。一陣雲開見月時。趁着月明馬嵬坡去。那傍豎着。一塊新碑。一定是美人。埋葬在此。祇見一塊淨土。葬娥眉。（白）唉罷了我的美人。楊貴妃呀。想我勞師遠征。謀反大逆。不顧後人辱罵。究竟爲着那一個。美人你可知否。想我當日。犯了軍令大罪。押解京師。聽唐王發落。此時我自問必死。就表事皆休。豈料唐王仁義。將我來恕過。自此以後。本該粉身碎骨。以報朝廷方爲臣子之道。誰料我一聞人說。卿你絕代花容。一笑傾城。令我神魂顛倒。不能一親芳澤。徒嘆奈何。因此用到進鷚鴣之計。議得與美人一呀面。是時你我相逢。情留日盼。不言不語。更是難堪。唐王還在夢中。當我乾兒看待。你我交情。他一慨不知。試問此情此際。誰不安心。唉誰料天不由人。卿你竟逢大叮禍。今日欲見無由。卿你芳魂已渺。因此私行到此。一訴平生。卿你有靈。請你鑒領。（首板）跪下了。嬌墳前。荒草之地。（滾花）（五更界）（滾花）哦聽得樵樓。打罷五更鼓響。分明催我轉囘歸。捨不得意中人忙叫起。（哭相思界）（收板）兩人此後。欲會無期。

223. 甘露寺看新郎

譚伯葉　新月兒　上海妹　合唱

頭段（生唱蕩舟）共仇敵。做夫妻。要小心仔細。防提。只信先生多妙計。無難危。虎口何懼畏。自有良謀禍脫離。（合尺相思）（丑浪裏白）。嘻嘻。我而家去睇女婿呀。亞乖女呀。（旦白）吓（丑白）你都要落眞下眼力至得架。（旦白）呢啲鬼咁醜。又唔知點爲之係好呢。（丑唱送情郎）總要夠人材。又夠福氣。五官端正四袵齊。文武雙全兼樣樣英慧。至能做我佳婿呀。（旦唱二王）咁就任從。你主意。（丑白）我有分數略。（唱）你快些傳報。說道國太。到嚟。（旦白）哦國太到。（生白）哦。（唱反線琴瑟和諧）端莊禮儀。還要候駕把首低。來到定必所因親事。先生妙算佈置定然可勝利。呵乜國太到。應要恭敬上前下禮。呢位是可貴宮主。等我見個禮。（二段）（旦唱）我庸愚無禮望你將我罪饒恕。（生唱）好話話喇宮主。不必客氣播。（吊序）（丑白）唉吔唔駛拘略皇叔。嘻嘻。你請坐一陣先。我就嚟陪你傾偈呀吓。（生浪裏白）國太你好聲行呀。（丑白）噫吔有心略。嘻嘻。（旦唱）唉吔有乜好意思呢拿。攪到我面都紅晒略。（丑白）唔我愛你心個句咯。（唱）睇見佢生得一表相貌有帝皇位。我的口水。的口水。滴滴諦（正線二王）眞係唔通。見左女婿。（旦序）而家都未曾係。（曲）佢有何好處。望你講過。我知。（丑唱長句二流）呢種男子相。世希奇。眼如日月襯雙眉。拿重有猪胆鼻。有權威。而且五柳長鬚緝咁齊。（旦浪裏白）係播。我睇佢一生人。都係好在個鼻囉嘻。（丑笑白）嘻嘻係定喇。眞係唔錯架。（旦唱）還見左。佢兩手低垂。長過膝頭更重奇。點解佢生成。咁大對耳（丑白）哦係呢乜點解眞係大對耳架。（旦白）拿拿拿拖到落去膊頭添架。（丑白）呀。耳大至長命架。呢種咁既女婿。眞係有得彈咯。（三段）（旦唱二王）總係恐防佢寂寞。亨處默默。無詞。（白）你快的去見吓佢拿。（丑白）我饒得略。（唱）等我移步上前。便與使君。講吓家世。（生白）國太請坐。（丑白）皇叔有坐。（生唱）你有何指教。請你指示。庸愁。（丑唱）我久仰你個大名。眞係如雷。灌耳。（生白）國太你過獎喏。（旦唱）更重英雄蓋世。令我相見。恨遲。（生白）唔敢當眞係唔敢當嘅。（丑唱和尚思妻）遲就未算係遲。必定從你願意。（旦唱）你地兩家傾吓我就轉返嚟。（丑唱）得咯。我通氣嘅。我通氣嘅。你入去迴避。叫聲使君你失偶。定再娶妻。（四段）哀家最喜歡。最重人義氣。招你做我嬌親好女婿。（生唱）你本意。仁慈。爲來我厚賜。但我地位咁區區。若是配宮主。堪賞慚愧播。（丑唱）你莫嫌棄。莫嫌棄。幸不推辭。（生唱三脚凳）咁就立卽來叩頭。拜見外母你。（丑唱）我參扶好女壻。令我笑開眉（生唱滾花）噫吔何故兩廊。有人聲鼎沸呀。（衆兵曰）喝呵。（旦白）嘻吔母后呀。（滾花）有伏兵來加害。要望你解圍。（丑唱快士工慢板）兩廊上。兵圍住。並非。好意。你與誰人。有仇恨。快快。上嚟。（生白）唉國太呀。（中板古老腔）想必是個周瑜。心不執。要將我劉備。魂歸西。講統兵困園。甘露寺。若非是我的老國太。將某保擁難免命化。爲呢。吱我跪在你跟前。（滾花）聽由天意。（旦白）若果將郞殺害。叫我倚靠於誰。（丑唱）今日我曾經。招左你爲壻。誰人咁胆大。害我半邊兒。等我步出門前。打過你班食塞米。（衆兵白）喂走囉。（丑白）咁好胆。零戇。混漲。劉皇叔係我個女壻嚟。你哋摸吓佢我都話你有罪呀。（生唱滾花半句）唉都要小心防備。（旦唱）我保你無虞。（丑白）唔怕。有我。

224. 錯有錯着

廖夢覺
衛少飛 合唱

（頭段）（丑唱板眼）呢我陳德貴。一個靜雞雞。呢啤單身寡仔。你話。有乜話爲。不若借酒消愁。去尋佳麗。貪色性也。不醉無歸。我來到酒家。可以精神安慰。古道花能解語。（二王）我就任意。施爲。（旦唱三脚凳）叫句先生。呢處有座位。飲乜野茶喏。請你話出嚟。六安定水仙呀。（生接）乜都無所謂。（旦唱滾花）我呢處隨時都有便一噃。（生白）噎吔咪搵的亞嘢笑講。（旦唱）等等我拈到嚟。（丑白）哈哈你喜歡俾我飲就亞嘅唔係是但係囉。咁噃。我要你我斟嘅噃大姐。（旦白）咪。斟斟聲。好聽咩。（丑白）唔係你咪誤會至得㗎。斟茶個個斟吖嗎大姐。（旦白）好彩你同話眞的呀。（丑唱跳花鼓）我一見嬌婆。當堂心安慰。你容顏何肖麗睇你容顏何肖麗。（旦白）唉吔。我唔慣戴慣高帽㗎先生。（生白）亞嘅唔係俾高帽你戴㗎大姐。不過你確得係靚的嘅噃。（旦白）好話喇。（丑白）哈哈哈。喂嚟嚟你叫做乜野名喏吓。（旦白）我叫做銀仔喏。（丑唱海南曲）唉吔嬌嬌龍嬌。你芳名眞矜貴咯。你芳名眞矜貴。（旦接）你唔駛嚟㨴譎。（二王）此乃當職嘅賤名。我亦自知。失禮。（旦白）都係因爲家窮。至做女招待喏（丑唱）細想文君也曾賣酒。佢留得千古。名題。（白欖）呢我就叫做亞德叔。你就叫做亞銀仔。舊時正德戲鳳姐。而家我就德叔戲銀仔。戲銀仔咯。（旦唱士工滾花）你想做戲鳳嘅游龍。怕你着起件龍袍。都唔以皇帝。（二段）（丑接）嚊龍袍我都着過幾件咯。就係皇帝呢。都做過幾次嚟呀。（旦白）發夢個陣時呀。（丑白）咁就唔係。做戲個陣時就眞嘅。嘩你拍梗當。等我學呀嘅俾你睇吓喇。（旦白）又好睇吓你點嚤法至得。（生白）好嚟喇。哈哈嘩你行埋的嚟至得㗎。（旦白）好又行埋嚟。（生白）唔。嘩你聽住咯噃。（旦白）哦。（丑作生喉七字淸中板）爲皇好食。辣椒醬。餐餐芽菜炒豬腸。愛卿上前。聽爲皇封上。（介白）嘩你咁話至得㗎。（用女唥白）謝龍恩。咁話至得呀嗎。（丑唱）封你隨街。賣麥芽糖。（旦白）啤噏得唔三唔四。話你唔似就唔似喇。（丑白）唔似呀。唔似亞嘅又嚟過喇。（唱）既然唔賣。麥芽糖。封你西宮。做娘娘。（旦白）你唔怕笑死人呀。（禾虫滾花）人地皇帝卽係皇帝。有你個顏容咁唔開胃。好心喇。你唔嫌我羅疏。我都嫌你碎米。（丑白）哦。點解呢。（唱）呢正德係風流嘅皇帝。亞德叔更有溫柔嘅手勢咯。等我學人學到底。做吓乘龍跨鳳。共你玉手相攜。（旦白攬）喂喂喂咪摩手又摩脚嚕。（丑接）皇帝喜歡呀前世。記得酒樓戲鳳個陣時。重摩頭兼摩髻。借酒嚟親或澤。重痛咲佢個面珠仔。（三段）（旦接）可惜你唔係眞龍。至怕想咳你個脯。至怕想咳你個脯呀衰鬼。（丑了綠曲）叫一聲。銀姑你。請你做我個妻。嚟喇嚟喇。（旦接）誰個共你。亂咁。糊爲。（二王）快把菜單寫齊。共你講多。都無謂。（丑接）我都已飽餐秀色。（旦接）唔通淨飲。咁豆坭。（丑龍舟）咁呀。好喇叫碟菜遠牛。（旦白）重有呢。（生唱）與共白斬雞。（旦白）咁呀要乜野燒酒呀。（生白）酒。（唱）孖蒸四兩。重要一碗燉元蹄。（旦白）哦。（生唱）擺多雙筷子添。（旦接重有邊一位呀。（丑接）冇。請你飲啫。（旦接）不必咁嚦西。（丑接）咁唔飲呢。亦可以相陪。（旦接）你又嚟靠𨂾。（生白）唔敢。（旦唱）我並非青樓歌妓。不過逃難到嚟。（丑白）噎吔。得罪晒。得罪晒。喂喂喂。我嚟問聲你喇乜你咁靚。又咁白淨。又咁本事。點解你又唔嫁人呢。（旦中板）想我自幼時。由父母訂婣。許配鄰村。個個陳德貴。（丑白）我咁呀。（旦唱）只可恨。共佢十年遠別。竟然棄我。棄我如遺。（丑齊口唱）你究竟乜姓名。（旦接）我係玉蓮小姓衞。（丑接 ）咁你何方人氏。（旦滾花）唉我原籍金溪。（生白）哦。（手托排子）驚聽你籍貫金溪。相對名字又姓衞。的確係我未婚妻。（四段）（旦白）哦。你就係薄倖陳郎喇。（丑白）唉亞嘅亞就唔使問亞貴咯。（旦白）唉。（合唱哭相思）哪呀呀哪呀呀。唉罷了我地德哥。蓮妹呀。（旦唱滾花）唉我開言闊句。你隻暗落雞。（十八摩）德貴。德貴。王魁薄倖你不愧。甘心拋棄未婚妻•意何爲。（二王）你好事多爲。（丑接）我實在問心自知。有愧。（序）呢呢我下次就唔敢再製。（唱）重想話酒樓戲鳳。（旦接）點知戲着。家鷄。（生序）唉我得罪晒賢妻。（唱）今日合浦珠還。我覺得心中。（旦白）點呀。（生唱）好安慰。（旦唱序）我從今唔駛閉翳。（唱）咁要商量結合。請你同我。番歸。（生白）梗係喇亞呀嘅你唔駛做女招待嘅喇。（丑唱）好在肥水唔流過別人田。（旦唱）眞係眞眞。有餂底。（拉腔）（丑唱滾花）今回錯有錯着。並有輸虧。

225. 銀燈照玉人

張蕙芳 張瓊仙 合唱

（頭段）（生唱丹鳳眼）月暗星昏。別墅。夜來。款嘉賓。（旦唱）露透風侵。深苦隔簾人。（生唱）低聲問嬌嬌聲襯。想必未曾入夢魂。（旦唱）我亦衷情欲訴不自禁。願只願君能。慰我寂寥心尋。（食尋字轉二王）尋好夢。夢難尋。輾轉孤眠。未得檀郎。慰問。（生唱）簾櫳寂寞。調情一曲。嬌呀底事。銷魂。（白）般懃爲唱催眠曲。（旦白）燮多貼多情自可人。（生白）門外新聲門外聽。（旦白）我爲把紅牙輕拍。（生白）我亦笑彈箏。（二段）（仙女牧羊）夜簫簫兮動春心。荒山悄悄無人。撫冷衾。總未溫。春宵心醉難求入夢魂。悠悠長夜休個負香衿。孤枕誰來伴。好相親。有恨也消悵。（士工滾花）忽覺陣陣寒風透骨。（白）唉咳（旦白）

哦。你喺外便見凍咩。(生白)係喇。你喺裏便呢。(旦唱)熱到我如火燒心。郎你此曲眞如。天上韻。(生唱)小姐呀。你歌詞聽罷。究竟安睡未曾。(旦唱祈戰死)陶醉心。醉陶心。歡歌情韻偏相印。(生唱)弊嘞搭濕個身。弊嘞搭濕個身。紛紛微雨風聲趁。(白)唉。又風又雨添呀。(旦唱)落雨添呀。(生唱)好大呀。(旦唱)就此開門。藉得親近。(生唱)黑盟盟入嚟那處闖呀。(二王)不若聯床共話。(旦唱)噎吔又未便。同衾。(生唱序)佢似笑又如嗔。(旦唱)你正一輕薄兒郎。(生唱)你使乜掬起香腮。得咁肉緊。(旦唱秩)寡女孤男休貼近。(三段)(生唱)願得香肩長倚。(旦唱)未免咨咨。羞人。(生唱序)今晚風雨亦殷勤。(旦唱)就係有雨我至開門。不是叫你同衾。共枕。(生唱序)一任玉人施教訓。(旦唱)罰你相陪竟夜。(生唱)我就和你剪燭。談心。(旦唱龍舟)剪乜野燭。又談乜野心。無聊風雨總惹愁人。今夜不知是喜是驚。還是恨。(生白)咁你又恨乜野呢。(旦唱)恨只恨無星無月。更無燈。(生唱)我又恨不得高燒紅燭。陪紅粉。(旦白)係囉。眞係有有燈燭啫。(生白)咁就有㗎。(唱小紅燈)暗處無從見。茫茫亂索尋。取歡心。我忙亮了燈。提燈站來愛妹身跟。現玉人。帶笑眞豐韻。最好處紅花簪綠鬢。(白)如此銷魂如此夜。唉眞寫意咯(旦白)你講乜野啫。(生白)我講的歡喜處啫嗎。(旦白)有乜值得咁歡喜啫。(生白)有錯喇。(龍舟下句)我最喜此夜。銀燈照玉人。(士工慢板)看多嬌。芙蓉粉面襯朱唇。(四段)(生唱)眞是天人。不是庸脂。俗粉。(上雲梯)我願與妹心心未共印。(旦唱)逗春心。情難忍。想必證三生(生唱)此皆天賜良緣份。(旦唱)郎和妾。(生唱)我地應相慣。聽盱滿宵風雨蕩人魂。(旦唱)含笑投懷同親近。我願與哥心心永共印。(芙蓉中板下句)只恐紅顏未老。郎已負深盟。但願生死相攜。每薄倖。(生唱)我地情比天長。愛比淵深。他日粧閣為你畫眉。當便鴛鴦無恨。(旦唱滾花)銷魂此夕。莫使夢過無痕。情脈脈。帳沉沉。今晚係初夜風流。初夜吻。(生唱)總算我有緣消受。美人恩。

226. 絕代佳人

徐柳仙唱

(頭段)(訴寃頭)唉我恨恨恨透心問句渺渺人何往。(重句)四處流流蕩。況且月夜山荒。(哭相思)哪叫呀哪呀呀唉天涯徒悵望。(二王慢板)唉水冷林疎。此正是蕭條。夜況。(胡姬怨)月底看看。月底看看。唉撲面幽香。柳底人藏。紅羅蕩漾。伴侶云亡。唉郎心悲復愴。(二王)借星光。隱約看。但見釵鈿委地。自覺悲憤。欲狂。(序)苦煞瘦腰郎。(二段)(曲)月姿花妻。是我當年。奢望。(序)祗願情海終無浪。(曲)誰想花殘月缺。尙要覓地。埋香。(序)妹呀你魂兮上碧蒼。(曲)楸對遺容。令我徒增。悵惘。(序)恨不得與嬌穴葬。(曲)又怨句護花無力。愧煞。東皇。(序)最苦花放又人亡。(曲)我欲隨卿。共向大羅。天往。(詩白)紅羅帶結芳魂斷。草木籠愁且罩香。一死已成千古恨。癡心哭斷九迴腸。(楊翠喜)寸心欲碎寸心僵。紅淚斷續流點點落在遺容上。落在遺容上有萬般悽怨百樣感傷。最苦是半天飛絮愁綠怨紅尙帶香。飄飄蕩漾。(三段)情事斷人腸。思到舊愛舊情誰能復慰郎。心間心間留印像。(重句)昔日豔詞低唱。比燕棲哦瑁樑。唵吔想想想。鴛鴦恩愛未央。今一旦弄成這麼樣。此後倩誰共唱酬。令我復惆悵。倍悽傷。(滾花)枉煞姿容絕代。不過如是收場着何處埋香。早已躊躇心上。(白)唉。生前妹是愛花人。就借落花埋豔骨。我願得花魂常伴。呢個絕代佳人呀。（士工慢板）唉痛埋香。斷迴腸。今日花爲棺槨。哭葬。荊娘。細堆花。來掩玉。（四段）奠以淚酒心香。妹你魂兮。尙饗。此後欲相逢。惟有夢。悠悠生死。恨與東逝。水長。（轉反線中板）我悼娥眉。命薄如花。况又偏逢。魔障。爲徽疵。紅羅三尺。從此永別。陰陽。且看他。嬌媚生前。仍是閉月羞花。一副可人。模樣。苦煞郎。孤生憐獨死。怎能再結。成雙。嘆從來。鶼鶼同心。難得天兮。體諒。未許人間見白頭。癡男怨女。畢竟一樣。凄涼。美人恩。我消受不來。（轉滾花）此後胆添惆悵。（正線）謫紅塵。經百刧。呢對生死鴛鴦。

227. 月向別方圓

吳一嘯撰曲
徐柳仙獨唱

（頭段）（詩白）月自團圓人自苦。一思量處一凄然呀。（士工滾花）心妬薄情天。獨令月團圓。嬋娟也有移情愛。惹起我滿懷凄怨。此正是天若有情天亦老。月如無恨月常圓。月無恨。人有思。無恨有思一個是喜卜佳期。一個是愁居深院。（仙女牧羊）念當初與嬌初見面。相親相愛復相憐。樂無邊。（重句）花陰月下話纏綿。同行同坐相與幷香肩。休使情緣斷。要心堅。我倘訴心願。（食住轉士工慢板）嫦娥。知心事。莫個等閒負我。致事空說。纏綿。我有寶玉衿懷。非木石。熱淚曾流。體會得情鶯。癡燕。（二段）（轉龍舟）眞個是花情蝶義。愛愛憐憐。誰想紅粉多疑。佢心忽變。橫來風雨。好事化成烟。縱有妙舌嘅紅娘。嬌呀佢未必心回轉。遽翻前約。（轉二王）使我欲語。無言。與你肝胆情投。敢信並無。別戀。訴謂卿憐我愛。何來蜚語。讒言。多數作淚與波。致有流長。飛短。（上雲梯）一顆癡心有誰見。恨偏深。緣何淺。哎嬌姿罷嬌姿。怕教今後難逢面。愁難免。憂不免。且將心事付琴絃。（三段）絃線未彈腸先斷。訴出心間那恨怨。（食住怨字轉二王）一句緣慳福薄。難與天地。長存。（中板）美人心。無限孤疑。致使呢段婚姻。難決斷。枉我獨鍾情。癡心求愛。亦等似逝水。浮烟。憶娥眉。佢話有婦使君。何必又另圖。新戀。况且樂無雙。呱呱在抱）可謂幸福。兼存。妹你幾曾知。我歡少憂多。常日含愁。抱怨。（孔雀開屏）怨感一懷。訴與長天。天又無言。月你團圓。郎獨怨。月你團圓別照更心酸。（四段）似水姻緣。空令我迴腸斷。夢已難圓。事至今我欲見無復見。寸心今已亂。怨嬌結新戀。心宛轉。嘆受你欺騙。（轉二王）未知風流孽債。何日至得。還完。記從前。念從前。紅袖癡心。對我柔情。意軟。併香肩。撫香肩。我輕嘆月猶未滿。妹呀佢話不久。團圓。咁就月下證同心。許我九度蟾圓。成就如花。美眷。誰料無情今夜月。竟向別人圓。贈得前人怨舊月。眞令我夢倒。魂顛。（白）唉蒼天呀。（秋江別）今宵呀。我獨棲故院。（重句）人月不得共團圓。（重句）

228. 情深恨更深

徐柳仙唱

（頭段）（合尺首板一句）月冷燈寒。傷獨影。（開邊）（詩白）病榻愁看皓月明。蕭疎簾裏透秋聲。零章亂卷堆塵案。獨對銀燈夢不成。（花間蝶）月空明。唉隻影單形。（重句）蓮心自苦困愁城。虧我獨眠孰與衾相並。有恨未能平。如珠血淚迸。（乙反流水南音）

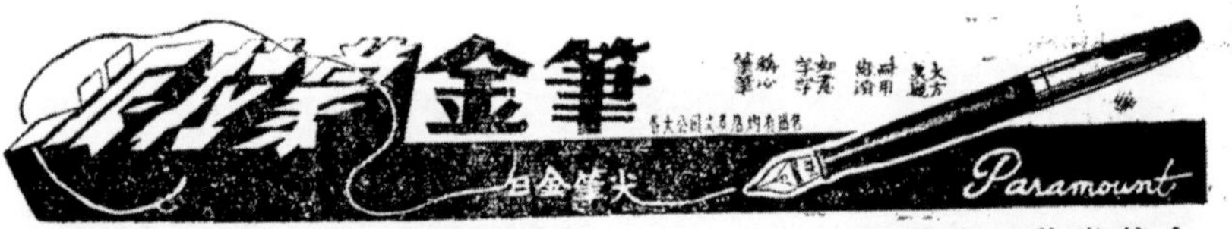

今夜香衿無伴。嘆孤零。明月移花。窗上影。不堪濕枕。聽秋聲。唉好事多磨。天注定。至使玉樓人渺。（正線二王）今日徒憶。娉婷。（二段）雄棲侶。嘆分飛。己缺情天。再莫說鴛鴦。同命。鸞傷鳳去。怕看蛺蝶。癡情。好事似曇花。風流成幻夢。幻夢曇花。贏得淚流。將聲。（玉美人）似水恩情。（重句）暮暮朝朝。憶成病。自嘆癡心醉不醒。情愁萬千心內榮。念卿卿。情愁萬千心內榮。（二王）一念到前恩舊愛。𠺝吔吔心動了。心旌。（三段）怨紅裙。竟私奔。性比楊花。情移。不定。（海南曲）嗟嘆連聲。溫柔鄉不永。（重句）幻作夢境。（收掘清歌一句）正所謂名花薄倖。負却彩蝶深情。（中板）瘦郎腰。今晚悵念前歡。尙覺花容。可認蒙下嫁。不以寒微見却。感謝紅粉。多情。賦同居。恩愛纏綿。意謂三生。早證。劇可憐。因緣轉瞬。化作雲淡。烟輕。枕未殘。香衾未暖。好夢却被鶯啼。喚醒（四段）變了玉人心。無端離我去。當時盟誓。今日猶記。分明。今日冷樂了粧台。不復共對名花相顧影。（滾花）此是卿卿負我。不是我負卿卿。悵前情。念前情。縱係病死相思。都難目瞑。（戀檀）千思。百想。意不甯。孤衿。獨枕。淚珠凝。願守紅魚青磬。空山。披剃。懺前情。癡心息却。愛波平。（士工慢板）使把孽債。還清。女兒心。多變幻。有若泡影曇花。（滾花）試問情何。能永。唉可憐我三生好事。化作萬斛愁情。

229. 情淚濕青衫

徐柳仙唱

（頭段）（新二流）夜迷離。花宛睡。子規啼苦斷人魂。獨宿書樓情怎禁。千般恨。（重句）好乘冷月吊孤墳。（合）是無緣。柳有因。蛾眉短命兩相分。枉煞癡情肝胆印。夢難尋。（重句）尙憶金釵撩綠鬢。（上）心已碎。淚紛紜。每懷舊事念前人。祇嘆緣慳福不幸。情未泯。（重句）一寸癡心常有恨。（士）（轉鳳凰台）我步過叢林轉花陰。晚露侵。愁悶人。蹣跚復向前行。暗自傷神。（下半句滾花）我怕從夜裏聽寒砧。噎吔吔我淚已交流。（二段）遙見玉人塚近。（士工慢板）我見孤碑。腸欲斷。傷心無語。惟自諦想。丰神。緣比鏡花。情同水月。再想重思。自有千愁。萬感。（彈竹花）愛嬌妻。心間印。愛嬌妻。心間印。眷他入夢魂。嘆句玉人棄紅塵。（食塵字轉士工滾花）世偸生。塵寰凄絕。可憐我宵宵來此。長嘆眞眞。當年歡樂處。今是葬人場。怕見萬朵鵑花。我覺得朵朵都是惹人恨。（到春來）怨深深。怨深深。印爲誰人。故舊思與新恨。幻千絲縛我心。嘆今生已願爲夜夜悼亡眞眞。妹呀妹應相憫。（三段）嘆今生已願爲夜夜悼亡眞眞。妹呀妹應相憫。（二王）愁雲罩我。唉風呀何以不吹散。愁雲。媧皇難補情天缺。此恨綿綿無絕期。我常閉目凝思。妹佢嘅當年。風韻。綠羅衣帶綠羅裙。紅粉佳人紅粉面。儀容姿態。我想像。猶眞。唉幾何時。連理折。天妬蛾眉。竟是香消。玉殞。（四段）唉我凄涼憶舊愁。無意尋芳去咯。依然到此。哭祭呢个。玉人墳。（中板）我嘱青山。短嘆長嗟。我都不願另譜。衾枕。從此後。寒衾獨擁。少却一個。意中人。芳草凄凄。掩却香魂。惹得我滿懷。悲憤。眞正係估唔到。紅顏命薄。今日謝却。凡塵。（轉流水南音）唉我多少愁情。多少恨。情緣兩字。早灰心。野莫閒花。我都無心接近。（跳花鼓）叫句知心。多情空抱恨。要想誰憐憫。無人來慰問。（合尺滾花）吱我心頭只有。一個死去嘅杜鵑魂。

230. 燕子啣愁

陳卓瑩撰
張瓊仙唱

（華行雲夢中人小曲）杜宇聲。不許我縈情夢寢。才合眼。觸起了煩惱事恨杜宇。偏添我心凄婉意。遣不開情味。夜半起。消遣我月來恨事。殘月懶窺窗柳傑掛地。寂寞裏。挑燈對影心幾碎。嘆嬌姿。憔悴。輕輕抹。眉黛消暗再整理。消錦懊。改換金綉粉履。羅幃中。莫驚醒個郎佢。須緊記。必愛人病猶未愈。花縷心。俱牽掛個郎二竪。難遇那。右扁鵲端救治。籌地裏。憶起向觀音乞庇。獻鑪心。祈祝（轉反線二王慢板上句）慈祝航座。疾效檀郎普院雲香一炷。散大花妙香。壓宮花帽光。叩謝露滴。楊枝。祝瓣香。未舒愁眉。念此一幅佛從由來。頓使我愁心。難已。錯換去阿蘇圖。帶來了相思債。好一比桃花春浪。個郎竟病態。支離。（平湖秋月）他不是爲我紅娘被翻春意弱。念誰人。弄這狡猾。吹縐春水有若妒花風雨（轉長句二王慢板下句）這一紙燕子牋。好一段相思詞。招惹得郎意纏綿。卻爲我啣愁。飛至。未必芳草無心。生恐郎終負義。怎得將絲絲萬縷。縛住他意馬。不馳。惱煞那華行雲。怨煞那霍綉夫。當日巧會半展。自付茂陵。才子。不肯浪過橫塘學野鳧。爲他擱琴心。担酒債。祇待他大台重繫馬。再訂月下。佳期。（轉士工慢板）曾記得畫春容。祇少個司馬風流。賣弄妙筆生花。畫裏荷郎。肩倚。我願琴心傍玉壺。他願鳴鹿斛量珠。不料春心未老。花影月下。轉移。待將轉這燕子牋。撕作蝶舞飛揚。免得孽恨終留。（花）勿教多磨好事。（沉花下句）唉吔吔。怕只怕添郎懊惱。病更堪虞。（反線中板）都爲誤記雀工。竟將儷影春圖。錯換幅觀音。大士。又遇燕子啣牋。偏向郎憐飛墮。得睇那挑逗。情詞。方知那春蘇圖。誤人別院金閨。綉閣神飛。玉樹。何處孟陀婆。都解雨頭心事。個郎不覺。睹靜馳。郎雖不負我情。卻爲這錦箋題詩。病成。恨綺。能不暗驚心。祇恐馬嗜花落。難免低怨。春遲。（花）燕呀燕。你不是啣牋啣愁。唉。這一回拜燕所賜（花下句）惟乞天上提挈。不致我亂燕分飛

231. 莫問奴歸處

小飛燕獨唱

（頭段）（銀台上二）舊夢。休記取（小曲採花詞）
尺尺工尺工六尺　仕合士工尺工上尺　工尺尺　工六五生六　五六六　尺工
悄悄深　　嬋娟　共　對　慘切切　無淚

（士工尺工工尺工）尺工尺乙士　乙士乙尺（合尺上乙　五六尺工六五生六尺　工　尺工尺上乙士上合
傷哉春夢　夢似水　唉聽明累更苦　思情　累　癡心搗碎怨未除

（合尺滚花）長使愁病消磨。（轉乙反）天胡醉。（轉乙反二王）唉祛愁來。傷春去。殘紅飄處玉魂隨。憶起葬花曾吟句。今日竟我

此页破损

詩識。如花薄命葬我。伊誰。（訴冤頭）唉。我命薄似花。兩兩同憔悴。但恨負心。暗暗移情去。眷愛無憑據。夜夜希噓。（乙反南音）噓寒問暖。人何去。（二段）恨怎騙時怨怎騙。待[illegible]士線二王）尚有盟絲。恨緒。（小曲寄生草）惆悵夢成虛。顧影騙。根根是瘦骨。君見也淚垂。君偏忘抵籬湘裏。病沉沉[illegible]（龍頭鳳尾）蹙蹙雙眉多少恨。深愁密約盡成虛。千古傷心是兒女。（滾花）勸君莫問奴歸處。（白）唉。寶玉呀寶玉。（士工滾花下句）我又愛他。又念他。又惱恨于佢。痛焚詩稿斷癡情。待向鬼門關上去。（介）忽聞仙樂。耳伴輕吹

232. 卿何早嫁

小明星獨唱
吳一嘯撰曲

（首段）（反線中板）開到荼薇。春去也。杜鵑啼落杜鵑花。好春且候來年返。孤客淒涼。渡歲華。獨宿小樓。情可怕。（拉腔轉反線仙花調）

六六六 工六五生六 工尺工六工尺上
怕怕怕 夜裏多牽掛 玉人偏早嫁

（食嫁字轉反線慢板下句）誰不可嫁。怎嫁個薄情他。的是紅顏命鄙今古。無差。嘆名花。陷污泥。辜負了玉容。如畫。（二段）（思賢調板面）記月夜。月夜救卿江下。低訴恨事。你不知不覺面泛紅霞。人何美也。可惜淚淚淚遍紅羅怕比沐雨濺嬌花。咽不成話。（思賢調）悲衷聽罷。我憐卿。慘也。買歸槎。與卿歸家。（長句二王下句）綠水青波。親對話。問名知是柳春霞。如泣如訴鶯喉啞。一若潯陽江低訴。琵琶。我偶把玉容偷看吓。勝如半醉。海棠花。楚楚可人。最是瘦腰盈把。（三段）賦歸來。勸教芳心權寄下。紅妝常爲煮新茶。祇願雨露多情。向情奔洒。莫使妒花風雨。毀折。春芽。（轉雨打芭蕉）嗟嬌如何渡歲華。願作護花人。含情默默無言。幸良緣。天假。得親解語花。熱情何價。痴郎心非詐。佢便投懷像無歸來。相假抱眞快樂也。（龍舟）熱情奔放銀燈下。吻影模糊上碧紗。撈想果風紅杏嫁。（乙反）料不到銷魂一吻便苦了春霞。俺巾痛哭奔離下。悲伏紅欄淚濺花。傾心吐出衷情話。（食話字轉小曲訴衷情）

乙上尺反上反合仮合乙上上乙士 合仮合伬仮合六凡尺尺凡
話到蒼涼處淚落如麻傷薄命

六五上六（四段）士上 士合仮士合 士上士合仮合士上合 凡上上凡六五凡六五六凡凡六五六 乙尺合尺 合尺上乙上尺凡上
比桃花 二八 年華 早將儈夫 嫁 嘆無情風雨 只 催花 弱質難堪致有投江 去 也

（乙反中板）嘆今朝。相逢遲暮。更苦春霞。又道枉君準備金錢價。飛燕無緣過別家。半載相憐從此罷 酹君一吻。郎泛歸槎。唉。生生死死囑郎休掛。（士工滾花）恨一句卿何早嫁。使我年年月月朝朝暮暮長念嬌娃。

此页破损

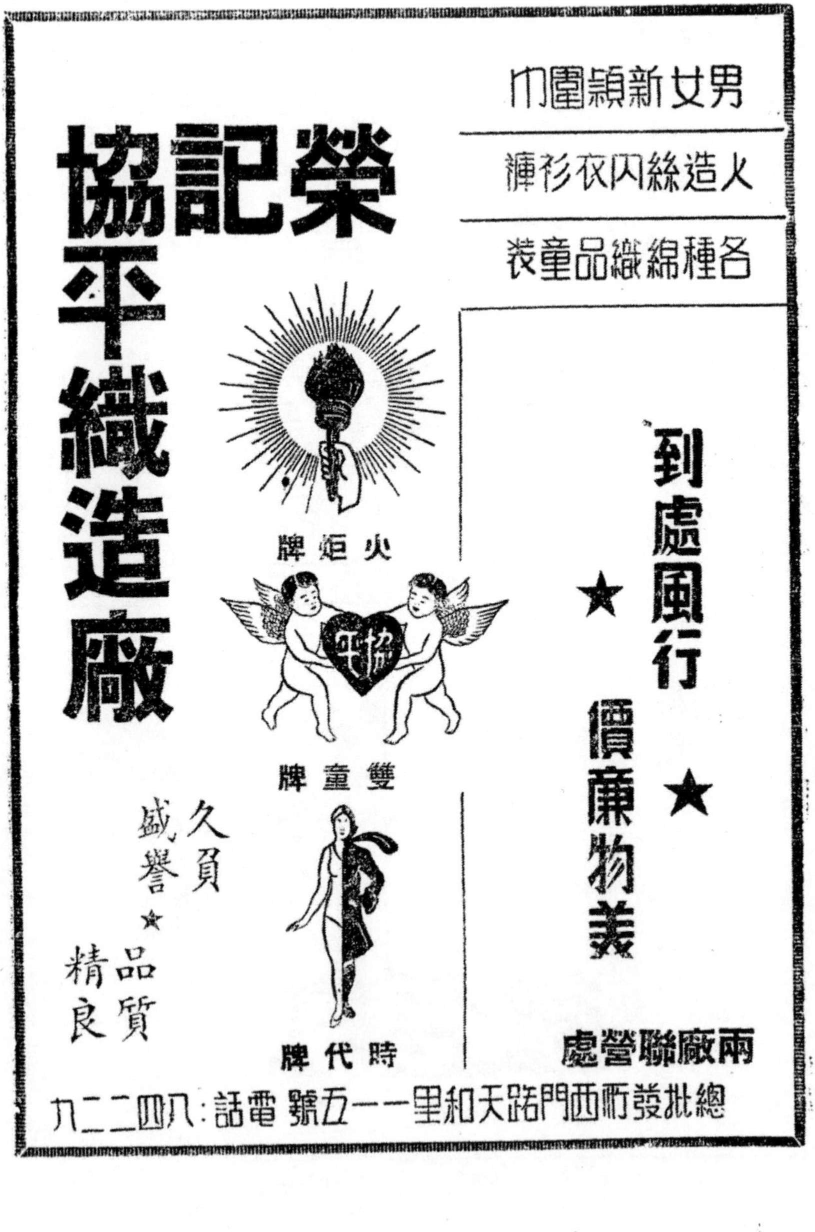
男女新穎圍巾
人造絲內衣衫褲
各種綿織品童裝
榮記協平織造廠
火炬牌
協平
雙童牌
時代牌
久負盛譽
★
品質精良
到處風行
★
價廉物美
★
兩廠聯營處
總批發所西門路天和里一一五號 電話：八四二二九

233. 寃枉相思

薛覺先
譚蘭卿 合唱

（首段）（生詩白）芳妹。我地隔別不過三天。宛似十年渴望。（旦白）人生大都是如此。寧不知聚散無常。（生白）所以今日折柬相邀。正欲想謀長敍之想。（旦白）又怕風聲鶴淚。轉眼便要分張呀。（生插白）未必。（生中板）所謂有情天。豈有地北天南。那怕洪楊劫火。並蒂蓮。一定難分拆。終是吐豔。銀塘。縱分離。憑此一點靈犀。心絃。暗往。情如縷。欲煩依附。附與妹妹。身旁。（滾花）妹呀你能否憐我痴心。詐以齊眉舉案。（旦唱）君呀縱情多愛莫狂。（二段）（旦唱前腔）應念中原。成板蕩。男兒許國。安可眷戀。情場。（滾花）我何難相許以身。又怕公子易迷情網。（生龍舟）嬌呀你重情知義。眞是我嘅知巳。紅粧。莫道兒女私情。有謨英雄志壯。（士工慢板）若果任情痴。無所寄。縱使我權操天下。難免心內徨徨。（旦唱）相愛豈無心。何圖覺責難。奴只有約許藍田。更望你他日踐盟。不爽。（生唱長句滾花）呢段相思賬相思賬。數載沉浮情海浪。如今宿願始能償。如海深情千百丈。願爲同命好鴛鴦。（三段）（生續唱）年無量。月無量。年月更稀情一樣。生生死死共情長。脫下玉環。帶在芳卿指上。（旦唱）（長句二王）心感癡郎。嬌羞萬狀。從今有約。請你勿相忘。郎既有來奴有往。更把金環奉贈望君你好自收藏。（生唱長句二王）環帶脂香。情如金樣。凱旋歌奏在情場。烽烟共覩人無恙。縱爲勞燕都勿相忘。相對多嬌。更含情相向。（四段）（生唱）他日相逢如故。更添一段情長。一俟變亂波平。我自當迎歸。百輛。（旦唱滾花）情鶼義蝶。愿無分貴賤。貧寒。事因亂世邅逆。轉眼便遷移。境況。（生白欖）事無防。事無防。深情如我地。豈能相忘。生死志不移。貧富自當情一樣。人間若難成比翼。愿從地府結鸞凰。結鸞凰。（旦白欖）若說話不祥。令人失歡暢。兩情深百結。又豈易分張。又豈易分張。（生唱滾花）但得推誠相愛。定卜地久天長。

234. 陳後主

馬師曾
譚蘭卿 合唱

（首段）（二流）朝罷了。打道回宮禁。又祇見桃花映水。上下浮沉。又祇見柳絮隨風。東西難自禁。（旦唱走馬）春光去得實快哉。掉頭別去豈不太急令妾哀。他年新春至得春再來。（生唱）我願意盼春來。春來。園內園內百花在。（二段）（旦唱）看園林茂秀人共愛。最怡情悅性確是人共愛。看桃紅白李滿釀亭台。春你去後佢便不開。（生唱）我願意盼春來。春來。春來園內園內百花在。我願意盼春來。花枝實受其惠。願春常在。可惜春去何時惠臨又再來。（旦唱）（別離恨）嬌花自恨。嫁得個無義嘅狂春。春來花枝並頭忘憂恨。羨煞旁人。春君春君。你情意綿綿何風韻。（三段）桃和杏。嬌豔似紅雲。得意一時無須問。情義兩殷殷。豈意有情春不管。來去無心春若雲。飄飄紅淚。悶悶花心。恨惱春不情常憂恨。（生唱）唉。只剩有癡心花魂。春心狠。佢唔顧的紅愁綠恨。桃李怨紛紛。（四段）（生唱）你抱恨芳心誰憐憫。春殘蝶走最悶人。說甚羨煞旁人。惱恨春去難生。空餘恨。可惱春先瞬眼若烟雲。到春分。花抱恨。變盡殘花敗朵恨斷花魂。留得斷聖詞句。最傷心。（旦唱）（滾花）君王你何故暗傷神。（生唱）（快中板）有脚陽春眞薄倖。惜花今後倩誰人。花謝春殘空餘恨。秋愁冷月葬花魂。玉樹後庭。何堪再問。(滾花)護花無力。枉作人君。

235. 豔曲醉周郎

新馬師曾 小燕飛 合唱 吳一嘯撰曲

(首段)(旦中板)公僅風流。誰不羨。小喬憔悴。都爲呢段因緣。今晚一曲求凰。祇望偕素願。孫郎定計。已週全。(生引白)多謝孫郎今夜宴。。醉懷撩亂不知天。(起唱滿江紅)

合仜合仜合士上「尺上尺上」合上合上士合仜「尺工尺工」上尺工尺工尺乙士合
扶醉遊園意飄

士上合「上尺上士合仜合」士上尺工乙士合六工尺上尺工上「工尺上尺工上乙士合仜合士上」尺六工尺工上尺工上上六工尺「工六尺工尺」尺尺尺合士「尺乙士乙士」士上仜合士上合
然月滿花妍香風吹遍景色媚媚意態濃纖月底花下自流連

(轉二流)(過合字序)纔聽聲聲慢段。就在繡閣裏邊傳。好一串鶯喇婉轉(拉上字腔收掘)(二段)(旦唱新譜諜佳期)扣

上尺工六尺工上乙士上合合上士合工尺工」尺工士乙尺「反工尺乙工士乙尺」尺尺上尺
冰絃聲軟軟懶轉

」仜上乙上乙士合」仜合仜合尺尺反工反工尺上」合」士上工尺工六尺工上尺乙合五生五六工五尺生」反工六」五五」工
纏綿纏綿櫳轉樓外花枝笑獨眠容淡如花美眷輕負

六「尺上尺工六」六五六工尺尺五六工尺工六尺乙士合上上尺工六尺六工六工尺上尺上尺乙士合」仜合上上尺工六尺」仜乙士仜合
似水流年情牽意惹奈何天憔悴夢魂

」仜合尺尺工六五上「士合士上」尺六工六工尺上」上士上尺工六尺上尺工上士尺乙士合」
顛聲軟軟扣冰絃

(生沉腔滾花下句)噫吔吔倩誰爲我鎖心猿。(轉反綫中板)一曲魂銷。詞太豔。春思都在。此中傳。心醉更教。情意亂。疑雲疑雨。又疑仙。(三段)(生唱)待我轉過紅牆。一識廬山面。(旦小曲剪剪花)琴詞纔能奏。含笑站簾邊。月明光一片。借照來人面。將軍已倒顛。等我喝聲先。(轉滾花)

喂喂喂。是誰斗膽。私進花園。須知道閨閣森嚴。豈容驚內眷。（生長句滾花）罕曾見。（重句）人間絕色罕曾見。相逢驀地。信有緣。何幸周郎。得覩如花眷。待我把殷勤細欵。小姐呀。（轉二王下句）請恕不才今夜。今夜唐突。嬋娟。（旦唱序）你係邊个要話明先。（生唱曲）我係我係我係周瑜。爲你嘅歌音。留戀。（旦唱序）原來將軍我何幸見。（生唱曲）我聽高歌而心折。一時忘却瓜李。之嫌。（旦唱序）想必是有前緣。（四段）（生唱曲）一曲白雪陽春。（旦接唱）我不過一時。消遣。（生唱序）敢問歌聲何帶怨。（旦唱曲）呢的係女兒嘅心事。（生接唱）你都不怕。明言。（旦唱龍舟）嘆我深閨如鎖有若奈何天。所以我長歌寄意爲惜華年。（生接）小姐你冰雪聰明。人驚羨。不才如我。亦覺倒顛。（旦接）顛顛倒倒誰曾見。（生接）小姐呀當堂見。今晚周郎心醉咯。拜倒裙前。（旦唱中板）我陋質蒲姿蒙賞臉。難得將軍情重肯相憐。（滾花）羞答答。欲語無言。（生插白）你有乜野想講就講喇喬小姐。（旦白）晦吔。我講出嚟唔俾你笑我嚁。（生白）唔敢。講嚟。（旦續唱）我爲你疊被鋪床。羞自荐。（收掘）（生插白）眞嘅（旦白）係定喇。（生白）呀。呢段都可謂顧曲奇緣咯。（滾花下句）且待明珠下聘。接天仙。

236. 多難興邦

月兒
胡美倫 合唱

（生唱）（反線驚濤）唭唭槍聲好似雨下。（旦唱）係唔係呀我都勸你搬家嘅喇嗎。（生唱）唉眼見我哋副身家都被佢燒成爛瓦渣。（旦唱）點叮步得邊處定身得㗎任你話。（生唱）夫妻慢慢想吓。（旦唱）四邊兵馬。（生唱）閃吓閃吓得㗎。（旦唱）點唔漏罅飛機轟炸啦。（生唱）唔怕唔怕唔怕踏低喇。（旦唱）行吓行吓眼花花。（生唱）全靠全靠黑咪孖。（旦唱）入馬嚟啦梗嘀嚟夾孖撐。（下漁舟）掠姦喇極兇嘅殘暴慘實難話。（生唱）（正線二王慢板）專把我的平民嚟亂炸。（旦插白）眞係有陰功咯。（唱）有冇擰番的銀紙呀。（生唱）喂你咪咁吱喳（插白）乜咁大聲㗎。（旦唱）慌你萬一疎虞。（生唱）你都無庸心掛。（插白）憂你個份喇。（旦唱）顯住賊兵強搶呀。（生唱）我斷冇話任佢搜查。（二段）（生白）好穩陣嘅。我。（旦唱）點似女人咁易收藏。（生唱）你聽佢麼多你幾吓咋。（旦插白）敢呀。（生插白）梗係嘞（旦唱）唔啱擠落亞蘇蝦佢嘅身上喇。（生唱）確係妙計都唔差。（插白）之你要小心的至得嚁。（旦唱）敢就快的擰嚟。（生唱）好。等我連忙解下。（一追）（白）喂黑孖孖你要認眞子細至得呀。老婆。（旦白）梗係喇身家性命嘅嚁。（生白）喙嚟啲揸緊的呀吓。（旦白）呢包係嘞咩。（生白）千幾鬼嘅嘞。（旦驚白）哦。（十八摩）死啦死啦你爛草紙當老西揸。（生唱）我恨錯心粗太昏花。（旦唱）都係你不信人話呀呀。（生唱）唉我因眼花爲眼花。（旦唱）我叫話鬆家咧有乜差（生唱）唉你咪將我嚟罵呀呀（旦唱乙反二王）恐怕從今衣食咁就冇晒揸拿。（三段）（生唱）（乙反中板）雖係你個心。只估話逃難遠行。就可以離開個的惡霸。惟是覆巢下。焉有完卵何況佢心存侵略。我地整個中華。（旦唱）不若搬去鄉村。佢睇見抵抗全無。就未必噲嚟轟炸。對於走難人就算惡勻天下嘅。（正線）都冇話亂肆。爪牙。（生唱）（十月懷胎）咁你佢嚊冷估差。妻呀。個的平民。就偏要被炸嚟等你話。着數喇你有抵抗。呢佢重易過篤醬瓜添喇。（旦唱）敢我地大國家。自有官兵相抗豈容。佢亂咁蝦。（生唱）（三字經）我地抗戰係長期。不畏明夼兼暗撐。數十年嘅恥辱。經已忍到咬崩牙。（四段）（旦唱）既係兩國共交兵。應該戰場嚟打架。做乜將難民嚟泡製。未免失禮我地中華。（生唱）因我將士盡精忠。令佢提起打就怕。（二王）祇有施兇逞暴洩憤於民家。（旦唱）舉動咁野蠻。都可謂文明。退化。國仇深重今日更加蕩產傾家。（生唱）我想上陣去報仇。又唔捨得離開（旦插白）你唔捨得離開邊個呀。（生唱）你兩仔𠝹。（旦唱）係咧做乜蘇蝦佢今晚總冇手脚扒扒。（生唱）係囉（唱）唔通將佢嚇親因爲細路不能。担驚受怕。（收掘白）等我睇過。弊弊弊傢伙咯。老婆。（旦白）點解喈吓。（生白）係係係係枕頭嚟咋——老婆。（仝白）唉（哭相思）唉眞係傷哉命也。（旦唱合尺滾花）唉今日國仇家恨。（生唱）我定必要手刃仇家（旦白）夫呀（快中板）國弱原來眞可怕。好比紅唇護齒牙。奴自立身郎莫掛。共尋機會報中華。（生唱）一心驅敵人和馬。精誠勇毅振夷華。定要強鄰歸夏化。（旦唱）（滾花）郎你卽時應召。（生唱）待我把賊首擒拿。

237. 桃花扇底詩

張蕙芳獨唱
吳一嘯撰曲

（首段）（鷓鴣二流）柳絲絲月遲遲。我默默低頭默默思。嘆惜嫦娥未有團圓意。朝朝暮暮負盡芳時。（合）恨月不解人愁。恨花不解人語。（上）對花枝。獨倚。看影兒。沈腰瘦折相思死。憔悴潘郎鬢有絲。問卿卿知否我魂已斷兮心碎矣。（士）惹人腸斷。便是桃花扇底詩。（尺）（小曲桃花扇）

仜合伬仜合士仜合上上五生五六工尺五六工尺工上尺五生五六工六尺尺工六工尺上士上
紅綾帶褪綠羅襦香膩唇邊吻

士上尺工六尺六工六反五六合尺尺尺六工尺乙士合士乙乙・士乙尺工乙士合士乙六工尺乙乙乙六工六工尺乙尺工六尺
脂鴛枕嬌慵羞半伏夢迴衿底度腰肢

（二段）（做河調慢板）猶記初邂逅。兩神馳。借詠桃花。暗裏傳情寄意。柳絲長。牽縛住。一雙情蝶。形影。依依。小紅樓。居彼美。提手同歸。共諧。好事。定情詩。題上桃花扇。銷魂一度。便緊縛情絲。（轉中板）翡翠衾蝶夢香甜。眞個欲仙。欲死。（三段）合歡時。恰值合歡花放。更惹粉蝶。迷癡。有情天。攝合有情人。一個是南國名花。一個是風流。名士。簾下殷勤替畫眉。唯願今生今世。形影。相依。誰料好鴛鴦。比翼無緣。唉。變作分飛。燕子（拉腔）（漁歌晚唱）長猶不寐今尚記起。花證月誓重媚態相對。一聽離別歌心底有悽悲。唉美景不多離要別離。臨岐我傷別臨岐我傷離。兩地同念別離人相思一片倩風寄。寄語有情莫個悲。切保花態媚。此生不慣此生不慣嘆別離。恨衾冷受遍離愁味。務役去倖利。奪怨卿莫記。要把愁懷拋棄。念嬌心底胷裏獨悲。好夢難期。（四段）（士工長句滾花下句）夢難期。心碎矣。怕憶長亭折柳枝。消魂南浦王孫去。黯然握手兩依依。卿呀你桃花扇底腮邊淚。一聲珍重要分離（十月懷胎）虧煞日日相思。離人千萬里。共愛卿。長別離。異地分飛。恨與悲。無盡期。夜夜相思（食思字轉乙反流水南音）思歸徒寫。相思字。心底銷魂有夢知。欲減相思難縮地負。情只爲我（轉二王）誤歸期。夢倒魂顚。但見紅顏于夢寐。

（拉腔）（合尺滾花下句）一日思卿十二時。又怕吞二十八個銷魂字。（上）撩情剔恨桃花扇。一如紅豆惹相思。

238. 瀟湘夢

張蕙芳獨唱

（首段）（禾虫滾花）是眞是假。向日繁華。太虛魂夢却逢他。夢境依稀囘味罷。他說離離合合世事如花。可奈何情癡祇曉說情癡話。難悟透。緒如麻。枉自古今情不假。情來情去任由他。去去來來都是（反線中板）將人。撚化。到如今。才悟得太虛一夢都幷非偶爾逢她。細味當時。曲譜新聲唱出舊夢紅樓。佳話。人皆道。是奇緣金玉。俺祇念前盟木石。蓬萊未斷許泛。仙槎。又有話。一個是水中月。一個是鏡中花。想你眼中能有多少淚珠兒。怎經得秋流到冬。春流到夏。（轉二王）嘆一個枉自嗟呀。一個空勞牽掛。掛。掛。（二段）若說無緣偏偏遇着她。若說有緣如何心事終虛話。想是前生錯灌斷腸花。早知你爲淚債而來。我早已佛門去也。何必等到瀟湘零謝後。才去披上袈裟。今日情短情長。早已魂隨淚化。太虛奇夢。我亦悟透了無他。罷。罷。罷。（轉反線二王）甚麼妹妹哥哥。哥哥妹妹。都是騙人之話。甚麼如花美眷。似水年華。甚麼情意情緣。總之天緣。不假。望你仙居離恨。勿個再弄。琵琶。因爲淚債淸償。（轉滾花）還你原來。還我原來。你我原來。都是空混了心猿意馬。此後離恨天。有情草。無情石。分駐兩家。

本社印備肺癆病方及
小兒急慢驚風良方附囘
信郵資即可寄上

新興廣播社地址：上海（〇）區江
西北路二八二號二樓

新興粵曲集 第三期 特大號

編輯：新興廣播社編譯部
校對：新興廣播社編譯部
出版：新興廣播社
發行：新興廣播社廣告部
地址：上海安慶路三九六弄十二號
印刷：自求印刷鑄字所
電話：四三九八四

義務廣告分類欄

（註）：本社原擬編排旅滬同鄉商店名錄，因全人從事救濟家鄉水災，無暇及此。抱歉殊深，但同鄉中自動來信登記者，均一律義務登載，謹此聲明，以昭信用。

寶商行號	經理	地址	電話
達影罐頭食品商店	李達川 梁影	乍浦路348號	45211
千歲酒醬廠	陳仲信 李星海	江西路55號	12674
老廣東酒家	譚朝初	中正東路389號及363號	85423
廣生園	歐陽登	江西北路440號	44658
寶大綢緞布疋號	冼路旋	淮安路11號	39796
悅成昌	鄧日雲	永年路24弄3號	81743
廣茂香商店	馮光輝	四川北路262號	45195
六友食品廠	蔡蔭忠	東寶興路了祥里45號	
偉成童裝內衣廠	梁鴻礎	天潼路242弄39號	
燕星園煙行	梁忠義	鉅鹿路115號	
勤儉號	陳世［illegible］	武昌路339弄8號	47163
英泰綢布號	李［illegible］周	廣東路345號	93138
泰昌皮鞋店	方富標	四川中路530號	15969
中央百貨商店	朱鄭玉娥	金陵東路191號	80414
一新皮鞋		中正東路906號	
民興號	陸家騆	東武昌路309弄42號	
金興皮鞋店	方富祥	虹口四川北路382號	
公順餅號	麥少文	鳳陽路472號	
其生堂	黃日煊	南京西路257號	38283
何鴻鈞跌打醫師	何鴻鈞	華山路大勝胡同30號	73542
鄧鳳雛		河南路105號　霞飛路398弄3號	80128
黃宗穗咳嗽專家		南京西路765號	36571
周文礎醫師		四川中路615號	19018
章其康跌打醫師		陝西北路493弄自在里4號	
李梅馨醫生		四川北路福德里67號	(02)61487
伍德斌兒科醫師		南京路748號中央藥房	93366
民生雜貨店	尹寶生	華山路71號	33397
廣德成雜貨號		四川北路176號	
棉華號	馮麟雲	東武昌路295號	
中國金屬製品廠	何季芳	四川北路福德里66號	(02)60224
榮泰爐灶號	徐昭南	狄思威路1390號	
中歐化學工業社	李　華	濵陽路敦和里312號	
林記實業社	林慕周	重慶南路202號花園衖2號	84727
怡和化學製品廠	沈士行 唐惠霖	江灣路206弄7號	(02)61581 83670
張式賓鑲製首飾號	張式賓	成都南路42弄鉅興里29號	
惠豐印刷所	陳棟樞	天潼路470號	42158
國際紙號	李勳凌	天潼路470號	42158
中美衛器廠	徐致遠	雲南南路317號	
隆棧營造廠	林德熊	昌平路693號	32283
友信公司滬莊	楊華益	黃陂北路249弄150號	31326
聯商行	唐洪泰	天津路7弄16號	14641
棉綿申莊	翟祖詩	北京路851號320房	93346
福利辦莊	秦兆禎	四川北路1718號	(02)61487
廣集成	莫禹平	江西中路三和里31號	14346
中央旅行社	朱　鈞	金陵東路191號	80414
登何報關運輸行	鄧少豐	大名路百祿坊10號	41619

註冊商標

M.P. SAN & CO.
TRADE MARK

著名出品

椒鹽梳打餅乾

各色威化餅乾

奶油夾心餅乾

各大公司辦館糖果茶食店均售

馬寶山

糖果餅乾公司

地址：餘姚路十四號

35285

冠生園

食品公司

糖果餅乾
陳皮製梅
各式西點
甜鹹麵飽
奶油蛋糕
壽喜蛋糕
各種喜果
罐頭食物
中西名酒
各地土產
送禮食品

粵菜小食　飲食部　開會茶點

★ 各色冷飲凍品 ★

總店南京路・
各支店均售・

外埠分店：重慶　昆明　成都　貴陽　瀘州　南京　漢口　武昌　天津　杭州

前中國牙科醫院醫務主任
中國牙科醫學校教授
牙科　口腔外科

李博民醫師

診所　靜安寺路卡德路口靜安大樓
三三六室　電話三〇七二四
時間　上午十至十二　下午二至六時

鄙人患有牙疾多年
蒙李博民牙科醫師
悉心診治現已痊癒
用誌數言藉留紀念
以示**每飯不忘**之意

新興廣播社
胡章釗
・敬誌・

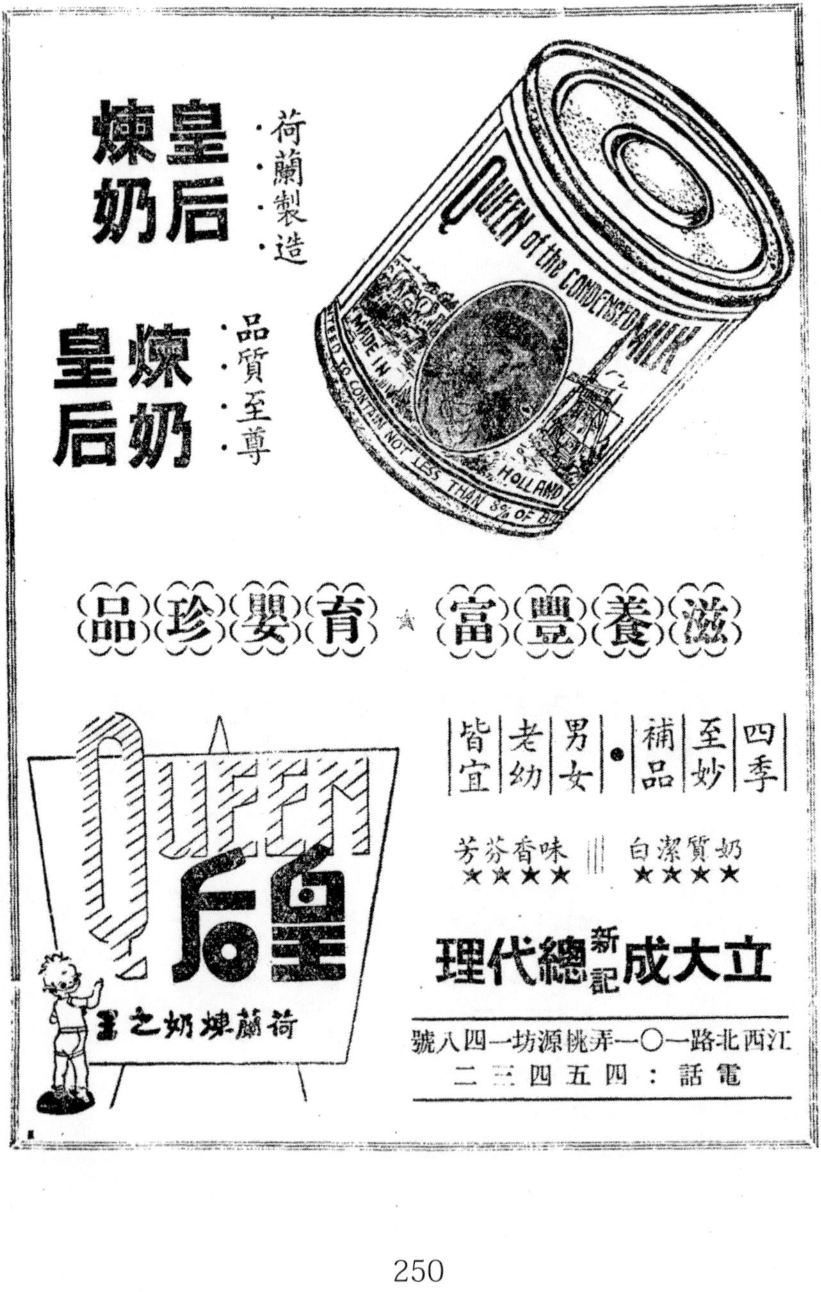

皇后煉奶
荷蘭製造
煉奶皇后
品質至尊
QUEEN of the CONDENSED MILK
MADE IN
HOLLAND
滋養豐富・育嬰珍品
QUEEN
皇后
荷蘭煉奶之王
四季至妙補品・男女老幼皆宜
奶質潔白★★★★
味香芬芳★★★★
立大成新記總代理
江西北路一〇一弄桃源坊一四八號
電話：四五四三二

羊城酒家

廣州食譜★五羊風味

廿多年歷史

夏令

奶油冰淇淋

刨冰·冷飲

冬天

首創童鷄汁

瓦煲臘味飯

大世界東首共舞台隔壁

電話八五五二二

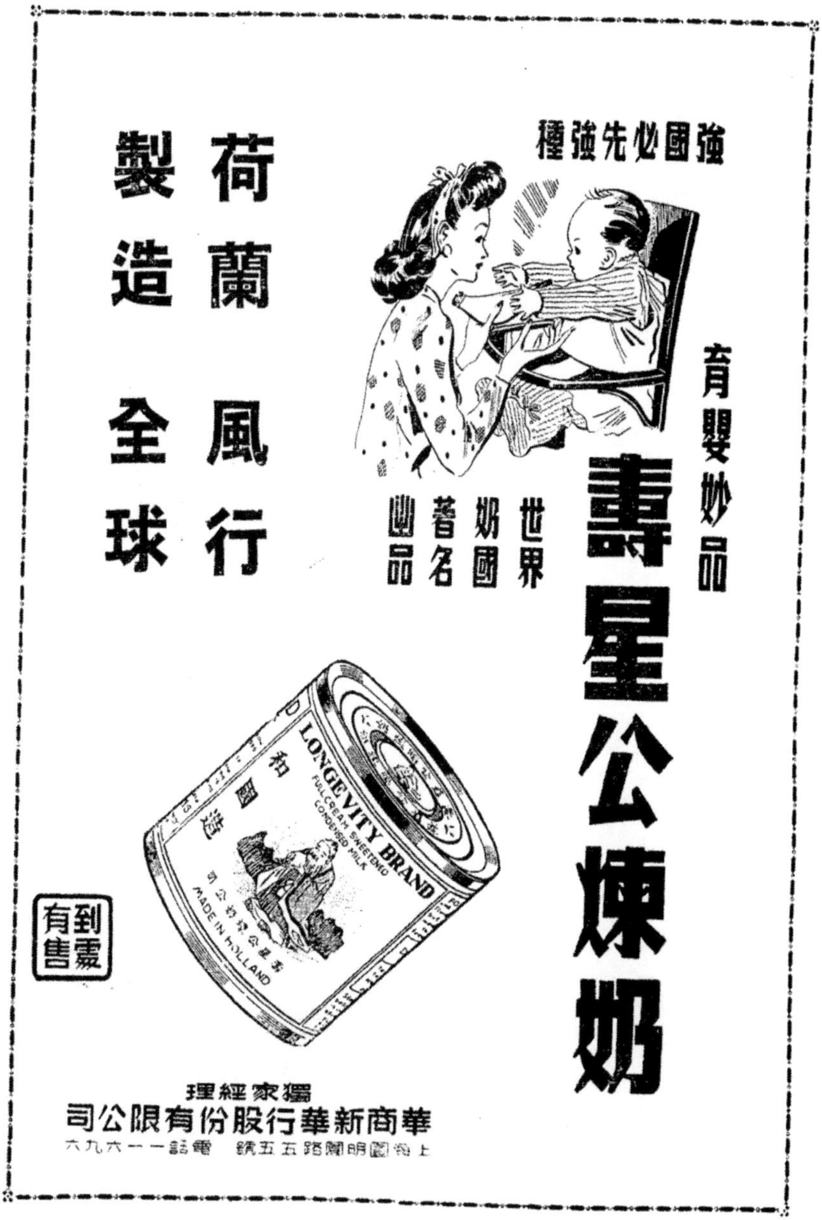
強國必先強種
育嬰妙品
壽星公煉奶
世界奶國著名出品
荷蘭製造
風行全球
到靈有售
LONGEVITY BRAND
FULLCREAM SWEETENED
CONDENSED MILK
和蘭造
MADE IN HOLLAND
獨家經理
華商新華行股份有限公司
上海圓明園路五五號 電話一一六九六

英文電報掛號

"PEIYANGGO"

上海遍地是黃金
賺錢只要有精神
如欲精神壯與健
請服本行參與茸

一九二五年創立

廣東同鄉經營參茸補品專家

北洋參茸行

上海九江路五三七號三樓電話九三二四九

人參之功效試驗法

賽跑

夜尿

行路

工作

睡眠

容顏

飯量

體重

陽痿

肥兒

嬰童

附註

西洋參之眞僞

花旗參（即西洋參）

鹿茸之珍貴

補品

藥材

本行參茸之來源與去路

（一）

（二）

書名：新興粵劇集（一九四七）
系列：心一堂　粵語・粵文化經典文庫
原著：上海新興廣播社
主編・責任編輯：陳劍聰

出版：心一堂有限公司
通訊地址：香港九龍旺角彌敦道六一〇號荷李活商業中心十八樓〇五—〇六室
深港讀者服務中心：中國深圳市羅湖區立新路六號羅湖商業大厦負一層〇〇八室
電話號碼：(852) 67150840
網址：publish.sunyata.cc
淘宝店地址：https://shop210782774.taobao.com
微店地址：　https://weidian.com/s/1212826297
臉書：　　　https://www.facebook.com/sunyatabook
讀者論壇：　http://bbs.sunyata.cc

香港發行：香港聯合書刊物流有限公司
地址：香港新界大埔汀麗路36號中華商務印刷大廈3樓
電話號碼：(852) 2150-2100
傳真號碼：(852) 2407-3062
電郵：info@suplogistics.com.hk

台灣發行：秀威資訊科技股份有限公司
地址：台灣台北市內湖區瑞光路七十六巷六十五號一樓
電話號碼：+886-2-2796-3638
傳真號碼：+886-2-2796-1377
網絡書店：www.bodbooks.com.tw
心一堂台灣國家書店讀者服務中心：
地址：台灣台北市中山區松江路二〇九號1樓
電話號碼：+886-2-2518-0207
傳真號碼：+886-2-2518-0778
網址：http://www.govbooks.com.tw

中國大陸發行　零售：深圳心一堂文化傳播有限公司
深圳地址：深圳市羅湖區立新路六號羅湖商業大厦負一層008室
電話號碼：(86)0755-82224934

版次：二零一八年十二月初版，平裝

定價：港幣　一百三十八元正
新台幣　六百九十八元正

國際書號 ISBN 978-988-8582-15-0